Springer-Lehrbuch

Thomas K. Bauer · Michael Fertig
Christoph M. Schmidt

Empirische Wirtschaftsforschung

Eine Einführung

 Springer

Prof. Dr. Thomas K. Bauer
Prof. Dr. Christoph M. Schmidt
Rheinisch-Westfälisches Institut
für Wirtschaftsforschung – RWI Essen
Hohenzollernstr. 1–3
45128 Essen

bauer@rwi-essen.de
schmidt@rwi-essen.de

Dr. Michael Fertig
ISG – Institut für Sozialforschung
und Gesellschaftspolitik
Barbarossaplatz 2
50674 Köln
fertig@isg-institut.de

ISBN 978-3-540-00041-9

Springer-Lehrbuch ISSN 0937-7433

Bibliografische Information der Deutschen Nationalbibliothek
Die Deutsche Nationalbibliothek verzeichnet diese Publikation in der Deutschen Nationalbibliografie;
detaillierte bibliografische Daten sind im Internet über http://dnb.ddb.de abrufbar.

Herstellung: le-tex publishing services oHG, Leipzig
Umschlaggestaltung: WMXDesign GmbH, Heidelberg

Gedruckt auf säurefreiem Papier

9 8 7 6 5 4 3 2 1

springer.de

Für unsere Familien

Vorwort

Das vorliegende Lehrbuch richtet sich vor allem an Studierende der Wirtschaftswissenschaften, aber auch an alle „fertig ausgebildeten" Betriebs- und Volkswirte, die nach ihrem Abschluss erkennen, dass sie während ihres Studiums keinen hinreichenden Zugang zu empirischen Fragestellungen, Methoden und Resultaten ihres Fachs gefunden haben. Es hat zum Ziel, den Leser oder die Leserin bei der Entwicklung der Fähigkeit zu unterstützen, empirische Arbeiten verstehen und beurteilen zu können. Sowohl in der betrieblichen Praxis als auch in der volkswirtschaftlichen Analyse treten zuhauf Probleme auf, die weder durch sorgfältige Betrachtung noch durch fundierte Theorie – das Herzstück wirtschaftswissenschaftlicher Studiengänge – befriedigend gelöst werden können. Allzu häufig wird in wirtschaftswissenschaftlichen Studiengängen beim Auftreten solch empirischer Probleme darauf verwiesen, dass Methoden zu ihrer Behandlung existieren, bevor ein einzelnes ausgewähltes Resultat präsentiert und mit dem Verweis auf vertiefende Veranstaltungen im Fach Ökonometrie zum nächsten Problem übergegangen wird.

Dieses Verfahren wird dem Umstand in keiner Weise gerecht, dass unterschiedliche empirische Strategien die gleiche Fragestellung häufig recht unterschiedlich beantworten. Ohne zumindest ein Gespür dafür zu haben, welche Vorgehensweise wohl die angemessene ist, lassen sich diese divergierenden Resultate nicht sinnvoll einordnen. Somit muss auch das ursprüngliche Problem ungelöst bleiben. Die Fähigkeit zum Verständnis und der Beurteilung empirischer Studien ist für die Erstellung von Seminar- oder Diplomarbeiten daher ebenso wichtig wie für die Lösung empirischer Probleme im Berufsleben oder die Beurteilung von eingebrachten Lösungsvorschlägen in wirtschaftspolitischen Analysen und Debatten. Nach der Lektüre dieses Buches sollte der Leser oder die Leserin in der Lage sein, mit dem in empirischen Untersuchungen gebräuchlichem Fachvokabular souverän umzugehen und sich ein fundiertes Urteil über die gewählten empirischen Herangehensweisen zu bilden. Hierzu ist es vor allem notwendig, die Intuition empirischer Ansätze zu verstehen und die jeweiligen Grenzen dieser Verfahren erkennen zu können, um eine sinnvolle Interpretation der Ergebnisse zu ermöglichen.

Dieses Buch bedient sich vor allem grundlegender Methoden der angewandten Statistik und bietet somit gleichzeitig einen Einstieg in fortgeschrittenere Themen der Ökonometrie, ohne die Diskussion mit formalen Themen zu überfrachten. Zur Erreichung dieser Ziele wurde eine strukturierte Darstellung der relevanten Themen mit einem Schwerpunkt auf den jeweiligen Ideen und Intuitionen gewählt, welche die formale Darstellung auf das absolut Notwendigste beschränkt. Des Weiteren werden alle Konzepte und Themen anhand illustrierender Beispiele dargestellt. Vorausgesetzt werden grundlegende Kenntnisse in Statistik, Mathematik und ökonomischer Theorie. Die ersten zwei Kapitel des Buches bieten allerdings zur Auffrischung eine komprimierte Darstellung wichtiger Konzepte aus der Statistik.

Das zentrale konzeptionelle Element dieses Buches schlechthin stellt die so genannte *Identifikationsproblematik* dar, die sich als roter Faden durch das gesamte Buch hindurch zieht. Unter Identifikationsproblematik verstehen wir die Tatsache, dass ausnahmslos jede empirische Untersuchung mit einer *kontrafaktischen Frage* und einer durch diese implizierten *kontrafaktischen Situation* konfrontiert ist. Diese Situation lässt sich grundsätzlich durch eine „Was-wäre-wenn"-Frage beschreiben und zeichnet sich dadurch aus, dass sie *unbeobachtbar* ist. Als ein klassisches Beispiel für eine solche kontrafaktische Situation mag die Frage nach dem Erfolg staatlicher Maßnahmen im Bereich der aktiven Arbeitsmarktpolitik dienen. Interessiert man sich bspw. für den Erfolg von Fortbildungsmaßnahmen, so lautet die zentrale (kontrafaktische) Frage in diesem Zusammenhang: Was wäre mit der Beschäftigungssituation der Teilnehmer an einer solchen Maßnahme passiert, wenn sie an der Maßnahme nicht teilgenommen hätten? Diese kontrafaktische Situation ist offensichtlich nicht beobachtbar. Gleiches gilt für die Frage nach den Determinanten des Wirtschaftswachstums einer Volkswirtschaft. Eigentlich würde man gerne wissen, was mit der Wachstumsrate des Sozialprodukts einer Volkswirtschaft passiert wäre, wenn die für den Wachstumsprozess entscheidenden Determinanten im Beobachtungszeitraum andere Werte angenommen hätten. So könnten etwa die gesamtwirtschaftlichen Investititionen in dieser Volkswirtschaft nur halb so hoch gewesen sein. Auch diese Situation ist nicht beobachtbar.

Eine konzeptionell überzeugende Antwort auf die kontrafaktische Frage einer empirischen Analyse zu finden, ist deshalb die zentrale Herausforderung jeder empirischen Arbeit. Die sorgfältige Betrachtung des vorhandenen Datenmaterials allein reicht nicht aus, um die nicht beobachtbare, kontrafaktische Situation zu konstruieren. Es ist auch nicht nur eine einzige, sondern es sind mehrere Antworten auf solche kontrafaktischen Fragen möglich. Entscheidend ist daher, welche der möglichen Antworten auf Basis der vertretbarsten Vorgehensweise gewonnen wurde. Es ist in der Regel alles andere als ein triviales Unterfangen, unter diesen möglichen Lösungen die überzeugendste zu finden. Solche Lösungsmöglichkeiten nennt man *Identifikations-strategien* und sie zeichnen sich dadurch aus, dass sie mit Hilfe einer oder mehrerer Annahmen ein beobachtbares Gegenstück für die unbeobachtbare kontrafaktische Situation *konstruieren*.

Da die Wirtschaftswissenschaften eine sozialwissenschaftliche Disziplin sind, die sich mit dem Verhalten und den Interaktionen von Menschen in der realen Welt befassen, ist ihnen die Möglichkeit zu reproduzierbaren Laborexperimenten in der Regel nicht gegeben. *Sichere* Erkenntnis, wie sie in den Naturwissenschaften zumindest teilweise möglich ist, ist deshalb in den Wirtschaftswissenschaften ausgeschlossen. Möglich hingegen ist *abgesicherte* Erkenntnis, die sich von den reinen Hypothesen wirtschaftstheoretischer Modelle dadurch unterscheidet, dass sie mit Hilfe von in der Realität beobachtbaren Daten Aussagen zu Ursache-Wirkungs-Zusammenhängen untersucht. Somit können Hypothesen auf ihre Erklärungskraft hinsichtlich realer Phänomene überprüft werden. Diese Analyse muss aber immer unvollkommen bleiben, da die durch die kontrafaktische Frage implizierte kontrafaktische Situation eben eines gewiss ist, nämlich *nicht beobachtbar*.

Dieses grundsätzliche Problem ist nicht allein auf volkswirtschaftliche Zusammenhänge beschränkt. Im Gegenteil, jede empirische Untersuchung in den Bereichen Epidemiologie, Sozio-Linguistik, Politikwissenschaften, Soziologie, Betriebswirtschaftslehre und verwandten sozialwissenschaftlichen Disziplinen steht gleichermaßen vor dem Problem, überzeugende Antworten auf kontrafaktische Fragen zu finden. Hierfür existiert kein Patentrezept, das auf jede beliebige Fragestellung anwendbar wäre. Vielmehr muss für jede Fragestellung immer wieder von Neuem genau überlegt und entschieden werden, durch welche Annahmen ein überzeugendes beobachtbares Gegenstück für eine prinzipiell unbeobachtbare Situation konstruiert werden kann. In diesem Buch kann nur ein Teil aller möglichen Identifikationsstrategien vorgestellt werden. Der prinzipielle Ansatz, der von der Frage nach der kontrafaktischen Situation ausgeht und versucht, über die klare Benennung der getroffenen Identifikationsannahmen zu einer kritischen Würdigung der auf der Basis dieser Annahmen gewonnen Resultate zu kommen, kann als ein Referenzrahmen für alle empirischen Untersuchungen gleich welcher sozialwissenschaftlichen Disziplin dienen.

Dieser prinzipielle Ansatz soll den Blick des Lesers sowohl für die Möglichkeiten als auch für die Grenzen empirischer Arbeiten schärfen. Die Lektüre dieses Buches wird dem Leser und der Leserin dann auch (hoffentlich) zeigen, wie viel Wahrheit in dem Guy Orcutt zugesprochenen Satz „Doing econometrics is like trying to learn the laws of electricity by playing the radio" steckt und dass sich diese Erkenntnis problemlos auf alle empirisch arbeitenden Disziplinen übertragen lässt.

Wichtigste statistische Grundkenntnisse werden in den Kapiteln 1 und 2 kurz dargestellt, um eine gemeinsame Basis für das Verständnis der in diesem Buch behandelten Methoden zu schaffen. Wenn man davon ausgehen kann, dass die Teilnehmer einer Lehrveranstaltung diese Grundkenntnisse bereits besitzen, kann auf ein sorgfältiges Durcharbeiten dieser Kapitel durchaus verzichtet werden. Kapitel 2 gibt darüber hinaus einen kurzen Überblick über die Verfügbarkeit und Probleme verschiedener Datenstrukturen und beschreibt einige wichtige Datenquellen. Da empirische Wirtschaftsforschung ohne Daten schlicht nicht möglich ist, halten wir diesen Teil von Kapitel 2 für sehr wichtig, um Studenten einen ersten Anlaufpunkt zu geben, wenn sie für empirische Haus-, Diplom, Bachelor- oder Masterarbeiten Daten benötigen.

Kapitel 3 liefert eine erste Einführung in die Identifikationsproblematik. In diesem Abschnitt wird verdeutlicht, dass man bereits bei der Interpretation einfacher deskriptiver Statistiken und bei der Konstruktion von Vorhersagen entscheidende Annahmen treffen muss. Kapitel 4 gibt eine Einführung in die Evaluationsproblematik. Es werden die wichtigsten konzeptionellen Schritte einer Evaluationsstudie sowie der „Goldstandard" der Evaluation – das zufallsgesteuerte Experiment – vorgestellt und wichtige nicht-experimentelle Evaluationsstrategien und deren Probleme diskutiert. Kapitel 5 gibt eine Einführung in das lineare Regressionsmodell, wobei hier der Fokus auf das Verständnis dieses Modells als alternative Identifikationsstrategie gelegt wird. Verschiedene Möglichkeiten und Probleme der Spezifikation eines linearen Regressionsmodells werden in Kapitel 6 vorgestellt. In diesem Kapitel werden dabei verschiedene Ansätze dargestellt, mit denen einige der in Kapitel 4 vorgestellten nicht-experimentellen Evaluationsstrategien in der praktischen Arbeit implementiert werden können.

Kapitel 7 beschäftigt sich mit dem Problem der Heteroskedastizität, wobei insbesondere verdeutlicht wird, dass dieses Problem für die Identifikation kausaler Effekte nicht zentral ist. Vielmehr beeinflusst dieses Problem die Präzision der geschätzten Effekte und darf aus diesem Grund in der praktischen Forschung nicht vernachlässigt werden. Kapitel 8 stellt schließlich das in der modernen empirischen Wirtschaftsforschung zentrale Problem ausgelassener Variablen und unbeobachteter Heterogenität vor und diskutiert verschiedene Möglichkeiten der Lösung dieses Problems. Dieses kann hinsichtlich der Evaluation wirtschaftspolitischer Maßnahmen unter Verwendung nicht-experimenteller Evaluationsmethoden als das wichtigste Kapitel angesehen werden.

An verschiedenen Stellen der einzelnen Kapitel finden sich so genannte „Kernbotschaften", in denen die wichtigsten Inhalte der besprochenen Themen kurz zusammengefasst werden. Am Ende jedes Kapitels finden sich Übungsaufgaben, die helfen sollen, die besprochenen Themen des Kapitels zu vertiefen. Obwohl das Buch weitgehend auf eine Darstellung in Matrixschreibweise verzichtet, wird im Anhang des Buches eine kurze Einführung in die Matrizenrechnung gegeben. Statistische Tabellen, die insbesondere für die Durchführung von Tests notwendig sind, finden sich ebenfalls im Anhang. Es ist vorgesehen, einige der in diesem Buch verwendeten Daten und die Lösungen zu den Übungsaufgaben bald auf einer Internetseite bereit zu stellen. Schließlich haben wir vorgesehen, Dozenten baldmöglichst Vorlesungsfolien mit den Inhalten dieses Buches zur Verfügung zu stellen. Sollten Sie an den Materialien interessiert sein, wenden Sie sich bitte an einen der Autoren.

Entstanden ist dieses Lehrbuch aus den Veranstaltungen „Empirische Wirtschaftsforschung" an der Universität Heidelberg und „Einführung in die Empirische Wirtschaftsforschung" an der Ruhr-Universität Bochum. Den Studierenden, die diese Veranstaltungen besucht haben und uns durch ihre Fragen und Anregungen wertvolle Hinweise für den Aufbau und die Inhalte dieses Buches gegeben haben, sei an dieser Stelle herzlich gedankt. Sehr herzlich bedanken möchten wir uns ferner bei Boris Augurzky, Ronald Bachmann, Martin Biewen, Julia Bredtmann, Jan Brenner, Fe Bundschuh-Schmidt, Peggy David, Manuel Frondel, Katja Görlitz, Christoph Hanck, Sonja Kassenböhmer, Jochen Kluve, Wim Kösters, Walter Krämer, Manfred Lösch, Volker Marnet-Islinger, Nils aus dem Moore, Sebastian Otten, Katrin Ridder, Sandra Schaffner, Joachim Schmidt, Mathias Sinning, Joel Stiebale, Magdalena Stroka, Harald Tauchmann, Marcus Tamm, Matthias Vorell, Barbara Winter und Ralph Würthwein für ihre hilfreichen Kommentare sowie bei Spogmai Amirzai, Sonja Fiegenschuh, Ingo Isphording, Paul Kocerba, Claudia Lohkamp, Markus Müller und Daniela Schwindt und für ihre Unterstützung bei der Manuskripterstellung und der Erfassung der Daten, die für die Beispiele in diesem Buch verwendet wurden. Unser Dank geht auch an den Verlag für seine Geduld und Unterstützung, vor allem an Dr. Werner A. Müller. Schließlich wollen wir uns bei denjenigen bedanken, die über 3 Jahre gewartet haben, bis ihre Vorbestellung ausgeliefert wurde. Fragen zu den Inhalten dieses Buches sowie Anregungen und Vorschläge für Verbesserungen oder Erweiterungen sind uns jederzeit herzlich willkommen.

Essen,
November 2008

Thomas K. Bauer
Michael Fertig
Christoph M. Schmidt

Inhaltsverzeichnis

Abbildungsverzeichnis

Tabellenverzeichnis

1. Wichtige Konzepte der Statistik – Eine Einführung

„Die Wahrscheinlichkeit, nicht Meister zu werden, ist größer als die Wahrscheinlichkeit, dem Abstieg nicht zu entgehen."
(Dettmar Cramer)

1.1 Die zentrale Rolle des Studiendesigns

Wirtschaftliche Zusammenhänge sind in der Regel äußerst komplex. Sie spiegeln die Wünsche, Entscheidungen und Handlungen einer Vielzahl unterschiedlichster Akteure wider und lassen sich daher ohne ein mathematisch-formales, modellgestütztes Vorgehen nur selten zufriedenstellend analysieren. Dabei kann man natürlich mehr oder weniger geschickt vorgehen. Nicht alles, was in Formeln gekleidet und in Zahlen ausgedrückt ist, beflügelt das Verständnis. Eine gelungene ökonomische Modellierung betont die grundlegenden Zusammenhänge und schließt irrelevante Aspekte aus der Betrachtung aus. Für die ökonomische Theorie wie für die empirische Analyse gilt dabei gleichermaßen, so einfach wie möglich und so komplex wie nötig vorzugehen. Gute Wissenschaft zeichnet sich dadurch aus, dass sie dabei die richtige Balance findet, nicht dadurch, dass sie durch formales „Muskelspiel" möglichst viele vom Verständnis ausschließt.

Gelingt es einem Modell, ein Phänomen – wie etwa einen umgekehrt proportionalen Zusammenhang zwischen Fettleibigkeit und Bildungsniveau – hinreichend herauszuarbeiten, dann ist es einem komplexeren Modell (z.B. eine getrennte Betrachtung verschiedener Altersgruppen), dem lediglich das Gleiche gelingt, überlegen. Andererseits nützt die bessere Handhabbarkeit eines sparsamen Modells (hier: Verzicht auf die Unterscheidung nach Altersgruppen) nichts, wenn die Vereinfachung der Realität so weit führt, dass relevante Aspekte (hier: ggf. ein stärker ausgeprägter Zusammenhang bei jüngeren Personen) nicht erfasst werden. Weder für eine zu geringe Sparsamkeit noch für das Vernachlässigen relevanter Aspekte kann es eine Entschuldigung geben. Der entscheidende Gradmesser für gute Forschung ist immer die inhaltliche Fragestellung (hier: ist die Unterscheidung nach Altersgruppen handlungsrelevant?), nicht die Frage, ob ein Forscher komplexe Methoden anwenden kann. Aber beherrschen muss er diese Methoden schon, da wissenschaftliche Fragestellungen den Einsatz dieser komplexeren Modelle notwendig machen können und man ohne Kenntnis dieser Methoden die Notwendigkeit ihres Einsatzes nicht beurteilen kann.

Wie sehen relevante Fragen aus? Zu den ureigensten Aufgaben der Wirtschaftswissenschaften gehört zum einen die *Erklärung* menschlichen Verhaltens – wie und warum entscheiden sich Menschen in unterschiedlichen Lebenslagen angesichts der unabwendbaren Knappheit in materiellen und immateriellen Aspekten ihrer Umwelt? Zum anderen ist häufig die *Prognose* künftiger Entwicklungen gefordert. Bei beiden Aufgaben, der Erklärung von Ursache und Wirkung sowie der Vorhersage, steht der Wirtschaftswissenschaftler typischerweise einer auf den ersten Blick nahezu undurchdringlichen Datenfülle gegenüber. Ein erster Schritt und oft ein ernsthaftes eigenes Ziel ist daher die einfache *Beschreibung* des Beobachtbaren in möglichst sparsamer und dennoch umfassender Weise. Für jede dieser Aufgaben, der Prognose wie der Beschreibung, gibt es eine oder mehrere angemessene Vorgehensweisen (*Studiendesign*). Aus der vorliegenden Datenfülle müssen dabei immer diejenigen Elemente herausgefiltert und sinnvoll miteinander verknüpft werden, die für die jeweilige Fragestellung wichtig sind.

Die intellektuell größte Herausforderung ist in der Regel die Erklärung von Ursache und Wirkung. Die ökonomische Theorie kann dabei helfen, logisch in sich geschlossene und plausible Ansätze unter den möglichen Erklärungen herauszufiltern. Die empirische Analyse völlig ersetzen kann die Theorie jedoch nicht. Ebenso ist das bei der Interpretation empirischer Resultate häufig zu beobachtende mutige Voranpreschen über das hinaus, was das Studiendesign an Erkenntnissen erlaubt, hin zu handlungsrelevanten Aussagen (z.B. „mehr Abi-turienten pro Jahrgang reduzieren zwangsläufig das Problem der Fettleibigkeit in der Bevölkerung") mehr eine Reflektion von Wunsch und Vorstellung, als wissenschaftliche Erkenntnis. Derartige Fehleinschätzungen der Möglichkeiten und Grenzen der empirischen Analyse ließen sich vermeiden, wenn bei Anbietern und Nachfragern empirischer Resultate das Verständnis über die zentrale Rolle des Studiendesigns ausgeprägter wäre (z.B. war die Frage nach dem bloßen Zusammenhang zwischen Fettleibigkeit und Bildungsniveau nie darauf angelegt zu unterscheiden, ob es die konkreten Bildungsinhalte oder möglicherweise die im Bildungsabschluss reflektierten kognitiven Fähigkeiten sind, die mit Fettleibigkeit zu tun haben).

Dieses Lehrbuch bietet eine Einführung in die empirische Wirtschaftsforschung, die das angemessene Studiendesign in den Mittelpunkt stellt. In den ersten zwei Kapiteln diskutieren wir elementare Aspekte des methodischen Handwerkszeugs der empirischen Analyse, also der Wahrscheinlichkeitstheorie und der mathematischen Statistik. Die folgenden Kapitel vertiefen diese

Methodendiskussion und erläutern den Weg, der von der richtigen Frage zur Wahl des angemessenen Studiendesigns führt.

Kernbotschaften

- Die Analyse wirtschaftlicher Zusammenhänge erfordert ein mathematisch-formales, modellgestütztes Vorgehen. So einfach wie möglich, so komplex wie nötig, lautet dabei das Grundprinzip guter wirtschaftswissenschaftlicher Forschung.
- Die ureigensten Aufgaben der Wirtschaftswissenschaft sind:
  − die Beschreibung wirtschaftlicher Zusammenhänge und Entwicklungen,
  − die Vorhersage künftiger Entwicklungen (Prognose) und
  − die Erklärung menschlichen Verhaltens unter Knappheit (Ursache und Wirkung).
- Ökonomische Theorie, Wahrscheinlichkeitstheorie und mathematische Statistik bilden das Grundgerüst der empirischen Wirtschaftsforschung. Das jeweils angemessene Forschungsdesign hängt von der Fragestellung ab.

1.2 Statistiker und wie sie die Welt sehen

Ein unabdingbares Methodengerüst zur organisierten Analyse der alltäglichen wirtschaftlichen Informationsfülle stellen die *Wahrscheinlichkeitstheorie* und die *mathematische Statistik* zur Verfügung. Statistik ist eine auf wahrscheinlichkeitstheoretischen Grundlagen aufbauende Disziplin, deren Kernaufgaben die Sammlung, Organisation und systematische Aufbereitung sowie die Auswertung von Informationen sind. Ziel dieser Aufgaben ist, eine ansonsten unübersichtliche Informationsfülle durch geeignete Informationsreduktion handhabbar zu machen und für inhaltliche Aussagen zu nutzen. Die Ökonometrie ist die Anwendung dieser Methoden auf ökonomische Fragestellungen. Für den Wirtschaftswissenschaftler tritt sie somit gleichberechtigt neben die Wirtschaftstheorie, mit der sie im wechselseitigen Zusammenspiel den Erkenntnisfortschritt in den Wirtschaftswissenschaften vorantreibt.

Trotz ihrer zentralen Bedeutung finden die Arbeiten von Fachvertretern der Statistik oder der empirischen Wirtschaftsforschung in der wirtschaftswissenschaftlichen Diskussion häufig nur wenig Gnade. So führt selbst die renommierte Zeitschrift *The Economist* eine laufende Rubrik zum Missbrauch statistischer Methoden, ganz entsprechend dem Disraeli-Zitat „There are three kinds of lies: lies, damn lies and statistics". Auch der Titel des äußerst lesenswerten Buches von Walter Krämer, „So lügt man mit Statistik", mag für den oberflächlichen Betrachter den Schluss nahelegen, man könne mit Hilfe dieser Kunst so gut wie jedes Argument stützen oder widerlegen. Bei näherem Hinsehen jedoch offenbart sich, dass es sich bei beiden Publikationen um gelungene Bemühungen handelt, dem Missbrauch des Instrumentariums entgegenzuwirken, dem man als Unkundiger ansonsten so häufig ausgeliefert ist. Im Einklang mit diesem Bestreben glauben wir, dass ein gewisses Grundverständnis unterschiedlicher statistischer Methoden für jeden unverzichtbar ist, der wirtschaftliche Daten ordnen und Zusammenhänge erkennen und interpretieren will.

Um ihre Aufgaben zu erfüllen, tritt die Statistik in systematischer und abstrahierender Form an die vorliegende Informationsfülle heran. So fassen Statistiker grundsätzlich alle in der Realität anfallenden Beobachtungen als das Ergebnis von *Zufallsexperimenten* auf. Entscheidend für die Möglichkeit, sinnvoll mit den vorliegenden Größen zu arbeiten, ist dabei die Übersetzung realer Phänomene (den Ergebnissen des Zufallsexperiments) in numerische Größen, z.B. die Codierung von {Frau, Mann} in {0, 1}. Hierbei stellt man sich vor, dass ein Prozess existiert, der in *eindeutiger* Weise den Ausgang jedes Experiments bestimmt und somit der entsprechenden Zufallsvariablen genau einen konkreten Wert zuweist. Mit der eindeutigen Abbildung der möglichen Ergebnisse eines Zufallsexperiments durch reelle Zahlen kann das Zufallsexperiment durch eine sog. *Zufallsvariable* beschrieben werden.

In den seltensten Fällen ist jedes Ergebnis gleich wahrscheinlich. Daher ist für die vollständige Beschreibung eines Zufallsexperiments meist die Angabe der *relativen Häufigkeiten* entscheidend, mit denen jedes Ergebnis in der Grundgesamtheit (Population) der einzelnen Experimente auftritt. So lebten bspw. nach Angaben des Statistischen Bundesamts im Jahr 2005 ca. 40,340 Mill. Männer und 42,098 Mill. Frauen in Deutschland. Damit ist die relative Häufigkeit der Männer in der deutschen Bevölkerung 0,489 und die der Frauen 0,511. Diese Häufigkeiten lassen sich durch eine Funktion abbilden, die *Verteilungsfunktion* genannt wird. Diese Funktion beschreibt, auf welche Weise die Werte einer Zufallsvariablen und damit die Ergebnisse des dazugehörigen Zufallsexperiments in der Population verteilt sind. In unserem Beispiel der Verteilung der Geschlechter in der deutschen Bevölkerung besteht diese Verteilung nur aus den beiden relativen Häufigkeiten 0,489 und 0,511. Die relativen Häufigkeiten von Ergebnissen in der Population entsprechen somit den Wahrscheinlichkeiten des Auftretens eines jeden dieser Ergebnisse, wenn aus der Population zufällig ein Vertreter gezogen wird. Daher spricht man auch von einer *Wahrscheinlichkeitsverteilung*. So gibt die Verteilung der Geschlechter in der Bevölkerung Deutschlands an, dass man mit einer Wahrscheinlichkeit von 48,9% einen Mann erhält, wenn man zufällig eine Person auswählt.

Da es sich häufig um die Charakterisierung einer großen Schar von möglichen Realisationen handelt, sind solche Verteilungen oft sehr komplex und damit nur schwer in allen Einzelheiten zu beschreiben. Darüber hinaus lässt sich auch deren Gestalt häufig nur schwer angeben. Allerdings können sie zumeist mehr oder weniger hinreichend durch eine begrenzte Anzahl von Kennzahlen beschrieben werden, die die *Momente der Verteilung* genannt werden. Die Kenntnis der ersten und zweiten Momente einer Verteilung reicht oftmals aus, um diese Verteilung für den verfolgten Zweck hinreichend zu beschreiben. Wie wir in diesem Kapitel noch sehen werden, wird eine normalverteilte Zufallsvariable durch genau zwei Momente sogar vollständig beschrieben, nämlich durch den *Erwartungswert* und die *Varianz* (die durchschnittliche quadratische Abweichung vom Erwartungswert). Der Erwartungswert der Variablen X wird im Folgenden mit $E(X)$ und deren Varianz mit $Var(X)$ bezeichnet.

Beispiel 1.1. Statistiker und Schönheit

In der Population „Einwohner der Bundesrepublik Deutschland" sei das Merkmal „Schönheit" eine Zufallsgröße (bezeichnet mit X), also das Ergebnis eines Zufallsexperiments, dessen Einzelergebnisse jeweils durch einen numerischen Wert abgebildet werden (z.B. $x_i = 2$, wobei i das Individuum $i = 1, ..., J$ bezeichnet). Bei dieser (natürlich rein fiktiven) Skala soll grundsätzlich jeder Wert auf der reellen Zahlenachse möglich sein, und höhere Werte sollen den schöneren Menschen zugewiesen werden. Es existiert somit eine Verteilungsfunktion $F(X)$, die eindeutig beschreibt, mit welchen Wahrscheinlichkeiten individuelle Realisationen der Zufallsvariablen X in der Population auftreten (ihre präzise Definition erfolgt in Abschnitt 1.3).

Angenommen, diese Verteilung lasse sich durch die beiden nicht bekannten Momente Erwartungswert und Varianz vollständig beschreiben und man besäße eine zufällig gezogene Stichprobe aus dieser Population. Das Ziel der statistischen Analyse liegt dann darin, aus dieser Stichprobe Rückschlüsse auf die Populationsmomente zu gewinnen, d.h. den Erwartungswert und die Varianz des Merkmals „Schönheit" in der Bundesrepublik Deutschland mittels einer Zufallsstichprobe möglichst genau zu schätzen. Der geschätzte Erwartungswert würde dann Auskunft über die „durchschnittliche" Schönheit eines Individuums der Population geben und die geschätzte Varianz Auskunft über die Streuung um diesen Durchschnittswert.

In einem abschließenden Schritt muss ausgelotet werden, wie zuverlässig diese Schätzergebnisse angesichts der vorliegenden Stichprobenvariation sein können. Liegt eine Hypothese über die Ausprägung eines Populationsmoments vor, z.B. „im Schnitt liegt die Schönheit bei einem Wert von 2,54", so kann mit Hilfe eines statistischen Tests überprüft werden, ob der geschätzte Parameter systematisch von diesem vorgegebenen Wert abweicht.

In der Regel kennt man natürlich nicht die vollständige Population, sondern nur einen Ausschnitt, eine *Stichprobe*. Diese Einschränkung wirft keine unüberwindlichen Probleme für die Gewinnung von Erkenntnissen über die Grundgesamtheit auf, sofern die Stichprobe aus der Population *zufällig* gezogen wurde. Dann besitzt man eine *Zufallsstichprobe*, aus der man wiederum mehr oder weniger unproblematisch Rückschlüsse auf die zugrunde liegende Population ziehen kann. Je mehr über die Form der Wahrscheinlichkeitsverteilung bekannt ist, desto größer sind die Aussichten, möglichst genaue Rückschlüsse ziehen zu können. Das klassische Problem der „schließenden" Statistik ist die Ermittlung der wenigen verbleibenden unbekannten Parameter einer Verteilung auf der Basis einer Zufallsstichprobe. Die Ermittlung dieser Parameter bezeichnet man als *Inferenz*. Im Rahmen statistischer Inferenz versucht man also, aus den Stichprobeninformationen möglichst genaue Aussagen über die zugrunde liegende Populationsverteilung herzuleiten. Da sich diese Populationsverteilung oftmals durch wenige Momente beschreiben lässt, heißt dies letztlich, dass man die Informationen der Zufallsstichprobe dazu nutzen möchte, die Momente der Populationsverteilung zu *schätzen*.

Eine jede Schätzung beruht somit auf einem zufällig zustande gekommenen Ausschnitt aus der Population – der Zufallsstichprobe. Die zufällige Ziehung der Stichprobe führt unweigerlich dazu, dass dem Ergebnis der Schätzung ebenfalls ein Zufallselement anhaftet. Folglich ist es in einem abschließenden Schritt notwendig, das Schätzergebnis seinerseits dahingehend einzuschätzen, wie zuverlässig es die Gegebenheiten der Population widerspiegelt. Oft lautet eine relevante Fragestellung, ob das Schätzergebnis von einem bestimmten vorgegebenen Wert tatsächlich *systematisch* abweicht oder aber ob diese Abweichung nur *rein zufällig* durch den zufälligen Ziehungsprozess der Stichprobe zustande gekommen ist. Diesen abschließenden Schritt der klassischen statistischen Arbeit nennt man *statistisches Testen*.

Abbildung 1.1 veranschaulicht diesen Prozess. Aus einer Population von L Individuen werden zufällig N Individuen gezogen. Man wird in der Stichprobe nur eine endliche Anzahl von Realisationen der Zufallsvariable X (also bspw. des Merkmals Schönheit) beobachten können (maximal natürlich N). Man erhält also eine Stichprobenverteilung der Schönheit, die erst bei einer hinreichend großen Stichprobe die Populationsverteilung dieses Merkmals in etwa widerspiegeln kann. Diese Stichprobenverteilung lässt sich durch eine Auflistung der relativen Häufigkeiten von Ergebnissen, die in

vorab festgelegte Teilabschnitte fallen, ein so genanntes Histogramm, annä-
hern. In **Abbildung 1.1** werden diese relativen Häufigkeiten durch die Höhe
der Balken repräsentiert. Mit zunehmender Stichprobengröße kann man diese
Teilabschnitte immer feiner definieren, bis im Endeffekt die „glatte" Wahrscheinlichkeitsverteilung der Population (gestrichelte Linie) erreicht wird.

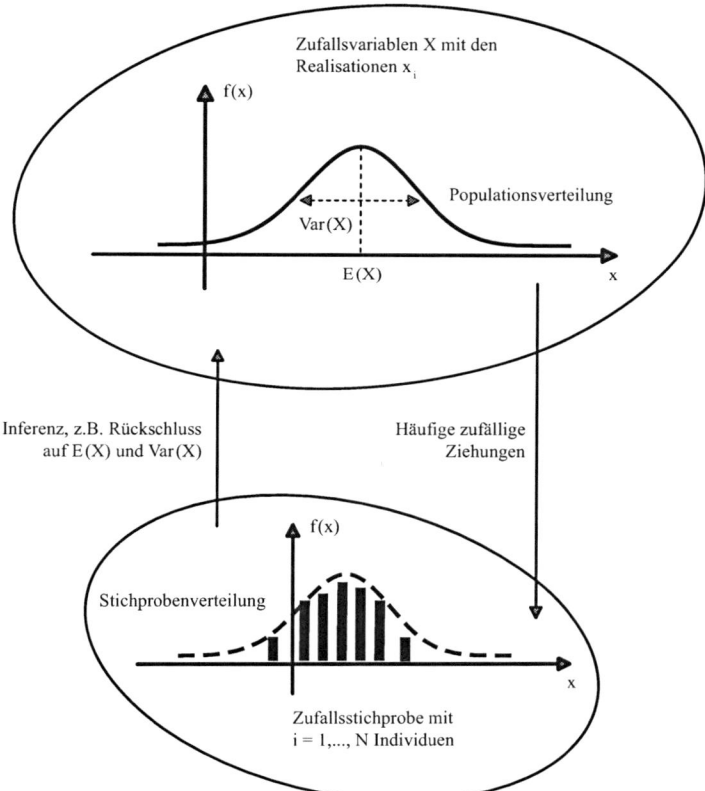

Abbildung 1.1. Der Zusammenhang zwischen der Population einer Zufallsvariablen, den Populationsmomenten, einer Zufallsstichprobe aus dieser Population und
dem Rückschluss von der Stichprobe auf die Population.

Mit größter Wahrscheinlichkeit wird, ausgelöst durch den zufälligen Ziehungsprozess, selbst bei einer großen Stichprobe diese Approximation nicht
perfekt sein, d.h. die Stichprobenverteilung gibt die Populationsverteilung
nie exakt wieder. Die Aufgabe der Statistik liegt auch nicht unbedingt darin,
in allen Einzelheiten Erkenntnisse über die gesamte Verteilung zu ermitteln.
Vielmehr reicht es für viele Fragestellungen vollkommen aus, verlässlich etwas über einige zentrale Eigenschaften der Grundgesamtheit zu erfahren. Die

Aufgabe besteht häufig lediglich darin, aus der vorliegenden Stichprobeninformation Rückschlüsse auf den Erwartungswert von X oder dessen Varianz zu ziehen. Je grundlegender die Eigenschaft der Wahrscheinlichkeitsverteilung ist, über die man etwas lernen will, desto ausgeprägter sind die Möglichkeiten, dies erfolgreich umzusetzen. Die grundlegendste Eigenschaft ist der Erwartungswert – daher ist seine Abschätzung sicherlich das häufigste Problem empirischen Arbeitens.

Die folgenden Abschnitte vertiefen in sehr knapper Form einige der entscheidenden Aspekte der angesprochenen statistischen Grundlagen. In Abschnitt 1.3 werden Wahrscheinlichkeitsverteilungen und ihre Momente genauer betrachtet und einige zentrale Wahrscheinlichkeitsverteilungen vorgestellt, die in der praktischen statistischen Arbeit häufig vorkommen. Die Diskussion dieser Verteilungen erfolgt nicht aus ästhetischen Gründen, sondern weil ihre Kenntnis die statistische Arbeit und das Verständnis der restlichen Ausführungen dieses Buches deutlich erleichtert. Im zweiten Kapitel wird auf das oben beschriebene Schätzproblem näher eingegangen und verdeutlicht, dass die systematische Auswahl einer Vorgehensweise zwar die Aussagefähigkeit der Ergebnisse gegenüber einer rein mechanistischen Anwendung statistischer Methoden entscheidend verbessern kann, uns jedoch nie von einer verbleibenden Unsicherheit über das „wahre" Ergebnis befreit. Diese verbleibende Unsicherheit macht schließlich die Anwendung statistischer Testmethoden notwendig, die ebenfalls im zweiten Kapitel näher erläutert werden. Es wird sich dabei zeigen, dass auch statistische Tests nicht in der Lage sind, die letzten Zweifel an der Korrektheit des Ergebnisses zu beseitigen.

Diese kurze *Tour de Force* durch die Grundlagen der Statistik ist natürlich kaum hinreichend, um alle Fallstricke beim Einsatz statistischer Methoden vollständig zu diskutieren. Die Lektüre sowohl formaler statistischer/ökonometrischer Einführungstexte, wie z.B. Pindyck und Rubinfeld (1998), Greene (2008), Wooldridge (2006) oder Stock und Watson (2007), oder eher anwendungsorientierter Literatur, wie Krämer (1998), ist für jeden angehenden Wirtschaftswissenschaftler ebenso unabdingbar wie ein wachsames Auge gegenüber der Aufbereitung von Datenmaterial in Presse und Fachliteratur. Vor allem wollen wir betonen, dass die eigentliche Herausforderung für den Wirtschaftswissenschaftler nicht in der Anwendung der hier beschriebenen klassischen statistischen Methoden liegt – ihre Kenntnis ist lediglich eine notwendige Voraussetzung.

Für den Ökonomen tritt ein grundlegendes Problem vor das Schätzen und das Testen, die so genannte *Identifikation*. Welche Verteilung ist es eigentlich, deren Form bis auf wenige Parameter als bekannt angenommen wird? Wie begegnet man der Möglichkeit, dass die gezogene Stichprobe vielleicht gar nicht repräsentativ ist oder gar nur einen Ausschnitt der Verteilung in der Population preisgibt? Welche Beobachtungen stammen eigentlich aus der gleichen Population und lassen sich daher als Teil einer Stichprobe aus dieser Population auffassen, welche dagegen sind eher nicht vergleichbar? Diese Fragen und mögliche Antworten darauf sind Gegenstand der folgenden Kapitel des Buches. Welche Antwort der Wirtschaftswissenschaftler allerdings auch immer auf diese Fragen finden mag, ohne ein hinreichendes Verständnis der grundlegenden Konzepte der Statistik wird er nicht auskommen.

Kernbotschaften

- Die Konzepte des Zufallsexperiments und der Zufallsvariablen ermöglichen die formale Behandlung beobachtbarer Phänomene: die relativen Häufigkeiten des Auftretens unterschiedlicher Ereignisse werden von einer Wahrscheinlichkeitsverteilung erfasst.
- Wahrscheinlichkeitsverteilungen sind nur selten kompakt in allen Einzelheiten zu beschreiben. Ihre zentralen Eigenschaften (Momente) sind jedoch häufig hinreichend für die Analyse der Fragestellung.
- Die klassische Aufgabe der *schließenden* Statistik ist der Rückschluss aus einer Stichprobe auf die Grundgesamtheit. Die Schätzung dieser Eigenschaften erfolgt je nach Situation mit unterschiedlicher Präzision.

1.3 Wahrscheinlichkeitsverteilungen und Momente

„Auch Statistiker haben ihre Momente."
(Folklore)

1.3.1 Wahrscheinlichkeitsverteilungen

Zufallsvariablen sind eindeutige Abbildungen, bei denen den Ergebnissen eines Zufallsexperiments reelle Zahlen zugeordnet werden. Hierbei muss man zwischen *stetigen* und *diskreten* Zufallsvariablen unterscheiden. Diskrete Zufallsvariablen zeichnen sich dadurch aus, dass ihre Realisationen nur eine abzählbare Anzahl von reellen Werten annehmen können und werden durch *Wahrscheinlichkeitsverteilungen* (graphisch: Histogramme) und durch kumulierte Wahrscheinlichkeitsverteilungen, die *Verteilungsfunktionen* (graphisch: Treppenfunktionen) beschrieben. Bei stetigen Zufallsvariablen, deren Realisationen grundsätzlich jeden beliebigen Wert auf der reellen Zahlenachse annehmen können, nennt man die entsprechenden Funktionen *Dichte-* und *kumulierte Dichtefunktionen.*

Diskrete Zufallsvariablen. Eine diskrete Zufallsvariable kann vollkommen beschrieben werden, indem man die Wahrscheinlichkeiten auflistet, mit der jede Ausprägung der Zufallsvariablen auftritt. Man bezeichnet diese Auflistung als Wahrscheinlichkeitsfunktion $f(x) = P(X = x)$, wobei x für die möglichen Realisationen von X steht. Die Wahrscheinlichkeit, eine bestimmte Ausprägung zu beobachten, liegt dabei immer zwischen Null und Eins, d.h.

$$0 \leq P(X = x) \leq 1. \tag{1.1}$$

Darüber hinaus muss die Summe der Wahrscheinlichkeiten für alle Ausprägungen der Zufallsvariablen immer den Wert Eins ergeben:

$$\sum_x f(x) = 1. \tag{1.2}$$

Die Verteilungsfunktion bzw. kumulierte Wahrscheinlichkeitsverteilung $F(x)$ einer diskreten Zufallsvariablen zeigt die Wahrscheinlichkeit an, dass eine Ausprägung der Zufallsvariablen kleiner oder gleich einer beliebig zu wählenden Konstanten ist:

$$F(z) = \sum_{x \leq z} f(x) = P(X \leq z). \tag{1.3}$$

Beispiel 1.2. Fairer Würfel

Betrachtet sei ein Würfel mit idealen physischen Eigenschaften, ein so genannter fairer Würfel. Er bevorzugt keine der Augenzahlen und bleibt nie auf der Kante liegen. Wirft man diesen Würfel, so ist die Wahrscheinlichkeit p_1, eine Eins zu erhalten, gleich $1/6$ und die Wahrscheinlichkeit p_2, eine Zwei zu erhalten, ebenfalls gleich $1/6$. Im Allgemeinen gilt für den Würfel, dass $f(x) = P(X = x) = 1/6$ für alle $x = 1, \ldots, 6$. Die Wahrscheinlichkeit, weniger als eine Vier zu würfeln, ist $P(X < 4) = 1/6 + 1/6 + 1/6 = 1/2$.

Spezielle diskrete Zufallsvariablen sind Indikatorvariablen. Sie nehmen jeweils lediglich die Werte Null und Eins an. Der Wert Eins zeigt dabei an, dass eine bestimmte Bedingung erfüllt ist, z.B. männliches Geschlecht. Die Zufallsvariable $1_{[Mann]}$ erhält die Ausprägung Eins für Männer und Null für Frauen. Jedes Ereignis lässt sich bei einer diskreten Zufallsvariablen in Form einer solchen Indikatorvariablen ausdrücken, wobei

$$f(x) = P(X = x) = P(1_{[Mann]} = x).$$

Dies wird uns beim Schätzen häufig die Arbeit erleichtern.

Beispiel 1.3. Histogramm und Treppenfunktion

Der faire Würfel ist zwar ein anschauliches Beispiel. Die statistische Praxis hält jedoch viele Anwendungen bereit, bei denen die Ereignisse nicht alle mit der gleichen Wahrscheinlichkeit auftreten. So sind z.B. in der folgenden Tabelle die Wahrscheinlichkeitsfunktion $f(x) = P(X = x)$ und die kumulierte Wahrscheinlichkeitsverteilung $F(x)$ in **Abbildung 1.2** dargestellt.

x	0	1	2	3	4	5
$P(X = x)$	0,1	0,2	0,1	0,2	0,1	0,3
$F(x)$	0,1	0,3	0,4	0,6	0,7	1,0

Stetige Zufallsvariablen. Im Gegensatz zu diskreten Zufallsvariablen weisen stetige Zufallsvariablen eine unendliche Anzahl möglicher Merkmalsausprägungen auf. Für eine stetige Zufallsvariable ist daher die Wahrscheinlichkeit, eine ganz bestimmte Ausprägung zu beobachten, gleich Null. Das bedeutet aber nicht, dass dieses Ereignis unmöglich wäre. Aufgrund dieser Eigenschaft ist die Darstellung einer stetigen Zufallsvariablen anhand der für diskrete Zufallsvariablen beschriebenen Wahrscheinlichkeitsfunktion nicht sinnvoll. Bei stetigen Zufallsvariablen gibt man im Unterschied zu diskreten Zufallsvariablen daher nicht an, mit welcher Wahrscheinlichkeit die Zufallsvariable einen bestimmten Wert annimmt. Vielmehr wird bei stetigen Zufallsvariablen die Wahrscheinlichkeit angegeben, dass sie in ein bestimmtes Intervall fällt.

Stetige Zufallsvariablen werden anhand von Dichtefunktionen beschrieben. Diese sind definiert als nicht-negative Funktionen $f(x)$, also

$$f(x) \geq 0, \tag{1.4}$$

so dass über den gesamten Definitionsbereich betrachtet die Fläche unter der gesamten Dichtefunktion den Wert Eins annimmt, d.h.

$$\int_{-\infty}^{+\infty} f(x)dx = 1. \tag{1.5}$$

Die Wahrscheinlichkeit dafür, ein Ereignis aus dem Intervall $[a, b]$ zu realisieren, entspricht der Fläche unter der Dichtefunktion $f(x)$ von a bis b,

$$P(a \leq X \leq b) = \int_a^b f(x)dx \geq 0, \tag{1.6}$$

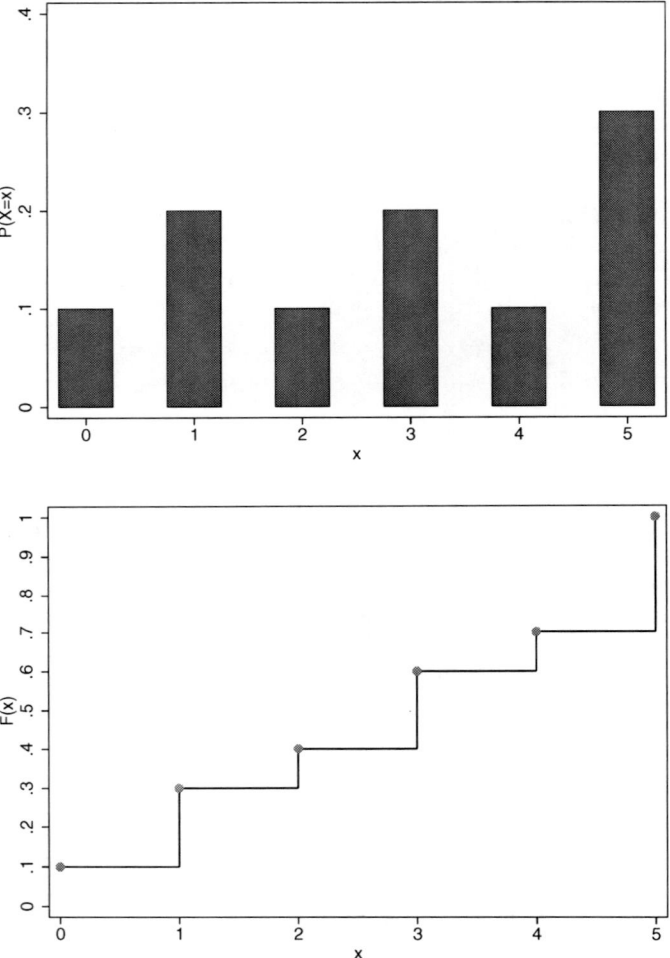

Abbildung 1.2. Diskrete Zufallsvariablen: Histogramm und Treppenfunktion.

wie in **Abbildung 1.3** dargestellt. Alle Werte x, für die eine positive Wahrscheinlichkeit dafür besteht, dass in einem beliebig kleinen Intervall um sie herum Ausprägungen zustande kommen, bilden den *Stützbereich* der stetigen Wahrscheinlichkeitsverteilung.

Die kumulierte Dichtefunktion einer stetigen Zufallsvariablen ist analog dazu definiert als

$$F(x) = P(X \leq x) = \int_{-\infty}^{x} f(x)dx, \quad \text{mit} \quad f(x) = \frac{dF(x)}{dx}. \tag{1.7}$$

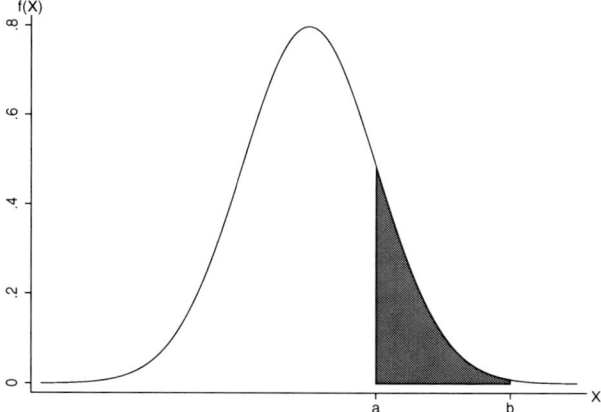

Abbildung 1.3. Wahrscheinlichkeit, dass die Ausprägung einer stetigen Zufalls-variablen X zwischen a und b liegt.

Eine typische kumulierte Dichtefunktion einer stetigen Zufallsvariablen ist in **Abbildung 1.4** dargestellt. Eine allgemein gehaltene Definition behält im Grundsatz die Formulierung des Ausdrucks (1.7) bei, erlaubt aber Unstetig-keiten in der Verteilungsfunktion $F(x)$. Auch bei stetigen Zufallsvariablen lassen sich die Wahrscheinlichkeiten solcher Ereignisse in Form von Indika-torvariablen ausdrücken

$$P(a \leq X \leq b) = P(\mathbf{1}_{[a \leq X \leq b]} = 1). \tag{1.8}$$

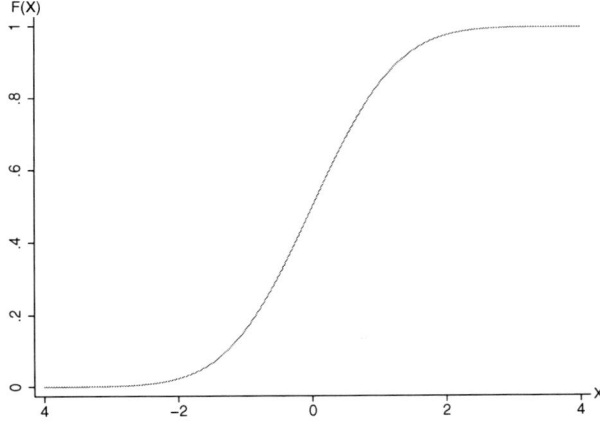

Abbildung 1.4. Kumulierte Dichtefunktion einer stetigen Zufallsvariablen.

Sowohl für diskrete als auch für stetige Zufallsvariablen muss die kumulierte Wahrscheinlichkeitsfunktion bzw. Dichtefunktion die folgenden wichtigen Eigenschaften aufweisen:

- $0 \leq F(x) \leq 1$;
- ist $x > y$, dann gilt $F(x) \geq F(y)$;
- $F(+\infty) = 1$;
- $F(-\infty) = 0$.

Zwei weitere Eigenschaften von Verteilungsfunktionen sind sehr hilfreich, um Wahrscheinlichkeiten zu berechnen. So gilt für jede beliebige Konstante c

$$P(X > c) = 1 - F(c)$$

und für alle beliebigen Zahlen a und b

$$P(a < X \leq b) = F(b) - F(a).$$

Beispiel 1.4. Bevölkerung nach Altersgruppen

Auf seiner Homepage (www.destatis.de) veröffentlicht das Statistische Bundesamt u.a. Tabellen über die Altersstruktur der Bevölkerung der Bundesrepublik Deutschland. Die im Oktober 2005 ausgewiesenen Daten für das Jahr 2004 werden in der folgenden Tabelle 1.1 zusammengefasst.

Tabelle 1.1. Bevölkerung nach Altersgruppen im Jahr 2004

im Alter von ... bis unter ... Jahren	in 1.000	$P(X = x)$	$F(x)$
unter 6	4.435,1	0,054	0,054
6 bis unter 15	7.489,5	0,091	0,145
15 bis unter 25	9.678,1	0,117	0,262
25 bis unter 45	24.088,7	0,292	0,554
45 bis unter 65	21.441,9	0,260	0,814
65 und mehr	15.367,5	0,186	1,000
Insgesamt	82.500,8	1,00	-

Die Tabelle zeigt, dass 11,7% aller Personen in Deutschland in der Altersgruppe von 15 bis unter 25 Jahren zu finden sind. Mit anderen

Worten, die Wahrscheinlichkeit, dass eine zufällig aus der Bevölkerung in Deutschland ausgewählte Person aus der Altersgruppe von 15 bis unter 25 Jahren stammt, beträgt 11,7%. Entsprechend beträgt die Wahrscheinlichkeit, dass eine zufällig aus der Bevölkerung gezogene Person 25 Jahre und älter ist, $1 - 0,262 = 0,738$ bzw. 73,8%, und die Wahrscheinlichkeit, dass sie mindestens 15, aber jünger als 65 Jahre ist, $0,814 - 0,145 = 0,669$ bzw. 66,9%. Die diskrete Natur der Zufallsvariablen „Alter " ist hier allein der technischen Voraussetzungen von Datenerhebung und -aufbereitung geschuldet. Natürlich ist das Alter eigentlich eine stetige Variable – die Verteilungsfunktion bleibt davon unberührt, da z.B. $F(X > 25) = 0,738$ unabhängig davon ist, ob das Alter stetig oder diskret ausgewiesen wird.

Gemeinsame und bedingte Wahrscheinlichkeitsverteilungen. In der empirischen Wirtschaftsforschung ist man üblicherweise daran interessiert, Beziehungen zwischen mehreren Zufallsvariablen darzustellen. Die Beschreibung der Verteilung einer Zufallsvariablen ist zwar ein wichtiger Analyseschritt. Im Zentrum des Interesses steht jedoch die Analyse *gemeinsamer Wahrscheinlichkeitsverteilungen* mehrerer Zufallsvariablen bzw. die *bedingte Wahrscheinlichkeitsverteilung* einer Zufallsvariablen, gegeben die Ausprägungen von einer oder mehreren anderen Zufallsvariablen. So ist man bspw. an der gemeinsamen Wahrscheinlichkeitsverteilung der Teilnahme an einer Maßnahme der aktiven Arbeitsmarktpolitik und des Erwerbsstatus nach der Maßnahme interessiert, d.h. man möchte die Wahrscheinlichkeit dafür bestimmen, dass eine beliebige arbeitslose Person an einer Maßnahme der aktiven Arbeitsmarktpolitik teilnimmt *und* nach der Maßnahme eine Anstellung auf dem Arbeitsmarkt findet.

Von ähnlich hohem Interesse ist aber auch die *bedingte Wahrscheinlichkeit*: gegeben, dass eine Person an der Maßnahme teilgenommen hat, wie hoch ist die Wahrscheinlichkeit dafür, dass diese Person eine Anstellung findet? So lange man sich, wie in diesem Kapitel, im Rahmen wahrscheinlichkeitstheoretischer Überlegungen bewegt, lässt sich diese Frage ohne weitere Probleme beantworten. Man muss lediglich die relativen Häufigkeiten von Beschäftigung und Arbeitslosigkeit in der Teilpopulation derjenigen beobachten, die an der Maßnahme teilnehmen. Dabei wird diese Teilnahme als ein Zustand betrachtet, den der Analytiker zugewiesen hat, nicht als eine Wahlhandlung. Die Realität der empirischen Wirtschaftsforschung sieht jedoch komplizierter aus. Menschen dürften sich ihre Aktivität (hier: Teilnahme ja/nein) häufig sehr wohl aussuchen, so dass sich die beobachteten Daten zu Teilnahme an der arbeitsmarktpolitischen Maßnahme und Arbeitsmarkterfolg keineswegs als ein direktes Gegenstück zum wahrscheinlichkeitstheoretischen Zufallsexperiment „Festsetzen von $X = x$ und Ermitteln der relativen Häufigkeiten von Y unter der Bedingung $X = x$" interpretieren lassen. Dieses Problem spielt hier noch keine Rolle (siehe hierzu Kapitel 4).

Die gemeinsamen und die bedingten Verteilungen von Zufallsvariablen hängen natürlich eng miteinander zusammen. Ausgangspunkt seien zwei Zufallsvariablen X und Y, die eine gemeinsame Wahrscheinlichkeitsverteilung besitzen, wobei diese Verteilung vollkommen durch die gemeinsame Wahrscheinlichkeits- bzw. Dichtefunktion $f(x, y)$ beschrieben werden kann. Sind X und Y diskrete Zufallsvariablen, ist diese Wahrscheinlichkeitsfunktion durch die relative Häufigkeit des gemeinsamen Auftretens der betreffenden Realisationen x und y gegeben, also

$$P(X = x, Y = y) = f(x, y). \tag{1.9}$$

Dabei müssen die Anforderungen $f(x, y) \geq 0$, d.h. dass ein gemeinsames Ereignis mit einer nicht-negativen Wahrscheinlichkeit auftritt, und $\sum_x \sum_y f(x, y) = 1$, d.h. dass sich die Ausprägungen der Wahrscheinlichkeitsfunktion zu Eins addieren, erfüllt sein. Sind X und Y hingegen stetige Zufallsvariablen, ist $f(x, y)$ die gemeinsame Dichtefunktion. In Analogie zur gemeinsamen Wahrscheinlichkeitsfunktion diskreter Zufallsvariablen müssen im stetigen Fall die Anforderungen $\int_x \int_y f(x, y)\, dy\, dx = 1$ und $f(x, y) \geq 0$ erfüllt sein. Die Wahrscheinlichkeit der Realisation von X und Y innerhalb eines vorgegebenen Intervalls ist dann

$$P(a \leq X \leq b, c \leq Y \leq d) = \int_a^b \int_c^d f(x, y)\, dy\, dx. \tag{1.10}$$

Die kumulativen gemeinsamen Wahrscheinlichkeits- bzw. Dichtefunktionen $F(z, w) = P(X \leq z, Y \leq w)$ lauten für den Fall diskreter Zufallsvariablen

$$F(z, w) = \sum_{x \leq z} \sum_{y \leq w} f(x, y) \tag{1.11}$$

und für den Fall stetiger Zufallsvariablen

$$F(z, w) = \int_{-\infty}^z \int_{-\infty}^w f(x, y)\, dy\, dx. \tag{1.12}$$

Natürlich ist auch eine gemeinsame Betrachtung von diskreten und stetigen Zufallsvariablen denkbar. In der Praxis der wirtschaftswissenschaftlichen Analyse dürfte dies sogar sehr häufig vorkommen. In diesem Falle sind dann Wahrscheinlichkeiten der Ausprägungen (x, y) ebenso wenig definiert wie im Falle von zwei stetigen Zufallsvariablen. Alle anderen Aspekte der gemeinsamen Wahrscheinlichkeitsverteilung lassen sich aber leicht analog zur obigen Diskussion durch eine geeignete Nutzung von Summen und Integralen schreiben.

Die bedingten Wahrscheinlichkeiten $f(y|x)$ ergeben sich als relative Häufigkeiten der Ausprägungen y der diskreten Zufallsvariablen Y, für die $X = x$ gilt, unabhängig davon, ob die Zufallsvariable X diskret oder stetig ist. Analog zu den unbedingten Wahrscheinlichkeiten gilt

$$0 \leq f(y|x) \leq 1 \tag{1.13}$$

mit

$$\sum_y f(y|x) = 1. \tag{1.14}$$

Insbesondere gilt zwischen bedingten und gemeinsamen Wahrscheinlichkeiten der Zusammenhang

$$f(y|x) \cdot f(x) = f(y, x), \tag{1.15}$$

wobei $f(x)$ im Kontext der gemeinsamen Betrachtung der Zufallsvariablen X und Y als marginale Wahrscheinlichkeit (bzw. Dichte) bezeichnet wird.

Im Falle einer stetigen Zufallsvariablen Y repräsentiert $f(y|x)$ die bedingte Dichtefunktion mit den Eigenschaften

$$f(y|x) \geq 0 \tag{1.16}$$

und

$$\int_{-\infty}^{\infty} f(y|x) \, dy = 1. \tag{1.17}$$

Auch hier gilt grundsätzlich $f(y|x) \cdot f(x) = f(y, x)$, sowohl wenn X eine diskrete Zufallsvariable und somit $f(x)$ eine Wahrscheinlichkeitsfunktion als auch wenn X eine stetige Zufallsvariable und somit $f(x)$ eine Dichtefunktion ist.

Kernbotschaften

- Die Wahrscheinlichkeitsverteilungen diskreter und stetiger Zufallsvariablen unterscheiden sich in der Darstellung.
- Für stetige Zufallsvariablen ist die Wahrscheinlichkeit des Auftretens einer konkreten Ausprägung gleich Null.
- Von besonderem Interesse sind in der wirtschaftswissenschaftlichen Forschung bedingte Wahrscheinlichkeitsverteilungen.

1.3.2 Bedeutende Momente

In der Praxis wollen wir verschiedene Wahrscheinlichkeitsverteilungen anhand ausgewählter Eigenschaften in möglichst ebenso sparsamer wie genauer Form beschreiben. Hierzu bieten sich die Momente einer Verteilung an. Jedes dieser Momente ist eine Zahl, die die Eigenschaften der zugrunde liegenden Zufallsvariablen näher beschreibt. Wichtige Momente von Verteilungen einzelner Zufallsvariablen sind der *Erwartungswert*, die *Varianz* und die *Schiefe*. Für Verteilungen zweier oder mehrerer Zufallsvariablen ist (sind) weiterhin die *Kovarianz(en)* von Bedeutung.

Erwartungswert. Der Erwartungswert $E(X) = \mu_X$ einer diskreten Zufallsvariablen X ist das gewichtete Mittel aller möglichen Realisationen von X, wobei die Wahrscheinlichkeiten, mit denen die Realisationen x auftreten können, als Gewichte dienen

$$E(X) = \sum_x f(x)x. \tag{1.18}$$

Für eine stetige Zufallsvariable X ergibt sich der Erwartungswert analog als

$$E(X) = \int_{-\infty}^{\infty} f(x)x \, dx. \tag{1.19}$$

Für den speziellen Fall einer Indikatorvariablen gilt, dass der Erwartungswert gleich der Wahrscheinlichkeit des Auftretens der Ausprägung Eins ist, denn es gilt

$$E(\mathbf{1}_{[X=x]}) = P(\mathbf{1}_{[X=x]} = 1) \cdot 1 + P(\mathbf{1}_{[X=x]} = 0) \cdot 0$$
$$= P(\mathbf{1}_{[X=x]} = 1). \tag{1.20}$$

Dass die Kenntnis des Erwartungswerts direkten Aufschluss über Wahrscheinlichkeiten vermittelt, erlaubt eine alternative Darstellung der Wahrscheinlichkeitsfunktion für diskrete Variablen, denn es gilt $E(\mathbf{1}_{[X=x]}) = f(x)$.

Varianz. Die Varianz $Var(X) = \sigma_X^2$ ist das gewichtete Mittel der quadratischen Abweichungen der Realisationen der Zufallsvariablen X von ihrem Erwartungswert $E(X)$, wobei auch hier die Wahrscheinlichkeiten, mit denen die Einzelergebnisse auftreten können, als Gewichte dienen. Dies bedeutet im Falle einer diskreten Zufallsvariablen X

$$Var(X) = \sum_x f(x)(x - E(X))^2 = \sum_x f(x)(x - \mu_X)^2. \tag{1.21}$$

Für eine stetige Zufallsvariable X ergibt sich die Varianz analog als

$$Var(X) = \int_{-\infty}^{\infty} f(x)(x - \mu_X)^2 \, dx. \tag{1.22}$$

Dies bedeutet, dass die Varianz von X ebenfalls ein Erwartungswert ist, nämlich der Erwartungswert der quadrierten Abweichungen der Realisationen der Zufallsvariablen X von ihrem Erwartungswert, d.h. $Var(X) = E[(x - \mu_X)^2]$. Die *Standardabweichung* σ_X ist als die positive Quadratwurzel der Varianz definiert, d.h. $\sigma_X = +\sqrt{\sigma_X^2}$.

Schiefe. Die Schiefe, im Falle einer diskreten Zufallsvariablen X

$$Schiefe(X) = \sum_x f(x) \frac{(x - E(X))^3}{\sigma_X^3} = \sum_x f(x) \frac{(x - \mu_X)^3}{\sigma_X^3}, \tag{1.23}$$

ist das dritte zentrale Moment einer Verteilung und anschaulich ein Maß für ihre Symmetrie. Im Falle einer stetigen Zufallsvariablen X ergibt sie sich als

$$Schiefe(X) = \int_{-\infty}^{\infty} f(x) \frac{(x - \mu_X)^3}{\sigma_X^3} \, dx. \tag{1.24}$$

Symmetrische Verteilungen haben eine Schiefe von Null. Linksschiefe (d.h. rechtssteile) Verteilungen weisen einen negativen Wert für die Schiefe auf, rechtsschiefe (d.h. linkssteile) einen positiven Wert. So sind bspw. die in Kapitel 1.3.3 abgebildeten χ^2- und F-Verteilungen rechtsschief.

Beispiel 1.5. Der Body-Mass-Index (BMI) in Deutschland

Der Body-Mass-Index (BMI) gilt sowohl in der Gesundheitsökonomie als auch in der öffentlichen Diskussion als wichtiger Indikator für das Über- und Untergewicht einer Person. Die Gründe dafür dürften in der vergleichsweise einfachen Berechnung des Index und seiner einfachen Interpretation liegen, aber auch darin, dass seine Rolle als Indikator für Über- bzw. Untergewicht inzwischen allgemein akzeptiert wird. Der BMI ist definiert als das Verhältnis von Körpergewicht in Kilogramm (kg) zur quadrierten Körpergröße in Metern (m). Nach der Definition der Weltgesundheitsbehörde (WHO) wird eine Person mit einem BMI unter 18,5 als untergewichtig eingestuft. Personen mit einem BMI über 25 werden hingegen als übergewichtig angesehen, Personen mit einem BMI über 30 als fettleibig.

Die im Rahmen des Mikrozensus für das Jahr 2003 ermittelten Angaben erlauben – jedenfalls wenn wir für den Augenblick davon abstrahieren, dass zwischen der in diesen Betrachtungen angesprochenen

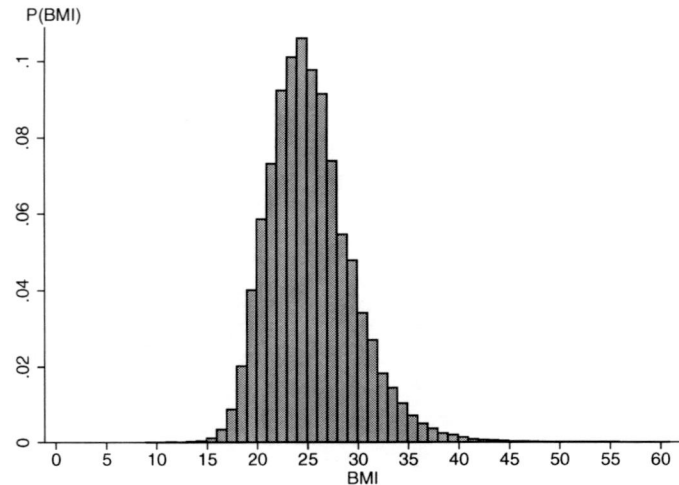

Abbildung 1.5. Verteilung des BMI in Deutschland.

Population und der vom Mikrozensus erfassten Stichprobe möglicherweise ein erheblicher Unterschied besteht – die Berechnung des BMI für die deutsche Bevölkerung, wobei wir uns auf die Bevölkerung im Alter von über 18 Jahren beschränken. **Abbildung 1.5** zeigt die Verteilung des BMI in diesem Ausschnitt der gesamten Bevölkerung.

Aus dieser Verteilung lässt sich berechnen, dass der Erwartungswert des BMI für die betrachtete Bevölkerung 25,34 beträgt. Damit ist eine zufällig ausgewählte Person in Deutschland im Durchschnitt leicht übergewichtig. Die Varianz des BMI beträgt 18,40 und die Schiefe 1,08. Damit ist die Verteilung des BMI in Deutschland rechtsschief, wie aus **Abbildung 1.5** leicht zu erkennen ist. Auch kann man aus der Verteilung berechnen, dass man in Deutschland mit einer Wahrscheinlichkeit von 48,25% eine übergewichtige, mit 12,73% eine fettleibige und mit 2,42% eine untergewichtige Person antrifft.

Kovarianz. Die Kovarianz ist für die Beschreibung der *gemeinsamen* Verteilung zweier Zufallsvariablen X und Y von Bedeutung und ein Maß für den *linearen* Zusammenhang zwischen X und Y. Eine positive Kovarianz bedeutet, dass beide Zufallsvariablen in der Tendenz gemeinsam oberhalb oder gemeinsam unterhalb ihres jeweiligen Erwartungswertes liegen. Eine negative Kovarianz bedeutet, dass beide Zufallsvariablen im Schnitt wechselseitig gegenläufig ober- und unterhalb ihres jeweiligen Erwartungswertes liegen.

Bei der Kovarianz handelt sich wiederum um einen gewichteten Mittelwert, diesmal jedoch der Kreuzprodukte der beiden Mittelwertabweichungen. Im Fall von zwei diskreten Zufallsvariablen X und Y mit den Ausprägungen x und y ist die Kovarianz $Cov(X,Y) = \sigma_{XY}$ aufgrund der Wahl der gemeinsamen Wahrscheinlichkeiten definiert als

$$Cov(X,Y) = \sum_x \sum_y f(x,y)\,(x - E(X))\,(y - E(Y))\,. \qquad (1.25)$$

Handelt es sich bei X und Y um zwei stetige Zufallsvariablen, dann ergibt sie sich als

$$Cov(X,Y) = \int_{-\infty}^{\infty} \int_{-\infty}^{\infty} f(x,y)\,(x - E(X))\,(y - E(Y))\ dx\ dy. \quad (1.26)$$

Der *Korrelationskoeffizient* ρ_{XY} zweier Zufallsvariablen ist die normierte Kovarianz dieser Zufallsvariablen, wobei das Produkt der Standardabweichungen der beiden Zufallsvariablen als Normierungsfaktor dient. Für den Korrelationskoeffizienten

$$\rho_{XY} = \frac{\sigma_{XY}}{\sigma_X \cdot \sigma_Y} \qquad (1.27)$$

gilt deshalb $-1 \leq \rho_{XY} \leq +1$.

Rechenregeln. Für die Zufallsvariablen X und Y mit den Erwartungswerten μ_X und μ_Y, den Varianzen σ_X^2 und σ_Y^2 sowie der Kovarianz σ_{XY} und die Konstanten a und b gelten folgende Regeln:
• *Erwartungswerte:*

$$E(a) = a \qquad (1.28)$$

$$E(X + Y) = E(X) + E(Y) = \mu_X + \mu_Y \qquad (1.29)$$

$$E(a \cdot X + b) = a \cdot E(X) + b = a \cdot \mu_X + b \qquad (1.30)$$

• *Varianzen:*

$$Var(a \cdot X + b) = Var(a \cdot X) = a^2 \cdot Var(X) = a^2 \cdot \sigma_X^2 \qquad (1.31)$$

$$\begin{aligned} Var(X + Y) &= Var(X) + Var(Y) + 2 \cdot Cov(X,Y) \\ &= \sigma_X^2 + \sigma_Y^2 + 2 \cdot \sigma_{XY} \end{aligned} \qquad (1.32)$$

Kernbotschaften

Eine sparsame, aber für viele Zwecke hinreichende, näherungsweise Beschreibung von Wahrscheinlichkeitsverteilungen kann durch ihre ersten zwei Momente erfolgen.

- Der Erwartungswert $E(X) = \mu_X$ ergibt sich als gewichtetes Mittel über alle möglichen Ausprägungen der Zufallsvariablen, also

$$E(X) = \sum_x f(x)x$$

bei diskreten Zufallsvariablen und

$$E(X) = \int_{-\infty}^{\infty} f(x)x\, dx$$

bei stetigen Zufallsvariablen.

- Die Varianz $Var(X) = \sigma_X^2$ als wichtigstes Streuungsmaß stellt das gewichtete Mittel über alle möglichen quadrierten Abweichungen der Ausprägungen vom Erwartungswert dar, also

$$Var(X) = \sum_x f(x)(x - \mu_X)^2$$

bei diskreten Zufallsvariablen und

$$Var(X) = \int_{-\infty}^{\infty} f(x)(x - \mu_X)^2\, dx$$

bei stetigen Zufallsvariablen.

- Die Kovarianz $Cov(X,Y) = \sigma_{XY}$ beschreibt den linearen Zusammenhang zwischen zwei Zufallsvariablen X und Y. Sind dies beides diskrete Zufallsvariablen, so ist sie als

$$Cov(X,Y) = \sum_x \sum_y f(x,y)(x - \mu_X)(y - \mu_Y)$$

definiert. Handelt es sich um zwei stetige Zufallsvariablen, so ergibt sie sich als

$$Cov(X,Y) = \int_{-\infty}^{\infty} \int_{-\infty}^{\infty} f(x)(x - \mu_X)(y - \mu_Y)\, dx\, dy.$$

In jedem Fall ist der Korrelationskoeffizient ρ_{XY} die zwischen -1 und $+1$ normierte Kovarianz dieser Zufallsvariablen

$$\rho_{XY} = \sigma_{XY}/(\sigma_X \cdot \sigma_Y).$$

$$Var(a \cdot X + b \cdot Y) = a^2 \cdot Var(X) + b^2 \cdot Var(Y)$$
$$+ 2 \cdot a \cdot b \cdot Cov(X, Y)$$
$$= a^2 \cdot \sigma_X^2 + b^2 \cdot \sigma_Y^2 + 2 \cdot a \cdot b \cdot \sigma_{XY}^2 \qquad (1.33)$$
$$Var(a \cdot X - b \cdot Y) = a^2 \cdot \sigma_X^2 + b^2 \cdot \sigma_Y^2 - 2 \cdot a \cdot b \cdot \sigma_{XY}^2$$

- *Kovarianzen:*

$$Cov(X, Y) = \sigma_{XY} = \rho_{XY} \cdot \sigma_X \cdot \sigma_Y \qquad (1.34)$$

$$Cov(a \cdot X, b \cdot Y) = a \cdot b \cdot Cov(X, Y) = a \cdot b \cdot \sigma_{XY} \qquad (1.35)$$

Bedingte Erwartungswerte. In der empirischen Wirtschaftsforschung ist man insbesondere an bedingten Wahrscheinlichkeitsverteilungen interessiert, da man üblicherweise den Zusammenhang zwischen einer Zufallsvariablen Y (der zu erklärenden Variablen) und einer anderen Zufallsvariablen X (der erklärenden Variablen) analysieren möchte. Es wäre für die Analyse natürlich von erheblichem Nutzen, wenn man Kennzahlen hätte, die die bereits eingeführten bedingten Wahrscheinlichkeitsverteilungen kompakt beschreiben könnten. Eine einzelne Zahl wird in diesem Fall jedoch nicht mehr ausreichend sein, da die Verteilung von Y von der jeweiligen Realisation der Zufallsvariablen X abhängt, mithin also für jede der Realisationen von X nach einer solchen Kennzahl zu suchen ist.

Es ist jedoch möglich, mit Hilfe des *bedingten Erwartungswertes* $E(Y|X)$ die Beziehung zwischen den beiden Zufallsvariablen Y und X recht umfassend zu beschreiben. Dieser bedingte Erwartungswert beschreibt jeweils den Erwartungswert der Zufallsvariablen Y, wenn die Zufallsvariable X eine bestimmte der ihr möglichen Ausprägungen annimmt. Wie bei den oben dargestellten unbedingten Erwartungswerten beschreibt der bedingte Erwartungswert das gewichtete Mittel aller dann jeweils möglichen Realisationen der Zufallsvariablen Y. Im Gegensatz zum unbedingten Erwartungswert werden beim bedingten Erwartungswert jedoch als Gewichte die Wahrscheinlichkeiten (bzw. Dichten) $f(y|x)$, einen Wert von y für eine bestimmte Realisation von X zu beobachten, verwendet und nicht die marginalen Wahrscheinlichkeiten (bzw. Dichten) $f(y)$. Vor der Festlegung von X ist der bedingte Erwartungswert $E(Y|X)$ genauso wie X selbst eine Zufallsvariable (also eine Funktion) und besitzt eine Schar von Realisationen, jeweils eine Realisation für jede mögliche Ausprägung x der Zufallsvariablen X. Dementsprechend ist $E(Y|x)$ keine Zufallsvariable, sondern eine feste Zahl.

Beispiel 1.6. Rotkäppchen Sekt und Fruchtbarkeit

Gerade bedingte Wahrscheinlichkeiten werden im alltäglichen Leben häufig falsch interpretiert. So soll Hans Meyer, ehemaliger Trainer des 1. FC Nürnberg, einmal bemerkt haben, dass seine Frau regelmäßig schwanger wurde, wenn er eine ganze Flasche Rotkäppchen Sekt getrunken hatte.[1] Es handelt sich hierbei um eine Aussage zu einer bedingten Wahrscheinlichkeit: „bedingt darauf, dass er eine Flasche Rotkäppchen Sekt getrunken hat, ist die Wahrscheinlichkeit, dass seine Frau schwanger wird, gleich 1". Nun, das mag als beschreibende Aussage durchaus zutreffen. Das weitläufige Problem mit bedingten Wahrscheinlichkeiten liegt jedoch darin, dass aus einer derartigen Aussage häufig fälschlicherweise auf einen kausalen Zusammenhang geschlossen wird. Auf Basis der Beobachtung von Herrn Meyer wird aber sicherlich keine Kinderwunschpraxis Rotkäppchen Sekt in ihr Therapieportfolio aufnehmen, da niemand ernsthaft auf die Idee kommen würde, dass Rotkäppchen Sekt die Fruchtbarkeit von Männern erhöht. (Wir gehen davon aus, dass Herr Meyer diesem Irrtum nicht unterliegt.) Derartige Schlussfolgerungen werden im Alltag jedoch häufig getroffen. Einige Beispiele hierzu liefern bspw. Krämer und Gigerenzer (2005) sowie Gigerenzer (2004).

Ist Y eine diskrete Zufallsvariable mit den möglichen Realisationen y, berechnet sich der bedingte Erwartungswert von Y als

$$E(Y|x) = \sum_y f(y|x)y. \tag{1.36}$$

Beispiel 1.7 verdeutlicht diesen Zusammenhang.

Beispiel 1.7. Bedingte Erwartungswerte

Ausgehend von einer gemeinsamen Wahrscheinlichkeitsverteilung der Zufallsvariablen X und Y, die in **Tabelle 1.2** dargestellt wird, sehen wir, dass niedrige Werte von Y eher in Zusammenhang mit niedrigen Werten von X vorkommen und umgekehrt hohe Werte von Y eher in Zusammenhang mit hohen Werten von X. Der Erwartungswert der beiden Variablen ist $E(X) = 1/4 \cdot 10 + 5/12 \cdot 20 + 1/3 \cdot 30 = 20,83$ und

---

[1] Siehe http://www.blutgraetsche.de.

$E(Y) = 1/6 \cdot 10 + 1/4 \cdot 20 + 1/4 \cdot 30 + 1/6 \cdot 40 + 1/6 \cdot 50 = 29,17$. Ihre Varianzen sind $Var(X) = 57,64$ und $Var(Y) = 174,31$, ihre Kovarianz ist $Cov(X,Y) = 42,36$. Somit ist ihr Korrelationskoeffizient $\rho_{XY} = 0,18$.

Tabelle 1.2. Gemeinsame Wahrscheinlichkeiten $P(X,Y)$

	$X = 10$	$X = 20$	$X = 30$	$P(Y)$
$Y = 10$	1/12	1/12	-	1/6
$Y = 20$	1/12	1/12	1/12	1/4
$Y = 30$	1/12	1/12	1/12	1/4
$Y = 40$	-	1/12	1/12	1/6
$Y = 50$	-	1/12	1/12	1/6
$P(X)$	1/4	5/12	1/3	1

Tabelle 1.3. Bedingte Erwartungswerte von Y, $E(Y|X)$

	$X = 10$ $P(X = 10) = 1/4$	$X = 20$ $P(X = 20) = 5/12$	$X = 30$ $P(X = 30) = 1/3$
	$P(y|X = 10)$	$P(y|X = 20)$	$P(y|X = 30)$
$Y = 10$	1/3	1/5	-
$Y = 20$	1/3	1/5	1/4
$Y = 30$	1/3	1/5	1/4
$Y = 40$	-	1/5	1/4
$Y = 50$	-	1/5	1/4
$E(Y|X)$	20,00	12,00	12,50
$Var(Y|X)$	66,67	524,00	631,25

Ist Y eine stetige Zufallsvariable, berechnet sich der bedingte Erwartungswert als

$$E(Y|X) = \int_{-\infty}^{\infty} f(y|x)y \; dy. \qquad (1.37)$$

Basierend auf den in **Tabelle 1.3** dargestellten Werten ist der bedingte Erwartungswert von Y gegeben $X = 20$ $E(Y|X = 20) = 12$ und die entsprechende bedingte Varianz $Var(Y|X = 20) = 524$.

Da der bedingte Erwartungswert von Y, $E(Y|X)$, eine Funktion von X ist, d.h.

$$E(Y|X) = g(X), \qquad (1.38)$$

stellt $g(X)$ genau diejenige Funktion der Variablen X dar, die zeigt, wie der Erwartungswert der Verteilung von Y auf eine Veränderung der Zufallsvariablen X reagiert. Diese Beziehung wird daher auch als *Regression* von Y auf X bezeichnet. Die in den späteren Kapiteln dieses Buches diskutierten linearen Regressionsmodelle greifen dieses allgemeine Konzept in einer speziellen Art und Weise auf, schöpfen es aber nicht – wie man vielleicht denken könnte – umfassend aus.

Wie oben ausgeführt, ist der bedingte Erwartungswert $E(Y|X)$ eine Zufallsvariable, da er eine Funktion der Zufallsvariablen X ist. Damit ist der bedingte Erwartungswert $E(Y|X)$ ebenfalls durch eine Wahrscheinlichkeitsverteilung und damit einen Erwartungswert charakterisiert. Dieser Erwartungswert ist der gewichtete Mittelwert der bedingten Erwartungen $E(Y|X)$ über alle möglichen Realisationen von X, so dass der Erwartungswert des bedingten Erwartungswertes von Y dem (unbedingten) Erwartungswert von Y entspricht, d.h.

$$E(Y) = E[E(Y|X)]. \qquad (1.39)$$

Die folgenden Beispiele verdeutlichen diesen Zusammenhang, den man als *Gesetz der iterativen Erwartungen* bezeichnet und der im Laufe dieses Buches bei einigen Beweisen noch sehr hilfreich sein wird. Basierend auf den Daten in **Beispiel 1.7** ergibt sich der Erwartungswert von Y nach dem Gesetz der iterativen Erwartungen als $E(Y) = E[E(Y|X)] = E(Y|X = 10) \cdot P(X = 10) + E(Y|X = 20) \cdot P(X = 20) + E(Y|X = 30) \cdot P(X = 30) = 7,5 + 32,9 + 44,7 = 85,1$. Für den Datensatz aus **Beispiel 1.5** ist die Wahrscheinlichkeit, eine Frau zu beobachten, $P(Frau = 1) = 0,523$ und entsprechend die Wahrscheinlichkeit, einen Mann zu beobachten, $P(Mann = 1) = 0,477$. Nach dem Gesetz der iterativen Erwartungen erhält man dann für den Erwartungswert des BMI in der deutschen Bevölkerung $E(BMI) = E(BMI|Frau = 1) \cdot P(Frau = 1) + E(BMI|Mann = 1) \cdot P(Mann = 1) = 24,71 \cdot 0,523 + 26,02 \cdot 0,477 = 25,33$ (bei der Abweichung vom Erwartungswert des BMI in **Beispiel 1.5** handelt es sich lediglich um einen Rundungsfehler).

Beispiel 1.8. Body-Mass-Index in Deutschland – Fortsetzung

Für den BMI in Deutschland lassen sich unterschiedliche bedingte Erwartungswerte berechnen. So ist der bedingte Erwartungswert des BMI für Frauen $E(BMI|Frau = 1) = 24,71$, während der bedingte Erwartungswert für Männer mit $E(BMI|Mann = 1) =$

$E(BMI|Frau = 0) = 26,02$ etwas höher liegt. Auch steigt der Erwartungswert des BMI mit zunehmendem Alter an. So ist der Erwartungswert des BMI für Personen unter 25 Jahren $E(BMI|Alter <$ $25) = 22,53$, der für Personen zwischen 25 und unter 45 $E(BMI|25 \leq$ $Alter < 45) = 24,57$ und der für Personen, die 65 oder älter sind, $E(BMI|Alter \geq 65) = 26,27$.

Beispiel 1.9. Fußball ist ein gefährlicher Sport

Bei der Auswertung von Sportunfalldaten haben der Lehrstuhl für Sportmedizin der Ruhr-Universität Bochum und die ARAG Allgemeine Rechtsschutz Versicherungs-AG herausgefunden, dass von den registrierten Sportunfällen bei den Männern 58% auf Fußballspieler entfallen (siehe http://www.arag-sport.de). In Termini bedingter Wahrscheinlichkeiten bedeutet dies, dass die Wahrscheinlichkeit einen Fußballer zu beobachten – gegeben, dass ein Sportunfall stattgefunden hat – den Wert 0,58 annimmt bzw. dass E(Fußballer|Sportunfall) = 0,58. Hieraus die Schlussfolgerung zu ziehen, dass Fußball eine überdurchschnittlich gefährliche Sportart sei, wäre jedoch falsch. Dies würde ja eigentlich bedeuten, dass die Wahrscheinlichkeit, einen Sportunfall zu haben, für Fußballer größer ist als für einen durchschnittlichen Sportler. In unserer Notation würde man also behaupten, dass E(Sportunfall|Fußballer) $> E$(Sportunfall) ist.[2] Um diese Schlussfolgerung ziehen zu können, benötigt man neben der Anzahl der Fußballer mit einem Sportunfall Informationen über die Wahrscheinlichkeit, bei Betrachtung eines aktiven Sportlers einen Fußballer vor sich zu haben. So kommen auch der Lehrstuhl für Sportmedizin der Ruhr-Universität Bochum und die ARAG Allgemeine Rechtsschutz Versicherungs-AG zu der Schlussfolgerung, dass sich die Spitzenposition des Fußballs bei den Sportunfällen nicht dadurch ergibt, dass diese Sportart besonders risikoreich ist. Stattdessen spielt einfach ein Großteil der Sportler in Deutschland Fußball.

Unabhängigkeit, Unkorreliertheit und Identität. Es gibt Fälle, in denen die Wahrscheinlichkeit des Auftretens der Zufallsvariablen X in keinem systematischen Zusammenhang mit dem Auftreten der Zufallsvariablen Y steht und umgekehrt. In diesem Fall nennt man X und Y *unabhängige Zufallsvariablen*. Als Beispiel mag das wiederholte Werfen einer Münze dienen. Die Wahrscheinlichkeit des Auftretens von Kopf oder Zahl bei einem Wurf

---

[2] Siehe hierzu auch Krämer und Gigerenzer (2005).

ist jeweils 1/2. Selbst wenn man viermal hintereinander Kopf geworfen hat, ist die Wahrscheinlichkeit dafür, dass im fünften Wurf wieder Kopf auftritt, ebenfalls 1/2. Diese Wahrscheinlichkeit steht also in keinerlei Zusammenhang damit, wie häufig Kopf in den vier Würfen zuvor aufgetreten ist. Dies bedeutet, dass die Informationen, die man in den ersten vier Würfen gesammelt hat, keinen Wert für die Vorhersage der Wahrscheinlichkeit für den Ausgang des fünften Wurfs haben. Das ändert nichts daran, dass vor dem ersten der fünf Würfe klar war, dass das Werfen von fünfmal hintereinander Kopf sehr unwahrscheinlich ist. Die Wahrscheinlichkeit dafür ist nämlich $(1/2)^5 = 1/32 = 0{,}03125$.

Wenn keinerlei systematischer Zusammenhang zwischen zwei Zufallsvariablen besteht, dann bedeutet dies natürlich insbesondere auch, dass kein *linearer* Zusammenhang zwischen diesen Zufallsvariablen existiert. Zwei unabhängige Zufallsvariablen sind damit also auch unkorreliert. Der Umkehrschluss ist allerdings nicht zulässig, denn zwischen zwei unkorrelierten Zufallsvariablen kann ein systematischer *nicht-linearer* Zusammenhang bestehen, d.h. sie sind dann zwar nicht korreliert, aber dennoch nicht unabhängig. Ein Beispiel wären Zufallsvariablen, die in der Tendenz betragsmäßig große und kleine Abweichungen vom Erwartungswert gemeinsam erfahren, obwohl die Korrelation ihrerseits Null ist.

Zufallsvariablen heißen *identisch* verteilt, wenn sie Ziehungen aus ein und derselben Verteilung sind. Im Allgemeinen geht man davon aus, dass die Beobachtungen einer Zufallsstichprobe Ziehungen aus einer identischen Verteilung darstellen. Darüber hinaus sind diese Ziehungen auch unabhängig voneinander, d.h. die Wahrscheinlichkeit des Auftretens einer Zufallsvariablen in der Stichprobe steht in keinerlei systematischem Zusammenhang zu dem Auftreten einer anderen Zufallsvariablen in derselben Stichprobe. Solche Zufallsvariablen, die unabhängige Ziehungen aus einer identischen Verteilung darstellen, nennt man *i.i.d.*-Zufallsvariablen, d.h. *identically* and *independently distributed*.

Die in diesem Abschnitt vorgestellten Momente reichen aus, um viele Verteilungstypen, die für empirische Fragestellungen von zentraler Bedeutung sind, vollständig oder zumindest ausreichend zu beschreiben. Im folgenden Unterabschnitt werden vier für die empirische Wirtschaftsforschung wichtige Verteilungstypen genauer dargestellt. Zunächst soll jedoch ein Anwendungsbeispiel die Nutzung und den Nutzen der hier dargestellten Konzepte verdeutlichen.

Beispiel 1.10. Portfoliodiversifikation und Risiko

Es wird häufig behauptet, durch *Diversifikation*, d.h. durch die Aufteilung eines Anlagebetrages auf verschiedene Finanztitel, könne ein
Investor das Risiko verringern, einen großen Verlust zu erleiden. Was
steckt dahinter? Der Einfachheit halber betrachten wir zunächst ein
Portfolio mit *zwei* risikobehafteten Finanztiteln (z.B. Aktien), die
beide jeweils eine gewisse Rendite R_1 bzw. R_2 versprechen. Somit
ist R_i die prozentuale Steigerung des Aktienwertes des Finanztitels
i innerhalb eines Jahres, z.B. 0,05 bei einem Kaufpreis von 100 und
einem Verkaufspreis von 105. Aus der Sicht des Investors sind die
Renditen R_1 und R_2 stetige Zufallsvariablen mit den Erwartungswerten $E(R_1)$ und $E(R_2)$. Ein Portfolio aus diesen beiden Finanztiteln
entsteht durch die Aufteilung des gesamten Anlagebetrags in zwei
Teile mit den Anteilen w_1 und $w_2 = 1 - w_1$. Für ein solches Portfolio
ist die *erwartete Rendite* $E(R_P)$ dann gleich der gewichteten Summe aus den einzelnen erwarteten Renditen $E(R_1)$ und $E(R_2)$, wobei
die jeweiligen Anteile w_1 und w_2 der beiden Aktien im Portfolio als
Gewichte dienen, d.h.

$$E(R_P) = w_1 \cdot E(R_1) + w_2 \cdot E(R_2). \qquad (1.40)$$

Das *Risiko* des Portfolios, gemessen durch dessen Varianz σ_P^2, hängt
natürlich vor allem vom jeweiligen Einzelrisiko der Finanztitel i, gemessen durch deren Varianz σ_i^2, ab. Allerdings ist auch ihr gemeinsames Verhalten von Bedeutung, das von der Kovarianz der beiden
Finanztitel σ_{12} oder (äquivalent) vom Korrelationskoeffizienten ρ_{12},
d.h. vom (linearen) Zusammenhang der einzelnen Renditen, erfasst
wird. Somit ergibt sich das Risiko des Portfolios als

$$\sigma_P^2 = w_1^2 \cdot \sigma_1^2 + w_2^2 \cdot \sigma_2^2 + 2 \cdot w_1 \cdot w_2 \cdot \sigma_{12}. \qquad (1.41)$$

Dies lässt sich auch schreiben als

$$\sigma_P^2 = w_1^2 \cdot \sigma_1^2 + w_2^2 \cdot \sigma_2^2 + 2 \cdot w_1 \cdot w_2 \cdot \rho_{12} \cdot \sigma_1 \cdot \sigma_2. \qquad (1.42)$$

Da die Varianzen notwendigerweise positiv sind und grundsätzlich
der Korrelationskoeffizient ρ_{12} zwischen -1 und $+1$ liegt (also $-1 \leq$
$\rho_{12} \leq 1$ gilt), wird das Risiko des Portfolios bei einer gegebenen
Aufteilung des Anlagebetrags am größten sein, wenn *ceteris paribus*
$\rho_{12} = 1$ ist, d.h. wenn sich die Renditen der beiden Finanztitel mit
der höchst möglichen Gleichförmigkeit bewegen. Das Gesamtrisiko
eines gegebenen Portfolios wird am geringsten ausfallen, wenn *ceteris paribus* $\rho_{12} = -1$ ist, d.h. wenn sich die Renditen der beiden

Finanztitel mit der höchst möglichen Widersprüchlichkeit bewegen.
Der wahrscheinlichste Fall dürfte jedoch $0 < \rho_{12} < 1$ sein, d.h. die
Renditen der beiden Finanztitel verändern sich in die *gleiche Richtung*, etwa aufgrund konjunktureller Einflüsse, jedoch nicht in völli-
gem Einklang.[3]

Das folgende Beispiel soll diesen Zusammenhang anhand von drei unterschiedlichen Anlagemöglichkeiten verdeutlichen. Wir verwenden
hierzu die monatliche Entwicklung des DAX-Index der 30 größten
deutschen Aktiengesellschaften (DAX), des Deutschen Rentenindex
(REXP) und des iBOXX-Index, eines Index europäischer Unterneh-
mensanleihen (iBOXX) für den Zeitraum vom 31.12.1998 bis zum
28.02.2007.[4] Die Erwartungswerte der Renditen dieser drei Indizes
wurden durch den Mittelwert der Wachstumsraten der jeweiligen Indizes angenähert. Demnach weisen der DAX in dem betrachteten
Zeitraum eine durchschnittliche monatliche Rendite von 0,54%, der
REXP eine durchschnittliche monatliche Rendite von $0,35\%$ und der
iBOXX eine durchschnittliche monatliche Rendite von 0,38% auf.
Die folgende **Tabelle 1.4** stellt eine so genannte Varianz-Kovarianz-
Matrix dar, also die Varianzen der Renditen der drei Anlagemöglichkeiten und die jeweiligen Kovarianzen. Es zeigt sich, dass die Varianz
der Rendite des DAX mit $47,35$ am höchsten ist, gefolgt vom iBOXX
mit einer Varianz der Rendite von $0,80$ und dem REXP mit einer
Varianz der Rendite von $0,76$. Die Kovarianz der Renditen zwischen
dem DAX und dem REXP und dem DAX und dem iBOXX sind jeweils negativ ($-2,26$ bzw. $-1,00$), während die Kovarianz zwischen
dem REXP und dem iBOXX positiv ist $(0,68)$.

Tabelle 1.4. Varianz-Kovarianz-Matrix verschiedener Anlageformen

	DAX	REXP	iBOXX
DAX	47,35	-2,26	-1,00
REXP	-2,26	0,76	0,68
iBOXX	-1,00	0,68	0,80

Tabelle 1.5 zeigt, dass ein Anleger zwar die höchste Rendite erzielen kann, wenn er seine zur Verfügung stehenden Mittel im DAX

---

[3] Eine weiterführende Diskussion dieses in der Literatur als Capital Asset Pricing
Model (CAPM) bekannten Konzepts finden sich bei Berndt (1991). Eine neuere
Übersicht der theoretischen und empirischen Literatur geben Perold (2004) sowie
Fama und French (2004).

[4] Unser Dank gilt Herrn Dr. Volker Marnet-Islinger, der uns diese Daten freund-
licherweise zur Verfügung gestellt hat.

Tabelle 1.5. Portfoliodiversifikation mit $E(R_{DAX}) = 0,54\%$, $E(R_{REXP}) = 0,35\%$ und $E(R_{iBOXX}) = 0,38\%$

Port-folio	w_{DAX}	w_{REXP}	w_{iBOXX}	$E(R_P)$	σ_P^2	σ_P
A	1,0	0,0	0,0	0,54	47,35	6,88
B	0,0	1,0	0,0	0,35	0,76	0,87
C	0,0	0,0	1,0	0,38	0,80	0,90
D	0,5	0,5	0,0	0,45	10,89	3,30
E	0,5	0,0	0,5	0,46	11,54	3,40
F	0,0	0,5	0,5	0,37	0,73	0,86

anlegt (Portfolio A), dass diese Strategie aber mit einem relativ hohen Risiko verbunden ist. Legt er nur die Hälfte der Mittel im DAX an und die andere Hälfte im REXP bzw. iBOXX (Portfolio D bzw. E), erzielt er zwar eine etwas geringere Rendite, reduziert das Risiko jedoch erheblich. Eine Mischung der Anlageformen REXP und iBOXX (Anlage F) erbringt aber gegenüber der alleinigen Anlage in einer der beiden Anlageformen (Portfolio B oder Portfolio C) keine großen Vorteile in Form eines geringeren Risikos. Der Grund hierfür liegt darin, dass die Renditen des REXP und des iBOXX positiv miteinander korreliert sind und somit eine Risikostreuung nur in einem weit beschränkteren Ausmaß möglich ist.

Kernbotschaften

- Der bedingte Erwartungswert $E(Y|X)$ (die Regression von Y auf X) ist eine Zufallsvariable, da X eine Zufallsvariable ist.
- Für eine gegebene Ausprägung $X = x$ ist $E(Y|x)$ hingegen eine Zahl. Ist Y eine diskrete Zufallsvariable, ergibt sie sich als

$$E(Y|x) = \sum_y f(y|x)\, y,$$

ist sie eine stetige Zufallsvariable, dann ergibt sie sich als

$$E(Y|x) = \int_{-\infty}^{\infty} f(y|x)\, y\, dy.$$

- Von besonderem Interesse sind solche Zufallsvariablen, die unkorreliert oder gar unabhängig voneinander verteilt sind.

1.3.3 Wichtige stetige Verteilungstypen

Die folgenden Verteilungen sind in der Praxis der wirtschaftswissenschaftlichen Forschung von erheblicher Bedeutung. Sie haben Eigenschaften, die sie zur Annäherung an tatsächlich auftretende Wahrscheinlichkeitsverteilungen sehr attraktiv machen. Da sich ihre Gestalt vollkommen durch einige wenige Parameter beschreiben lässt, reduziert sich das Erkenntnisproblem im Falle ihrer Gültigkeit auf die Annäherung dieser Parameter. Daher spielen sie, wie wir in den folgenden Kapiteln noch näher sehen werden, bei der Schätzung unbekannter Parameter und der Durchführung statistischer Tests eine wichtige Rolle.

Normalverteilung. Die wohl am häufigsten verwendete Form einer stetigen Wahrscheinlichkeitsverteilung ist die Normalverteilung, da sie symmetrisch um ihren Erwartungswert aufgebaut ist und durch die beiden Momente Erwartungswert und Varianz (bzw. die entsprechende Standardabweichung) vollständig beschrieben wird. Die Dichtefunktion $f(x)$ einer normalverteilten Zufallsvariablen X mit Erwartungswert μ_X und Varianz σ_X^2 (Kurzschreibweise: $X \sim N(\mu_X, \sigma_X^2)$) ist definiert als

$$f(x) = \frac{1}{\sigma_X \sqrt{2\pi}} \, \exp\left[-\frac{1}{2\sigma_X^2}(x - \mu_X)^2\right]. \qquad (1.43)$$

Graphisch hat sie die Form einer Glockenkurve (siehe **Abbildung 1.6**), d.h. sie ist symmetrisch um μ_X und wird in ihrer Gestalt einzig durch die Varianz σ_X^2 beeinflusst.

Es wäre grundsätzlich ein Leichtes, für jede Konfiguration von Mittelwert μ_X und Varianz σ_X^2 mit obiger Formel die Werte der Dichtefunktion und somit die Wahrscheinlichkeit des Auftretens von X innerhalb eines vorgegebenen Intervalls $[a, b]$ zu berechnen. Nichtsdestoweniger wäre es noch günstiger, wenn man bei dieser Aufgabe auf einem direkten Weg zum Ziel kommen könnte, der umfangreiche Berechnungen vermeidet. Dies ist tatsächlich leicht möglich, wenn man den Umstand nutzt, dass sich alle Normalverteilungen nur hinsichtlich ihres Erwartungswertes, also der Lage von μ_X auf der reellen Zahlengeraden, und hinsichtlich ihrer Konzentration um diesen Wert unterscheiden. Die Konzentration der Glockenkurve ist höher, wenn σ_X^2 klein ist, und geringer für große σ_X^2. Sie ist also die Kehrseite der Streuung.

Aufgrund der oben vorgestellten Rechenregeln für Erwartungswerte und Varianzen bei der Verknüpfung von Zufallsvariablen X und Konstanten (in Abschnitt 1.3.2 als a und b bezeichnet, hier sind diese Konstanten μ_X und σ_X^2) können wir somit für jede normalverteilte Zufallsvariable $X \sim N(\mu_X, \sigma_X^2)$ ohne Problem eine Partnerin finden, die den Erwartungswert 0 und die Varianz (also auch Standardabweichung) 1 aufweist. Subtrahiert man den konstanten

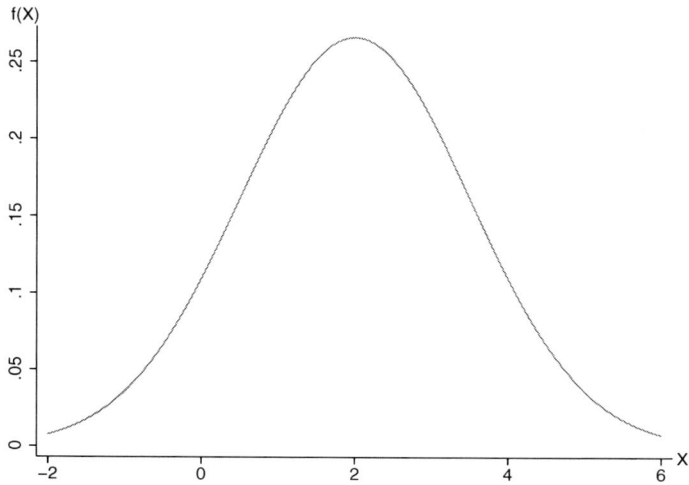

Abbildung 1.6. Dichtefunktion einer normalverteilten Zufallsvariablen mit $X \sim N(2, 1,5)$.

Erwartungswert einer normalverteilten Zufallsvariablen von dieser Zufallsvariablen und dividiert diese Differenz mit der ebenfalls konstanten Standardabweichung, so erhält man eine neue Zufallsvariable Z mit

$$Z = \frac{X - \mu_X}{\sigma_X}. \tag{1.44}$$

Diese Zufallsvariable ist eine *standardnormalverteilte* Zufallsvariable mit Erwartungswert Null und Varianz Eins, denn

$$E(Z) = E\left(\frac{X - \mu_X}{\sigma_X}\right)$$
$$= \frac{1}{\sigma_X}[E(X) - E(\mu_X)] \; = \; \frac{1}{\sigma_X}[\mu_X - \mu_X] \; = \; 0 \tag{1.45}$$

und gemäß der in Gleichung (1.31) angegebenen Rechenregel

$$Var(Z) = Var\left(\frac{X - \mu_X}{\sigma_X}\right)$$
$$= \frac{1}{\sigma_X^2}Var(X) \; = \; \frac{1}{\sigma_X^2}\sigma_X^2 \; = \; 1. \tag{1.46}$$

Die Dichtefunktion der standardnormalverteilten Zufallsvariablen Z ist

$$f(z) = \phi(z) = \frac{1}{\sqrt{2\pi}} \; \exp\left(-\frac{z^2}{2}\right). \tag{1.47}$$

In der Literatur wird diese Dichtefunktion häufig mit $\phi(\cdot)$ und die entsprechende Verteilungsfunktion mit $\Phi(\cdot)$ bezeichnet. **Abbildung 1.7** zeigt die Dichtefunktion einer standardnormalverteilten Zufallsvariablen.

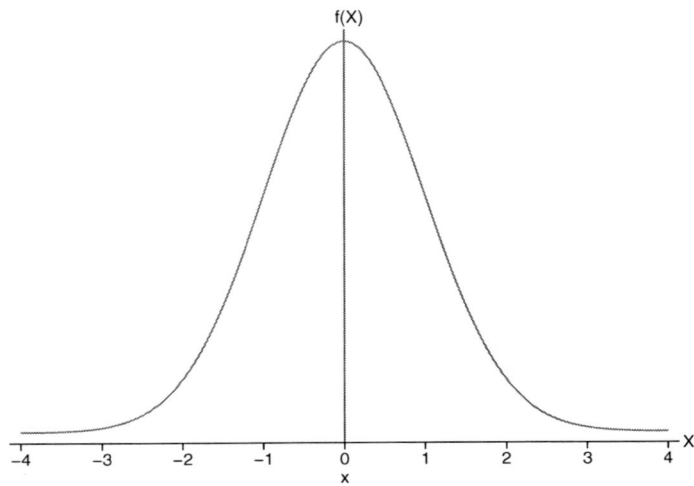

Abbildung 1.7. Dichtefunktion einer standardnormalverteilten Zufallsvariablen.

Die entsprechenden Werte der Dichtefunktion und der Verteilungsfunktion der Standardnormalverteilung finden sich im Anhang. Aus diesen Werten lassen sich die Wahrscheinlichkeiten über beliebig feine Intervalle $[c, d]$ ableiten. Ihr praktischer Wert ergibt sich daraus, dass die Kenntnis der Eigenschaften dieser standardisierten Wahrscheinlichkeitsverteilung direkte Aufschlüsse über alle anderen normalverteilten Zufallsvariablen zulässt: Ist die Wahrscheinlichkeit, dass die Realisation z der standardnormalverteilten Zufallsvariablen Z im Bereich $[c, d]$ zustande kommt, $\Phi(d) - \Phi(c)$, dann wissen wir, dass diese Wahrscheinlichkeit für unser nicht-standardisiertes Gegenstück ebenfalls gilt, $\Phi(d) - \Phi(c) = F(\sigma_X d + \mu_X) - F(\sigma_X c + \mu_X)$.

Da sich alle Ausprägungen von X in der Form $x = \sigma_X z + \mu_X$ schreiben lassen, lässt sich somit die Wahrscheinlichkeit dafür, dass X in ein Intervall $[a, b]$ fällt, also $F(b) - F(a)$, leicht berechnen, indem man die entsprechenden standardisierten Werte $d = (b - \mu_X)/\sigma_X$ und $c = (a - \mu_X)/\sigma_X$ zum Nachschlagen in der Tabelle der Verteilungsfunktion $\Phi(\cdot)$ der Standardnormalverteilung verwendet. Die Herleitung aller wahrscheinlichkeitstheoretischen Erkenntnisse, die in irgendeiner Form normalverteilte Zufallsvariablen involvieren, können sich also aufgrund dieser Standardisierungsmöglichkeiten auf den Spezialfall standardnormalverteilter Zufallsvariablen beschränken, was im Allgemeinen die Arbeit erheblich erleichtert.

χ^2-**Verteilung.** Die Summe von N quadrierten, unabhängig standardnormalverteilten Zufallsvariablen, also $X = Z_1^2 + Z_2^2 + \ldots + Z_N^2$, ist χ^2-verteilt mit N Freiheitsgraden, wenn alle $Z_i \sim N(0,1)$, $i = 1, \ldots, N$. In Kurzschreibweise wird diese Verteilung als χ_N^2-Verteilung bezeichnet. Da der Erwartungswert jedes Elements in der Summe durch $E(Z_i^2) = 1$ beschrieben wird (also der Varianz einer standardnormalverteilten Zufallsvariablen), ist der Erwartungswert einer χ^2-verteilten Zufallsvariablen gleich der Anzahl ihrer Freiheitsgrade N.

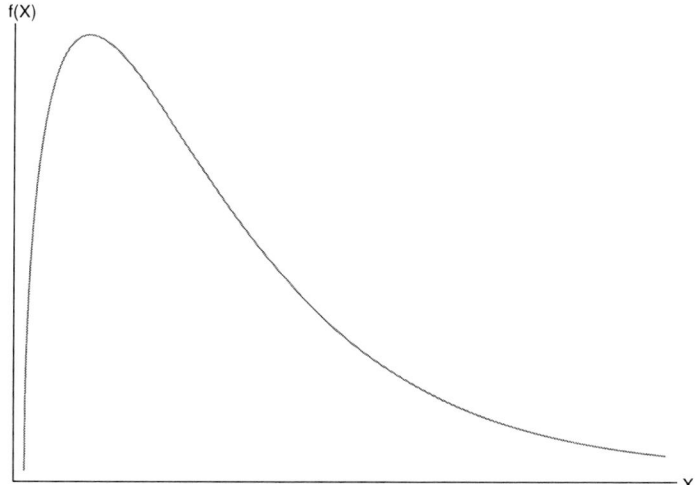

Abbildung 1.8. Dichtefunktion einer χ^2-verteilten Zufallsvariablen.

Die χ^2-Verteilung ist das Gegenstück zur Normalverteilung als „Idealverteilung" in Situationen, in denen eine Zufallsvariable nur nicht-negative Werte annehmen kann. Ihre Form ist jedoch im Gegensatz zur Normalverteilung nicht festgelegt, sondern schwankt mit den Freiheitsgraden N, also der Anzahl der in der Zufallsvariable X enthaltenen Zufallsvariablen Z_i. Für eine sehr große Zahl von Freiheitsgraden konzentriert sich die χ^2-Verteilung um den Erwartungswert N.

t-Verteilung. Wenn die Zufallsvariable Z standardnormalverteilt und die Zufallsvariable W (mit N Freiheitsgraden) χ^2-verteilt ist sowie Z und W unabhängig sind, dann folgt die Zufallsvariable T, die durch die Transformation

$$T = \frac{Z}{\sqrt{W/N}} \qquad (1.48)$$

gebildet wird, wiederum einer wohlbekannten Verteilung, der t-Verteilung. Die t-Verteilung ist symmetrisch und approximiert die Normalverteilung. Der Unterschied zur Normalverteilung liegt darin, dass bei der t-Verteilung mehr Wahrscheinlichkeitsmasse an den Rändern liegt. Die t-Verteilung ist sehr wichtig für statistische Tests (vgl. Kapitel 2.2). Wenn N sehr groß wird, dann strebt der Nenner gegen 1 und die t-Verteilung kann sinnvoll durch die Standardnormalverteilung approximiert werden. Dies wird durch **Abbildung 1.9** verdeutlicht, die eine t-Verteilung mit einem und eine t-Verteilung mit fünf Freiheitsgraden einer Standardnormalverteilung (Verteilung mit gestrichelter Linie) gegenüberstellt.

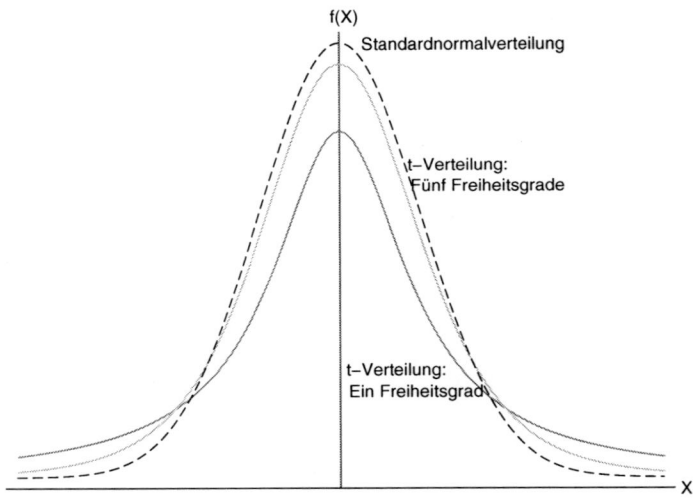

Abbildung 1.9. Dichtefunktion t-verteilter Zufallsvariablen.

F-Verteilung. Eine Zufallsvariable U ist F-verteilt mit N_1 und N_2 Freiheitsgraden, insofern sie das Verhältnis zweier unabhängiger, mit diesen Freiheitsgraden χ^2-verteilter Zufallsvariablen darstellt, d.h. wenn

$$U = \frac{W/N_1}{V/N_2}, \qquad (1.49)$$

$W \sim \chi^2_{N_1}$ und $V \sim \chi^2_{N_2}$ gilt. Ihre Dichtefunktion ist deshalb nur für positive Werte definiert und ähnelt in ihrem Aussehen stark der Dichtefunktion der χ^2-Verteilung (siehe **Abbildung 1.10**). Wenn N_2 sehr groß wird, dann strebt der Nenner gegen 1, und die F-Verteilung kann sinnvoll durch die χ^2-Verteilung approximiert werden. Wird zusätzlich N_1 groß, kann wiederum eine Approximation durch die Normalverteilung erfolgen.

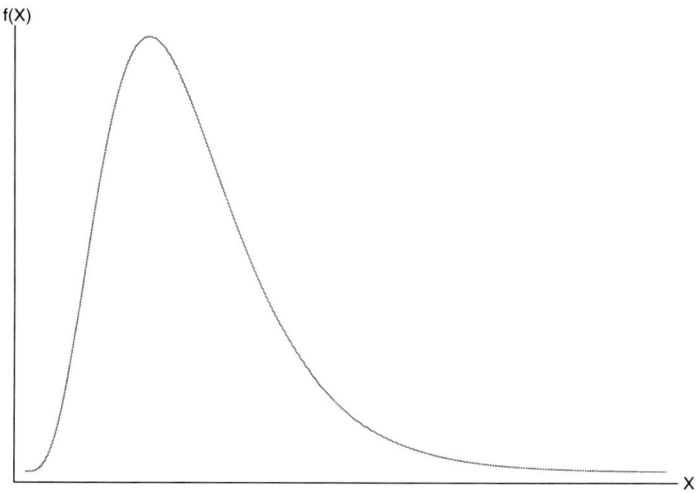

Abbildung 1.10. Dichtefunktion einer F-verteilten Zufallsvariablen.

Diese wohlbekannten, durch wenige Parameter in ihrer Gestalt festgelegten Wahrscheinlichkeitsverteilungen (die häufig als „parametrische" Verteilungen bezeichnet werden) sind im Rahmen der in diesem Buch besprochenen Methoden für die im nächsten Kapitel diskutierten statistischen Tests von zentraler Bedeutung. Eine weitere Funktion erfüllt insbesondere die Normalverteilung bei der Schätzung mittels der *Maximum Likelihood*-Methode (die im Folgenden jedoch nicht behandelt wird).

Kernbotschaften

- In der Praxis der empirischen Wirtschaftsforschung spielen einige stetige Wahrscheinlichkeitsverteilungen eine besonders wichtige Rolle, da sie idealtypische Eigenschaften aufweisen und durch wenige Parameter vollständig zu beschreiben sind.
- Von besonderem Interesse sind die um den Mittelwert Null symmetrischen Standardnormal- und t-Verteilungen und die nur im nichtnegativen Wertebereich definierten χ^2- und F-Verteilungen.

Übungsaufgaben

1.1 Gegeben seien folgende Ergebnisse einer Untersuchung der Genauigkeit eines AIDS-Tests, der für 100.000 Anwendungsfälle mit dem tatsächlich vorliegenden Krankheitsbild konfrontiert wurde:

	HIV-positiv	HIV-negativ
positiver HIV-Test	10	10
negativer HIV-Test	0	99.980

Diese Angaben zur Trennschärfe des Tests sollten Ihnen helfen, die Ergebnisse einer Untersuchung einzuordnen:

a) Wie hoch ist die Wahrscheinlichkeit, dass eine Person infiziert sind, wenn sie im HIV-Test positiv getestet wurden?

b) Wie hoch ist die Wahrscheinlichkeit, dass der HIV-Test ein positives Ergebnis anzeigt, wenn eine Person infiziert sind?

c) Wie hoch ist die Wahrscheinlichkeit, dass der HIV-Test ein positives Ergebnis anzeigt, wenn eine Person nicht infiziert sind?

1.2 In der nachfolgenden Tabelle ist die gemeinsame Wahrscheinlichkeitsverteilung der Merkmale Geringfügige Beschäftigung (Y) und Geschlecht (X) für die erwerbsfähige Bevölkerung in Deutschland dargestellt (die Zahlen entstammen dem Mikrozensus für das Jahr 1998).

Geringfügige Beschäftigung	Geschlecht Männlich ($x = 0$)	Weiblich ($x = 1$)	Gesamt
Nein ($y = 0$)	0,470	0,492	0,962
Ja ($y = 1$)	0,010	0,028	0,038
Gesamt	0,480	0,520	1,000

a) Berechnen Sie den Erwartungswert von Y, also $E(Y)$.

b) Berechnen Sie die bedingten Erwartungswerte $E(Y|X = 1)$ und $E(Y|X = 0)$.

c) Eine zufällig ausgewählte Person ist weiblich. Wie hoch ist die Wahrscheinlichkeit, dass diese Frau nicht geringfügig beschäftigt ist? Wie hoch ist die Wahrscheinlichkeit, dass diese Frau geringfügig beschäftigt ist?

d) Sind Y und X unabhängig? Geben Sie eine Erläuterung.

1.3 Zu Abschnitt 1.3.2 – Betrachten Sie den allgemeinen Fall eines Portfolios mit N Finanztiteln. Wie lauten die Formeln für die Berechnung der erwarteten Rendite und der Varianz des gesamten Portfolios? Nehmen Sie an, N sei sehr groß (z.B. 100). Was ist für das Risiko eines solchen Portfolios von größerer Bedeutung, die einzelnen Varianzen oder die Kovarianzen?

1.4 Die folgende Tabelle zeigt die relativen Häufigkeiten der Spielergebnisse aller Mannschaften der 1. Fußballbundesliga in der Saison 2005/2006 getrennt nach Heim- und Auswärtsspielen. Die Variable Y zeigt dabei die Spielergebnisse, wobei Y drei Ausprägungen annehmen kann: 0 = Spiel wurde verloren, 1 = Spiel endete unentschieden und 3 = Spiel wurde gewonnen. Die Variable X nimmt zwei Ausprägungen an: 1 = Heimspiel und 2 = Auswärtsspiel.

	Heimspiel ($x = 1$)	Auswärtsspiel ($x = 2$)	Gesamt
Verloren ($y = 0$)	0,129	0,214	0,343
Unentschieden ($y = 1$)	0,157	0,157	0,314
Gewonnen ($y = 3$)	0,214	0,129	0,343
Gesamt	0,500	0,500	1,000

a) Berechnen Sie $E(Y)$, $Var(Y)$, $E(Y|x = 1)$, $E(Y|x = 2)$, $Var(Y|x = 1)$, $Var(Y|x = 2)$, $Cov(X, Y)$ und ρ_{XY} .

b) Betrachten Sie die beiden neuen Zufallsvariablen $W = -1 + 2Y$ und $Z = 1 - X$. Berechnen Sie $E(W)$, $Var(W)$, $E(W|x = 1)$, $E(W|x = 2)$, $Var(W|x = 1)$, $Var(W|x = 2)$, $Cov(W, Z)$ und ρ_{WZ}.

1.5

a) Berechnen Sie $P(Y \leq 2)$, wenn $Y \sim N(1, 3)$.

b) Berechnen Sie $P(Y \geq 0)$, wenn $Y \sim N(4, 6)$.

c) Berechnen Sie $P(10 \leq Y \leq 18)$, wenn $Y \sim N(14, 10)$.

1.6

a) Berechnen Sie $P(Y \leq 3{,}84)$, wenn $Y \sim \chi^2_1$.

b) Berechnen Sie $P(Y \leq 37{,}57)$, wenn $Y \sim \chi^2_{20}$.

c) Berechnen Sie $P(Y > 15{,}99)$, wenn $Y \sim \chi^2_{10}$.

1.7

a) Berechnen Sie $P(Y \leq 2{,}30)$, wenn $Y \sim F^5_{100}$.

b) Berechnen Sie $P(Y \leq 2{,}85)$, wenn $Y \sim F^{15}_{10}$.

c) Berechnen Sie $P(Y > 2{,}69)$, wenn $Y \sim F^{20}_{40}$.

1.8 X und Z seien zwei unabhängige Zufallsvariablen, die einer Standardnormalverteilung folgen. Nehmen Sie an, die Zufallsvariable Y berechne sich als $Y = X^2 + Z$.

a) Zeigen Sie, dass $E(Y|X) = X^2$.

b) Zeigen Sie, dass $E(XY) = 0$.

c) Zeigen Sie, dass $Cov(X, Y) = 0$.

2. Schätzen und Testen

„Data, if tortured long enough, will always confess."
(Folklore)

2.1 Der Dreiklang „Identifikation – Schätzen – Testen"

Bislang haben wir uns ausschließlich damit beschäftigt, welche Eigenschaften solche Wahrscheinlichkeitsverteilungen aufweisen, die wir genau kennen. Die Kenntnis dieser Eigenschaften ist unabdingbar, wenn wir uns in einer Anwendungssituation aus dem Werkzeugkasten der mathematischen Statistik ein geeignetes Element herausgreifen wollen. So weiß man zweifelsfrei, dass eine Normalverteilung ungeeignet sein dürfte, um eine Zufallsvariable zu charakterisieren, die nur positive Werte annehmen kann. Wollen wir jedoch die Eigenschaften einer Wahrscheinlichkeitsverteilung beschreiben, die symmetrisch um einen vergleichsweise häufig auftretenden Wert verteilt ist, dann drängt sich der Einsatz einer Normalverteilung förmlich auf. In diesen Beispielen haben wir bereits einen entscheidenden Schritt weg von der bislang diskutierten Welt der Wahrscheinlichkeitstheorie vollzogen: Fragt sich diese vor allem, welche Eigenschaften eine bereits im Detail vorliegende Wahrscheinlichkeitsverteilung aufweist, und was dies für Stichproben bedeutet, die aus der Population gezogen werden, so ist es die Hauptaufgabe der angewandten Statistik, auf der Basis beobachteter Realisationen, also einer Stichprobe, Rückschlüsse auf die Wahrscheinlichkeitsverteilung zu ziehen.

Sollte die Normalverteilung eine akzeptable Annäherung an die gesuchte Wahrscheinlichkeitsverteilung darstellen, dann bleiben nur noch zwei Fragen offen, nämlich die nach deren Mittelwert und Varianz. Wer sich darauf einlässt, die Analyse grundsätzlich auf eine Normalverteilung zu beschränken, muss lediglich nach Schätzwerten für diese beiden Parameter suchen. Die grundlegende Einschränkung auf Normalverteilungen nicht mehr weiter in Frage zu stellen, ist eine Entscheidung, die oft das angewandte statistische Arbeiten erst möglich macht. Die Annahme der Normalverteilung ist das wohl populärste Beispiel einer *Identifikationsannahme*. Diese wäre nicht nötig, wenn die tatsächliche Wahrscheinlichkeitsverteilung – sozusagen durch

göttliche Eingebung – bekannt wäre. Dann gäbe es die Aufgabe des Annä-
herns erst gar nicht. Und sie wäre zu restriktiv, wenn die vorliegende Datenfülle ausreichte, um festzustellen, dass die zugrundeliegende Wahrscheinlichkeitsverteilung stark von der Normalverteilung abweicht. Diesen Weg geht
z.B. ein Histogramm, dessen Berechnung ganz bewusst keine Verteilungsan-
nahme zugrunde liegt.

Ganz offensichtlich gilt es auch bei der Wahl dieser Identifikationsannahme, die geeignete Balance zwischen zu geringer und zu starker Einschränkung
der analytischen Möglichkeiten zu suchen. Eine Identifikationsannahme, die
weitgehend alles offen hält (z.B. „Alle Beobachtungen sind zwar Ziehungen
aus einer einzigen Wahrscheinlichkeitsverteilung, aber deren Form ist unbekannt."), ist häufig nicht geeignet, um eine Antwort auf eine inhaltliche Frage
(z.B. „Welchen bedingten Erwartungswert weist die Zufallsvariable innerhalb
eines bestimmten Intervalls auf?") zu finden. Eine restriktive Identifikationsannahme (z.B. „Alle Beobachtungen sind Ziehungen aus einer Normalverteilung, deren Mittelwert und Varianz unbekannt sind.") eröffnet zwar die Möglichkeit zu einer solchen präzisen Antwort, aber um den Preis, dass sie auch
gänzlich fehlschlagen kann. So mag im angesprochenen Intervall die Zufallsvariable alles andere als normalverteilt sein, etwa durch eine lokale Häufung
der möglichen Ausprägungen, auch wenn die in begrenzter Zahl vorliegenden
Beobachtungen nicht darauf hindeuten. Eine auf der Unterstellung der Normalverteilung ermittelte Annäherung an den bedingten Erwartungswert liegt
dann vermutlich weit daneben.

Ein ebenso grundlegendes wie spannendes Abwägungsproblem für die angewandte statistische und ökonometrische Forschung ist also, dass einerseits
restriktive Identifikationsannahmen nötig sind, um unter der Voraussetzung
ihrer Gültigkeit präzise Antworten auf inhaltliche Fragen zu finden, diese
Antworten andererseits jedoch auch völlig nutzlos sein können, wenn die
Identifikationsannahme unzutreffend ist. Es gibt dieser Forschung besonde-
re intellektuelle Würze, da man diesem Abwägungsproblem nicht ausweichen
kann. Wann immer man Beobachtungen („Stichproben") dazu verwenden will,
um aus ihnen Rückschlüsse auf Grundgesamtheiten zu ziehen, dann ist eine
Mindestanforderung die Identifikationsannahme, dass diese auch tatsächlich
Ziehungen aus der gleichen Grundgesamtheit darstellen. Meist geht das Minimum an Annahmen, die man benötigt, um mit der empirischen Analyse
überhaupt zu beginnen, weit darüber hinaus. Die Wahl geeigneter Identifikationsannahmen bestimmt also mindestens im gleichen Maße über die Güte
der empirischen Analyse wie das weitere Vorgehen beim Rückschluss von Beobachtungen auf die Grundgesamtheit, das auf diesen Annahmen aufbaut.

In der ökonometrischen Forschung stehen dabei meist keine marginalen Wahrscheinlichkeitsverteilungen zur Disposition, sondern bedingte Erwartungswerte und somit Aussagen über Ursachen und „typische" Wirkungen. Es ist offensichtlich, dass es auch und gerade in diesem Falle auf die Güte der Identifikationsannahmen ankommt, auf die man seine Aussage stützt. Oft hilft die Erhebung reichhaltigeren Datenmaterials: Da mehr Information typischerweise eine bessere Annäherung an die gesuchten Eigenschaften der Grundgesamtheit erlaubt, kann man sich bei größerer Datenfülle grundsätzlich auch weniger restriktive Identifikationsannahmen „leisten" und somit flagrante Annäherungsfehler vermeiden. Andererseits fällt diese Annäherung dann wieder weniger präzise aus, denn man verzichtet auf einschränkende und somit präzisionsfördernde Annahmen (z.B. auf den Ausschluss theoretisch nicht möglicher Parameterwerte aus der Analyse, etwa aller negativen Werte), auf die man vernünftigerweise nicht verzichten sollte, wenn sie zuträfen.

Allerdings gibt es ebenso häufig Situationen, in denen reichhaltigeres Datenmaterial im Sinne einer erhöhten Stichprobengröße *nicht* hilft. So beruht insbesondere die Möglichkeit, die Intensität der kausalen Beziehung zwischen Ursache und Wirkungen abzuschätzen, üblicherweise auf einer grundlegenden Vorstellung von der Richtung dieser Kausalität, also einer Identifikationsannahme. Auch die doppelte oder dreifache Anzahl von Beobachtungen in der Stichprobe, gibt dann keinerlei Möglichkeit, eine unterstellte Wirkungsrichtung zu hinterfragen und somit diese Identifikationsannahme zu lockern. Letztendlich stößt die Suche nach weniger restriktiven Identifikationsannahmen immer dort an ihre Grenzen, wo ein Mehr an Daten der gleichen Art nicht dazu führt, dass die mangelnde Eignung dieser Annahmen besser zu Tage tritt.

Da man – ähnlich wie ein Wirtschaftstheoretiker, der sich ebenfalls nur im Rahmen seiner Prämissen bewegen kann – ein gewisses Minimum an nicht durch größere Stichproben hinterfragbaren Identifikationsannahmen hinnehmen muss, ist die angewandte statistische und ökonometrische Arbeit weitgehend durch den Dreiklang „Identifikation – Schätzen – Testen" geprägt: Aufbauend auf geeignet erscheinenden Identifikationsannahmen wird beim Schätzen nach einer guten Annäherung an diejenigen Aspekte des Problems („Parameter") gesucht, die trotz der Identifikationsannahmen noch unbekannt sind. Die Identifikationsannahmen werden beim Schätzen nicht auf den Prüfstand gestellt. Nach erfolgter Schätzung stellt sich einerseits die Frage nach der Güte dieser Schätzung (ihrer „Präzision") bei Gültigkeit der Identifikationsannahmen. Andererseits sollte man durch Testen ausloten, inwieweit die vorliegenden Daten mit den Identifikationsannahmen im Einklang stehen, die diese Annäherung an die Parameter erst ermöglicht haben.

Ein solcher Test kann auf eine reine Negativaussage abzielen („Was man aufgrund der Identifikationsannahmen und der auf diesen aufbauenden Annäherung an die unbekannten Parameter für die Realisationen erwarten würde, weicht deutlich von dem ab, was man tatsächlich beobachtet.") oder darauf hinweisen, dass die Identifikationsannahmen in eine bestimmte Richtung gelockert werden sollten. Derartige Tests, die in der angewandten Forschung im Mittelpunkt stehen, greifen allerdings ihrerseits ebenfalls auf Identifikationsannahmen zurück, wenn auch auf weniger einschränkende. Annahmen, die man mit größeren Stichproben nicht mehr in Frage stellen kann, stehen auch hier nicht zur Disposition. Es gibt also immer ein Minimum an Annahmen, die man nicht durch Konfrontation mit den Daten hinterfragen kann.

Zusätzliche Information zu bemühen, etwa durch das Zuspielen weiterer Datenquellen oder den Rückgriff auf wirtschaftstheoretische Erkenntnisse, und somit Wege zu suchen, Identifikationsannahmen zu lockern oder zu untermauern, ist Aufgabe der Ökonometrie. Die Suche nach derartigen Möglichkeiten als wichtiges Element des klassischen Dreiklangs prägt auch die weiteren Kapitel dieses Buches. Im aktuellen Kapitel jedoch stehen zunächst die Grundlagen des Schätzens und Testens im Mittelpunkt der Diskussion.

Kernbotschaften

- Empirisches Arbeiten besteht darin, Eigenschaften einer Grundgesamtheit aus den Eigenschaften einer Stichprobe anzunähern. Dabei muss ein Minimum an Annahmen getroffen werden, die im weiteren Verlauf der statistischen Analyse nicht mehr hinterfragt werden („Identifikationsannahmen").
- Je restriktiver diese Identifikationsannahmen ausfallen, desto präziser sind tendenziell die Annäherungen an die Eigenschaften der Grundgesamtheit, die beim „Schätzen" ermittelt werden. Treffen diese Annahmen zu, dann erhöht auch eine wachsende Zahl von Beobachtungen in der Stichprobe diese Präzision. Schlagen sie fehl, kann die gesamte Analyse fehlschlagen. Somit entsteht ein Abwägungsproblem zwischen Identifikation und Präzision.
- Dienen Identifikationsannahmen dazu, die begrenzte Information der Stichprobe möglichst effizient auszuwerten, dann lassen sie sich durch statistisches „Testen" hinterfragen. Werden Sie jedoch zwingend gebraucht, um das Schätzen der gesuchten Parameter erst möglich zu machen, dann kann dies nicht gelingen, auch nicht mit steigendem Stichprobenumfang. Solche Identifikationsannahmen sind in den Wirtschaftswissenschaften von besonderer Bedeutung.

2.2 Grundzüge des empirischen Arbeitens

In diesem Abschnitt wenden wir uns in aller Kürze dem „klassischen" Arbeitsinhalt der Angewandten Statistik und Ökonometrie zu, dem Schätzen und Testen. Dabei wird die wichtige Unterscheidung zwischen der systematischen Vorgehensweise beim Schätzen und dem Ergebnis ihrer Anwendung im Einzelfall diskutiert. Während die systematische Vorgehensweise Gegenstand des Studiendesigns ist und ihre Auswahl somit eine intellektuelle Herausforderung darstellt, ist die Durchführung der Schätzung eine handwerkliche Übung, die oft viel Mühe erfodert. Die wichtigsten Kriterien, an denen sich die Wahl der systematischen Vorgehensweise orientiert, werden hier besprochen. Es handelt sich dabei teilweise um die mittlerweile bekannten Größen Erwartungswert und Varianz von Zufallsvariablen. Es treten aber auch neue Konzepte hinzu, die sich mit der Frage beschäftigen, was mit der Häufigkeitsverteilung und mit den Schätzwerten für Erwartungswert und Varianz passiert, wenn die Stichprobe sehr groß wird.

Danach wendet sich dieser Abschnitt der konkreten Frage zu, wie man die in einer Stichprobe enthaltenen Informationen konkret dazu nutzen kann, um Rückschlüsse auf die Eigenschaften der Grundgesamtheit zu ziehen. Es stellt sich heraus, dass diese Aufgabe grundsätzlich die Bildung geeigneter Durchschnittswerte erforderlich macht. Dies wird anhand der Schätzung von Erwartungswerten, Varianzen und (bedingter) Wahrscheinlichkeiten illustriert. Abschließend diskutieren wir, wie diese Schätzungen dazu genutzt werden können, Aussagen über die Gültigkeit bestimmter Hypothesen abzuleiten. Ob eine Hypothese weitgehend in Einklang mit den in der Stichprobe enthaltenen Informationen steht oder ob nicht, lässt sich leichter beantworten, wenn die gesuchten Eigenschaften der Grundgesamtheit mithilfe der gewählten Vorgehensweise beim Schätzen vergleichsweise präzise ermittelt werden können. Wie schon bei der Wahl der Identifikationsannahmen ergibt sich auch hier ein herausforderndes Abwägungsproblem, das wir ebenfalls ausführlich diskutieren.

2.2.1 Schätzer und Schätzung

Der Begriff des Schätzens umfasst den systematischen Versuch, aus der Stichprobeninformation möglichst genaue Rückschlüsse auf die Wahrscheinlichkeitsverteilung bzw. deren Momente zu ziehen. Mag der Begriff „Schätzer" im alltäglichen Sprachgebrauch vielleicht einen lockeren Umgang mit der vorliegenden Information oder Spontaneität der Aussagen andeuten, so wird hier mit „Schätzen" die höchst planvolle, systematische Vorgehensweise gemeint. Da die gesuchten Eigenschaften der Grundgesamtheit nunmal nicht bekannt sind, wird man in einer Anwendungssituation nie genau wissen, ob die Annäherung an den „wahren" Wert wirklich gelungen ist. Die beste Vorgehensweise ist daher, einem allgemeinen Rezept zu folgen, bei dem man davon ausgehen kann, dass es in einer derartigen Anwendungssituation typischerweise eine gute Annäherung herstellt. Zu diesem Zweck muss eine Vorschrift eingehalten werden, wie mit den vorliegenden Informationen der Stichprobe zu verfahren ist. Diese Rechenvorschrift ist ein so genannter *Schätzer*. Was bei einer bestimmten, vorliegenden Stichprobe als Ergebnis der Verwendung der Rechenvorschrift entsteht, ist dann die jeweilige *Schätzung*. In wahrscheinlichkeitstheoretischen Konzepten ausgedrückt ist der Schätzer eine Zufallsvariable. Die Schätzung bzw. der Schätzwert ist dann eine Realisation dieser Zufallsvariablen (also eine oder mehrere Zahlen).

Natürlich bietet sich häufig eine Reihe solcher Rezepte bzw. Schätzer an, unter denen zu wählen ist (und zwar *bevor* man sieht, ob das Ergebnis, also die Schätzung, einem inhaltlich zusagt). Zunächst benötigt man daher eine Definition, was bei einem Schätzer unter „möglichst genau" zu verstehen ist. Es existieren mehrere Kriterien, mit deren Hilfe die *Güte* von Schätzern beurteilt werden kann. Prominente Gütekriterien sind die *Erwartungstreue*, die *Effizienz* und die *Konsistenz*. Sie beruhen allesamt auf der Idee, dass eine häufige Wiederholung des Vorgangs „Ziehen der Stichprobe – Schätzen des Parameters – Speichern des Ergebnisses" in der Regel nicht bei jeder Wiederholung zu identischen Schätzungen des Parameters führt, sondern das die jeweiligen Schätzwerte um einen bestimmten Wert herum streuen. Man würde mit anderen Worten eine Häufigkeitsverteilung für den zu schätzenden Parameter erhalten. Somit zeigt sich erneut, dass der Schätzer als Zufallsvariable aufgefasst werden kann, während das Ergebnis seiner Verwendung, die Schätzung, eine Realisation dieser Zufallsvariablen darstellt.

Erwartungstreue. Die Idee dieses Schätzkriteriums, das auch *Unverzerrtheit* genannt wird, besteht in der Vorstellung, dass man beim Schätzen – könnte man es denn in der Tat, wie gerade beschrieben, wiederholt durchführen – zumindest im Schnitt richtig liegen möchte. Ein Schätzer ist dann erwartungstreu (unverzerrt), wenn der Erwartungswert des Schätzers dem tatsächlichen (aber unbekannten) Wert in der Population entspricht. Formal bedeutet dies für den unbekannten (wahren) Wert β, der aus einer Zufallsstichprobe durch $\hat{\beta}$ geschätzt werden soll: $\hat{\beta}$ ist ein unverzerrter Schätzer für β, wenn gilt $E(\hat{\beta}) = \beta$. Die Differenz zwischen dem Erwartungswert des Schätzers und dem wahren Wert, d.h. $E(\hat{\beta}) - \beta$, wird als *Verzerrung* bezeichnet. Diese Idee wird in Abbildung 2.1 illustriert.

Effizienz. Eine Defizit des Kriteriums der „Unverzerrtheit" ist seine fehlende Aussagefähigkeit über die Streuung des Schätzers um seinen Erwartungswert (d.h. bei unverzerrten Schätzern um den wahren Wert). Sicherlich möchte man nicht nur im Durchschnitt aller denkbaren Anwendungssituationen richtig liegen, sondern auch möglichst „nahe dran". Ein weiteres Ziel statistischen

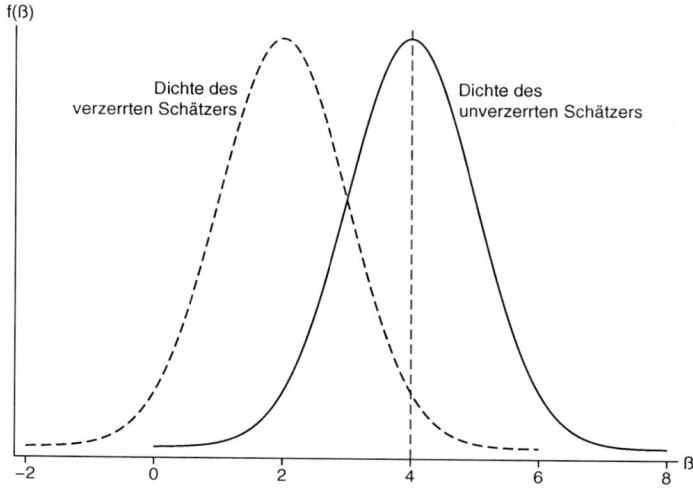

Abbildung 2.1. Verzerrter und unverzerrter Schätzer bei $E(\hat{\beta}) = 4 = \beta$.

Schätzens ist daher die Auswahl eines (unverzerrten) Schätzers, der Schätzwerte produziert, die nicht sehr stark um seinen Erwartungswert streuen, damit man auch bei Rückschlüssen aus einer einzigen Stichprobe zuversichtlich sein kann, eine gute Annäherung an den wahren Wert in den Händen zu halten. Ist dies der Fall, dann handelt es sich um einen vergleichsweise „präzisen" Schätzer.

Ein unverzerrter Schätzer ist *effizient*, wenn er für einen gegebenen Stichprobenumfang die *kleinste* Varianz aller unverzerrten Schätzer aufweist, d.h. wenn gilt

$$Var(\hat{\beta}) < Var(\tilde{\beta}) \quad \text{mit} \quad E(\hat{\beta}) = E(\tilde{\beta}) = \beta, \quad\quad (2.1)$$

wobei $\tilde{\beta}$ für alle alternativen unverzerrten Schätzer stehen soll. **Abbildung 2.2** illustriert dieses Konzept.

Beschränkt man sich bei der Auswahl an Schätzern auf jene, die zumindest erwartungstreu sind, würde man von all diesen Rechenvorschriften diejenige bevorzugen, deren damit errechneten Schätzwerte die geringste Streuung um den zu schätzenden Parameter aufweisen. Dies ist durch denjenigen erwartungstreuen Schätzer gewährleistet, der die geringste Varianz besitzt. Die Varianz um den gesuchten wahren Wert liefert damit ein eindeutiges Auswahlkriterium. Allerdings muss man keineswegs diese Hierarchie der Kriterien verfolgen. Häufig „nahe dran" zu sein mag besser sein als „immer weit daneben, aber im Schnitt richtig". Die Anwendungssituation sollte über dieses Abwägungsproblem entscheiden. Ein prominentes Gütekriterium, das die Verzerrung, also die Differenz zwischen Erwartungswert $E(\hat{\beta})$ und wahrem Wert β, und die Varianz des Schätzers gegeneinander abwägt, ist der *mittlere*

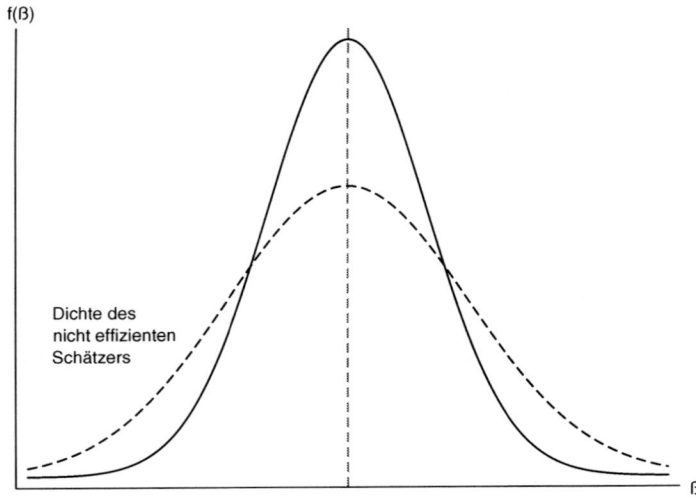

Abbildung 2.2. Nicht effizienter (- -) Schätzer.

quadratische Fehler oder *Mean Squared Error* (MSE):

$$MSE(\hat{\beta}) = E\left((\hat{\beta} - \beta)^2\right) = \left(E(\hat{\beta}) - \beta\right)^2 + E\left(\left[\hat{\beta} - E(\hat{\beta})\right]^2\right)$$

$$= \left(E(\hat{\beta}) - \beta\right)^2 + Var(\hat{\beta}). \qquad (2.2)$$

Bei erwartungstreuen Schätzern ist der MSE immer gleich der Varianz, bei verzerrten (nicht-erwartungstreuen) Schätzern gibt es eine Abwägung zwischen der Varianz und der quadrierten Verzerrung.

Zur Herleitung von Gleichung (2.2) kam ein Kniff zur Anwendung: Um einen Ausdruck wie $(\hat{\beta} - \beta)^2$ näher zu beschreiben, kann dieser durch gleichzeitige Addition und Subtraktion ein und desselben Terms wie $E(\hat{\beta})$ als Summe von wohlbekannten Ausdrücken geschrieben werden. Es gilt zunächst

$$E\left(\left[(\hat{\beta} - E(\hat{\beta})) + (E(\hat{\beta}) - \beta)\right]^2\right) = E\left(\left[\hat{\beta} - E(\hat{\beta})\right]^2\right)$$

$$+ 2E\left(\left[\hat{\beta} - E(\hat{\beta})\right]\left[E(\hat{\beta}) - \beta\right]\right)$$

$$+ E\left(\left[E(\hat{\beta}) - \beta\right]^2\right).$$

Dieser Ausdruck vereinfacht sich weiter, da es sich bei $(E(\hat{\beta}) - \beta)$ um eine Zahl, nicht um eine Zufallsvariable handelt, denn er beinhaltet zwei Zahlen: $E(\hat{\beta})$ und β. Somit entfällt beim letzten Term der Erwartungswert (siehe Gleichung (1.28)), während beim zweiten Term auf der rechten Seite gilt:

$$E\left(\hat{\beta} - E(\hat{\beta})\right)\left(E(\hat{\beta}) - \beta\right) = \left(E(\hat{\beta}) - \beta\right)\left(E(\hat{\beta}) - E(\hat{\beta})\right) = 0.$$

Konsistenz. In der praktischen Arbeit fällt es aufgrund der Komplexität des Untersuchungsgegenstandes oft schwer, die Momente der Wahrscheinlichkeitsverteilung eines Schätzers analytisch zu bestimmen. Oft ist es auch einfach unmöglich, einen erwartungstreuen Schätzer vorzuschlagen. Daher steht ein weiteres Gütekriterium im Mittelpunkt des Interesses, die *Konsistenz*. Im Gegensatz zur Diskussion von Erwartungstreue und Effizienz, bei der die Größe der vorliegenden Stichprobe keine Rolle gespielt hat, geht man hier vom Gedankenexperiment einer unbegrenzt wachsenden Stichprobengröße aus. Man stellt sich dabei die Frage, ob diese Erhöhung des Stichprobenumfangs wenigstens irgendwann dazu führen dürfte, dass die jeder Annäherung innewohnende Schätzunsicherheit vernachlässigbar wird und die Annäherung an den gesuchten Wert mit großer Sicherheit gelingt. Diese Fragen sind natürlich auch für Schätzer relevant, deren Erwartungstreue und Varianz wir bestimmen können.

Ein Schätzer $\hat{\beta}_N$ (wobei das Subskript N die jeweilige Stichprobengröße bezeichnet) heißt *konsistent*, wenn es für einen über alle Grenzen wachsenden Stichprobenumfang (d.h. $N \to \infty$) äußerst unwahrscheinlich wird, dass das Schätzergebnis nicht sehr nahe beim wahren Wert liegt, d.h. wenn für beliebig kleine $\epsilon > 0$

$$\lim_{N\to\infty} P(|\hat{\beta}_N - \beta| \geq \epsilon) = 0 \tag{2.4}$$

gilt, bzw. in Kurzschreibweise

$$plim\ \hat{\beta}_N = \beta. \tag{2.5}$$

In diesem Fall ist die „Wahrscheinlichkeitsmasse", also bei stetigen Zufallsvariablen die Fläche unterhalb der Dichtefunktion, nahezu vollständig auf Werte nahe beim wahren Wert konzentriert. Man spricht dabei von einer *Konvergenz in Wahrscheinlichkeit* (*convergence in probability*).

In der mathematischen Statistik werden einige Spezialfälle dieser Konvergenz diskutiert.[1] So handelt es sich um eine *Konvergenz im quadratischen Mittelwert* (*convergence in quadratic mean*), wenn es bei über alle Grenzen wachsendem Stichprobenumfang aufgrund einer immer geringer werdenden Streuung der Schätzwerte um den wahren Wert dazu kommt, dass deren durchschnittliche Abweichung vom wahren Parameter verschwindend gering wird, also ihre Varianz gegen Null geht. In diesem Falle kollabiert die Wahrscheinlichkeitsverteilung des Schätzers $\hat{\beta}_N$ für $N \to \infty$ im wahren Wert β. Somit liegt auch Konvergenz in Wahrscheinlichkeit vor. Nach diesem Konzept der Konvergenz ist ein erwartungstreuer Schätzer $\hat{\beta}_N$ konsistent, wenn seine Varianz für eine wachsende Stichprobe N gegen Null strebt. Diese Eigenschaft

---

[1] Diese Zusammenhänge werden ausführlicher in Greene (2008) dargestellt.

lässt sich in der Regel leicht nachweisen, so dass bei einer Überprüfung der
Frage der Konsistenz eines Schätzers am ehesten auf dieses Konvergenzkri-
terium zurückgegriffen wird. Ein noch restriktiveres Konzept ist die *nahezu
sichere Konvergenz* (*almost sure convergence*), bei der wiederum für beliebig
kleine $\varepsilon > 0$ gilt:

$$\lim_{N \to \infty} P(|\hat{\beta}_i - \beta| \geq \varepsilon \text{ für alle } i \geq N) = 0 \qquad (2.6)$$

Dies besagt, dass die Folge von Schätzern $\hat{\beta}_N$, ist sie einmal in die Nähe des
wahren Wertes β gelangt, nicht mehr davon „loskommt". Auch die nahezu
sichere Konvergenz schließt die Konvergenz in Wahrscheinlichkeit mit ein.

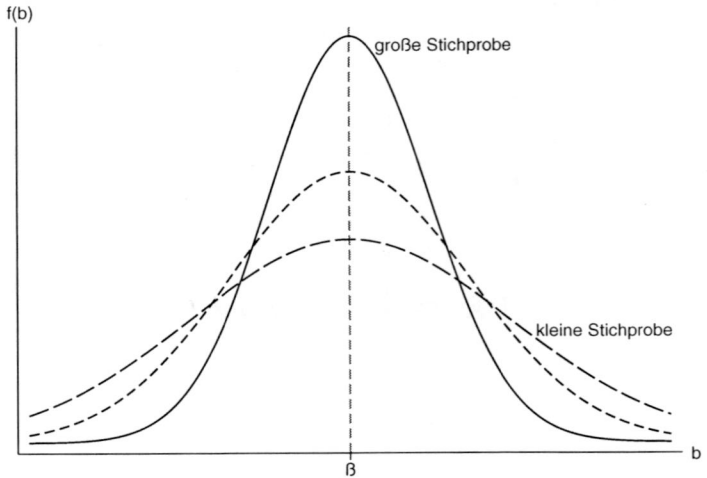

Abbildung 2.3. Konsistenter Schätzer.

Während die Resultate erwartungstreuer Schätzer bei wachsender Stichprobengröße typischerweise weniger um den unbekannten Parameter streuen,
müssen konsistente Schätzer in kleinen Stichproben keineswegs im Schnitt
richtig liegen. Beim Kriterium der Konsistenz geht es lediglich darum, ob
man, wie in **Abbildung 2.3** illustriert, den wahren Wert irgendwann mit
größter Zuversicht treffen könnte, wenn man den Stichprobenumfang beliebig erhöhen könnte. Im Allgemeinen wird ein kritischer Beobachter jeder statistischen Analyse verlangen, dass zumindest die Konsistenz des gewählten
Schätzers gewährleistet ist. Auch wenn man nie unendlich große Stichproben haben wird, so möchte man doch zumindest die Gewähr haben, dass bei
Vorliegen dieser idealen Datensituation die Annäherung an den wahren Wert
erfolgreich wäre. Im Vergleich zum Kriterium der Erwartungstreue lässt sich
diese Eigenschaft oft vergleichsweise einfach überprüfen.

Kernbotschaften

Der systematische Versuch, durch „Schätzen" aus den Informationen einer Stichprobe möglichst genaue Rückschlüsse auf die Wahrscheinlichkeitsverteilung der Grundgesamtheit zu ziehen, erfordert die Festlegung einer Rechenvorschrift („Schätzer"), die besagt, wie die Stichprobeninformation auszuwerten ist.

Schätzer sind Zufallsvariablen, so dass die Eigenschaften ihrer Wahrscheinlichkeitsverteilung als Kriterien bei der Auswahl konkurrierender Rechenvorschriften herangezogen werden können.

- Wünschenswert sind vor allem Erwartungstreue („Unverzerrtheit")

$$E(\hat{\beta}) - \beta = 0$$

und eine geringe Varianz. Unter allen erwartungstreuen („unverzerrten") Schätzern ist derjenige mit der geringsten Varianz vorzuziehen, er ist „effizient".

- Eine Abwägung von Streuung und Verzerrung ermöglicht u.a. der mittlere quadratische Fehler

$$\text{MSE}(\hat{\beta}) := E\left[(\hat{\beta} - \beta)^2\right] = \left(E(\hat{\beta}) - \beta\right)^2 + Var(\hat{\beta}).$$

- Eine Mindestvoraussetzung an einen ernsthaft in Erwägung zu ziehenden Schätzer ist die Konvergenz in Wahrscheinlichkeit („Konsistenz"):

$$\lim_{N \to \infty} P(|\hat{\beta}_N - \beta| \geq \epsilon) = 0,$$

für beliebig kleine $\epsilon > 0$ und Stichprobengröße N. Erwartungstreue Schätzer, deren Varianz mit wachsender Stichprobengröße gegen Null konvergiert, sind grundsätzlich konsistent.

2.2.2 Die Bildung geeigneter Durchschnitte

Mit diesen Kriterien für die Auswahl von Schätzern ausgestattet können wir uns nunmehr der konkreten Ableitung von Schlussfolgerungen aus einer gegebenen Stichprobe widmen. Da empirisches Arbeiten grundsätzlich darin besteht, aus der wiederholten Beobachtung der Realisationen einer Zufallsvariablen (der Stichprobe) Rückschlüsse auf die Grundgesamtheit zu ziehen, bietet es sich an, in der Stichprobe nach Analogien zu den unbekannten Aspekten der Grundgesamtheit zu suchen. Letztendlich läuft dies meist darauf hinaus, in geeigneter Art und Weise Durchschnitte zu bilden, um die Überlagerung einzelner Realisationen mit anderen Einflüssen weitgehend auszuschalten. Dieses Prinzip zieht sich durch alle empirischen Analysen, egal ob es sich dabei um die bloße Ermittlung eines Durchschnittswerts in der Bevölkerung (z.B. des durchschnittlichen BMI – siehe **Beispiel 1.5**), um Kovarianzen (z.B. der Renditen unterschiedlicher Finanztitel – siehe **Beispiel 1.10**) oder um weit komplexere Konstrukte handelt.

Unsere Kenntnisse der Wahrscheinlichkeitstheorie (Kapitel 1) und die in Abschnitt 2.2.1 diskutierten Anforderungen an attraktive Schätzer reichen durchaus aus, um dieses Analogieprinzip zu verstehen. So sind wir häufig an den ersten beiden Momenten der Wahrscheinlichkeitsverteilung einer Zufallsvariablen X interessiert, also ihrem Erwartungswert μ_X und ihrer Varianz σ_X^2. Das direkte Gegenstück zum Erwartungswert der Grundgesamtheit bildet das *Stichprobenmittel* $\bar{X}$,

$$\bar{X} = \frac{1}{N} \sum_{i=1}^{N} X_i, \tag{2.8}$$

eine Rechenvorschrift, die besagt, dass zur Auswertung der Stichprobeninformation das arithmetische Mittel der Stichprobenwerte gebildet werden soll. Bevor die Stichprobe gezogen wird, ist jedes Element X_i der Stichprobe selbst eine Zufallsvariable. Daher können wir auch die Wahrscheinlichkeitsverteilung des Stichprobenmittels gut beschreiben. Insbesondere ist $\bar{X}$ ein unverzerrter Schätzer für $E(X)$, denn es gilt

$$\begin{aligned} E(\bar{X}) &= E\left(\frac{1}{N} \sum_{i=1}^{N} X_i\right) \\ &= \frac{1}{N} E(X_1 + X_2 + ... + X_N) \\ &= \frac{1}{N} [E(X_1) + E(X_2) + ... + E(X_N)] \\ &= \frac{1}{N} N \cdot \mu_X = \mu_X, \end{aligned} \tag{2.9}$$

da die Zufallsvariablen X_i aus einer identischen Verteilung gezogen sind und deshalb auch alle den gleichen Erwartungswert μ_X besitzen. Die entsprechende Schätzung verarbeitet dann die in einer gegebenen Stichprobe auftretenden Realisationen x_i als $\bar{x} = N^{-1} \sum_{i=1}^{N} x_i$. Für die Varianz des Stichprobenmittels gilt[2]:

$$Var(\bar{X}) = (1/N)\sigma_X^2. \tag{2.10}$$

Die Varianz wird mit zunehmendem Stichprobenumfang N immer kleiner und konvergiert für wachsendes N gegen Null. Demnach ist $\bar{X}$ ein konsistenter Schätzer für den Erwartungswert der Zufallsvariablen X:

---

[2] Der Beweis hierfür ist nicht schwierig und wird dem Leser als Übungsaufgabe überlassen (siehe Aufgabe 2.4).

$$plim \ \bar{X} = E(X).$$

Sowohl erwartungstreu als auch konsistent wäre bspw. auch ein alternativer Schätzer $\tilde{X}$ gewesen, der aus einer jeden Stichprobe (bspw., um Geld zu sparen) bei der Durchschnittsbildung grundsätzlich nur die Beobachtungen mit ungerader Ordnungsnummer berücksichtigt hätte, also $X_1, X_3, X_5, \ldots$. Der Erwartungswert dieses Schätzers wäre (vorausgesetzt N sei gerade)

$$E(\tilde{X}) = E \left(\frac{2}{N} \sum_{i=1,3,5,\ldots}^{N-1} X_i \right) = \frac{2}{N} \frac{N}{2} \mu_X = \mu_X,$$

und seine Varianz wäre

$$Var(\tilde{X}) = \frac{2}{N} \sigma_X^2.$$

Da auch diese Größe mit steigendem N gegen Null strebt, wäre die Konsistenz von $\tilde{X}$ nachgewiesen. Bei der Auswahl zwischen $\bar{X}$ und $\tilde{X}$ hätte man somit aufgrund der geringeren Varianzen den effizienteren Schätzer $\bar{X}$ vorgezogen.

Auch die Rechenvorschrift „Man nehme immer nur den ersten Eintrag in einer Stichprobe als Repräsentanten der Grundgesamtheit" wäre letztendlich ein erwartungstreuer Schätzer, denn $E(X_1) = \mu_X$. Allerdings kann hier von Konsistenz keine Rede sein, denn die Varianz bliebe unabhängig von der Stichprobengröße bei σ_X^2.

Beide Alternativvorschläge zeigen, dass es sich ganz offensichtlich nicht lohnen kann, freiwillig auf Informationen zu verzichten. Während diese Beispiele zu absurd sind, um in der Realität als echte Wettbewerber angesehen werden zu können, gibt es in der Praxis durchaus Situationen, in denen es zwischen unterschiedlichen Schätzern abzuwägen gilt. Schwierig wird es immer dann sein, wenn ein Kandidat Erwartungstreue und große Varianz und ein anderer lediglich Konsistenz, aber bei gegebener Stichprobengröße eine kleine Varianz anzubieten hat. Ein Sammelkriterium wie der mittlere quadratische Fehler (MSE) mag da nicht unbedingt die beste Antwort sein – auch hier ist es wieder die Anwendungssituation, die den Ausschlag geben muss.

Für die Varianz σ_X^2 der Zufallsvariablen X erhält man einen erwartungstreuen Schätzer $\hat{\sigma}_X^2$ durch

$$\hat{\sigma}_X^2 = \frac{1}{N-1} \sum_{i=1}^{N} (X_i - \bar{X})^2. \tag{2.11}$$

Die Normierung der Summe der quadrierten Abweichungen der Zufallsvariable von ihrem geschätzten Erwartungswert durch $N - 1$ gibt die Anzahl der *Freiheitsgrade* der Schätzung wieder, also die Zahl der vorhandenen „Informationshäppchen". Die Anzahl der Freiheitsgrade entspricht grundsätzlich der Anzahl der Beobachtungen abzüglich der Anzahl der *vorab* geschätzten Parameter, die in der eigentlichen Schätzung Verwendung finden. Im vorliegenden Fall wird vorab genau ein Parameter geschätzt, nämlich μ_X durch das Stichprobenmittel $\bar{X}$, und in der eigentlichen Schätzung von σ_X^2 verwendet. Hierdurch legt man den N Datenpunkten der Stichprobe exakt eine Restriktion auf. Diese Restriktion, die sich aus der Schätzung von μ_X durch $\bar{X} = N^{-1} \sum_{i=1}^{N} X_i$ ergibt, lautet, dass sich die Summe aller X_i zu $N \cdot \bar{X}$ addieren muss. Durch diese Restriktion auf die N ursprünglich völlig frei variierenden Zufallsvariablen verliert man ein „Informationshäppchen", also einen Freiheitsgrad. Sobald $N - 1$ der Differenzen $X_i - \bar{X}$ (bzw. bei der konkreten Schätzung der Differenzen $x_i - \bar{x}$) bestimmt sind, liegt auch die N-te Differenz fest, d.h. man besitzt nun nur noch $N - 1$ Freiheitsgrade. Die Standardabweichung σ_X lässt sich dann durch $\hat{\sigma}_X = \sqrt{\hat{\sigma}_X^2}$ unverzerrt schätzen. Der Beweis für die Erwartungstreue des Schätzers $\hat{\sigma}_X^2$ wird dem Leser überlassen (vgl. Übungsaufgabe 2.3).

Ein alternativer Schätzer der Varianz

$$\tilde{\sigma}_X^2 = \frac{1}{N} \sum_{i=1}^{N} (X_i - \bar{X})^2 \qquad (2.12)$$

verzichtet auf diese Korrektur um den verlorenen Freiheitsgrad. Er ist nicht erwartungstreu (sonst wäre ja $\hat{\sigma}_X^2$ nicht erwartungstreu), aber seine Varianz ist geringer als die von $\hat{\sigma}_X^2$. Der Unterschied zwischen beiden Schätzern wird ganz offensichtlich mit wachsender Stichprobe geringer. Beide Schätzer sind auch konsistent (was hier nicht ausführlich gezeigt werden soll). Es gibt aber keine allgemeingültige Lösung für das Entscheidungsproblem zwischen den beiden. Wem Erwartungstreue sehr wichtig ist, dem liegt es näher, $\hat{\sigma}_X^2$ zu wählen. Wer Streuung scheut, mag sich für $\tilde{\sigma}_X^2$ entscheiden.

Wahrscheinlichkeiten. Auch die Schätzung von Wahrscheinlichkeiten lässt sich als ein Problem der Bildung geeigneter Durchschnitte auffassen. Letztendlich sind diese Wahrscheinlichkeiten ja nichts anderes als die relativen Häufigkeiten des Auftretens bestimmter Ergebnisse in einer Grundgesamtheit. In einer repräsentativen Stichprobe sind die relativen Häufigkeiten dieser Ergebnisse die direkten Analogien zu den gesuchten Wahrscheinlichkeiten und somit die natürlichen Kandidaten für die entsprechenden Schätzer. Da sich das Auszählen der relativen Häufigkeiten in der Stichprobe durch einen eleganten Trick als Durchschnittsbildung formulieren lässt, lässt sich auch hier das Schätzproblem als die Berechnung eines Stichprobenmittels darstellen. Dies gelingt durch den Einsatz von Indikatorvariablen, also von Zufallsvariablen, die lediglich die Werte Null und Eins annehmen können, wie in Kapitel

1.3 gezeigt. Der Wert Eins zeigt dabei an, dass eine bestimmte Bedingung erfüllt ist, während der Wert Null angibt, dass die Bedingung nicht erfüllt ist.

Zum Zwecke der Konstruktion einer relativen Häufigkeit in der Stichprobe muss lediglich das entsprechende Ergebnis als Bedingung der Indikatorvariablen gewählt werden. Der Durchschnitt der Beobachtungen, bei denen die Bedingung erfüllt ist, ist dann genau gleich der relativen Häufigkeit des Ergebnisses in der Stichprobe. Handelt es sich um eine diskrete Zufallsvariable X, dann ist der Schätzer für die Wahrscheinlichkeit $P(X_i = x)$

$$\hat{P}(x) = \frac{1}{N} \sum_{i=1}^{N} \mathbf{1}_{[X_i=x]}. \tag{2.13}$$

Da es sich dabei um ein Stichprobenmittel handelt, lassen sich Aussagen der mathematischen Statistik, so genannte *Gesetze der Großen Zahl*[3], heranziehen, die die Konvergenz solcher Stichprobenmittel zum entsprechenden Mittelwert der Grundgesamtheit beschreiben. Dieser Durchschnitt ist konsistent für $E(\mathbf{1}_{[X_i=x]})$ und somit für $f(x)$ (siehe Kapitel 1.3.2).

Handelt es sich bei X um eine stetige Zufallsvariable, dann treten einzelne Werte x zwar mit der Wahrscheinlichkeit Null auf, aber die Wahrscheinlichkeit, dass X in ein Intervall $[a, b]$ fällt, lässt sich wiederum durch das Stichprobenmittel

$$\hat{P}(a \leq X \leq b) = \frac{1}{N} \sum_{i=1}^{N} \mathbf{1}_{[a \leq X_i \leq b]} \tag{2.14}$$

konsistent schätzen. Die Annäherung der Dichtefunktion kann in sehr ähnlicher Weise erfolgen. Für jeden Wert x ist der Schätzer wiederum das Stichprobenmittel einer geeigneten Indikatorvariablen, die ein Intervall um x herum beschreibt. Der Schlüssel zum Erfolg liegt darin, dieses Intervall bei wachsender Stichprobengröße immer enger zu fassen. Wird dessen Weite mit d_N und das Abstandsmaß mit $|\cdot|$ bezeichnet, so lässt sich das Stichprobenmittel als

$$\hat{f}(x) = \frac{1}{N} \sum_{i=1}^{N} \mathbf{1}_{[|X_i - x| \leq d_N]} \tag{2.15}$$

schreiben. Dann ist wiederum Konsistenz gewährleistet.[4]

---

[3] Siehe wiederum z.B. Greene (2008).

[4] Ein autoritativer Text über derartige „nicht-parametrische" Dichtefunktionsschätzungen ist Härdle (1990).

Kernbotschaften

Beim empirischen Arbeiten gilt es meist, in einer Stichprobe nach geeigneten Analogien zu den unbekannten Eigenschaften der Grundgesamtheit zu suchen und dementsprechende Stichprobendurchschnitte zu konstruieren. Prominente Schätzer sind das Stichprobenmittel

$$\bar{X} = \frac{1}{N} \sum_{i=1}^{N} X_i$$

und die Stichprobenvarianz

$$\hat{\sigma}_X^2 = \frac{1}{N-1} \sum_{i=1}^{N} (X_i - \bar{X})^2.$$

Konsistente Schätzer für die Wahrscheinlichkeiten ergeben sich unter Einsatz von Indikatorvariablen ebenfalls als Stichprobenmittel. Für die diskrete Zufallsvariable X lassen sich die Wahrscheinlichkeiten durch

$$\hat{P}(x) = \frac{1}{N} \sum_{i=1}^{N} \mathbf{1}_{[X_i=x]},$$

und die Dichtefunktion einer stetigen Zufallsvariablen X durch

$$\hat{f}(x) = \frac{1}{N} \sum_{i=1}^{N} \mathbf{1}_{[|X_i-x| \leq d_N]}$$

konsistent schätzen (Abstandsmaß $|\cdot|$, stichprobenabhängige Intervallweite d_N).

Die Schätzung der bedingten Wahrscheinlichkeit $P(y|X=x)$ für diskrete Zufallsvariablen Y und $P(c \leq Y \leq d|X=x)$ für stetige Zufallsvariablen Y kann im Prinzip den gleichen Gedankengängen folgen. Sie erfordern allerdings zusätzliche Überlegungen hinsichtlich des Auftretens von x in der Grundgesamtheit. Der einfachste Fall ist der, in dem x auch tatsächlich vorkommt, $P(X=x) > 0$. In diesem Falle einer diskreten Wahrscheinlichkeitsverteilung von X kann wiederum die relative Häufigkeit in der Stichprobe,

$$\hat{P}(y|X=x) = \frac{\sum_{i=1}^{N} \mathbf{1}_{[Y_i=y]} \cdot \mathbf{1}_{[X_i=x]}}{\sum_{i=1}^{N} \mathbf{1}_{[X_i=x]}}, \tag{2.16}$$

zur Schätzung herangezogen werden. Auch hier gewährleistet ein entsprechendes Gesetz der Großen Zahl jeweils die Konsistenz des Schätzers, falls die Zufallsvariable Y diskret ist. Ist diese jedoch stetig, dann müsste man diesen Ausdruck im oben diskutierten Sinne bei der Indikatorvariable für Y um ein stichprobenabhängiges Distanzmaß erweitern.

Wenn X jedoch einer stetigen Wahrscheinlichkeitsverteilung folgt, dann ist $P(X = x) = 0$ für alle beliebigen Werte x. Andererseits gibt es typischerweise für zumindest einige Werte x eine positive Wahrscheinlichkeit dafür, dass beobachtete Ausprägungen in einem beliebig kleinen Abstand zu x zustande kommen, die Wahrscheinlichkeitsverteilung weist also einen gewissen Stützbereich auf. Dies kann man ausnutzen, indem man den Ansatz der relativen Häufigkeit der Teilpopulation $X = x$ entsprechend erweitert

$$\hat{f}(y|X = x) = \frac{\sum_{i=1}^{N} \mathbf{1}_{[Y_i=y]} \cdot \mathbf{1}_{[|X_i-x| \leq d_N]}}{\sum_{i=1}^{N} \mathbf{1}_{[|X_i-x| \leq d_N]}}. \tag{2.17}$$

Auch hier muss, wie bereits diskutiert, gewährleistet sein, dass der Abstand d_N mit zunehmender Stichprobengröße immer kleiner wird, um die Konvergenz des Stichprobendurchschnitts zum gesuchten Wert sicherzustellen. Wiederum muss der Ausdruck entsprechend um ein Distanzmaß bei der Indikatorvariablen für Y erweitert werden, wenn die Zufallsvariable Y stetig ist.

Wenn jedoch schließlich keine zur bedingenden Konfiguration x „benachbarten" Beobachtungen vorliegen können, also insbesondere bei einer diskreten Wahrscheinlichkeitsverteilung, in der der Wert x nicht vorkommt, dann kann die Auswertung der erhobenen Stichprobe allein nicht ausreichen, um die gesuchte bedingte Wahrscheinlichkeitsverteilung verlässlich zu schätzen. Alle Werte x jedoch, für die „benachbarte" Beobachtungen vorliegen und die zusammengenommen den so genannten „Stützbereich" bilden, erlauben statistische Inferenz, ohne dass man zusätzlich zur Annahme der Repräsentativität der Stichprobe für die Grundgesamtheit weitere Identifikationsannahmen einsetzen muss.

Ein Mehr an Information kann allerdings hilfreich sein, um die bedingten Wahrscheinlichkeiten präziser abzuschätzen, als es durch das skizzierte „nichtparametrische" (also ausschließlich auf dem Abzählen relativer Häufigkeiten beruhende) Vorgehen möglich ist. In der praktischen Arbeit werden häufig Annahmen über die Eigenschaften der unbekannten Wahrscheinlichkeitsverteilung von Y (bzw. $Y|X$) verwendet, etwa die der Normalverteilung. Im Falle einer normalverteilten Zufallsvariablen schrumpft das Erkenntnisproblem dann sogar zur erfolgreichen Annäherung von Mittelwert und Varianz zusammen, während alle Wahrscheinlichkeiten dafür, dass die Realisationen der Zufallsvariablen in ein bestimmtes Intervall fällt, direkt aus der Tabelle der Standardnormalverteilung abgelesen werden können. Diese zusätzliche Information lässt sich allerdings nur äußerst selten aus verhaltenstheoretischen Überlegungen ableiten. Derartige Annahmen, die für die Identifikation der gesuchten Wahrscheinlichkeiten unerheblich sind und – falls sie korrekt sind – lediglich die Präzision der Schätzungen erhöhen, lassen sich im Prinzip dadurch überprüfen, dass sie Annahmen über (bedingte) Wahrscheinlichkeitsverteilungen nahelegen, die mehr oder weniger im Einklang mit den beobachteten Daten stehen. Dieser Widerspruch lässt sich aber nur dann (durch „Testen") feststellen, wenn die Annahmen, die aus der ökonomischen Theorie abgeleitet werden, nicht im ersten Schritt (dem „Schätzen") dazu benötigt werden, die gesuchten Werte zu ermitteln.

Kernbotschaften

Bei der Schätzung bedingter Wahrscheinlichkeiten (Analoges gilt für bedingte Dichtefunktionen) gilt es, die Natur der bedingten Zufallsvariablen X zu berücksichtigen. Ist X diskret, so ist

$$\hat{P}(y|X = x) = \frac{\sum_{i=1}^{N} 1_{[Y_i=y]} \cdot 1_{[X_i=x]}}{\sum_{i=1}^{N} 1_{[X_i=x]}}$$

ein konsistenter Schätzer. Ist X stetig, dann ist

$$\hat{f}(y|X = x) = \frac{\sum_{i=1}^{N} 1_{[Y_i=y]} \cdot 1_{[|X_i-x|\leq d_N]}}{\sum_{i=1}^{N} 1_{[|X_i-x|\leq d_N]}}$$

das entsprechende Gegenstück, sofern der Wert x im Stützbereich der Wahrscheinlichkeitsverteilung von X liegt. Liegt x jedoch außerhalb dieses Stützbereichs, dann ist eine verlässliche Schätzung der bedingten Wahrscheinlichkeit $f(y|X = x)$ nicht möglich. In allen betrachteten Fällen können weitere Identifikationsannahmen (etwa über die Gestalt der Wahrscheinlichkeitsverteilung) im Prinzip die Präzision der Schätzer erhöhen.

2.2.3 Konfidenzintervalle und statistische Tests

Da Schätzer typischerweise stetige Zufallsvariablen sind, die angeben, wie aus einer Zufallsstichprobe heraus Werte ermittelt werden sollen, um den entsprechenden Parameter in der Population anzunähern, wird ihr Einsatz nur höchst zufällig exakt diesen wahren Wert ermitteln. Im Gegenteil, auch erwartungstreue oder konsistente Schätzer dürften in einer endlichen Stichprobe in der Regel vom wahren Wert abweichen. Schießlich ist ja auch die Wahrscheinlichkeit einer bestimmten Ausprägung für eine stetige Zufallsvariable gleich Null. Anstelle einer derartigen, notwendigerweise meist unzutreffenden *Punktschätzung* mag man daher daran interessiert sein, ein Intervall zu ermitteln, das zwar eine weniger präzise, aber im Hinblick auf die Trefferwahrscheinlichkeit zutreffendere Antwort auf das Annäherungsproblem gibt. Ein derartiges *Konfidenzintervall* ist ein Intervall, das, ausgehend von den vorhandenen Stichprobenbeobachtungen, so konstruiert ist, dass es für ein zwischen Null und Eins vorgegebenes Wahrscheinlichkeitsniveau den wahren Wert enthält oder „überdeckt".

Je höher die vorgegebene Wahrscheinlichkeit, desto weiter muss das Intervall ausfallen. Auch hier ergibt sich ein Abwägungsproblem zwischen Trennschärfe der Aussage einerseits und der Entsprechung zwischen Aussage und Realität andererseits. Während eine Punktschätzung in der Regel falsch, aber äußerst trennscharf ist, enthält ein unbeschränktes Intervall mit Sicherheit den wahren Wert, ist aber als Annäherung nutzlos. Die richtige Antwort mag darin bestehen, je nach Fragestellung durch die Wahl der vorgegebenen Überdeckungswahrscheinlichkeit ein hinreichend weites Intervall zu ermitteln, das eine gewisse Sicherheit der Aussage gewährleistet, ohne inhaltlich wertlos zu sein. Die gewählte Überdeckungswahrscheinlichkeit ist dann das Vertrauens- oder *Konfidenzniveau*. Es liegt auf der Hand, dass man für diese Aussagen mehr über die Wahrscheinlichkeitsverteilung wissen muss als die ersten zwei Momente. Im Rest des Abschnitts wird daher grundsätzlich eine derartige Kenntnis unterstellt. In der praktischen Arbeit ist dies aber eine recht restriktive Identifikationsannahme, die es eigens zu rechtfertigen gilt.

Beispiel 2.1. Zufällige vs. systematische Abweichung

Angenommen, man habe den Erwartungswert der Zufallsvariablen X durch das Stichprobenmittel $\bar{X}$ geschätzt und dabei einen Schätzwert von 0,05 ermittelt. Eine berechtigte Frage wäre, ob der wahre Erwartungswert nicht eigentlich Null und die Abweichung von 0,05 nur durch Zufall zustande gekommen sein könnte. In diesem Falle würde man die weitere Analyse und inhaltliche Interpretation auf die Identifikationsannahme $\mu_X = 0$ stützen wollen. Um zu überprüfen, ob diese Identifikationsannahme (statistisch: Nullhypothese) im Einklang mit den Daten ist, kann man aus der vorhandenen Stichprobeninformation ein Konfidenzintervall konstruieren, das den wahren Erwartungswert mit einer Wahrscheinlichkeit von bspw. 95% (oder 99%) enthält. Umfasst das so konstruierte Konfidenzintervall bspw. den Wertebereich $[0{,}01; \infty]$, so irrt man sich nur in 5% (1%) der Fälle, wenn man behauptet, dass der wahre Erwartungswert nicht Null ist, da Null nicht im Intervall $[0{,}01; \infty]$ liegt. Die Identifikationsannahme $\mu_X = 0$ scheint demnach nur schwer akzeptabel zu sein.

Diese grundsätzliche Vorgehensweise wird hier an einem Standardfall illustriert. Angenommen, die Zufallsvariable X sei normalverteilt mit unbekanntem Erwartungswert μ_X und bekannter Varianz σ_X^2. Das Stichprobenmittel

$\bar{X} = N^{-1} \sum_{i=1}^{N} X_i$, das einen Schätzer für den Erwartungswert darstellt, ist dann ebenfalls normalverteilt, da jede lineare Funktion einer normalverteilten Zufallsvariablen wiederum normalverteilt und das Stichprobenmittel eine lineare Funktion von X ist. Zur Erinnerung: $\bar{X}$ besitzt den Erwartungswert μ_X und die Varianz σ_X^2/N, die Realisation $\bar{x}$ muss jedoch keineswegs genau gleich μ_X sein. Um nun unter Einsatz des Stichprobenmittels ein Konfidenzintervall für den Erwartungswert zu konstruieren, ist es notwendig, das normalverteilte Stichprobenmittel mit dem Ziel zu standardisieren, eine standardnormalverteilte Zufallsvariable zu erhalten. Dies ist deshalb sinnvoll, da die Standardnormalverteilung vollständig tabelliert ist. Es ist somit möglich, aus einer Tabelle Werte abzulesen, die die Grenzen für Teile der Wahrscheinlichkeitsmasse unterhalb der Dichte der Standardnormalverteilung angeben. Diese Werte werden wir bei Tests dazu verwenden, sog. *kritische Werte* zu bestimmen, die bei der Entscheidungsfindung im Rahmen von Hypothesentests sehr hilfreich sein werden.

Da die Standardnormalverteilung symmetrisch ist, entspricht der kritische Wert, der bspw. 2,5% der Wahrscheinlichkeitsmasse nach links abgrenzt, im Betrag genau dem kritischen Wert, der 2,5% der Wahrscheinlichkeitsmasse nach rechts abgrenzt. Das standardisierte Stichprobenmittel $\bar{Z}$ erhält man dadurch, dass man von der normalverteilten Zufallsvariablen $\bar{X}$ deren Erwartungswert subtrahiert und diese Differenz dann durch die Standardabweichung der Zufallsvariablen $\bar{X}$ dividiert, d.h.

$$\bar{Z} = \frac{\bar{X} - \mu_X}{\sigma_X/\sqrt{N}} \ . \qquad (2.18)$$

Die Zufallsvariable $\bar{Z}$ besitzt den Erwartungswert 0 und die Varianz 1. Dies wissen wir verlässlich, da wir bei der Konstruktion von Z die tatsächlichen Populationsmomente μ_X und σ_X^2 eingesetzt haben.

Ein Konfidenzintervall um $\bar{Z}$ erhält man nun, indem man sich ein bestimmtes Wahrscheinlichkeitsniveau vorgibt, für das man die oben beschriebene Aussage treffen möchte. Häufig gewählte Werte sind 95% oder 99%. Allgemein bezeichnet man dieses Konfidenzniveau mit $1 - \alpha$, so dass α dann also die entsprechende *Irrtumswahrscheinlichkeit* angibt. Anschaulich (vgl. **Abbildung 2.4**) sucht man also nach den kritischen Werten $-k_{\alpha/2}$ und $k_{\alpha/2}$, für die die Wahrscheinlichkeit, dass das standardisierte Stichprobenmittel $\bar{Z}$ innerhalb dieser Grenzen liegt, einem vorgegebenen Konfidenzniveau $1 - \alpha$ entspricht. Formal bedeutet dies

$$P(-k_{\alpha/2} \leq \bar{Z} \leq k_{\alpha/2}) = 1 - \alpha. \qquad (2.19)$$

Die vorgegebene Wahrscheinlichkeit dafür, dass das Stichprobenmittel $\bar{X}$ ebenfalls innerhalb bestimmter Grenzen fällt, ergibt sich aus den hier ermittelten kritischen Werten durch Einsetzen von $\bar{Z} = (\bar{X} - \mu_X)/(\sigma_X/\sqrt{N})$

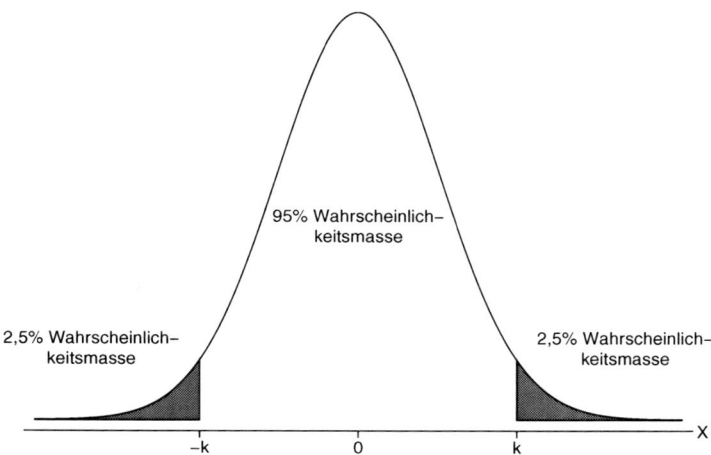

95% Wahrscheinlichkeitsmasse

2,5% Wahrscheinlichkeitsmasse

2,5% Wahrscheinlichkeitsmasse

−k   0   k

Abbildung 2.4. Verteilung der Wahrscheinlichkeitsmasse unter einer Standardnormalverteilung. Die Werte $-k$ und k sind die Werte, die unterhalb der jeweiligen Dichtefunktion insgesamt fünf Prozent der Wahrscheinlichkeitsmasse nach links bzw. rechts abgrenzen.

in diese Gleichung und Umformen als

$$P\left(\mu_X - k_{\alpha/2} \cdot \frac{\sigma_X}{\sqrt{N}} \leq \bar{X} \leq \mu_X + k_{\alpha/2} \cdot \frac{\sigma_X}{\sqrt{N}}\right) = 1 - \alpha. \quad (2.20)$$

Von Interesse ist aber nicht dieses Intervall, da ja – zumindest in der praktischen Arbeit – der Erwartungswert μ_X unbekannt ist. Ein weiterer Umformungsschritt ergibt jedoch ohne Weiteres das entsprechende Konfidenzintervall für den unbekannten Erwartungswert

$$P\left(\bar{X} - k_{\alpha/2} \cdot \frac{\sigma_X}{\sqrt{N}} \leq \mu_X \leq \bar{X} + k_{\alpha/2} \cdot \frac{\sigma_X}{\sqrt{N}}\right) = 1 - \alpha. \quad (2.21)$$

Ein symmetrisches Intervall um das Stichprobenmittel $\bar{X}$, dessen Grenzen aus den kritischen Werten der Standardnormalverteilung, der Varianz σ_X^2 und der Stichprobengröße N abgeleitet werden, tritt somit neben den Schätzer $\bar{X}$, um den unbekannten Erwartungswert μ_X anzunähern. Ist der Schätzer $\bar{X}$ recht präzise, so fällt auch das entsprechende Konfidenzintervall bei gegebenem Konfidenzniveau eng aus. Dies ist insbesondere der Fall, wenn die Varianz σ_X^2 von X gering und/oder die Stichprobengröße N groß ist. Die kritischen Werte der Standardnormalverteilung finden sich im Tabellenanhang dieses Buches. Als Faustregel kann man den Wert 1,96 für ein Konfidenzniveau von 95% benutzen. Mit dieser Information und einer Schätzung $\bar{X}$

ausgestattet, kann man dann die konkreten Werte für das Konfidenzintervall um μ_X bestimmen.

In der praktischen Arbeit besteht üblicherweise das Problem, dass die Varianz von X ebenfalls unbekannt ist und deshalb zunächst auch geschätzt werden muss. Das mit Hilfe der geschätzten Standardabweichung $\hat{\sigma}_X$ standardisierte Stichprobenmittel ist dann nicht mehr standardnormalverteilt, sondern *t-verteilt* mit $N-1$ *Freiheitsgraden*. Dies führt für das Konfidenzintervall dann lediglich zu folgender Veränderung

$$P\left(\bar{X} - t_{\alpha/2} \cdot \frac{\hat{\sigma}_X}{\sqrt{N}} \leq \mu_X \leq \bar{X} + t_{\alpha/2} \cdot \frac{\hat{\sigma}_X}{\sqrt{N}}\right) = 1 - \alpha, \qquad (2.22)$$

wobei $t_{\alpha/2}$ den *kritischen Wert* der nun relevanten t-Verteilung bezeichnet.

Beispiel 2.2. Ein Konfidenzintervall für den BMI

Aus den oben diskutierten geschätzten Momenten der Verteilung des BMI in Deutschland, der Information, dass die zugrunde liegende Stichprobe 139.733 Personen umfasst, und dem kritischen Wert der t-Verteilung von 1,96 bei einer Irrtumswahrscheinlichkeit (α) von 5%, errechnet sich das 95%-Konfidenzintervall für den durchschnittlichen BMI der Gesamtbevölkerung als [25,32; 25,37].

Will man nun z.B. untersuchen („testen"), ob die Identifikationsannahme $\mu_X = 0$ mit den vorliegenden Beobachtungen verträglich ist, so fragt man sich, ob dieser Wert (die Nullhypothese) innerhalb des berechneten Konfidenzintervalls liegt. Ist dies nicht der Fall, so wird man die Nullhypothese, dass die Abweichung des geschätzten Wertes $\bar{X}$ von Null nur durch Zufall entstanden ist, mit einer Irrtumswahrscheinlichkeit von α Prozent zurückweisen. Diese Entscheidung folgt der Logik statistischen Testens: Da der wahre Wert unbekannt ist, gibt es auch bei einem derartigen Test letztendlich keine Sicherheit. Ein Stichprobenmittel, das zu einem Intervall führt, welches den in der Nullhypothese ausgedrückten Wert des Parameters nicht überdeckt, kann grundsätzlich auf eine von zwei Arten interpretiert werden, nämlich (i) als eine recht unwahrscheinliche (Wahrscheinlichkeit α) Realisation von $\bar{X}$, die nichtsdestoweniger mit der Nullhypothese im Einklang steht, oder (ii) als ein Widerspruch zur Nullhypothese (eine *signifikante* Abweichung). Typischerweise entscheidet man sich in diesem Falle für das Verwerfen der Nullhypothese, geht jedoch unweigerlich das Risiko ein, mit dieser Entscheidung falsch zu liegen.

Zwischen der Konstruktion von Konfidenzintervallen und dem Testen einer Nullhypothese besteht also ein sehr enger Zusammenhang. Ein Intervall, das mit der Wahrscheinlichkeit $(1 - \alpha)$ den wahren Wert überdeckt, verpasst ihn mit Wahrscheinlichkeit α. Ein Test, der sich bei starkem Widerspruch zwischen Nullhypothese und Stichprobe – das Konfidenzintervall steht nicht im Einklang mit der Identifikationsannahme – gegen die Aufrechterhaltung dieser Annahme ausspricht, liegt (gegeben, die Nullhypothese trifft zu) mit Wahrscheinlichkeit α falsch. Wird durch die Wahl eines kleineren α ein breiteres Intervall konstruiert, dann sinkt für beide Vorgehensweisen die Fehlerwahrscheinlichkeit, allerdings auf Kosten der Trennschärfe. Schließlich wird ein Test, der jede mögliche Abweichung zwischen Nullhypothese und Schätzung als miteinander im Einklang stehend beschreibt, ebenso nutzlos sein wie ein Intervall, das alle prinzipiell möglichen Werte überdeckt.

Auch bei der Entscheidung zwischen dem Verwerfen einer richtigen und dem Nicht-Verwerfen einer falschen Nullhypothese gibt es unweigerlich ein Abwägungsproblem. Nahezu aussschließlich wird dieses Problem in der praktischen Arbeit durch die Vorgabe von α als 0,01, 0,05 oder 0,10 gelöst, wobei 0,05 der am häufigsten gewählte Wert ist. Was als Vorgehensweise absolut nicht akzeptabel ist, ist die Wahl der Irrtumswahrscheinlichkeit so zuzuschneiden, dass in der vorliegenden Anwendungssituation die „passende" Antwort herauskommt, nach dem Motto „Ich finde eine signifikante Abweichung zur Nullhypothese und lehne sie mit einer Irrtumswahrscheinlichkeit von 40% ab." In der Diskussion der Resultate droht die wichtige Qualifikation „$\alpha = 0,4$" des ablehnenden Resultats verloren zu gehen. Somit würde die Aussagekraft der Studie überzeichnet.

Üblicherweise wird in der praktischen Arbeit der explizite Ausweis des konkreten Konfidenzintervalls als Zwischenschritt übersprungen und direkt von der Schätzung zum Testen übergegangen. Dabei wird zunächst die zu testende Nullhypothese formuliert und daran anschließend eine Teststatistik abgeleitet, die genau diese Nullhypothese überprüft. Den prominentesten Test zur Überprüfung einer Nullhypothese über einen einzelnen geschätzten Koeffizienten stellt der t-Test dar. Auch in diesem Fall muss man wieder unterscheiden, ob die Varianz σ_X^2 bekannt oder unbekannt ist. Und auch hier ist der Fall „unbekannte Varianz" wiederum realistischer. Kennt man also die Varianz der Zufallsvariablen X nicht und schätzt sie stattdessen durch $\hat{\sigma}_X^2$, so gelangt man auf dem gleichen Weg wie oben zum Konfidenzintervall auch zur Teststatistik des t-Tests.

Die Zufallsvariable t mit

$$t = \frac{\bar{X} - \mu_X}{\hat{\sigma}_X / \sqrt{N}} \qquad (2.23)$$

ist t-verteilt mit $N - 1$ Freiheitsgraden. Unter der Nullhypothese H_0: $\mu_X = 0$ und der Alternativhypothese H_1: $\mu_X \neq 0$ ergibt sich für diese Teststatistik dann bspw.

$$t = \frac{\bar{X} - 0}{\hat{\sigma}_X / \sqrt{N}} = \frac{\bar{X}}{\hat{\sigma}_X / \sqrt{N}} \sim t_{N-1}. \tag{2.24}$$

Für die Testentscheidung muss man dann noch den kritischen Wert der t-Verteilung (siehe Tabellenanhang) für eine vorgegebene Irrtumswahrscheinlichkeit α finden. Wenn der Betrag $|t|$ des aus der Stichprobe berechneten Werts der t-Statistik (also die Realisation von t) bei vorgegebener Irrtumswahrscheinlichkeit größer als der *kritische Wert* der t-Verteilung für $N - 1$ Freiheitsgrade ist, dann wird man die Nullhypothese mit eben dieser Irrtumswahrscheinlichkeit zurückweisen. Andernfalls wird man die Nullhypothese nicht verwerfen. Mit Hilfe des t-Tests ist prinzipiell jede beliebige Nullhypothese für einen einzelnen geschätzten Parameter testbar (z.B. auch $\mu_X = 1$ oder $\mu_X = 3{,}112$). In der Regel werden Nullhypothesen so formuliert, dass ihre Ablehnung auch eine sinnvolle ökonomische Interpretation erlaubt, was im Falle von $\mu_X = 3{,}112$ unter Umständen nicht leicht sein dürfte.

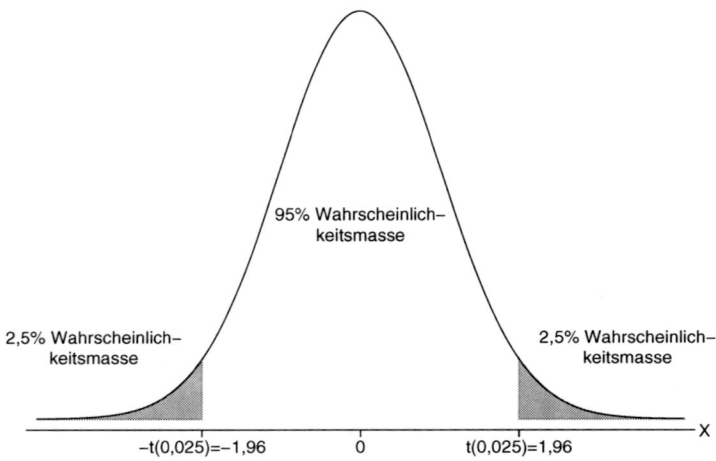

Abbildung 2.5. Ablehnungsbereich eines zweiseitigen t-Tests bei einer Irrtumswahrscheinlichkeit von 5%.

In **Abbildung 2.5** sind die Ablehnungsbereiche für einen zweiseitigen t-Test und eine Irrtumswahrscheinlichkeit von 5% dargestellt. Der kritische Wert der t-Verteilung für mehr als 120 Freiheitsgrade ist in diesem Fall $t_{0,025} = 1{,}96$. Liegt der Betrag der Realisation der Teststatistik t im schraffierten Bereich der t-Verteilung, so ist die Wahrscheinlichkeit, einen solchen

Wert zu beobachten, kleiner als die vorgegebene Irrtumswahrscheinlichkeit. Die Nullhypothese würde mit einer Irrtumswahrscheinlichkeit von 5% zurückgewiesen.

Hypothesen werden häufig auch mit einseitigen Tests auf den Prüfstand gestellt. Dies ist insbesondere dann sinnvoll, wenn aus ökonomischen Erwägungen heraus eine Abweichung nach oben von der Nullhypothese eine wichtige Botschaft (z.B. „Die Aktie wirft eine positive Rendite ab.") darstellt, aber eine Abweichung nach unten (also im Beispiel „keine Rendite" oder „negative Rendite") gleichermaßen enttäuscht. Dann würde man bei gleich hoher Irrtumswahrscheinlichkeit α den kritischen Wert entsprechend verschieben. Im Falle der Standardnormalverteilung wäre dies dann z.B. $k_{\alpha=0,05} = 1,645$. Auch bei nicht-negativen Zufallsvariablen wie den χ^2- und F-verteilten Zufallsvariablen können einseitige Tests sinnvoll sein. Der kritische Wert einer χ^2-Verteilung mit 10 Freiheitsgraden ist bspw. bei einer Irrtumswahrscheinlichkeit von 5% 18,3, derjenige einer F-Verteilung mit 10 Zähler- und 100 Nennerfreiheitsgraden ist 1,92. Da diese Verteilungen das Resultat von Verknüpfungen von transformierten normalverteilten Zufallsvariablen darstellen, spielen auch hier bei der Konstruktion der Teststatistiken die Stichprobenmittel und die Stichprobenvarianzen und -kovarianzen eine erhebliche Rolle.

Beispiel 2.3. t-Test für den BMI

Angesichts eines geschätzten Erwartungswertes des BMI von 25,34 könnte man sich fragen, ob dieser Wert wirklich signifikant von dem Grenzwert des BMI von 25 für übergewichtige Personen abweicht. Die Nullhypothese für diesen Fall lautet H_0: $E[BMI] = 25$. Der t-Wert (im Gegensatz zur Zufallsvariablen) für diesen Test errechnet sich als

$$t = \frac{25,34 - 25}{4,29/\sqrt{139.733}} = 29,63.$$

$|t| = 29,63$ ist größer als der kritische Wert der t-Verteilung von 1,96 für eine Irrtumswahrscheinlichkeit von 5% und 139.732 Freiheitsgrade. Die Einwohner Deutschlands reißen also im Schnitt die Grenze zur Übergewichtigkeit.

Kernbotschaften

Anstelle von Punktschätzern, für welche die Wahrscheinlichkeit, dass sie den gesuchten Wert aufs Haar treffen, notwendigerweise gleich Null ist, lassen sich Konfidenzintervalle konstruieren, die diesen Wert mit positiver Wahrscheinlichkeit überdecken. Je geringer dabei die Irrtumswahrscheinlichkeit angesetzt wird, desto weiter fällt dieses Intervall aus. Analog dazu kann eine Nullhypothese über einen Parameter mit dieser vorgegebenen Irrtumswahrscheinlichkeit „verworfen" (als falsch deklariert) werden, wenn das Konfidenzintervall diesen Wert nicht überdeckt.

Dies wird meist anhand tabellarisch erfasster Wahrscheinlichkeitsverteilungen durch den Vergleich entsprechender Teststatistiken und der „kritischen" Tabellenwerte umgesetzt. Im Beispiel einer normalverteilten Zufallsvariablen X mit unbekanntem Mittelwert μ_X und unbekannter Varianz σ_X^2 wird die Nullhypothese H_0: $\mu_X = 0$ mit Irrtumswahrscheinlichkeit $\alpha = 0{,}05$ verworfen (zweiseitiger Test, Stichprobengröße 200), wenn

$$|t| = \left| \frac{\bar{X}}{\hat{\sigma}_X / \sqrt{N}} \right| \geq 1{,}96.$$

2.3 Datenstrukturen

Eine wichtige Grundlage für die Arbeit eines jeden empirisch forschenden Wirtschaftswissenschaftlers ist die Kenntnis der in den folgenden Kapiteln dargestellten empirischen Methoden. Aber was wäre ein Schreiner, der meisterhaft mit seinem Werkzeug umgehen kann, wenn er kein Holz hätte? Was für den Schreiner das Holz, sind für den empirischen Wirtschaftsforscher die Daten. Dabei gibt es wie beim Holz sehr unterschiedliche Arten und Formen dieses „Werkstoffs". Dies hängt zum einen natürlich damit zusammen, dass für unterschiedliche Fragestellungen unterschiedliche Daten benötigt werden. So benötigen an individuellen Handlungen von Arbeitnehmern und Arbeitgebern interessierte Arbeitsökonomen eher Individual- oder Unternehmensdaten, während empirisch ausgerichtete Makroökonomen vorwiegend an dem zeitlichen Verlauf von aggregierten Größen, wie dem Bruttosozialprodukt, der Inflationsrate oder der Geldmenge, interessiert sind.

Neben der konkreten Fragestellung spielt auch die Verfügbarkeit der gewünschten Daten eine erhebliche Rolle. Hatten empirische Wirtschaftsforscher bis vor wenigen Jahren lediglich Zugang zu aggregierten Zeitreihen- oder Regionaldaten, so steigen mittlerweile die Erhebungen und die Verfüg-

barkeit von Individualdaten unaufhörlich an. Schritthaltend damit wurden
die Analysemethoden verfeinert, so dass sich in der empirischen Wirtschaftsforschung inzwischen zwei weitgehend unabhängig voneinander operierende
Zweige entwickelt haben: (i) die Zeitreihenökonometrie, die vorwiegend mit
aggregierten Daten arbeitet, und (ii) die Mikroökonometrie, die überwiegend
auf Individual- und Unternehmensdaten zurückgreift. Dieses Buch konzentriert sich weitgehend auf Probleme und Methoden, die der Mikroökonometrie zuzuordnen sind.

Natürlich muss auch der „Werkstoff" Daten einige (Qualitäts-)Anforderun-
gen erfüllen, damit er für den empirisch arbeitenden Wirtschaftswissenschaftler sinnvoll verwendet werden kann. Im Idealfall sollten Daten drei zentrale
Anforderungen erfüllen: (i) *Objektivität*, (ii) *Zuverlässigkeit* und (iii) *Validität*. Daten werden als objektiv bezeichnet, wenn das Ergebnis der Messung
einer Variablen unabhängig vom Beobachter ist. Führen wiederholte Messungen der Variablen zu identischen Ergebnissen, bezeichnet man Daten als
zuverlässig. Validität von Daten ist schließlich gegeben, wenn die gemessenen Variablen eine gute Operationalisierung der in der Theorie betrachteten
Größen darstellen. In der Realität werden alle drei Anforderungen gemeinsam
jedoch aus vielerlei Gründen nur selten erfüllt.

Beispiel 2.4. Intelligenztest

Um Intelligenz zu messen, werden häufig die Ergebnisse eines Intelligenztests bzw. der Intelligenzquotient herangezogen. Bei dieser Variablen sind zumindest zwei der drei genannten Qualitätsanforderun-
gen nicht erfüllt. Der Intelligenzquotient wird üblicherweise anhand
eines standardisierten Tests erhoben und kann damit im Prinzip unabhängig vom Beobachter festgestellt werden, d.h. das Kriterium der
Objektivität ist erfüllt. Die Zuverlässigkeit des Tests kann hingegen
schon in Zweifel gezogen werden. So wird man bspw. beobachten,
dass der Intelligenzquotient steigt, wenn man denselben Test mehr-
mals durchführt, da man lernt, wie man sich in einem solchen Test
gut schlägt. Größter Kritikpunkt des Intelligenztests ist jedoch seine
Validität. So wird bezweifelt, dass ein noch so umfangreicher Test
alle verschiedenen Dimensionen der Intelligenz abbilden kann.

Man sollte sich bei jeder empirischen Untersuchung fragen, inwieweit diese
Anforderungen bei den verwendeten Daten verletzt sind und inwiefern diese
Verletzungen die Ergebnisse der Untersuchung beeinflussen können. Schließlich müssen – auch hier bewährt sich die Analogie zum Schreiner – die Daten
von dem Wissenschaftler üblicherweise erst vorbehandelt werden, bevor mit

ihnen und der richtigen ökonometrischen Methode eine bestimmte ökonomische Frage empirisch analysiert werden kann. Zur Vorbehandlung gehört
die Bereinigung offensichtlicher Archivierungs- oder Übertragungsfehler, die
Suche nach potenziellen Ausreißern und Messfehlern, die Überprüfung der
Daten auf ihre wechselseitige Konsistenz und schließlich die geeignete Transformation der Variablen.

Im Verlauf dieses Abschnitts sollen die unterschiedlichen Daten kurz dargestellt werden, die einem empirischen Wirtschaftsforscher in der praktischen
Arbeit begegnen können. Dabei werden zumeist bereits von anderen erhobene
Daten verwendet, da die Erhebung von Daten – insbesondere von Individual-
und Unternehmensdaten – ein sehr kostspieliges Unterfangen sein kann. Wirtschaftsforscher greifen nicht nur auf von anderen Wirtschaftswissenschaftlern
erhobene Daten zurück, sondern auch auf Daten, die von Kollegen anderer
Fächer wie der Soziologie und Psychologie erhoben wurden. Für eine spezifische Fragestellung die richtigen Daten zu finden, erfordert nicht selten
etwas detektivisches Geschick. Im Folgenden werden einige deutsche Datensätze stichpunktartig vorgestellt und erläutert, wie und wo man verschiedene
Datensätze für spezifische Fragestellungen finden kann. Eine hilfreiche Zu-
sammenstellung der in Deutschland zur Verfügung stehenden Daten mit einer Kurzbeschreibung der wichtigsten Datensätze gibt die Kommission zur
Verbesserung der informationellen Infrastruktur zwischen Wissenschaft und
Statistik (2001).

Beispiel 2.5. Ökonometriker und Sex

*„Sex vor einem Spiel? Das können meine Jungs halten, wie sie wol-
len. Nur in der Halbzeit, da geht nichts."*
(Berti Vogts)

In einer viel beachteten Studie argumentierte Jasso (1985), dass –
entgegen bislang vorliegender Erkenntnisse der Fachliteratur – die
Häufigkeit ehelichen Geschlechtsverkehrs signifikant mit dem Alter
der Ehefrau zunimmt. In einem Kommentar zu der Analyse von Jasso
(1985) zeigen Kahn und Udry (1986), dass dieses Ergebnis auf einem
unzureichend aufbereiteten Datensatz beruht. Sie schließen lediglich
8 der von Jasso (1985) für die Analyse verwendeten 2.063 Beobachtungen, für die unglaubwürdige Werte der Häufigkeit des ehelichen
Geschlechtsverkehrs vorlagen (zum Bsp. 88 mal pro Monat), aus der
empirischen Analyse aus. Außerdem konzentrieren sie sich auf Ehen
mit einer Mindestdauer von 2 Jahren, um eine Überlagerung der
Resultate durch eine gewisse Anfangseuphorie zu vermeiden. Diese

geringfügigen Änderungen in der verwendeten Stichprobe führen zu einer Bestätigung der bisherigen Fachliteratur.

Die Diskussion über die wackeligen Voraussetzungen für ihre vermeintlich bahnbrechenden Erkenntnisse hätte Jasso (1985) ohne Weiteres vermeiden können, wenn sie sich ihren Datensatz vorher sorgfältiger angeschaut hätte.

2.3.1 Zeitreihendaten

Bei einer erheblichen Anzahl von analytischen Fragestellungen steht die zeitliche Entwicklung bestimmter Größen im Mittelpunkt, z.B. bei der Erklärung und Prognose wirtschaftlichen Wachstums. Häufig kann die Wirkung veränderter Umstände, z.B. die Reform institutioneller Rahmenbedingungen, nur im Zeitablauf überprüft werden. In all diesen Fällen wird man auf Zeitreihendaten zurückgreifen.

Datenstruktur und -probleme. Bei Zeitreihendaten werden eine oder mehrere Variablen wiederholt über die Zeit bei denselben Merkmalsträgern erhoben und in der Reihenfolge ihrer Erhebung archiviert. Der zeitliche Abstand, in dem diese Variablen (regelmäßig) erhoben werden, ist ihre zentrale Eigenschaft. Dabei bezeichnet man die Häufigkeit der Erhebung innerhalb eines vorgegebenen Zeitraums als *Datenfrequenz*. In den Wirtschaftswissenschaften werden üblicherweise hochfrequente Zeitreihen, etwa Minuten- oder Tagesdaten in der Kapitalmarktforschung, und vor allem mittel- bis niedrigfrequente Zeitreihen wie Monats-, Quartals- und Jahresdaten verwendet. Aktienkurse, Wechselkurse, aber auch das Wetter werden bspw. sekündlich oder täglich erhoben. Viele makroökonomische Variablen, wie die Geldmenge, die Beschäftigung und die Arbeitslosigkeit werden monatlich ausgewiesen, und die meisten Daten der Volkswirtschaftlichen Gesamtrechnung stehen quartalsweise zur Verfügung.

Bei der Erklärung von Entscheidungen und Ergebnisgrößen spielen in den Wirtschafts- und Sozialwissenschaften neben aktuellen und zeitlich vorgelagerten Erklärungsfaktoren häufig auch die vorangegangenen Entscheidungen bzw. Ergebnisse eine wichtige Rolle. Diese für ökonomische Variablen typische Trägheit in der Veränderung ihrer Ausprägung kann in der Trägheit der Erklärungsfaktoren oder in der Bedeutung eines Ausgangszustands für das aktuelle Ergebnis begründet sein. Einerseits kann, um ein Beispiel aus dem Sport zu bemühen, eine Mannschaft mehrere Meisterschaften hintereinander erringen, weil ihre personelle Besetzung recht stabil bleibt, andererseits mag es auch einfach so sein, dass Erfolg über den Aufbau des entsprechenden Selbstbewusstseins bzw. Respekts wieder Erfolg erzeugt. Sind es lediglich die zeitlich vorgelagerten Bestimmungsfaktoren, die diese Trägheit erzeugen, dann kann man eventuell hoffen, das Problem durch ihre vollständige Berücksichtigung zu vereinfachen. Im Allgemeinen beinhaltet jedoch die zeitlich chronologische Anordnung von Variablen in Zeitreihendaten wichtige Informationen für die empirische Analyse wirtschaftlicher Zusammenhänge.

Diese wichtige Eigenschaft von Zeitreihendaten führt aber auch zu speziellen Problemen, die bei der Analyse derartiger Daten berücksichtigt werden müssen. Letztendlich beruhen all unsere Bemühungen, aus Stichprobeninformation Rückschlüsse auf eine Grundgesamtheit zu ziehen, auf der Idee, dass mehrfaches Ziehen aus dieser Grundgesamtheit zwar zu einer gewissen Variation der Beobachtungen führt, aber im Durchschnitt der Beobachtungen dennoch zentrale Eigenschaften der Grundgesamtheit offenbart. Von besonderer Bedeutung für das Funktionieren dieser Idee ist die wechselseitige Unabhängigkeit der Ziehungen aus der Grundgesamtheit (also der Zufallsvariablen). Bei der Analyse von Zeitreihendaten kann man in den wenigsten Fällen davon ausgehen, dass die im Zeitablauf einander nachgeordneten Zufallsvariablen, deren Realisation in Gesamtheit die beobachtete Zeitreihe darstellt, unabhängig voneinander sind. So ist bspw. die Arbeitslosenquote eines Jahres sicherlich nicht unabhängig von der Arbeitslosenquote des vorangegangenen Jahres. Auch kann man von der Höhe des Bruttosozialprodukts des letzten Quartals bereits sehr viel über den Wert des Bruttosozialprodukts in diesem Quartal ableiten, da diese Grösse eine relativ stabile zeitliche Entwicklung aufzeigt.

Darüber hinaus weisen viele ökonomische Zeitreihen einen deutlichen zeitlichen Trend auf. Dies wirft für die Charakterisierung dieser Größen erhebliche Probleme auf. So lässt sich der Mittelwert einer trendbehafteten Zufallsvariablen (zu einem Zeitpunkt) nicht ohne Weiteres (also ohne Identifikationsannahmen) aus der beobachteten Zeitreihe schätzen. Noch drastischer sind die Konsequenzen von Trends für die Analyse der Beziehungen zwischen Zufallsvariablen. Zwei Variablen mit einem zeitlichen Trend werden zwangsweise eine sehr hohe Korrelation vortäuschen, auch wenn keine derartige Beziehung zwischen diesen beiden Variablen besteht. Ein prominentes Beispiel hierfür ist die in vielen Industrieländern zu beobachtende hohe Übereinstimmung zwischen der Anzahl der Störche und der Anzahl der Geburten. Dieses Phänomen kann nur darauf zurückgeführt werden, dass über die Zeit hinweg sowohl die Anzahl der Störche als auch die Anzahl der Geburten abgenommen hat, beide Zeitreihen also einen negativen Trend aufweisen, wohl kaum darauf, dass der Storch die Kinder bringt.

Ein ähnliches Problem entsteht dadurch, dass der langfristige Trend bei vielen Zeitreihen durch kurzfristige zyklische Schwankungen überlagert wird. Diese können konjunkturelle Begleitumstände widerspiegeln oder sind auf

Saisoneffekte zurückzuführen. Beispiele hierfür sind das verfügbare Einkommen und die Arbeitslosenquote, die durch die unterschiedliche Beschäftigungssituation im Sommer und Winter beeinflusst werden. **Abbildung 2.6** zeigt die Entwicklung der monatlichen Arbeitslosenquote in Westdeutschland von Januar 1980 bis Dezember 2005. Deutlich zu erkennen ist dabei der saisonale Anstieg der Arbeitslosenquote in den Wintermonaten. Eine ökonomische Interpretation dieser Daten ist oft nur dann sinnvoll möglich, wenn es gelingt, durch eine geeignete Aufbereitung die saisonalen Muster aus der Zeitreihe herauszufiltern.

Abbildung 2.6. Monatliche Arbeitslosenquote in Westdeutschland, Januar 1980 - Dezember 2005.

Werden Daten wiederholt im Zeitablauf erhoben, so sollte man berücksichtigen, dass sich der Untersuchungsgegenstand und die Datenproduzenten gleichermaßen während dieses Prozesses verändern können. So kommt es häufig vor, dass sich die Definition von aggregierten Variablen aufgrund von Gesetzesänderungen oder historischen Gegebenheiten ändert. Bei der Verwendung von Zeitreihendaten muss daher grundsätzlich darauf geachtet werden, dass die jeweiligen Variablen mit gleichbleibender Methodik erhoben werden und sich die Definition der jeweiligen Variablen nicht ändert. Es ist daher anzuraten (auch wenn es in vielen Fällen alles andere als spannend ist), die jeweiligen Definitionen einer Zeitreihe in der Dokumentation der Datenreihe bzw. die Fußnoten der Tabellen statistischer Quellen genau zu lesen.

Ein prominentes Beispiel für dieses Problem ist die deutsche Wiedervereinigung, die dazu geführt hat, dass viele Zeitreihendaten nur noch für Gesamtdeutschland veröffentlicht werden. So wird bspw. die standardisierte Arbeitslosenquote der OECD für Deutschland seit 1993 nur noch für Gesamtdeutschland ausgewiesen, während vor 1993 nur diejenige für Westdeutschland erhältlich ist. Ein weiteres Beispiel ist die Veränderung der offiziellen Arbeitslosenquote der Bundesrepublik, die durch die in den so genannten Hartz-Gesetzen geregelte Zusammenlegung der Sozial- und der Arbeitslosenhilfe entstanden ist. Mit dieser Änderung, die am 1. Januar 2005 in Kraft getreten ist, wurden Sozialhilfeempfänger in der Arbeitslosenstatistik erfasst, die bis zu diesem Zeitpunkt nicht bei den Arbeitsämtern als arbeitslos gemeldet waren. In **Abbildung 2.6** ist diese Änderung in einem überproportionalen Anstieg der Arbeitslosenquote im Januar 2005 zu erkennen.

Die hier kurz diskutierten Eigenschaften von Zeitreihen machen es extrem schwierig, kausale Zusammenhänge zwischen zwei Variablen zu identifizieren. Zwar können die in den folgenden Kapiteln dargestellten Methoden größtenteils auch auf Zeitreihendaten angewendet werden. Insbesondere die zeitliche Abhängigkeit dieser Daten erfordert jedoch spezielle ökonometrische Methoden, die darauf abzielen, diese Abhängigkeiten aus den Daten herauszufiltern. Um dieses Buch nicht zu überfrachten, werden diese speziellen zeitreihenökonometrischen Methoden hier nicht behandelt. Einen guten Einstieg in diese so genannte *Zeitreihenökonometrie* geben bspw. Pindyck und Rubinfeld (1998) oder Stock und Watson (2007). Wer sich vertieft mit der Zeitreihenökonometrie beschäftigen möchte, sollte den Klassiker von Hamilton (1994) auf seinem Schreibtisch haben.

Beispiel 2.6. Zeitreihendaten

Als Beispiel werden in **Tabelle 2.1** die Zeitreihen für das Bruttoinlands-produkt und das Volkseinkommen der Bundesrepublik Deutschland in einer jährlichen Frequenz für den Zeitraum von 1991 bis 2003 ausgewiesen.

Datenquellen. Im Vergleich zu Individual- und Unternehmensdaten sind Zeitreihendaten in der Regel einfach und kostengünstig zu erhalten. Auf nationaler Ebene kann man viele Daten bspw. über das Internet vom Statistischen Bundesamt in Wiesbaden (www.destatis.de) kostenlos beziehen. Sehr praktisch ist auch der Zeitreihenservice auf der Internetseite des Statistischen Bundesamtes. Dieser Zeitreihenservice ist jedoch kostenpflichtig. Will man diesen Service in Anspruch nehmen, sollte man bereits im Vorfeld genau

Tabelle 2.1. Zeitreihendaten: Bruttoinlandsprodukt und Volkseinkommen (in Mrd. €), 1991 - 2003

Jahr	Bruttoinlands-produkt	Volks-einkommen
1991	1.502,20	1.167,07
1992	1.613,20	1.242,60
1993	1.654,20	1.255,72
1994	1.735,50	1.302,63
1995	1.801,30	1.358,60
1996	1.833,70	1.381,66
1997	1.871,60	1.404,63
1998	1.929,40	1.442,17
1999	1.978,60	1.468,22
2000	2.030,00	1.509,45
2001	2.074,00	1.538,35
2002	2.107,30	1.551,88
2003	2.128,20	1.569,26

Quelle: Sachverständigenrat (2004), Tabelle 24.

wissen, welche Zeitreihen man gerne bestellen bzw. von der Internetseite herunterladen möchte, da sich hier die Kosten sehr schnell akkumulieren können. Eine andere wichtige Quelle für aggregierte Zeitreihendaten ist der Sachverständigenrat zur Begutachtung der gesamtwirtschaftlichen Entwicklung. Die Gutachten des Sachverständigenrats bieten einen sehr ausführlichen statistischen Anhang mit vielen wertvollen und langen Zeitreihen an. Diese Daten werden auf der Internetseite (www.sachverstaendigenrat-wirtschaft.de) praktischerweise auch elektronisch als Excel-Blätter bereitgestellt, so dass man sich das Abtippen der Daten sparen kann. Aber auch auf der Internetseite der Deutschen Bundesbank steht ein sehr hilfreicher (kostenloser) Zeitreihenservice zur Verfügung (www.bundesbank.de).

Aggregierte Daten findet man auch in den Veröffentlichungen der Bundesregierung, wie dem Jahreswirtschaftsbericht, dem Finanzbericht, dem Agrarbericht, dem Sozialbericht oder den Monatsberichten des Bundesministeriums für Wirtschaft und Technologie. Zeitreihendaten zu allen Bereichen des Arbeitsmarktes finden sich in den Veröffentlichungen der Bundesagentur für Arbeit, insbesondere in den Amtlichen Nachrichten der Bundesagentur für Arbeit (ANBA). Monetäre Statistiken werden von der Deutschen Bundesbank veröffentlicht. Internationale Statistiken werden natürlich vorwiegend von internationalen Organisationen, insbesondere dem Internationalen Währungsfonds (IMF), der Weltbank, der Internationalen Arbeitsorganisation (ILO), der Organisation für wirtschaftliche Zusammenarbeit und Entwicklung (OECD) und Eurostat, dem Statistischen Amt der Europäischen Union, veröffentlicht. Viele dieser internationalen Statistiken sind jedoch kostenpflichtig.

2.3.2 Querschnitts- und Paneldaten

Die Erkenntnis, dass viele inhaltliche Fragen mit aggregierten Zeitreihen- oder Regionaldaten nur unzureichend untersucht werden können, hat zu einer verstärkten Erhebung von Individualdaten geführt. Die Verfügbarkeit dieser Daten hat nicht nur die Art der Fragen verändert, die von Wirtschaftswissenschaftlern analysiert werden, sondern insbesondere die empirische Wirtschaftsforschung selbst, sowohl in der Art ihrer Herangehensweise an spezifische Probleme als auch in den verwendeten Methoden. Ein nicht zu unterschätzender Faktor für die Entwicklung der empirischen Wirtschaftswissenschaft war auch der technologische Fortschritt in der Informations- und Kommunikationstechnologie. Rechenkosten waren noch vor wenigen Jahren ein nicht unerheblicher Faktor in der empirischen Forschung. Noch in den Achtzigern mussten Wissenschaftler mit ihren Lochkarten ganze Nächte im Rechenzentrum der Universität verbringen, um ihre Schätzungen durchführen zu können. Heutzutage spielen Rechenkosten nur noch eine relativ geringe Rolle.

Die wachsende Verfügbarkeit von Individual- und Unternehmensdaten birgt jedoch nicht nur erweiterte Analysemöglichkeiten, sondern auch weitere Anforderungen. Neben hervorragenden statistischen, ökonometrischen und wirtschaftstheoretischen Kenntnissen benötigen empirische Wirtschaftsforscher mittlerweile auch juristische Grundkenntnisse im Bereich des Datenschutzes. Es gibt wohl nur sehr wenige Länder, in denen der Datenschutz eine so wichtige Rolle spielt wie in Deutschland. Dabei hat der Datenschutz nicht nur erhebliche Folgen für die Erhebung und Verfügbarkeit von Daten für die Wissenschaft. Er hat auch erhebliche Auswirkungen auf die praktische Arbeit. Datenschutzrechtliche Bestimmungen prägen dabei die Erhebung, Verarbeitung und Bereitstellung von Daten.

Datenstruktur und -probleme. Unter Querschnittsdaten versteht man eine Stichprobe von Individuen, Haushalten, Unternehmen, Regionen oder anderen Beobachtungseinheiten, die zu einem bestimmten Zeitpunkt erhoben werden. Im Idealfall gehen wir bei Querschnittsdaten davon aus, dass sie eine repräsentative und zufällige Stichprobe der Population der jeweiligen Merkmalsträger darstellen, dass die einzelnen Beobachtungseinheiten also unabhängig voneinander in die Stichprobe einbezogen worden sind. In vielen Fällen sind diese Annahmen jedoch nicht adäquat. Nehmen Sie bspw. an, Sie möchten die Determinanten der Löhne von Frauen analysieren. Sie können zwangsläufig aber nur die Löhne derjenigen Frauen beobachten, die tatsächlich eine Beschäftigung ausüben. Diese Frauen können jedoch nicht als repräsentativ für die Bevölkerung der Frauen in der Bundesrepublik Deutschland angesehen werden, denn nur diejenigen, deren Lohn im Vergleich zu ihrem Anspruchslohn hoch genug ausfällt, werden sich für die Aufnahme der Beschäftigung entscheiden. Es liegt damit ein Problem der so genannten *Selbst-Selektion (Sample Selection)* vor.

Die größte Gefahr für die Analyse von Individualdaten liegt in der praktischen Arbeit in dem Problem der mangelnden Repräsentativität. In einigen Fällen ist aber auch die Annahme unrealistisch, dass die einzelnen in die Stichprobe aufgenommenen Beobachtungseinheiten voneinander unabhängig sind. Nehmen Sie an, Sie hätten Daten von Schülern verschiedener Klassen einer Schule und wollen die Determinanten der schulischen Leistungen der Schüler bestimmen. Die Schüler einer Klasse sind jedoch alle mit den gleichen Lehrern konfrontiert und erleben den Unterricht im gleichen Klassenraum. Daher dürften die Leistungen von Schülern derselben Klasse kaum voneinander unabhängig sein. Ähnliche Probleme entstehen bei der Analyse von Querschnittsdaten von Ländern oder Regionen, da sich angrenzende Länder und Regionen gegenseitig beeinflussen werden. Derartige *Nachbarschaftseffekte* bzw. *peer group-Effekte* werden wir im Rahmen dieses Buches überwiegend ignorieren und in den meisten Fällen von der Annahme ausgehen, dass die Beobachtungseinheiten in einem Querschnittsdatensatz voneinander unabhängig sind.

Einige Querschnittsdatensätze – so genannte *verbundene Querschnitte* oder auch *gepoolte Querschnitte* – weisen eine zeitliche Dimension auf. Bei diesen Datensätzen werden in verschiedenen Jahren bei einer jeweils neu gezogenen repräsentativen Stichprobe von Beobachtungseinheiten zum Teil identische oder ähnliche Informationen erhoben. Derartige Datensätze haben zwei große Vorteile. Zum einen erhält man für die empirische Analyse eine höhere Anzahl von Beobachtungen. Damit lässt sich zumindest im Prinzip eine höhere Genauigkeit (Effizienz) unserer empirischen Analyse erreichen. Dabei muss bei der Analyse natürlich beachtet werden, dass die Beobachtungen aus unterschiedlichen Zeitperioden stammen. Zum Zweiten erlauben derartige Datensätze häufig die Evaluation wirtschaftspolitischer Maßnahmen, sofern ein Zeitpunkt des gepoolten Datensatzes vor und ein Zeitpunkt des gepoolten Querschnittdatensatzes nach der wirtschaftspolitischen Intervention liegt. Wie man derartige Datensätze zur Evaluation wirtschaftspolitischer Maßnahmen einsetzen kann, wird in verschiedenen Kapiteln dieses Buches genauer erläutert.

Beispiel 2.7. Querschnittsdaten

Einen Ausschnitt aus einem typischen Querschnittsdatensatz von Individuen zeigt **Tabelle 2.2**. Für jede Person in diesem Datensatz gibt es eine Beobachtungsnummer, die in der Praxis von ökonometrischen Softwareprogrammen jeder Beobachtungseinheit automatisch zugeordnet wird. Anders als bei Zeitreihendaten ist es bei Querschnittsdaten vollkommen unerheblich, in welcher Reihenfolge die einzelnen Merkmalsträger sortiert werden bzw. welcher Person welche Beobachtungsnummer zugeordnet wird. Nach **Tabelle 2.2** ist die Person mit der Beobachtungsnummer 3 also 48 Jahre alt, hat 12 Jahre Schulausbildung absolviert und verdient in der Stunde 14,20 €.

Tabelle 2.2. Querschnittsdaten

Beobachtungs-nummer	Alter	Jahre der Schulausbildung	Stundenlohn
1	23	9	9,60
2	47	13	16,10
3	48	12	14,20
4	19	9	8,50
5	56	9	13,90
⋮	⋮	⋮	⋮
347	36	10	13,20
348	39	13	15,30

Paneldaten kombinieren die Eigenschaften von Querschnitts- und Zeitreihendaten, d.h. für eine Vielzahl von Beobachtungseinheiten liegen Informationen zu verschiedenen Zeitpunkten vor. Ein Paneldatensatz stellt bspw. für ein und dieselbe Stichprobe von Personen, Unternehmen oder Regionen über mehrere Jahre hinweg Informationen bereit. Paneldaten sind wesentlich schwieriger zu erheben. Die Erhebung derartiger Daten ist auch mit ungleich höheren Kosten verbunden als die von Querschnittsdaten, da genau dieselben Personen oder Unternehmen zu mindestens zwei Zeitpunkten befragt werden müssen.

Gegenüber Querschnittsdaten haben Paneldaten einige zentrale Vorteile. Ähnlich zu gepoolten Querschnittsdaten hat man zunächst potenziell eine höhere Anzahl von Beobachtungen für die empirische Analyse zur Verfügung. Dies erhöht die statistische Effizienz der Analyse. Zum Zweiten lassen sich mit derartigen Daten – ähnlich zu Zeitreihendaten – dynamische Fragestellungen untersuchen. Die wohl wichtigste Eigenschaft von Paneldaten, die diese Art der Daten in der empirischen Wirtschaftsforschung so beliebt gemacht hat, ist jedoch, dass man dieselben Personen oder Unternehmen mehrfach beobachten kann. Diese Längsschnitteigenschaft erlaubt dem Wissenschaftler grundsätzlich, in empirischen Untersuchungen durch Differenzenbildung zeitinvariante unbeobachtete Charakteristika dieser Personen oder Unternehmen aus der Analyse zu eliminieren und damit möglicherweise kausale Zusammenhänge zu identifizieren. Eine detaillierte Diskussion dieser Vorteile liefert Kapitel 8 dieses Buches.

Beispiel 2.8. Paneldaten

Tabelle 2.3. Paneldaten von Individuen

Beobachtungs-nummer	Personen-nummer	Jahr	Alter	Anzahl der Kinder	Krankheits-tage
1	1	2000	23	0	0
2	1	2001	24	0	4
3	1	2002	25	1	2
4	2	2000	36	2	5
5	2	2001	37	2	10
6	2	2002	38	2	2
7	3	2000	19	0	0
8	3	2001	20	0	7
9	3	2002	21	0	12
⋮	⋮	⋮	⋮	⋮	⋮
3.163	1.055	2000	54	1	21
3.164	1.055	2001	55	1	0
3.165	1.055	2002	56	1	17

Ein typischer Paneldatensatz ist in **Tabelle 2.3** beschrieben. Ähnlich zu Querschnittsdatensätzen wird auch bei Paneldaten jeder Zeile des Datensatzes von den ökonometrischen Softwareprogrammen automatisch eine Beobachtungsnummer zugewiesen. Diese Beobachtungsnummer hat für die empirische Analyse der Daten normalerweise keine größere Bedeutung. Darüber hinaus wird jeder Person in dem Datensatz eine eindeutige Personennummer („ID") zugeteilt. Diese Personennummer zeigt in dem in der Tabelle dargestellten Beispiel, dass der Datensatz Informationen für 1.055 verschiedene Personen bereit stellt. Welcher Person dabei welche Personennummer zugeteilt wird, ist für die empirische Analyse irrelevant. Schließlich enthält der Datensatz eine Jahresvariable, die anzeigt, aus welchem Jahr eine bestimmte Beobachtung für eine bestimmte Person stammt. Der Datensatz ist dabei so geordnet, dass die verschiedenen Beobachtungen für eine Person zeitlich sortiert hintereinander stehen. Beobachtung 1 bedeutet demnach, dass die Person mit der Personennummer 1 im Jahr 2000 23 Jahre alt war, keine Kinder hatte und keinen Tag krank war. Im Jahr 2001 war dieselbe Person 24 Jahre alt, hatte (noch immer) keine Kinder und war 4 Tage krank.

Paneldaten können auch aus aggregierten Daten von Städten, Regionen oder Ländern konstruiert werden. **Tabelle 2.4** zeigt einen Ausschnitt aus einem Paneldatensatz zu Verkehrsunfällen in den deutschen Bundesländern, den wir im Laufe dieses Buches noch häufiger verwenden werden.

Tabelle 2.4. Paneldaten von Regionen

Beobachtungsnummer	Regionennummer	Jahr	Bevölkerung	Anzahl der Verkehrstoten
1	1	2000	2.789.761	223
2	1	2001	2.804.249	226
3	1	2002	2.816.507	199
4	2	2000	1.715.392	41
5	2	2001	1.726.363	56
6	2	2002	1.728.806	34
⋮	⋮	⋮	⋮	⋮
46	16	2000	2.431.255	324
47	16	2001	2.411.387	294
48	16	2002	2.392.040	205

Datenquellen. Die beiden (für wirtschaftswissenschaftliche Fragestellungen) wichtigsten gepoolten Querschnittsdatensätze für die Bundesrepublik Deutschland sind die *Allgemeine Bevölkerungsumfrage der Sozialwissenschaften (ALLBUS)* und der *Mikrozensus*. Der ALLBUS wird seit 1980 erhoben. Ziel des ALLBUS ist, aktuelle Daten über Einstellungen, Verhaltensweisen und Sozialstruktur der Bevölkerung in der Bundesrepublik Deutschland zu liefern. Dazu wird alle zwei Jahre eine repräsentative Stichprobe der deutschen Bevölkerung mit einem teils gleichbleibenden, teils variablen Fragenkatalog befragt. Aus Anlass der deutschen Wiedervereinigung wurde 1991 außerhalb des normalen Turnus eine Zusatzstichprobe erhoben. In diese Stichprobe wurden erstmals Personen aus den neuen Bundesländern sowie deutschsprechende Ausländer einbezogen. Die vor 1990 erhobenen Wellen des ALLBUS enthalten hingegen nur Informationen von in Westdeutschland lebenden deutschen Bundesbürgern. Im Jahr 2002 wurden im Rahmen der Erhebung des ALLBUS in Westdeutschland ca. 1.900 und in Ostdeutschland ca. 900 Personen befragt. Eine kurze Beschreibung des Datensatzes liefert Terwey (2000).

Der ALLBUS ist auch Teil des *International Social Survey Programme (ISSP)*, einer internationalen Kooperation von derzeit 39 Staaten. Im Rahmen dieser Kooperation werden in allen an diesem Programm teilnehmenden Ländern anhand eines abgestimmten Fragenkatalogs Informationen zu einer repräsentativen Stichprobe der jeweiligen Bevölkerung erhoben. Dieser Datensatz erlaubt damit die Analyse von Individualdaten im internationalen Vergleich. Eine detaillierte Beschreibung dieses Datensatzes gibt Uher (2000). Sowohl der ALLBUS als auch der ISSP sind gegen eine geringe Gebühr über das *Zentralarchiv für Empirische Sozialforschung* in Köln zu beziehen. Das Zentralarchiv ist eine Serviceeinrichtung mit dem Ziel, die empirischen Sozialwissenschaften durch die Bereitstellung und Archivierung von Umfragedaten für Sekundäranalysen zu unterstützen. Sucht man für eine bestimmte Fragestellung einen geeigneten Datensatz, lohnt es sich immer, im Archiv dieser Einrichtung zu stöbern.

Ein weiterer gepoolter Querschnittsdatensatz, der in der empirischen Wirtschaftsforschung häufig verwendet wird, ist der Mikrozensus, der vom Statistischen Bundesamt erhoben wird und der ein wichtiges Element der amtlichen Statistik über die Bevölkerung und den Arbeitsmarkt der Bundesrepublik Deutschland darstellt.[5] Am Mikrozensus, der jährlich erhoben wird, sind 1% aller Haushalte in Deutschland beteiligt, d.h. der Datensatz

---

[5] Eigentlich handelt es sich beim Mikrozensus um ein so genanntes rotierendes Panel, da jährlich nur ein Viertel aller in der Stichprobe enthaltenen Haushalte neu erhoben wird. Damit bleibt jeder Haushalt vier Jahre in der Stichprobe. Jedoch werden die zur Generierung eines Panels notwendigen Informationen aus – so wird zumindest seitens des Statistischen Bundesamtes argumentiert – datenschutzrechtlichen Gründen nicht bereitgestellt. Wissenschaftler fordern seit

stellt Informationen zu rund 370.000 Haushalten mit etwa 820.000 Personen
bereit. Der Fragenkatalog des Mikrozensus besteht aus einem festen Grundmodul mit jährlich wiederkehrenden Fragen. Zu diesem Grundmodul besteht
für die teilnehmenden Personen eine gesetzliche Auskunftspflicht. Darüber
hinaus gibt es ein Zusatzmodul, bei dem die Befragten teilweise von der Auskunftspflicht befreit sind. Eine genauere Beschreibung dieses Datensatzes gibt
Schwarz (2001).

In Deutschland stehen für Wissenschaftler zusätzlich mehrere Paneldaten-
sätze von Individuen als auch von Unternehmen zur Verfügung. Der am meisten verwendete Paneldatensatz ist dabei ohne Zweifel das *Sozio-oekonomische
Panel* (SOEP). Im Rahmen des SOEP wird seit 1984 jährlich eine repräsentative Stichprobe von privaten Haushalten in Deutschland durchgeführt. In
dieser Zeit wurde das SOEP mehrfach ausgeweitet. So werden seit Juni 1990
auch Haushalte in den neuen Bundesländern befragt. Um der steigenden Zuwanderung nach Deutschland Anfang der neunziger Jahre gerecht zu werden,
wurde das SOEP 1994/1995 um eine Zuwanderer-Stichprobe ergänzt. Diese
Zuwanderer-Stichprobe erfasst private Haushalte, die zwischen 1984 und 1995
nach Deutschland gekommen sind. Weitere Ergänzungsstichproben wurden in
den Jahren 1998, 2000 und 2002 erhoben, um zum einen die Stichprobengröße des SOEP zu erhöhen und zum anderen die Analyse kleiner Teilgruppen
der Bevölkerung (bspw. der Bezieher hoher Einkommen) zu ermöglichen. Im
Jahr 2004 haben mehr als 12.000 Haushalte mit fast 24.000 Personen an der
Befragung des SOEP teilgenommen.

Eine typische Befragung des SOEP gliedert sich in zwei Teile. In einem
Teil werden Informationen abgefragt, für die das SOEP in jedem Jahr Informationen bereitstellen möchte, z.B. Erwerbs- und Familienbiographien,
berufliche Mobilität, Einkommensverläufe und Lebenszufriedenheit. Darüber
hinaus gibt es in jedem Befragungsjahr einen speziellen Themenschwerpunkt,
in dem bspw. detaillierte Informationen zu Weiterbildung, Umweltverhalten
oder Risikoeinstellung abgefragt werden. Eine ausführliche Darstellung des
Datensatzes würde den Umfang dieses Buches bei weitem sprengen. Darum sei hier auf die Homepage des Datensatzes (http://www.diw.de/deutsch-
/soep/26628.html) und das auf dieser Seite zur Verfügung stehende Hand-
buch zum SOEP verwiesen.

Die Dominanz des SOEP in der empirischen Wirtschaftforschung und
der Soziologie kann auf mehrere Gründe zurückgeführt werden. Zum einen
war das SOEP für lange Zeit der einzige Paneldatensatz von Individuen und
Haushalten, der Wissenschaftlern in Deutschland zur Verfügung stand. Es
dürfte nicht zu gewagt sein, wenn man behauptet, dass sich die empirische

langem vehement, diese Panelinformationen für die wissenschaftliche Forschung
freizugeben.

Wirtschaftsforschung in Deutschland ohne diesen Datensatz nicht in dem beobachteten Maße entwickelt hätte. Darüber hinaus sind die Dokumentation des Datensatzes und der Service für die Nutzer auch im internationalen Vergleich vorbildlich. Schließlich ist der Datensatz für Wissenschaftler mit einem relativ geringen administrativen und finanziellen Aufwand erhältlich.

Jedoch hat sich die Datensituation für Wissenschaftler in den letzten zehn Jahren insgesamt deutlich verbessert. So stellt das Forschungsdatenzentrum der Bundesagentur für Arbeit Wissenschaftlern verschiedene Datensätze zur Verfügung, die insbesondere für empirische Untersuchungen im Bereich der Arbeitsökonomik von Interesse sind. Dabei handelt es sich zum einen um Daten, die im Rahmen des Meldesystems der Sozialversicherung erhoben werden. Ein Beispiel hierfür sind die IAB-Beschäftigtenstichproben, die den Wissenschaftlern tagesgenaue erwerbsbiographische Daten für 1% der sozialversicherungspflichtig Beschäftigten zur Verfügung stellen. Die IAB-Beschäftigtenstichproben zeichnen sich durch eine hohe Beobachtungszahl aus, beinhalten jedoch nur wenige Variablen. Insbesondere für Arbeitsökonomen sind diese eine wichtige empirische Basis. Eine kurze Beschreibung der Daten geben Bender, Haas, und Klose (2000).

Darüber hinaus kann man über das Forschungsdatenzentrum der Bundesagentur auch Umfragedaten beziehen. Der bedeutenste Datensatz ist hierbei das *IAB-Betriebspanel* (FDZ-Datenreport 5/2005). Das IAB-Betriebspanel ist eine repräsentative Stichprobe aller Arbeitgeber mit mindestens einem sozialversicherungspflichtig Beschäftigten, die seit 1993 in Westdeutschland und seit 1996 auch in Ostdeutschland durchgeführt wird. Die ausgewählten Betriebe werden jährlich zum Stichtag am 30. Juni überwiegend in persönlichen Interviews befragt. Die Struktur der Befragung ist ähnlich zu der des SOEP. So werden einige Themenbereiche jedes Jahr abgefragt. Zusätzlich gibt es jedes Jahr unterschiedliche Themenschwerpunkte. Die im Rahmen der Befragung erhobenen Informationen umfassen eine Vielzahl von Themengebieten, z.B. Personalniveau, -struktur und -nachfrage sowie Beschäftigungserwartung, wirtschaftliche Größen wie Umsatz, Erträge, Investitionen, Löhne, technische Ausstattung, Innovationen und Organisation, Arbeitszeiten, Aus- und Weiterbildung. In den ersten Erhebungswellen umfasste das IAB-Betriebspanel nur 4.000 Beobachtungseinheiten. Es wurde aber bis zum Jahr 2004 auf fast 16.000 befragte Betriebe ausgeweitet, wovon ca. 6.000 Betriebe aus den neuen Bundesländern kommen.

Schließlich ist es möglich, die Daten aus dem Meldesystem der Sozialversicherung mit den Daten des IAB-Betriebspanel zu verbinden. Man erhält damit einen so genannten *Linked-Employer-Employee Paneldatensatz*, der sich dadurch auszeichnet, dass er sowohl Daten zu den Unternehmen im IAB-Betriebspanel als auch Daten zu den in diesen Unternehmen sozialversicherungspflichtig Beschäftigten bereitstellt (Alda, Bender, und Gartner, 2005). Insbesondere für Arbeitsökonomen ist dieser Datensatz von erheblichem Interesse, da in einem Datensatz beide Seiten des Arbeitsmarktes – die Arbeitsnachfrage und das Arbeitsangebot – abgedeckt sind. Mit dieser Art von Daten lassen sich nicht nur viele interessante Fragen der Arbeitsmarktökonomik untersuchen, der Datensatz schafft aufgrund seiner Struktur auch neue Möglichkeiten, kausale Effekte zu identifizieren. Eine Übersicht über die Möglichkeiten, die derartige Daten für die empirische Wirtschaftsforschung eröffnen, geben Abowd und Kramarz (1999).

2.3.3 Metrische vs. kategoriale Daten

Nicht nur die Struktur der verfügbaren Datensätze ist recht unterschiedlich, sondern auch die in den Datensätzen enthaltenen Variablen können sehr unterschiedliche Formen annehmen. Hierbei spielt insbesondere die Skalierung der Daten eine große Rolle, wobei man üblicherweise drei Arten der Skalierung unterscheidet: (i) Variablen mit einer Nominalskalierung, (ii) Variablen mit einer Ordinalskalierung und (iii) intervallskalierte Variablen. Variablen mit einer Nominal- oder Ordinalskalierung bezeichnet man häufig auch als *kategoriale Daten*, intervallskalierte Variablen auch als *kardinale* oder *metrische Daten*.

Das Ideal aus analytischer Sicht ist sicherlich die metrische Variable, d.h. eine Variable, deren Ausprägungen eine eindeutige quantitative Interpretation zulassen. Beispiele sind das verfügbare Einkommen in € oder das Lebensalter. Bei beiden hat der Zuwachs um eine Einheit, etwa einen € bzw. ein Jahr, jeweils die gleiche Bedeutung, unabhängig davon, welchen Ausgangszustand man betrachtet. Weichen die Eigenschaften der zu analysierenden Variable von diesem Idealbild ab, z.B. bei einer Zuordnung der Beobachtungseinheiten zu Regionen, so muss dies bei der Anwendung der in den folgenden Kapiteln beschriebenen Methoden und der Interpretation von Schätzergebnissen entsprechend berücksichtigt werden.

Nominalskalierung. Bei Variablen mit einer Nominalskalierung haben die Ausprägungen keine Bedeutung, die darüber hinausgeht, sie voneinander zu unterscheiden. Dies bedeutet insbesondere, dass die Differenz und die Ordnung der Werte einer derartig kodierten Variablen nicht interpretiert werden können. Ein wichtiges Beispiel für derartige Variablen sind so genannte *Indikator-* oder auch *Dummy-Variablen*. In ihrer einfachsten Form unterteilen Dummy-Variablen die jeweilige Beobachtung in zwei Gruppen. Personen können bspw. nach dem Geschlecht differenziert werden. In einem Datensatz nimmt die Variable *Geschlecht* dann den Wert 0 für Männer und den Wert 1 für Frauen an. In **Tabelle 2.5** ist die Person mit der Beobachtungsnummer 1 bspw. ein Mann und die Person mit der Beobachtungsnummer 2 eine Frau.

Die Differenz zwischen diesen beiden Werten (0 für Männer und 1 für Frauen) kann jedoch nicht quantitativ interpretiert werden.

Weitere Beispiele für derartige Variablen sind die Berufs- bzw. Industrieklassifikation. Häufig wird in Individualdaten der Beruf eines Individuums nach dem ISCO-Code (*International Standard Classification for Occupations*) kodiert. Verwendet man den ISCO-Code von 1988, handelt es sich in **Tabelle 2.5** bei der Person mit der Beobachtungsnummer 2 um eine Hochschullehrerin, bei der Person mit der Beobachtungsnummer 347 um einen Wahrsager oder Handleser und bei der Person mit der Beobachtungsnummer 348 um einen Hubkarrenführer oder Handkarrenfahrer. Die Differenz zwischen zwei Zahlen erfasst wiederum inhaltlich keine Aussage (was bedeutet die Differenz von 2.842 zwischen einem Wahrsager und einem Hochschullehrer?). In einer empirischen Analyse können die Ausprägungen einer derartigen Variable daher nicht direkt verwendet werden. Will man bspw. den Effekt des ausgeübten Berufs auf den Lohn analysieren, so kann die Industrieklassifikation aufgrund ihrer Skalierung nicht direkt als eine erklärende Variable verwendet werden. Vielmehr muss man für jeden einzelnen Beruf eine eigene Dummy-Variable definieren.

Tabelle 2.5. Qualitative Daten

Beobachtungs-nummer	Geschlecht	Beruf	Schönheit	Zufriedenheit Gesundheit
1	0	2441	10	5
2	1	2310	9	2
3	0	4115	6	3
⋮	⋮	⋮	⋮	⋮
347	0	5152	9	5
348	0	8334	5	1

Ordinalskalierung. Bei Variablen mit einer Ordinalskalierung kann man ähnlich zu Variablen mit einer Nominalskalierung zwar nicht die Differenz zwischen verschiedenen Werten der Variablen interpretieren, jedoch die Ordnung der Werte. Die Variable Schönheit in **Tabelle 2.5** kann bspw. Werte von 0 bis 10 annehmen, wobei man Personen, die nicht schön sind, den Wert 0, und außerordentlich schönen Personen den Wert 10 zuweist. Demnach ist der Wirtschaftswissenschaftler in **Tabelle 2.5** (Beobachtungsnummer 1) schöner als der Handkarrenfahrer (Beobachtungsnummer 348).

Häufig findet man Ordinalskalierungen von Daten bei subjektiven Fragen. Bei derartigen Fragen werden die interviewten Personen nach ihrer persönlichen Einschätzung bestimmter Gegebenheiten befragt. Die Variable *Zufriedenheit mit der Gesundheit* in **Tabelle 2.5** ist ein Beispiel hierfür. Bei dieser Variablen sollen die befragten Personen die Zufriedenheit mit ihrer persönlichen Gesundheitssituation bewerten, wobei der Wert 5 „sehr zufrieden", der Wert 4 „zufrieden", der Wert 3 „weder zufrieden noch unzufrieden", der Wert 2 „unzufrieden" und der Wert 1 „sehr unzufrieden" bedeutet. Demnach ist die Hochschullehrerin mit ihrer Gesundheit unzufrieden, während der Wahrsager mit seiner Gesundheit sehr zufrieden ist. Allerdings muss offen bleiben, ob bspw. der Sprung von „sehr unzufrieden" auf „unzufrieden" oder der von „zufrieden" auf „sehr zufrieden" eine größere Veränderung der Befindlichkeit reflektiert.

Variablen mit einer Ordinalskalierung können in empirischen Analysen zumeist nicht direkt verwendet werden. Auch in diesem Fall ist es ratsam, Dummy-Variablen zu generieren. Dabei müssen jedoch nicht notwendigerweise so viele Dummy-Variablen wie Kategorien einer Variablen gebildet werden. Bspw. könnte man bei der Variablen „Zufriedenheit mit der Gesundheit" eine Dummy-Variable für Personen mit Werten von 5 und 4, eine Dummy-Variable für den Wert 3 und eine Dummy-Variable für die Werte 2 und 1 bilden. Dabei muss man aber beachten, dass die gebildeten Variablen sinnvoll kategorisiert werden. Bspw. wäre es nicht sinnvoll, eine Dummy-Variable zu generieren, die den Wert 1 für Personen annimmt, die mit ihrer Gesundheit „sehr zufrieden" oder „sehr unzufrieden" sind, und den Wert 0 sonst. Häufig gibt es bei ordinalskalierten Variablen auch eine Kategorie „weiß nicht" oder „Sonstiges". Für diese Kategorie sollte man immer eine eigene Dummy-Variable generieren, da man eine derartige Kategorie meistens nicht sinnvoll mit den anderen Kategorien vergleichen kann.

Kernbotschaften

- Die Verfügbarkeit geeigneten Datenmaterials ist die Grundvoraussetzung für empirisches Arbeiten, so dass an die Qualität der Daten erhebliche Anforderungen zu stellen sind. Die Kenntnis der Stärken und Schwächen des eigenen Datenmaterials entscheidet oft über die Güte der empirischen Analyse, unabhängig von der Komplexität der dort eingesetzten Methoden.
- Zeitreihendaten weisen oft sowohl große Abhängigkeiten zwischen nahe beieinander liegenden Zeitpunkten als auch einen (in der Regel unbekannten) Trend auf. Ihre Analyse erfordert daher häufig ein eigenes Instrumentarium und stößt bei kausalen Fragestellungen auf große Hindernisse.
  Querschnitts- und Paneldaten betonen hingegen die Heterogenität innerhalb von Grundgesamtheiten und erlauben häufig die Analyse kausaler Fragestellungen.
- Neben metrischen Daten spielen auch nominal- bzw. ordinalskalierte Daten eine große Rolle in der ökonomischen Analyse. Ihre Werte dürfen jedoch nicht als Ausprägungen einer metrischen Größe fehlinterpretiert werden.

Übungsaufgaben

2.1 Beurteilen Sie, ob die folgenden Aussagen *richtig* oder *falsch* sind und begründen Sie Ihre Antwort jeweils **kurz**.

a) Daten sollten drei Anforderungen erfüllen.

b) Das Sozio-oekonomische Panel wird mit Hilfe telefonischer Interviews aller Mitglieder eines Haushalts erhoben.

c) Aus dem Sozio-oekonomischen Panel lassen sich *keine* Querschnittsdatensätze generieren.

2.2 Auf der Homepage des Forschungsdatenzentrums (FDZ) des Statistischen Bundesamts (http://www.destatis.de/fdz/) können Sie einen Campus-File des Mikrozensus für das Jahr 1998 auf Ihren Computer laden. Zeichnen Sie mit Hilfe dieses Datensatzes eine Wahrscheinlichkeitsfunktion der Nettoeinkommen (Variable EF539) der Haushalte in der Bundesrepublik Deutschland. Berechnen Sie die Armutsquote im Jahr 1998, wobei Sie alle Haushalte als arm kategorisieren, die weniger als 50% des mittleren Haushaltseinkommens zur Verfügung haben.

2.3 Zeigen Sie, dass

$$\hat{\sigma}_X^2 = (N-1)^{-1} \sum_{i=1}^{N} (X_i - \bar{X})^2$$

ein unverzerrter Schätzer für $Var(X)$ ist.

2.4 Zeigen Sie, dass für die Varianz des Stichprobenmittels $Var(\bar{X}) = (1/N)\sigma_X^2$ gilt.

2.5 Betrachten Sie eine Zufallsvariable X, die die Ausprägungen $1, 2, 3, \ldots, N$ annehmen kann. Nehmen Sie an, jede dieser Ausprägungen kann mit derselben Wahrscheinlichkeit $1/N$ beobachtet werden. Stellen Sie die Wahrscheinlichkeitsverteilung dieser Zufallsvariablen dar und berechnen Sie die ersten beiden Momente dieser Verteilung.

2.6 Nehmen Sie an, Sie seien an der Schätzung des Mittelwertes einer Zufallsvariablen X mit unbekanntem Erwartungswert m und unbekannter Standardabweichung s interessiert. Sie besitzen eine Stichprobe, die aus 100 Beobachtungen besteht. Aus Gründen der Bequemlichkeit beschließen Sie, nur 50 Beobachtungen für die Schätzung des Erwartungswertes zu benutzen. Welchen Effekt hat diese Arbeitserleichterung auf die Eigenschaften *Erwartungstreue* und *Effizienz* des „limitierten" Schätzers, verglichen mit dem Schätzer, der alle Stichprobeninformationen verwendet?

2.7 Warum ist die Vorgabe einer Irrtumswahrscheinlichkeit von 0% bei einem statistischen Test sinnlos?

2.8 Ein Unternehmen wird beschuldigt, weibliche Beschäftigte zu diskriminieren. Sie erhalten von diesem Unternehmen deskriptive Statistiken der Gehälter von 100 Männern und 50 Frauen, die in der folgenden Tabelle zusammengefasst sind.

	Durchschnittliches Gehalt	Standardabweichung	Beobachtungen
Männer	1.275 €	200 €	100
Frauen	816 €	400 €	50

a) Gibt es auf Basis dieser Daten Evidenz dafür, dass die Gehälter der Männer und Frauen in diesem Unternehmen statistisch signifikant unterschiedlich sind?

b) Zeigen diese Daten, dass das Unternehmen in seiner Lohnpolitik Frauen diskriminiert?

3. Deskriptive Analysen und Prognosen

„Montag, Dienstag, Mittwoch, Donnerstag ... "
(Dragoslav Stepanovic auf die Frage eines Reporters, was die kommende Woche bringe)

3.1 Ein Blick in die Praxis

Die ersten beiden Kapitel dieses Lehrbuchs waren Einführungen in die Wahrscheinlichkeitstheorie und in die grundlegenden Aspekte des Schätzens und Testens. Dort haben wir weit mehr als andernorts üblich die grundlegende Frage der Identifikation betont: Was ist überhaupt die Aufgabe der empirischen Wirtschaftsforschung (die Nutzung von Stichproben, um auf Eigenschaften der Grundgesamtheit zurückschließen zu können) und wie kommt man überhaupt dazu, etwas zu schätzen (mittels grundlegender, nicht durch Testen zu überprüfender Annahmen über die Natur der Zusammenhänge, so genannte Identifikationsannahmen)? Dadurch sollte klar geworden sein, dass es beim empirischen Arbeiten von zentraler Bedeutung ist, ob dieser erste Analyseschritt der Wahl einer angemessenen Identifikationsstrategie erfolgreich bestritten wird. Fehler, die hier begangen werden, können auch durch äußerste Anstrengung in den nachgelagerten Schritten des Schätzens und Testens nicht mehr wettgemacht werden.

In diesem Kapitel nutzen wir diese grundlegende Einsicht, um einen ersten Einblick in die praktischen Probleme der empirischen Wirtschaftsforschung zu gewinnen. Sie gilt, wie wir im folgenden Kapitel sehen werden, ausdrücklich für kausale Analysen, also den Versuch, Ursachen und ihre Wirkungen zu erkennen. Sie betrifft jedoch auch die Kernthemen dieses Kapitels, die beschreibende (deskriptive) Analyse und die Vorhersage (Prognose). Auch bei diesen Analysen sind intellektuell herausfordernde Identifikationsprobleme zu lösen. Es zeigt sich, dass die Berücksichtigung bedingter Wahrscheinlichkeitsverteilungen dabei eine große Hilfe darstellen kann, sowohl bei der konzeptionellen Durchdringung des Problems als auch bei seiner möglichen Lösung.

Spätestens an dieser Stelle scheiden sich die Wege zwischen herkömmlichen Lehrbüchern der empirischen Wirtschaftsforschung einerseits bzw. der Ökonometrie andererseits und diesem Werk. Eine traditionelle Darstellung der empirischen Wirtschaftsforschung hätte nach den einführenden Kapiteln vermutlich eine kleine Orgie deskriptiver statistischer Methoden aufgeboten, gepaart mit einigen praktischen Hinweisen oder Faustformeln zum Füllen von Datenlücken oder der Fortschreibung der vorliegenden Informationen in die (nahe) Zukunft. Bis vor gar nicht allzu langer Zeit galt es auch als ausgemachte Sache, dass sich die empirische Wirtschaftsforschung in derartigen „Übungen" erschöpft: Mit viel Liebe zum Detail und Sachkenntnis über den zu beschreibenden Gegenstand werden die vorliegenden Stichproben akribisch beschrieben, wobei durchaus rechenintensive Methoden zum Einsatz kommen, um zentrale Eigenschaften der Stichprobe herauszuarbeiten; treten irgendwo Informationslücken auf, so sind pragmatische Wege zu finden, um diese zu schließen; und schließlich machen die Natur und damit auch wirtschaftliche Zusammenhänge – gemäß einer alten Weisheit – keine Sprünge, so dass es zur Prognose zumindest in der kurzen Frist lediglich einer Fortschreibung der Gegebenheiten am „aktuellen Rand" bedarf. Analytischer Tiefgang wäre dabei eher nicht gefragt.

Handelte es sich bei unserem Lehrbuch hingegen um ein traditionelles Lehrbuch der Ökonometrie, dann wären die einführenden Kapitel zwar als notwendiges Übel angeboten worden, vor allem um die Notation für den eigentlichen Kern der Darstellung, also insbesondere das lineare Regressionsmodell und seine Erweiterungen, einzuführen. Ab hier wäre den Lesern vermutlich ein Feuerwerk von Matrizen und griechischen Buchstaben präsentiert worden, wobei praktische Anwendungsbeispiele die Eleganz und Klarheit der Darstellung nur hätten verwässern können. Um es ganz klar zu sagen: Es ist eminent wichtig, beim Schätzen und Testen über ein anspruchsvolles Instrumentarium zu verfügen, das die sinnvolle Nutzung von Stichproben auch dann erlaubt, wenn man deutlich mehr will als marginale oder bedingte Wahrscheinlichkeiten anzunähern. Was wir bislang nur sehr vorsichtig angedeutet haben, nämlich dass in so manchem Anwendungsfall der beste Schätzer keinesfalls offensichtlich ist, macht es erforderlich, bei der Suche danach formal sauber und der Komplexität der Anwendung angemessen vorzugehen. Genau dies wird in traditionellen Lehrbüchern der Ökonometrie geleistet.

Die Vorgehensweise, die dabei gewählt wird, ist grundsätzlich immer die gleiche: In einem ersten Schritt werden spezielle Modelle diskutiert, die den (kausalen) Zusammenhang zwischen wirtschaftlich relevanten Größen als eine Funktion darstellen, also eine eindeutige Festlegung des Wertes einer abhängigen Variable Y aufgrund der Ausprägung der erklärenden Variable X, die jedoch von einer unbeobachteten Zufallsvariable überlagert wird. Ganz im Sinne der im ersten Kapitel diskutierten Wahrscheinlichkeitstheorie wird dabei zunächst gefragt, ob diese Modelle grundsätzlich dazu in der Lage sind, das Phänomen zu erfassen, um das sich die Anwendung dreht.

Beispiel 3.1. BMI und Diabetes

So könnte es bspw. darum gehen zu erklären, unter welchen Bedingungen X eine Zufallsvariable Y die Werte 0 bzw. 1 annimmt – konkret könnte X der Body-Mass-Index (BMI) sein und Y eine Indikatorvariable für das Vorliegen von Diabetes. Das Modell

$$E(Y|X) = P(Y = 1|X) = \alpha + \beta(X - 25)$$

befriedigt nicht so ganz, da für hohe Werte von X auch Wahrscheinlichkeiten über 1 ausgewiesen würden – ein Ding der Unmöglichkeit. So ergäbe sich konkret für $\alpha = 0,1$ und $\beta = 0,1$ nicht nur eine um 50 Prozentpunkte höhere Wahrscheinlichkeit, an Diabetes erkrankt zu sein, wenn man eine Person mit $X = 25$ mit einer mit $X = 30$ vergleicht, sondern $E(Y)$ wäre sogar 1,1 bei einer Person mit $X = 35$. Das ließe sich beheben, indem man etwa das Modell

$$P(Y = 1) = \Phi(\alpha + \beta X)$$

einsetzt. Dies ist aufgrund der Verwendung der Verteilungsfunktion der Standardnormalverteilung ein nicht-lineares Modell (in diesem Falle ein so genanntes *Probit*-Modell). Auch wenn der Wert des BMI weit über 35 läge, bliebe $E(Y)$ immer noch knapp unter 1.

Hat man den Nachweis der grundsätzlichen Tauglichkeit des Modells erfolgreich geführt, dann stellt sich in einem zweiten Schritt die Frage, wie man die Informationen einer *repräsentativen* Stichprobe nutzen kann, um Rückschlüsse auf die unbekannten Parameter der Grundgesamtheit (im **Beispiel 3.1** α und β) zu ziehen. Dies geschieht in der Regel durch einen Analogieschluss von der Stichprobe auf die Grundgesamtheit, ganz so wie im zweiten Kapitel angesprochen. Die Identifikationsannahme, dass es sich um dieses Modell und kein anderes handelt – also bspw. um eine andere Verteilungsfunktion als die Standardnormalverteilung $\Phi(\cdot)$ –, wird dabei allerdings nicht weiter in Frage gestellt. Vielmehr geht es darum, die Rechenvorschrift, also den Schätzer, als Zufallsvariable aufzufassen, da er die Informationen der in die Stichprobe eingehenden Zufallsvariablen X und Y in eindeutiger Art und Weise verarbeitet. Die Eigenschaften dieses Schätzers, vor allem sein Erwartungswert, seine Varianz und die Antwort auf die Frage, ob er in Wahrscheinlichkeit zum wahren Wert konvergiert, stehen in diesem zweiten Schritt im

Mittelpunkt. Schließlich wird in einem dritten Schritt häufig die Frage gestellt, ob es denn dieses speziellen Modells überhaupt bedarf oder ob ein einfacherer Ansatz es nicht auch getan hätte – dies ist eine Angelegenheit des Testens.

Selbstverständlich wird auch die Diskussion in diesem Lehrbuch von dieser systematischen Vorgehensweise geprägt. Genau so werden bspw. unsere Ausführungen zum klassischen linearen Regressionsmodell aufgebaut sein:

(i) Welche Eigenschaften hat dieses Modell, wenn man zunächst von einer Situation ausgeht, bei der die Regressionskoeffizienten völlig bekannt sind?

(ii) Welcher Schätzer bietet die besten Voraussetzungen, um dann die Regressionskoeffizienten auf Basis einer repräsentativen Stichprobe anzunähern (zu „schätzen"), wenn man grundsätzlich davon ausgehen darf, dass ein klassisches lineares Regressionsmodell vorliegt?

(iii) Kann man überprüfen („testen"), inwiefern restriktivere Varianten des Modells im Einklang mit der Stichprobe stehen?

Auch die Erweiterungen des klassischen linearen Regressionsmodells, die im weiteren Verlauf des Lehrbuchs diskutiert werden, werden im Einklang mit diesem Gedankengang diskutiert:

(i) Mit welcher Erweiterung des Modellrahmens bekommt man eine bestimmte Schwäche des Standardmodells in den Griff?

(ii) Welche Schätzer kann/soll man einsetzen, um in diesem erweiterten Kontext die gesuchten Parameter erfolgreich zu schätzen?

(iii) Legen die Daten wirklich nahe, dass das Standardmodell fehlschlägt und daher das komplexere erweiterte Modell gebraucht wird?

Was unser Lehrbuch jedoch von einem herkömmlichen Lehrbuch der Ökonometrie ebenso unterscheidet wie von einem um Anwendungsbeispiele aus dem Wirtschaftsleben bereicherten Lehrbuch der deskriptiven Statistik, ist die Betonung von Identifikationsproblemen. „Was kann ich überhaupt erkennen?" ist nach unserem Verständnis die zentrale Frage der empirischen Wirtschaftsforschung. Eine traditionelle Abhandlung der empirischen Wirtschaftsforschung hätte diese Frage bei der Vorstellung der oben angesprochenen Faustformeln lediglich gestreift, ein klassischer ökonometrischer Text hätte Probleme der mangelnden Repräsentativität der Stichprobe zwar als spannende intellektuelle Übung betrachtet, diese jedoch nicht in den Mittelpunkt der Diskussion gestellt. Ganz anders hier: Wir betonen, dass selbst die vermeintlich einfachsten Fragen der empirischen Wirtschaftsforschung nicht überzeugend beantwortet werden können, wenn man Identifikationsproblemen kein hinreichendes Gewicht beimisst.

„Ist die vorliegende Stichprobe wirklich für die Grundgesamtheit repräsentativ, die ich untersuchen möchte, und was kann ich tun, um einer mangelnden Repräsentativität entgegen zu wirken?" Diese zentrale Frage wird im vorliegenden Lehrbuch am Dreiklang der Aufgaben der empirischen Wirtschaftsforschung „Beschreibung – Vorhersage – Kausalanalyse" erläutert. Bei diesem Dreiklang stellt die Untersuchung von Ursache und Wirkung grundsätzlich die größte intellektuelle Herausforderung dar. Wie im folgenden Kapitel deutlich werden wird, liegt dies an der unvollständigen Beobachtbarkeit aller Zustände, die für die Ermittlung kausaler Effekte relevant sind: Die Stichprobe der von einer Maßnahme Betroffenen mag für diese Grundgesamtheit repräsentativ sein, genauso wie die Stichprobe der Nicht-Betroffenen für diese zweite Grundgesamtheit repräsentativ sein mag. Aber ist diese zweite Stichprobe auch ein guter Anhaltspunkt dafür, was mit den Betroffenen ohne die Maßnahme passiert wäre? Dies wäre eine wichtige Voraussetzung, um aus einer Gegenüberstellung der beiden Stichproben die gewünschte Schlussfolgerung über die kausale Wirkung der Maßnahme ziehen zu können.

Aber schon die bloße Beschreibung des Ist-Zustands stößt in der Praxis der empirischen Wirtschaftsforschung auf erhebliche Probleme, wenn die Stichprobe nicht für die zu beschreibende Grundgesamtheit repräsentativ ist. Solchen Problemen pragmatisch durch den Einsatz von Faustregeln zu begegnen, ist nicht unbedingt zielführend. Man muss schon sehr viel Glück haben, damit die Faustregel (z.B. „Am besten ignoriert man den Umstand, dass manche Stichprobeninformationen fehlen.") auch wirklich dazu führt, dass das Stichprobenmittel zum wahren Wert konvergiert. Stattdessen sollte man sich klarmachen, welche Konsequenzen die mangelnde Repräsentativität haben kann und wie man es schaffen kann, ihr zum Trotz sinnvolle Beschreibungen des Ist-Zustands anzubieten (Abschnitt 3.2). In ähnlicher Weise stehen Prognosen vor der Herausforderung, Aussagen über Ereignisse zu treffen, für die es im Erfahrungsschatz (bislang) beobachteter Ereignisse kein direktes Gegenstück gibt. Damit kann auch noch so umfangreiche Erkenntnis über die Vergangenheit nicht vermeiden, dass Aussagen über (bedingte) Wahrscheinlichkeitsverteilungen außerhalb des durch Schätzen zu erkundenden Terrains zu treffen sind, was in der Regel mit der bloßen Fortschreibung am „aktuellen Rand" nicht zu leisten ist, sondern einen bewussten Umgang mit Identifikationsannahmen erfordert (Abschnitt 3.3).

Kontrafaktische Berechnungen. Um diese Diskussion vorzubereiten, soll hier zunächst vom Problem des Rückschlusses aus der vorliegenden Stichprobe auf die Grundgesamtheit abgesehen werden. Es sei für den Augenblick angenommen, die gemeinsame Wahrscheinlichkeitsverteilung der Zufallsvariablen Y und X sei ohne verbleibende Restunsicherheit bekannt. Damit ergeben sich automatisch die bedingte Wahrscheinlichkeitsverteilung von Y gegeben X und die marginalen Wahrscheinlichkeitsverteilungen von Y und X. Der Einfachheit halber wollen wir im Folgenden weiterhin davon ausgehen, dass beide Zufallsvariablen diskret sind. Der Erwartungswert von Y lässt sich dann als gewichteter Mittelwert über die einzelnen bedingten Erwartungswerte von Y gegeben $X = x$ schreiben, also

$$E(Y) = \sum_x E(Y|X = x)f(x). \tag{3.1}$$

Ginge es in den Wirtschaftswissenschaften nur um die Beschreibung des Ist-Zustands, dann wäre mit der Berechnung von Y in vielen Anwendungen die Angelegenheit erledigt. So findet z.B. die Frage nach der Höhe des im vergangenen Jahr erlebten Wirtschaftswachstums, dem aktuellen Stand des DAX oder dem durchschnittlichen Anteil der Erwachsenen mit Abitur eine direkte und abschließende Antwort.

Glücklicherweise geht es bei der wirtschaftswissenschaftlichen Analyse häufig nicht nur um die saubere Bestandsaufnahme des Ist-Zustands, so wichtig diese Arbeit auch ist. Spannend wird es meist erst bei Fragen der Form „Was wäre, wenn...?" bzw. bei Fragen über künftig zu erwartende Werte. So ließe sich im vorliegenden Fall insbesondere die Frage stellen, wie sich der Erwartungswert von Y verändern würde, wenn sich die marginale Verteilung von X verschöbe. Wie das nachfolgende Kapitel zeigen wird, ist das keinesfalls eine unschuldige Frage, denn mit der Verschiebung der marginalen Wahrscheinlichkeiten von X mögen sich auch die bedingten Wahrscheinlichkeiten $f(y|X)$ bzw. die bedingten Erwartungswerte $E(Y|X)$ verändern. In der Tat ist es – wie wir sehen werden – die zentrale Frage einer Kausalanalyse, inwieweit eine solche Rückkopplung einer veränderten Gestaltung von $f(X)$ ausgeschlossen werden kann.

Die Berechnung eines *kontrafaktischen* Erwartungswerts von Y unter Anwendung einer alternativen Wahrscheinlichkeitsverteilung $\tilde{f}(X)$ und Beibehaltung von $E(Y|X)$ mag aus deskriptiver Sicht nichtsdestoweniger informativ sein. Wenn auch nicht unbedingt die *Wirkung* von X auf Y aufgedeckt wird, so zeigt sie doch, wie Y und X miteinander *assoziiert* sind. Dadurch wird die Frage beantwortet: „Wenn alle anderen Zusammenhänge so blieben, wie sie aktuell sind, aber die bedingte Größe X anders verteilt wäre, was hätte das für Auswirkungen auf die typische Realisation von Y?" Letztendlich sind alle Prognosen und Kausalanalysen Varianten dieser Grundidee alternativer (kontrafaktischer) gewichteter Mittelwerte über bedingte Erwartungswerte.

Allerdings sind sie mit der zusätzlichen Aufgabe versehen, in ihrem jeweiligen Kontext die Voraussetzung dafür zu schaffen, dass die Stabilität „aller anderen Zusammenhänge" – zu anderen Zeitpunkten bzw. bei anderen wirtschaftspolitischen Weichenstellungen – gewährleistet ist.

Beispiel 3.2. Schulabschluss und Alter

Zur Erläuterung dieser Gedankengänge greifen wir auf die Ergebnisse des Mikrozensus 1993 zur Verteilung von Schulabschlüssen und Alter in der Bevölkerung der Erwerbstätigen in Deutschland zurück. Der Einfachheit der Darstellung halber sehen wir hier von jeglicher Unsicherheit der Schätzung ab. Der durchschnittliche Anteil der Grundgesamtheit, der als Schulabschluss ein *Abitur* erreicht hatte, lag 1993 bei etwas über 30%. Zwischen verschiedenen Altersgruppen sah dies jedoch recht unterschiedlich aus. Unter den Jüngeren im Alter von 20 bis unter 30 Jahren erreichte dieser Anteil nahezu 34% und unter den mindestens 50-Jährigen etwas mehr als 25%, während er bei der mittleren Altersgruppe (30- bis unter 50-Jährige) bei rund 31% lag (**Tabelle 3.1**). Die marginalen Wahrscheinlichkeiten der drei Altersgruppen lagen bei rund 16%, 60% und 24% (**Tabelle 3.2**). Es lässt sich leicht nachvollziehen, dass sich die Wahrscheinlichkeit für ein Abitur in der Gesamtbevölkerung von 30,16% als gewichtetes Mittel aus den Abiturquoten der drei Altersgruppen von 33,82%, 31,15% und 25,26% mit den Gewichten 0,1578, 0,6021 und 0,2401 ergibt.

Tabelle 3.1. Alter und Schulabschluss in Deutschland: Bedingte Wahrscheinlichkeiten (in %)

| Schulabschluss | Alter | | | |
	20 bis unter 30	30 bis unter 50	50 und älter	Gesamt
Hauptschulabschluss	24,72	31,03	48,76	34,29
Realschulabschluss	41,45	37,82	25,98	35,55
Abitur	33,82	31,15	25,26	30,16

Quelle: Mikrozensus 1993, eigene Berechnungen.

Um auszuloten, wie stark die durchschnittliche Ausbildung mit der Altersverteilung assoziiert ist, könnte man sich bspw. für eine Zufallsvariable Y, die den Wert 1 annimmt, wenn ein Abitur vorliegt,

Tabelle 3.2. Alter und Schulabschluss in Deutschland (in %)

| Schulabschluss | Alter | | | |
	20 bis unter 30	30 bis unter 50	50 und älter	Gesamt
Hauptschulabschluss	3,90	18,69	11,71	34,29
Realschulabschluss	6,54	22,77	6,24	35,55
Abitur	5,34	18,76	6,06	30,16
Total	15,78	60,21	24,01	100,00

Quelle: Mikrozensus 1993, eigene Berechnungen.

und 0 sonst, fragen, wie sich der Populationsdurchschnitt des Schulabschlusses *Abitur* $P(Y = 1)$ verändern würde, wenn der Anteil der Jüngeren ($X = 1$) bei 20% statt 16% läge und derjenige der Älteren ($X = 3$) entsprechend bei 20% statt 24%, wenn sich durch diese verschobenen Anteile nichts an der Bildungsneigung innerhalb der Altersgruppen verändert hätte („Wie sähe es mit der Ausbildung in einer jüngeren Gesellschaft ansonsten gleichen Zuschnitts aus?"). Der entsprechende Mittelwert beträgt 30,42% statt 30,16%. Somit zeigt sich eine gewisse Assoziation zwischen Alters- und Ausbildungsverteilung, die durch diese Berechnung auf den Punkt gebracht wird. Die Frage jedoch, ob eine andere Familienpolitik in den 1950ern und 1960ern, die zu noch mehr Nachwuchs geführt hätte, mit einer massiven Ausweitung des Anteils der Abiturienten belohnt worden wäre, lässt sich auf diese Weise wohl kaum schlüssig beantworten, da mehr Junge sich bei der Bildungsentscheidung ggf. anders verhalten hätten; der bedingte Erwartungswert $E(Y|X = 1)$ wäre nicht unbedingt so ausgefallen wie zum Zeitpunkt der Befragung (1993) beobachtet.

Kernbotschaften

- Die empirische Wirtschaftsforschung wird in der Praxis vom Problem mangelnder Repräsentativität der Stichproben geplagt.
- Der Schlüssel zur Erkenntnis liegt im ersten Analyseschritt in der Wahl einer angemessenen Identifikationsstrategie, die das Problem mangelnder Repräsentativität berücksichtigt.
- Kontrafaktische bedingte Erwartungswerte erhellen die Assoziation zwischen Variablen, jedoch nicht notwendigerweise kausale Zusammenhänge.

3.2 Deskriptive Analysen

3.2.1 Die Herausforderung

Eine Kernaufgabe der empirischen Wirtschaftsforschung ist die Beschreibung aktueller Entwicklungen und Strukturen in Wirtschaft und Gesellschaft. In der Regel stützt sich diese *deskriptive Analyse* auf die Grundidee, die verfügbaren Daten stellten Beobachtungen aus einer Grundgesamtheit dar, die durch einen Stichprobenmechanismus „repräsentativ" ausgewählt wurden und somit Aufschlüsse über bestimmte Eigenschaften dieser Grundgesamtheit zulassen. Dabei geht man grundsätzlich davon aus, dass eine Vergrößerung der Stichprobe zumindest in der Tendenz dazu führt, dass sich diese Aufschlüsse im Sinne einer höheren Präzision verbessern (siehe Kapitel 2.2).

In der Praxis der empirischen Wirtschaftsforschung stößt diese Vorgehensweise recht schnell an gewisse Grenzen. So fällt es häufig schwer, die geplante Stichprobe vollständig zu realisieren. Ihre Auswertung ist dann unweigerlich nur mit Hilfe von Annahmen darüber möglich, welche Information sich hinter den nicht erhobenen Beobachtungen verbirgt. Oberflächlich betrachtet mag eine Lösung dafür schnell zu finden sein. Die in der Praxis meist implizit unterstellte Annahme, es handele sich bei den fehlenden Beobachtungen in der Tendenz um die gleiche Information wie bei den tatsächlich vorliegenden, ist nur eine – oft jedoch nicht sehr überzeugende – von vielen möglichen Annahmen.

Unterschiedliche Annahmen können jedoch durchaus erhebliche Konsequenzen für die Ergebnisse der deskriptiven Analysen haben, so dass sich hier ein Blick unter die Oberfläche aufdrängt. Allerdings ist die Wahl zwischen ihnen allein auf Basis der vorliegenden Informationen oft nicht möglich. Es handelt sich also wiederum um ein Identifikationsproblem. Es bietet sich daher für den empirischen Wirtschaftsforscher an, in das Verständnis der ökonomischen Zusammenhänge zu investieren, mit der ökonomischen Theorie vertraut zu sein und sich vor allem mit den Umständen der Datenerhebung näher zu beschäftigen. Ebenso sollten sich die Nutzer deskriptiver Studien fragen, welche Kompetenzen sie den Autoren dieser Studien beim Lösen von Identifikationsproblemen zutrauen.

In dieser Vielfalt von möglichen Ergebnissen liegt ein hohes Potenzial für wirtschafts- und gesellschaftspolitische sowie für wissenschaftliche Kontroversen, lassen sich doch Handlungsempfehlungen an die Politik und wirtschaftstheoretische Modelle nur auf Basis dieser (vermeintlichen) Erkenntnisse formulieren. Die entscheidende Frage der deskriptiven empirischen Wirtschaftsforschung lautet daher: „Welche Schlussfolgerungen über die Grundgesamtheit kann man ziehen und welche nicht, wenn man begrenztes Datenmaterial mit bestimmten Annahmen kombiniert?"[1] Es ist das Leitmotiv dieses Lehrbuchs, derartige Probleme konsequent als Identifikationsprobleme aufzufassen. Um diese bei einer konkreten Anwendung überzeugend zu lösen, bietet es sich an, die Herleitung von Schlussfolgerungen in zwei getrennte Schritte zu unterteilen.

So hatten wir gelernt, dass man sich in einem ersten Schritt der „Identifikation" fragt, welche Schlussfolgerungen im Prinzip gezogen werden könnten, wenn es denn möglich wäre, eine über alle Grenzen wachsende Stichprobe zu erhalten. Im Falle fehlender Beobachtungen bedeutet dies konkret: Welche zusätzlichen Annahmen erlaubten uns, mehr oder weniger informative Aufschlüsse über die Grundgesamtheit zu gewinnen, wenn bei demjenigen Teil der Grundgesamtheit, der in der Stichprobe durch Beobachtungen vertreten ist, keinerlei Fragen mehr offen blieben? Selbst wenn es für diesen „unproblematischen" Teil der Grundgesamtheit so wäre, dass man die Stichprobe vollkommen mit der Grundgesamtheit gleichsetzen könnte, verblieben dadurch, dass es eben auch einen „problematischen" Teil der Grundgesamtheit gibt, in der Regel noch hinreichend viele Erkenntnisprobleme.

In Bereichen, in denen man nur eingeschränkt oder gar nie Beobachtungen erheben kann, kann man diese auch nicht nutzen, um dort eine Vorstellung über die Grundgesamtheit zu entwickeln. Dies ist immer dann ein Problem, wenn das, was man erkennen möchte, mit der Verfügbarkeit der Beobachtung (der *Selektion* in die Stichprobe) verwoben ist. Man kann jedoch vielleicht „verwandte" Beobachtungen verwenden, um durch konkrete Annahmen (*Identifikationsannahmen*) über die Natur dieser Verwandtschaft dennoch solche Schlussfolgerungen zu ziehen. Wie dies gelingen kann, wird in den folgenden Abschnitten dargelegt, wobei wir auf die formalen Konzepte zurückgreifen, die wir in den ersten Kapiteln des Lehrbuchs eingeführt haben, insbesondere das Konzept bedingter Wahrscheinlichkeitsverteilungen.

Die Qualität der auf diese Weise erarbeiteten Schlussfolgerungen steht und fällt mit der Angemessenheit der eingesetzten Identifikationsannahmen. Insbesondere ist es schier unausweichlich, dass unterschiedliche, im Prinzip gleichermaßen kompetente Forscher auch unterschiedliche Identifikationsannahmen einsetzen. Ob sie zutreffen oder nicht, lässt sich ja gerade nicht durch eine Konfrontation von Annahmen und beobachteten Daten überprüfen. Der akademische Wettstreit um die Akzeptanz unterschiedlicher Schlussfolgerungen konzentriert sich daher weitgehend auf die Diskussion dieser Identifikationsannahmen. Vertreter partikulärer politischer oder wirtschaftlicher Interessen dürften jedoch häufig genug auch wider besseres Wissen genau solche Identifikationsannahmen einsetzen, die ihre Position unterstützen. Wirksa-

---

[1] Eine hervorragende Einführung in diese Problematik, von der auch unser Lehrbuch in vielfacher Hinsicht zehrt, gibt Manski (1995).

men Schutz vor Fehlschlüssen kann nur die unabhängige Wirtschaftsforschung bieten – gerade weil sie nicht bereit ist, immer eindeutige Antworten zu liefern.

In einem zweiten Schritt der „statistischen Inferenz" lassen sich dann diejenigen Schlussfolgerungen bestimmen, die man aus einer begrenzten Zahl von Beobachtungen ziehen kann, wenn man den im ersten Schritt festgelegten Kanon von Identifikationsannahmen durchgehend aufrecht erhält. Während Probleme der statistischen Inferenz meist geringer werden, wenn man eine größere Stichprobe erhebt (siehe Kapitel 2), sind die Erkenntnisprobleme, die im ersten Schritt der Identifikation auftreten, nicht durch eine intensivere Datensammlung (von Informationen der gleichen Art) zu beheben. Dies bedeutet auch für deskriptive Analysen, dass der weitere Schritt der statistischen Inferenz von recht begrenztem Wert ist, wenn der erste Schritt der Identifikation nicht zufriedenstellend gelöst werden kann. Es bedeutet auch, dass die Möglichkeit, im ersten Schritt restriktive Identifikationsannahmen festzusetzen, das Potenzial der statistischen Inferenz im zweiten Schritt tendenziell erhöht. Dies birgt jedoch die Gefahr, bei Fehlern dann im zweiten Schritt sehr präzise etwas ganz Falsches zu tun.

Insbesondere kann daher typischerweise selbst von kompetenten Wissenschaftlern auf inhaltlich brisante Fragen keine einheitliche Antwort gegeben werden. Bedauerlicherweise besitzt die einfachste Vorgehensweise – die Unterstellung, das Problem mangelnder Beobachtbarkeit sei für die Analyse unerheblich – häufig nur eine geringe Überzeugungskraft. Vielmehr beruht jede überzeugende deskriptive Analyse auf Annahmen zur Lösung des Identifikationsproblems, die auf die konkrete Anwendung maßgeschneidert sind. Die Adressaten dieser Forschungsarbeit – Öffentlichkeit, Politik und Wissenschaft – müssen jedoch ob der Vielfalt möglicher Resultate keineswegs resignieren. Sie sollte allerdings begreifen, welche Identifikationsprobleme die Beschreibung wirtschaft- und gesellschaftlicher Entwicklungen und Strukturen aufwerfen kann und dass die zur Lösung dieser Probleme unvermeidlich herangezogenen Identifikationsannahmen mehr oder weniger intelligent gewählt werden können.

Der Rest dieses Abschnitts ist folgendermaßen aufgebaut. Abschnitt 3.2.2 bettet die Diskussion von Selektionsproblemen in den wahrscheinlichkeitstheoretischen Rahmen ein, der in den einführenden Kapiteln des Lehrbuchs dargestellt wurde. Dabei werden vor allem die Grenzen der Erkenntnismöglichkeiten diskutiert, an die mit Beobachtungsproblemen behaftete Stichproben stoßen. Derartige Probleme machen eindeutige Aussagen häufig unmöglich, aber lassen umso klarere Schlussfolgerungen zu, je geringer sie sind. Daran anschließend lotet Abschnitt 3.2.3 den Wert zusätzlicher Information für die Lösung des Identifikationsproblems aus. Dabei zeigt sich, dass solide deskriptive Analysen oft nicht ohne eine Berücksichtigung multivariater Zusammenhänge durchgeführt werden können. Darüber hinaus wird deutlich, dass auch derartige Ansätze Identifikationsannahmen nicht umgehen und ggf. am Problem unbeobachtbarer Heterogenität scheitern können.

Kernbotschaften

- Aktuelle Zusammenhänge in Wirtschaft und Gesellschaft und deren Veränderung zu beschreiben, ist die Aufgabe der deskriptiven Analyse. Typischerweise geht man dabei davon aus, dass die analysierte Stichprobe repräsentativ ist.
- Oftmals gelingt es nicht, alle geplanten Beobachtungen tatsächlich zu realisieren. Darum stellt sich grundsätzlich die Frage, ob die Grundannahme der Repräsentativität der Stichprobe aufrecht zu erhalten ist bzw. welche Konsequenzen sich aus ihrem Fehlschlagen ergeben können.
- In dieser Unsicherheit liegt erhebliches Potenzial für wirtschafts- und gesellschaftspolitische Kontroversen, da die Auswertung der vorliegenden Stichproben immer im Lichte der dafür getroffenen Identifikationsannahmen zu verstehen ist, diese Annahmen aber nicht statistisch getestet werden können.

3.2.2 Selektionsprobleme

Ohne diesen Umstand groß zu erwähnen, ging die gesamte bisherige Diskussion des wahrscheinlichkeitstheoretischen Rahmens davon aus, man könne die geplante repräsentative Stichprobe aus der Grundgesamtheit ohne weitere Probleme erheben. In der praktischen Arbeit ist dies jedoch so gut wie nie der Fall. So liegen bspw. bei Unternehmensbefragungen die Anteile der ausbleibenden Antworten (neudeutsch „non-response") typischerweise sehr hoch, manchmal über 80% oder gar 90%. Dieses Problem tritt sowohl in Form nicht beantworteter Einzelfragen als auch als vollständige Antwortverweigerung auf. Eine ebenso relevante Variante dieses Problems ist das Abspringen von Befragten aus einer Längsschnittstudie, nachdem sie in vorangegangenen Befragungswellen teilgenommen hatten („panel attrition"). Eine weitere, allerdings nicht vom Befragten beeinflusste Spielform dieses Problems ist die Kappung der ausgewiesenen Werte bei einer vorgegebenen Grenze, was bspw. bei der Erhebung individueller Einkommen häufig durchgeführt wird, um sehr reiche Befragungsteilnehmer überhaupt zum Antworten zu bringen.

All diese Einzelfälle stellen *zensierte Information* dar – man weiß, dass es sie gibt und besitzt möglicherweise auch umfassende Informationen über die Befragten, die im Vektor X erfasst sind. Aber zu derjenigen Variablen Y, die

im Zentrum der Analyse steht, liegt für die zensierten Beobachtungen keine
oder nur verstümmelte Information vor. Im Gegensatz zum Grundkonzept
der Stichprobenziehung – auch hier werden ja die nicht gezogenen Untersuchungseinheiten aus der weiteren Analyse ausgeschlossen, allerdings rein
zufällig – sind dabei die zu analysierenden Phänomene und ihre Beobachtbarkeit zumindest potenziell eng verwoben. Insbesondere hat das beobachtete Unternehmen einen entscheidenden Einfluss auf die Beantwortung oder
Nicht-Beantwortung der Interviewfragen.

Formal ausgedrückt handelt es sich beim *Selektionsproblem* um die Aufgabe, auf der Basis von Stichprobeninformationen eine bedingte Wahrscheinlichkeitsverteilung zu identifizieren, wenn die bedingenden Größen X vollständig beobachtet werden oder wir uns zumindest auf deren Stützbereich
bewegen, die Ergebnisvariable Y jedoch zensiert ist. Im Gegensatz dazu betrifft das bei Prognosen auftretende Problem der Extrapolation die Situation,
in der die Ergebnisvariable außerhalb des Stützbereichs von X nicht beobachtet werden kann. Das Selektionsproblem ist also ein Problem der (vollständigen) Beobachtbarkeit innerhalb des Stützbereichs.

Ob die Beobachtung eines Individuums die gesuchte Information bereit
hält oder ob nicht, ist vor der Datenerhebung grundsätzlich offen. Daher ist
es angebracht, neben den bedingenden Größen X und der Ergebnisvariable
Y eine weitere Zufallsvariable Z einzuführen, die den Beobachtungsstatus
anzeigt. Nimmt diese Indikatorvariable den Wert 1 an, dann werden für die
betroffene Beobachtungseinheit die realisierten Werte (y, x) vollständig beobachtet. Ist ihr Wert stattdessen 0, dann wird lediglich x beobachtet, und
die Beobachtung für Y fehlt.

Da jedes Mitglied der Grundgesamtheit entweder durch $Z = 1$ oder $Z = 0$
beschrieben wird, lässt sich die gesuchte marginale Wahrscheinlichkeit $P(Y =
y)$ als eine gewichtete Summe schreiben (*fundamentale Dekomposition*):[2]

$$P(Y = y) = P(Y = y|Z = 1) \cdot P(Z = 1)$$
$$+P(Y = y|Z = 0) \cdot P(Z = 0). \qquad (3.2)$$

Ebenso ergibt sich die gesuchte bedingte Wahrscheinlichkeit $P(Y = y|X = x)$
als:

$$P(Y = y|X = x) = P(Y = y|X = x, Z = 1) \cdot P(Z = 1|X = x)$$
$$+P(Y = y|X = x, Z = 0) \cdot P(Z = 0|X = x). \quad (3.3)$$

---

[2] Wir behandeln hier der Einfachheit halber konsequent den Fall diskreter Zufallsvariablen Y und X. Es ist ein Leichtes, die Notation so zu erweitern, dass auch
stetige Zufallsvariablen erfasst sind. Dann würden wir bspw. $P(Y \in B)$ statt
$P(Y = y)$ verwenden.

Jeweils drei der vier Elemente dieser Ausdrücke lassen sich ohne Weiteres im Wege der Stichprobenerhebung erfolgreich schätzen (sie sind direkt „identifiziert"). Dies sind die bedingte Wahrscheinlichkeit für eine erfolgreiche Beobachtung $P(Z = 1)$ bzw. $P(Z = 1|X = x)$, ihr Gegenstück, die Zensurwahrscheinlichkeit $P(Z = 0) = 1 - P(Z = 1)$ bzw. $P(Z = 0|X = x) = 1 - P(Z = 1|X = x)$ und schließlich die bedingten Wahrscheinlichkeiten $P(Y = y|Z = 1)$ bzw. $P(Y = y|X = x, Z = 1)$. Natürlich kann zusätzliche Information hilfreich sein, um die Präzision der Schätzung dieser drei Elemente zu erhöhen – aber für ihre Identifikation auf dem Stützbereich von X ist sie nicht vonnöten.

Aufgrund der Zensur können allerdings weder die bedingte Wahrscheinlichkeit $P(Y = y|Z = 0)$ noch die bedingte Wahrscheinlichkeit $P(Y = y|X = x, Z = 0)$ ohne zusätzliche Information erfolgreich geschätzt werden, denn für die zensierten Beobachtungseinheiten liegt ja grundsätzlich keine Beobachtung von Y vor. Daher sind auch die Wahrscheinlichkeiten $P(Y = y)$ bzw. $P(Y = y|X = x)$, die es ja eigentlich zu schätzen gilt, ohne zusätzliche Information nicht erfolgreich zu schätzen.

Beispiel 3.3. Schulabschluss und Alter – Fortsetzung

Wenn wir im Folgenden das Vorliegen eines Abiturs weiterhin als Zufallsvariable Y auffassen, dann sind die Einträge der dritten Zeile von **Tabelle 3.1** – von verbleibender Restunsicherheit aufgrund der Endlichkeit der Stichprobe einmal abgesehen – die bedingten Wahrscheinlichkeiten $P(Y = 1|Z = 1)$ bzw. $P(Y = 1|X = x, Z = 1)$. Wenn wir bspw. wüssten, dass lediglich ein Bruchteil aller Befragten überhaupt eine Antwort gegeben hat, dann können wir über $P(Y = 1)$ recht wenig sagen, obwohl wir genau wissen, dass $P(Y = 1|Z = 1)$ den Wert 0,3016 aufweist.

Beispiel 3.4. Innovationstätigkeit

Im Mittelpunkt der industrieökonomischen Forschung steht häufig das Ausmaß der Innovationsaktivität. Ein Ansatz, dieses Ausmaß zu quantifizieren, wertet entsprechende Befragungen der Unternehmen aus. Konkret wird ein Unternehmen als „innovativ" klassifiziert (die Ausprägung von Y ist 1), wenn es auf die Frage, ob in den vergangenen zwei Jahren im Unternehmen wichtige Innovationen durchgeführt wurden, mit „Ja" antwortet, und als „nicht innovativ" sonst (die Ausprägung von Y ist 0). Von Interesse ist daher aus analytischer Sicht der Anteil der Unternehmen in der Grundgesamtheit mit der Ausprägung 1.

Tabelle 3.3. Innovationen und Betriebsgröße

	klein	mittel	groß	Gesamt
NRW	10%	20%	80%	20%
Bayern	20%	40%	80%	40%

Aus wirtschaftspolitischer Sicht ist es meist der Vergleich, der die Analyse spannend macht, also wenn z.b. (rein hypothetisch) 40% der Unternehmen in Bayern aber lediglich 20% der Unternehmen in NRW Innovationen vorweisen können (siehe **Tabelle 3.3**). Diese beiden Werte für die Innovationstätigkeit in Bayern und NRW können jedoch nicht ohne Weiteres miteinander verglichen werden, wenn die Ausfallquote der Befragung in Bayern bei 60% in NRW aber nur bei 30% liegt.

Zusätzlich herangezogene Information kann nur dann zur erfolgreichen Identifikation der zensierten bedingten Wahrscheinlichkeiten $P(Y = y|Z = 0)$ bzw. $P(Y = y|X = x, Z = 0)$ und somit zum Ziel führen, wenn sie erlaubt, dass an deren Stelle eine andere (bedingte) Wahrscheinlichkeit tritt, deren erfolgreiche Schätzung auf Basis von Stichprobeninformation möglich ist. Es handelt sich also wiederum um eine Identifikationsannahme. Verhaltenstheoretische Überlegungen können bei der Ableitung solcher Annahmen eine erhebliche Rolle spielen. Allerdings gilt bei jedem Problem der Selektion, dass man nur dann durch eine Konfrontation mit den Stichprobendaten testen kann, ob Identifikationsannahmen zutreffend sind, wenn sie zur Herleitung der Schätzung nicht zwingend notwendig sind. Ein Test der Theorie ist also – was äußerst bedauerlich ist – gerade in denjenigen Fällen nicht möglich, in denen er am dringendsten gebraucht würde.

Eine in der Praxis der empirischen Wirtschaftsforschung häufig verwendete Identifikationsannahme beruht auf der Grundidee bedingter (gegeben $X = x$) Unabhängigkeit zwischen der Beobachtbarkeit und der zu analysierenden Wahrscheinlichkeitsverteilung. Wenn man weiß, dass die bedingte Wahrscheinlichkeit $P(Y = y|Z = 1)$ und die nicht identifizierte bedingte Wahrscheinlichkeit $P(Y = y|Z = 0)$ für zensierte und für vollständig beobachtete Beobachtungseinheiten identisch sind, also:

$$P(Y = y|Z = 1) = P(Y = y|Z = 0) \tag{3.4}$$

gilt, dann lässt sich $P(Y = y)$ auch auf der Basis einer zensierten Stichprobe erfolgreich schätzen, denn dann gilt:

$$P(Y = y) = P(Y = y|Z = 1). \tag{3.5}$$

Analog dazu ergibt sich aus der Identifikationsannahme

$$P(Y = y|X = x, Z = 1) = P(Y = y|X = x, Z = 0), \tag{3.6}$$

dass man die bedingte Wahrscheinlichkeit $P(Y = y|X = x)$ erfolgreich schätzen kann, obwohl aufgrund von $P(Z = 0|X = x) > 0$ ein Teil der Stichprobe zensiert ist. Dies ist möglich, da dann

$$P(Y = y|X = x) = P(Y = y|X = x, Z = 1) \tag{3.7}$$

gilt. Der hier geschilderte Fall irrelevanter Zensur wird in der empirischen Wirtschaftsforschung auch als exogene Selektion (oder „ignorable selection") bezeichnet.

Immer dann, wenn vorhandene Selektionsprobleme bei der Analyse ignoriert und die vorliegenden unzensierten Daten so behandelt werden, als ob sie für die Grundgesamtheit repräsentativ wären, wird implizit die Identifikationsannahme der exogenen Selektion unterstellt. Diese implizite Annahme wird aber in der Regel nicht diskutiert und von den Adressaten der Analysen – dies trägt zur Qualität der Diskussion nicht gerade bei – so gut wie nie wahrgenommen. Im Gegenteil, man kann sich häufig des Eindrucks nicht erwehren, dass in der Politik die vermeintlich sichere Botschaft auf eine unverdient hohe Gegenliebe stößt, was wiederum oberflächliche Anbieter auf den Plan ruft. Daher soll im Folgenden klar dargestellt werden, was die beobachteten Teilstichproben wirklich mehr oder weniger präzise darlegen können und was sie offen lassen müssen.

Beispiel 3.5. Schulabschluss und Alter – Fortsetzung

Im Beispiel des Schulabschlusses Abitur ergäbe sich aus der Annahme der exogenen Selektion, dass der Bevölkerungsanteil der Abiturienten bei rund 30% läge. Wenn allerdings die Ausfallhäufigkeit über die Altersgruppen hinweg schwankt, z.B. bei den Jungen ($X = 1$) 80%, bei der mittleren Altersgruppe ($X = 2$) 50% und bei den Älteren ($X = 3$) 40% beträgt, dann mag zwar innerhalb jeder Altersgruppe $P(Y = 1|X = x, Z = 1) = P(Y = 1|X = x, Z = 0)$ gelten, aber dann gilt unweigerlich $P(Y = 1|Z = 1) \neq P(Y = 1|Z = 0)$, denn in der beobachteten Stichprobe wären die Jungen mit ihrem vergleichsweise hohen Anteil an Abiturienten (rund 34%) unterrepräsentiert. Der tatsächliche Anteil der Abiturienten in der Bevölkerung läge daher über den ausgewiesenen 30,16%.

Beispiel 3.6. Innovationstätigkeit – Fortsetzung

Im Beispiel der Innovationsaktivität bedeutete die entsprechende Annahme $P(Y = 1|Z = 1) = P(Y = 1|Z = 0)$, dass man den Stichprobendurchschnitt von 20% für NRW als Schätzwert für NRW verwenden kann, obwohl 30% der Grundgesamtheit nicht in der Teilstichprobe für NRW repräsentiert sind. Unterscheidet sich jedoch die Antworthäufigkeit zwischen Unternehmen unterschiedlicher Größe, wobei große Unternehmen aufgrund ihrer formal ausgereiften Organisation wohl häufiger antworten dürften, dann sind innovative Unternehmen selbst dann, wenn für jede Größenklasse $P(Y = 1|X = x, Z = 1) = P(Y = 1|X = x, Z = 0)$ gilt, in der gesamten Stichprobe überrepräsentiert.

Eingrenzung durch obere und untere Schranken. Statt mehr oder weniger implizit davon auszugehen, dass die Selektionsprobleme ignoriert werden können, kann man auch in das gegensätzliche Extrem verfallen und die Frage stellen, was denn ohne jeden Zweifel und ohne weitere Annahmen in den Daten steckt. Da Wahrscheinlichkeiten grundsätzlich zwischen 0 und 1 liegen, kann die oben dargelegte fundamentale Dekomposition der (bedingten) Wahrscheinlichkeit (3.2) bzw. (3.3) dazu genutzt werden, die gesuchte, aber nicht identifizierte (bedingte) Wahrscheinlichkeit $P(Y = y)$ bzw. $P(Y = y|X = x)$ zumindest in gewissen unteren und oberen Schranken einzugrenzen.

Dabei wird der eine Extremwert erreicht, wenn die zensierte bedingte Wahrscheinlichkeit $P(Y = y|Z = 0)$ den Wert 0 annimmt, da in diesem Falle aus der zensierten Stichprobe – hätte sie denn zu Beobachtungen von Y geführt – keine einzige mit der Ausprägung y gewesen wäre. Der andere Extremwert käme bei $P(Y = y|Z = 0) = 1$ zustande, da dann sicher alle fehlenden Beobachtungen die Ausprägung y aufweisen würden. Somit ergibt sich aufgrund der fundamentalen Dekomposition als untere Schranke

$$P(Y = y|Z = 1) \cdot P(Z = 1) \leq P(Y = y). \qquad (3.8)$$

Die obere Schranke ist entsprechend

$$P(Y = y) \leq P(Y = y|Z = 1) \cdot P(Z = 1) + P(Z = 0). \tag{3.9}$$

Die unteren und oberen Schranken lassen sich ganz analog ermitteln, wenn es um die Identifikation der bedingten Wahrscheinlichkeit $P(Y = y|X = x)$ geht. Der eine Extremwert wird erreicht, wenn die zensierte bedingte Wahrscheinlichkeit $P(Y = y|X = x, Z = 0)$ den Wert 0 annimmt, und der andere, wenn diese den Wert 1 annimmt. Für die Wahrscheinlichkeit $P(Y = y|X = x)$ ergibt sich anhand der fundamentalen Dekomposition als untere Schranke

$$P(Y = y|X = x, Z = 1) \cdot P(Z = 1|X = x) \leq P(Y = y|X = x) \tag{3.10}$$

und als obere Schranke

$$P(Y = y|X = x) \leq P(Y = y|X = x, Z = 1) \cdot P(Z = 1|X = x)$$
$$+ P(Z = 0|X = x). \tag{3.11}$$

Die Differenz zwischen unterer und oberer Schranke ist somit in beiden Fällen mit der Wahrscheinlichkeit $P(Z = 0)$ bzw. $P(Z = 0|X = x)$ identisch, eine zensierte Beobachtung zu erhalten. Ist diese Wahrscheinlichkeit gering, dann führt die ausschließliche Verwendung der unzensierten Beobachtungen zu weniger dramatischen Fehlern als bei hoher Zensurwahrscheinlichkeit. Die dadurch jeweils entstehenden unteren und oberen Schranken werden als *scharfe Schranken* bezeichnet, weil sie ohne weitere Information nicht mehr enger gezogen werden können.

In der praktischen Anwendung dieser Überlegungen tritt neben das Identifikationsproblem natürlich noch das Problem der Stichprobenungenauigkeit. Auf der Basis einer jeden endlich dimensionierten Stichprobe lassen sich die unzensierten bedingten Wahrscheinlichkeitsverteilungen und die Zensurwahrscheinlichkeiten nie ganz vollständig bestimmen. Wie bei jeder anderen Schätzung auch, ist eine möglichst präzise Annäherung das Beste, was der empirische Forscher leisten kann, so dass um die geschätzten Größen wiederum ein Intervall liegt, das die verbleibende Restunsicherheit (gegeben die Identifikationsannahmen) widerspiegelt. Die geschätzten unteren und oberen Schranken liegen daher typischerweise weiter auseinander als die entsprechenden Größen der Grundgesamtheit.

Beispiel 3.7. Schulabschluss und Alter – Fortsetzung

Im Beispiel des Schulabschlusses „Abitur" ergibt sich bei einer Ausfallwahrscheinlichkeit von 50%, dass der Anteil der Abiturienten in der Bevölkerung zwischen 15% und 65% liegt. Innerhalb der einzelnen Altersgruppen ergeben sich die Intervalle 7% bis 87% ($X = 1$),

16% bis 66% ($X = 2$) und 15% bis 55% ($X = 3$). Ebenso, wie die
Ausfallwahrscheinlichkeit $P(Z = 0)$ von 50% ein gewichtetes Mittel
der altersspezifischen Ausfallwahrscheinlichkeiten $P(Z = 0|X = x)$
ist, sind die untere und obere Schranke jeweils ein gewichtetes Mittel
der entsprechenden Schranken in jeder Altersgruppe.

Beispiel 3.8. Innovationstätigkeit – Fortsetzung

Im konkreten Beispiel der Innovationsaktivität der Unternehmen in
NRW liegt die untere Schranke somit bei 14% und die obere Schranke bei 44%. Dem eigentlich im Mittelpunkt des Interesses stehenden
Bundesländervergleich kämen entsprechende Berechnungen zu unteren und oberen Schranken für Bayern hinzu. Es liegt nahe, dass dieser Vergleich nur dann trennscharf ausfallen kann, wenn die Unterschiede zwischen den Ländern in den beobachteten Teilstichproben
recht hoch oder die Ausfallwahrscheinlichkeiten jeweils relativ niedrig sind. Bei Ausfallwahrscheinlichkeiten von jeweils 30% wäre in der
Teilstichprobe für Bayern schon ein Durchschnitt von über 60% von-
nöten, um ohne jeden Restzweifel bzw. ohne zusätzliche Annahmen
Bundeslandunterschiede zu konstatieren.

Einschränkende Überlegungen dieser Art lassen sich ohnehin nur dann an-
stellen, wenn die Zensur von Beobachtungen wahrscheinlichkeitstheoretische
Aspekte betrifft, die ihrerseits gewissen Schranken unterliegen: Marginale und
bedingte Wahrscheinlichkeiten liegen grundsätzlich zwischen 0 und 1, so dass
das, was wir im Zweifelsfall nicht beobachten können, weder negativ noch
grandios positiv ausfallen kann. Im Gegensatz zu (bedingten) Wahrscheinlichkeiten gelten aber bei stetigen Zufallsvariablen für die Erwartungswerte
$E(Y)$ und $E(Y|Z = 0)$ bzw. $E(Y|X = x)$ und $E(Y|X = x, Z = 0)$ keine
derartigen Einschränkungen des Wertebereichs. Zwar lässt sich auch hier die
fundamentale Dekomposition anwenden,

$$E(Y|X = x) = E(Y|X = x, Z = 1) \cdot P(Z = 1|X = x)$$
$$+ E(Y|X = x, Z = 0) \cdot P(Z = 0|X = x). \qquad (3.12)$$

Auch hier sind drei Elemente identifiziert, die beiden Wahrscheinlichkeiten
der Beobachtung und der Zensur sowie der bedingte Erwartungswert der
unzensierten Beobachtungen, $E(Y|X = x, Z = 1)$. Aber es gibt so ohne
Weiteres keine Möglichkeit, $E(Y|X = x, Z = 0)$ einzugrenzen. Somit gibt es
auch für kleine Zensurwahrscheinlichkeiten $P(Z = 0|X = x)$ ohne zusätzliche
Annahmen keine Hoffnung auf die erfolgreiche Eingrenzung von $E(Y|X = x)$.

Beispiel 3.9. Durchschnittseinkommen

Will man auf der Basis von Individualdaten das Durchschnittseinkommen der Bevölkerung ermitteln, so macht es schon einen gewalti-
gen Unterschied, ob etwa Bill Gates oder der Sultan von Brunei auf
die Frage nach ihrem Einkommen die Antwort schuldig bleiben oder
lediglich ein vergleichsweise mittelloser Hochschullehrer. Den Daten
sieht man das aber nicht an. Wir wissen lediglich, dass $Z = 0$ und
Y daher unbekannt ist. Will man jedoch den Anteil der reichen Mit-
bürger an der Bevölkerung abschätzen, so kann dieser im ungünstigs-
ten[3] Falle so gering sein wie der Anteil der tatsächlich beobachteten
Reichen an der Gesamtstichprobe der realisierten ($Z = 1$) und nicht
realisierten ($Z = 0$) Beobachtungen. Er mag im günstigsten Fall aber
auch um die Zensurwahrscheinlichkeit $P(Z = 0)$ höher liegen.

Beispiel 3.10. Innovationstätigkeit – Fortsetzung

Im Beispiel der Innovationstätigkeit könnte man an den finanziellen Aufwendungen der Unternehmen für Forschung und Entwicklung
(F&E) interessiert sein. Es mag der Fall sein, dass gerade die Unternehmen in NRW, die dem Wunsch nach einer Offenlegung ihrer
Daten nicht nachkommen, enorme F&E-Ausgaben tätigen. Dann wäre der Durchschnitt der beobachteten Teilstichprobe für NRW (ohne
weitere Annahmen) dafür unerheblich, welche Schlussfolgerungen für
NRW zu ziehen sind.

---

[3] Im Gegensatz zur Bundesregierung und ihrem Armuts- und Reichtumsbericht
fassen wir hier also die Existenz von „Reichtum" nicht als Problemlage, sondern
als Quell der Freude auf.

Kernbotschaften

- Selektionsprobleme betreffen die Annahme, auf der Basis von Stichproben eine bedingte Wahrscheinlichkeitsverteilung zu identifizieren, wenn die bedingenden Größen X vollständig beobachtet werden, die Ergebnisvariable Y jedoch zensiert ist.
- Bedingte Wahrscheinlichkeiten lassen sich als eine gewichtete Summe aus identifizierten und nicht-identifizierten Bestandteilen schreiben (fundamentale Dekomposition): Im Fall der exogenen Selektion lassen sich alle Analysen auf der Basis der Stichproben durchführen, als ob es keinerlei Selektionsprobleme gäbe.
- Die identifizierten Elemente der fundamentalen Dekomposition liefern ein Mindestmaß an Information über die gesuchten Populationswahrscheinlichkeiten: Sie erlauben deren Eingrenzung in scharfe untere und obere Schranken.

3.2.3 Zusätzliche Information

Scharfe untere und obere Schranken präsentieren somit zwar keinen eindeutigen Wert, aber zumindest einen abgegrenzten Bereich, auf den sich die wirtschaftswissenschaftliche und -politische Debatte konzentrieren kann. Dies wird nichtsdestoweniger meist als unbefriedigend empfunden. Es ist zudem klar, dass häufig eine berechtigte Hoffnung besteht, durch sachgerechte Detailarbeit auf überzeugende Weise mehr an Information aus den Daten „herauszuholen" als dieses absolute Minimum. So mag es oft gute Gründe dafür geben, den Selektionsprozess als irrelevant für das zu analysierende Phänomen zu betrachten. Dies ist bspw. dann der Fall, wenn fehlende Beobachtungen aus technischen Problemen resultieren, etwa beim Verlust von Fragebögen auf dem Postwege. Auch mag die Variable Y, um die sich die Analyse dreht, von geringer Brisanz sein: Warum sollte etwa die Antwort auf die Frage nach der Lieblingsfarbe je nach Anhängerschaft mit unterschiedlicher Intensität verweigert werden? Bei „langweiligen" Fragen tauchen also Selektionsprobleme meist nicht auf.

Die meist verwendete Identifikationsannahme der exogenen Selektion, so schnell und einfach man sie umsetzen kann, ist andererseits immer dann problematisch, wenn die Ergebnisvariable in einem engen Zusammenhang mit der Zensurentscheidung steht. Dies wird typischerweise immer der Fall sein, wenn es um emotional belastete Themen oder um Bereiche intimeren Zuschnitts geht, etwa die Einstellung gegenüber Fremden, die sexuelle Orientierung, das Einkommen und die Aktivität in der Schattenwirtschaft. Genau dies sind aber oft die spannendsten und gesellschaftlich relevantesten Analysegegenstände in den Sozial- und Wirtschaftswissenschaften.[4] Die Identifikationsannahme der exogenen Selektion ist daher vermutlich häufig nicht haltbar.

Will man also eine sinnvolle Antwort auf die inhaltliche Frage geben, die zwar trennschärfer ist als das geschilderte Extrem der unteren und oberen Schranken, aber gleichzeitig überzeugender als das Ignorieren der potenziellen Selektionsprobleme, dann muss man sich das erarbeiten. Die ernsthafte empirische Wirtschaftsforschung bemüht sich daher intensiv darum, zusätzliche Information zu finden, die zur Identifikation der gesuchten Größen beitragen kann. Dieser Beitrag kann einerseits aus der expliziten Berücksichtigung beobachtbarer Eigenschaften der Untersuchungseinheiten und andererseits aus expliziten Annahmen zur Natur des Selektionsprozesses hergeleitet werden. Diese Möglichkeiten werden im Folgenden diskutiert.

Beispiel 3.11. Schulabschluss und Alter – Fortsetzung

Die Annahme der exogenen Selektion schließt aus, dass es einen direkten Zusammenhang zwischen der Antwortneigung und dem Schulabschluss gibt. Es mag jedoch sein, dass diejenigen, die kein Abitur haben, auf die Frage nach diesem Abschluss eher mit einer Verweigerung der Antwort reagieren. In diesem Falle bleibt zwar immer noch die Eingrenzung der gesuchten Wahrscheinlichkeit $P(Y = 1)$ in den oben bereits ermittelten scharfen Schranken, aber die Verwendung von $P(Y = 1|Z = 1)$ als Ersatz für $P(Y = 1)$ überzeugt nicht.

Beispiel 3.12. Innovationstätigkeit – Fortsetzung

Im Falle der Innovationstätigkeit könnte es durchaus so sein, dass es unter den nicht-innovativen Unternehmen im Schnitt mehr Antwortverweigerer gibt, etwa um diese peinliche Information nicht preiszugeben. Die bedingte Wahrscheinlichkeit $P(Y = 1)$, die für alle

---

[4] Aufgrund der vielfältigen Hemmungen, in einer Befragung sehr private Information in ehrlicher Weise zu entblößen, ziehen Ökonomen als Analysegrundlage – falls verfügbar – die vollzogene Tat („Kauf des Brötchens (der Semmel) zum Preis x") der Aussage („das Brötchen (die Semmel) gefällt mir so gut, dafür würde ich glatt x ausgeben") vor. In der relevanten Literatur bezeichnet man dies als *offenbarte Präferenzen*.

potenziellen Teilnehmer relevant ist, mag sich dann deutlich von derjenigen bedingten Wahrscheinlichkeit unterscheiden, die sich für die Mitglieder der Teilstichprobe ergibt, also von $P(Y = 1|Z = 1)$. Dieser Zusammenhang zwischen Innovationsaktivität und Teilnahme an der Befragung kann durchaus von Bundesland zu Bundesland variieren und somit die Möglichkeit beeinflussen, aus Stichprobendaten Rückschlüsse auf das relative Innovationsverhalten im Bundeslandvergleich zu ziehen.

Beispiel 3.13. Durchschnittseinkommen – Fortsetzung

Es liegt auf der Hand, dass die Ermittlung eines repräsentativen Bildes der Einkommenssituation deutscher Haushalte sowohl am unteren als auch (wie bereits ausgeführt) am oberen Ende der Häufigkeitsverteilung von Selektionsproblemen geplagt werden dürfte. Man mag sich schämen, ein niedriges Einkommen zu offenbaren, genauso wie man sich scheuen mag, genaue Angaben zu einem sehr hohen Einkommen zu machen. Bei den ärmsten Teilen der Bevölkerung mag es noch nicht einmal im Ansatz zu einer Befragung kommen, da diese etwa aufgrund von Obdachlosigkeit nicht durchgeführt werden kann.

Multivariate Analysen. Dadurch, dass wir in diesem Kapitel konsequent die Auswirkungen mangelnder Beobachtbarkeit sowohl für $P(Y = y)$ als auch für $P(Y = y|X = x)$ diskutiert und gesehen haben, dass in beiden Fällen im Prinzip die gleichen Schlussfolgerungen gelten, konnten wir bereits eine mögliche Lösung des Selektionsproblems vorbereiten: Steht die marginale Wahrscheinlichkeit $P(Y = y)$ im Mittelpunkt des Interesses, dann sollte man ausloten, ob sich ausgehend von der fundamentalen Dekomposition (3.2) durch die Berücksichtigung weiterer beobachtbarer Eigenschaften X als „Kontrollvariablen" eine Lösung finden lässt. Um dies zu diskutieren, gehen wir in der bewährten Art und Weise davon aus, dass es sich bei X um eine univariate diskrete Zufallsvariable mit den Ausprägungen $1, \ldots, j, \ldots, J$ und den entsprechenden Wahrscheinlichkeiten $P(X = j)$ handelt.[5] Schreibt man für diese in sparsamer Weise $P(X = j) = w_j$, wobei $\sum_j w_j = 1$, dann lässt sich die fundamentale Dekomposition (3.2) ausdrücken als:

---

[5] Die Berücksichtigung weiterer Kontrollgrößen lässt sich ohne weitere Probleme dadurch umsetzen, dass X als Vektor aufgefasst wird. Folgen Kontrollvariablen anstelle einer diskreten einer stetigen Wahrscheinlichkeitsverteilung, dann treten Integrale an die Stelle der im Folgenden diskutierten gewichteten Mittelwerte.

$$P(Y = y) = \sum_j w_j \cdot P(Y = y | X = j, Z = 1)$$
$$\cdot P(Z = 1 | X = j)$$
$$+ \sum_j w_j \cdot P(Y = y | X = j, Z = 0)$$
$$\cdot P(Z = 0 | X = j). \tag{3.13}$$

Dadurch ändert sich zunächst einmal nichts, außer dass die Notation jetzt erlaubt, der Natur des Selektionsproblems etwas näher auf den Grund zu gehen. Insbesondere können wir nunmehr genauer sehen, auf welche Weise die beobachtete Teilstichprobe das Ziel verfehlt, die Grundgesamtheit zu repräsentieren. Es ergibt sich wiederum in einer Dekomposition dieser Teilstichprobe in ihre Einzelteile:[6]

$$P(Y = y \mid Z = 1) = \sum_j P(Y = y | X = j, Z = 1) \cdot P(X = j | Z = 1)$$
$$= \sum_j w_j P(Y = y | X = j, Z = 1) \cdot \frac{P(X = j | Z = 1)}{w_j}$$
$$= \sum_j w_j P(Y = y | X = j, Z = 1) \cdot \frac{P(Z = 1 | X = j)}{P(Z = 1)}. \tag{3.14}$$

Der Anteil der Beobachtungen, für die der Wert y realisiert wird, ist tendenziell dann besonders groß, wenn

(i) dieser Wert im Zusammenhang mit einer Ausprägung j der Kontrollvariablen X, für welche die Wahrscheinlichkeit $P(Y = y | X = j, Z = 1)$ groß ausfällt, häufiger auftritt als in der Grundgesamtheit, also $P(X = j | Z = 1)/w_j > 1$ ist, und

(ii) diese in der Grundgesamtheit häufig vorkommt, also mit großem w_j.

Ein Spezialfall ist der, bei dem sowohl die Ausprägung von Y als auch die Antwortneigung mit der Ausprägung von X *unabhängig voneinander* variieren. Dann gilt $P(Y = y | X = j, Z = 1) = P(Y = y | X = j)$ und somit

$$P(Y = y | Z = 1) = \sum_j w_j P(Y = y | X = j) \cdot \frac{P(X = j | Z = 1)}{w_j}$$
$$= \sum_j w_j P(Y = y | X = j) \cdot \frac{P(Z = 1 | X = j)}{P(Z = 1)}, \tag{3.15}$$

was die obige Aussage noch pointiert.

---

[6] Aus der *Bayes-Regel* ergibt sich, dass $P(X = j | Z = 1)/P(X = j) = P(Z = 1 | X = j)/P(Z = 1)$. Es ist also die Aussage, dass eine bestimmte Ausprägung j im Vergleich zur Grundgesamtheit überproportional häufig in der Stichprobe vorkommt, äquivalent mit der Aussage, dass die Antwortneigung bei Befragten mit der Ausprägung j besonders hoch ist.

Ohne weitere Überlegungen scheitert aber die direkte Identifikation von $P(Y = y)$ nach wie vor an der fehlenden Identifikation der bedingten Wahrscheinlichkeit $P(Y = y | X = j, Z = 0)$. Es geht daher darum, intellektuell überzeugende identifizierende Restriktionen für diese bedingten Wahrscheinlichkeiten zu finden. Wenn die empirische Detailarbeit nahe legt, dass die Kontrollgröße X zwar sowohl das Antwortverhalten als auch die Variable von Interesse Y prägt, aber dass sich innerhalb einer Teilstichprobe mit $X = j$ die Häufigkeit von $Y = y$ zwischen antwortenden und nicht antwortenden Unternehmen nicht unterscheidet, dann kann an die Stelle der ursprünglichen Annahme der exogenen Selektion – also der Annahme, die meist implizit verwendet wird – die Annahme

$$P(Y = y | X = j, Z = 1) = P(Y = y | X = j, Z = 0) \qquad (3.16)$$

(exogene Selektion gegeben $X = j$) treten. Aufgrund der systematischen Variation im Antwortverhalten, die mit unterschiedlichen Ausprägungen von X einhergeht, ergibt sich selbst in diesem Falle, wie oben gezeigt, eine Diskrepanz zwischen $P(Y = y | Z = 1)$ und $P(Y = y | Z = 0)$, denn in der Stichprobe sind die Anteile von Beobachtungen mit der Ausprägung j anders als in der Grundgesamtheit.

Allerdings lässt sich bei Gültigkeit von Annahme (3.16) die gesuchte bedingte Wahrscheinlichkeit $P(Y = y)$ als ein gewichtetes Mittel aus identifizierten Größen herleiten,

$$P(Y = y) = \sum_j w_j \cdot P(Y = y | X = j, Z = 1), \qquad (3.17)$$

denn bei Zutreffen dieser Annahme lässt sich die Identität $P(Z = 1 | X = j) + P(Z = 0 | X = j) = 1$ ausnutzen. Die Gewichte w_j sind ebenfalls direkt identifiziert, denn es ist die Beobachtbarkeit der zensierten Variablen Y, die in Frage gestellt ist, nicht jedoch die Beobachtbarkeit der Variablen X.

Aus Darstellungsgründen haben wir hier zunächst den einfachsten Fall diskutiert, beim dem die marginale Wahrscheinlichkeit $P(Y = y)$ geschätzt werden soll und eine diskrete Variable X als mögliche Kontrollgröße zur Verfügung steht. Wie zu sehen war, kann die Betrachtung detaillierterer Ausschnitte der Population (bedingt auf X) und eine entsprechende Umgewichtung der Stichprobeninformation zur Lösung von Selektionsproblemen führen. Eine Erweiterung unserer Diskussion auf die Abschätzung der bedingten Wahrscheinlichkeiten $P(Y = y | X = x)$, wenn diese ebenfalls von Selektionsproblemen geplagt werden, ergibt sich analog dazu. In diesem Falle lohnt es sich, nach anderen Variablen zu fahnden, deren Berücksichtigung in feiner gewählten Teilausschnitten der Stichprobe die Annahme exogener Selektion rechtfertigt, so dass wiederum eine geeignete Umgewichtung der Stichprobeninformation das Selektionsproblem löst. Es geht also immer darum, *zusätzliche* Information zu verarbeiten, die das ergänzt, was man eigentlich analysieren möchte. Das ist oft möglich, oft aber auch nicht. In der Forschungspraxis tritt ein Problem hinzu: Mit der Berücksichtigung eines immer feineren Details sinkt bei gegebener Stichprobengröße die Anzahl der Beobachtungen, die jeweils zur Schätzung zur Verfügung steht.

Es zeigt sich also, dass eine überzeugende deskriptive Analyse selbst bei einer univariaten Fragestellung, d.h. nach $P(Y = y)$, der Berücksichtigung eines bivariaten oder gar multivariaten Ansatzes bedarf, sie also je nach Problemlage maßgeschneidert durchgeführt werden muss. Die „richtige" Antwort muss zudem häufig konstruiert werden, ergibt sich also nicht aus einer einfachen Anteilsberechnung. Auch wenn durch die Berücksichtigung weiterer beobachteter Größen als derjenigen, die von unmittelbarem Interesse für die Fragestellung sind, Probleme mangelnder Beobachtbarkeit offenbar in vielen Fällen einer Lösung zugeführt werden können, so ist in der praktischen Arbeit immer sehr sorgfältig zu bedenken, ob ein derartiges Vorgehen in der Tat angezeigt ist. Fehler bei den Identifikationsannahmen können die Lage ggf. sogar verschlechtern. Schließlich treten aufgrund der Endlichkeit jeder Stichprobe grundsätzlich umso größere Schwierigkeiten auf, präzise Schätzungen vorzulegen, je anspruchsvoller die angestrebte Konstruktion ist. Dieses Abwägungsproblem wurde hier aufgrund der Konzentration auf Identifikationsprobleme völlig ausgeblendet.

Beispiel 3.14. Schulabschluss und Alter – Fortsetzung

Hält man innerhalb jeder Altersgruppe die Annahme exogener Selektion für gerechtfertigt, dann muss man lediglich das gewichtete Mittel der altersspezifischen Anteile an Abiturienten berechnen, um den Populationsdurchschnitt zu ermitteln. Entscheidend ist allerdings, dass man in dieser Berechnung als Gewicht die tatsächlichen Anteile der Altersgruppen an der Bevölkerung verwendet und nicht ihre Anteile an der beobachteten Stichprobe.

Beispiel 3.15. Innovationstätigkeit – Fortsetzung

Im Beispiel der Innovationsaktivität könnte es sich bei der Kontrollvariablen um die Unternehmensgröße handeln. Es ist sicherlich recht gut vorstellbar, dass die Größe eines Unternehmens sowohl die Innovationsneigung (positiv) als auch das Antwortverhalten (ebenfalls positiv) prägt. In der verfügbaren Teilstichprobe für NRW ergibt sich somit die gesuchte Innovationsneigung als ein gewichteter Mittelwert über die verschiedenen Größenklassen.

Bei gegebenem Antwortverhalten $P(Y = y|X = j, Z = 1)$ wird in der Teilstichprobe für NRW das Innovationsverhalten immer dann relativ hoch ausgewiesen, wenn der Anteil der großen Unternehmen an der Grundgesamtheit hoch ist. Die Identifikationsannahme der exogenen Selektion gegeben X liegt nahe, wenn die Unternehmensgröße X zwar sowohl das Antwortverhalten als auch das Innovationsverhalten prägt, sich aber innerhalb jeder Größenklasse j das Innovationsverhalten zwischen antwortenden und nicht antwortenden Unternehmen nicht unterscheidet.

Aufgrund der Unterschiede im Antwortverhalten von großen (und damit in der Regel innovationsfreudigen) und kleinen Unternehmen sind in der beobachteten Teilstichprobe innovative Unternehmen überrepräsentiert. Im Beispiel des Bundesländervergleichs ergibt sich für NRW eine durchschnittliche Innovationsaktivität von 15% – die kleinen, eher innovationsmüden Unternehmen waren in der Teilstichprobe ($Z = 1$) deutlich unterrepräsentiert. Ähnliches gilt für Bayern, für das der Wert von 40% auf 35% sinkt.

Es lässt sich leicht zeigen, dass die geschilderten Gedankengänge nicht zwangsläufig wertlos sind, wenn eine exakte Identifikation gemäß Annahme (3.16) nicht gelingen sollte. Zwischen diesem Extrem weitgehender Resignation und der exakten Identifikation liegt eine Fülle weiterer Vorgehensweisen, die geeignete Vorab-Informationen einbinden. So dürfte es in vielen Anwendungssituationen der Fall sein, dass systematische Beobachtungsprobleme nur bei einem Teil der Grundgesamtheit auftauchen, solche mit bestimmten Ausprägungen von X. Als Beispiel sei im Folgenden unterstellt, nur für $X = 1$ bestünde der Verdacht, dass die Annahme der exogenen Selektion fehlschlägt. In diesem Falle kann man für alle anderen Beobachtungen mit $X = 2, \ldots, J$ die bedingten Wahrscheinlichkeiten $P(Y = y|X = j)$ mit Hilfe der Stichprobe identifizieren, denn

$$P(Y = y|X = j) = P(Y = y|X = j, Z = 1) \qquad (3.18)$$

für alle $j = 2, \ldots, J$. Für die Teilstichprobe $X = 1$ kann man wiederum scharfe Schranken konstruieren. Die untere Schranke ergibt sich dann als

$$P(Y = y|X = 1, Z = 1) \cdot P(X = 1, Z = 1) + \sum_{j=2}^{J} w_j P(Y = y|X = j, Z = 1)$$

$$\leq P(Y = y) \qquad (3.19)$$

und die obere Schranke als

$$P(Y = y) \leq P(Y = y | X = 1, Z = 1) \cdot P(X = 1, Z = 1)$$

$$+ P(X = 1, Z = 0) + \sum_{j=2}^{J} w_j P(Y = y | X = j, Z = 1). \quad (3.20)$$

Demnach ist das Intervall zwischen den Schranken geringer als ohne diese Erkenntnisse zum Zusammenhang von Y und Z mit X, da

$$P(X = 1, Z = 0) = P(Z = 0 | X = 1) \cdot w_1$$

$$\leq P(Z = 0) = \sum_{j} w_j P(Z = 0 | X = j). \quad (3.21)$$

Beispiel 3.16. Schulabschluss und Alter − Fortsetzung

Möglicherweise ergeben sich Probleme mangelnder Repräsentativität lediglich bei der Altersgruppe der Jungen ($X = 1$), während bei älteren Befragten das Antwortverhalten nicht systematisch mit der Antwort auf die Frage nach dem Abitur verknüpft ist. Dann lässt sich für die „unproblematischen" Altersgruppen die Annahme der exogenen Selektion nutzen und ihr beobachteter Anteil an Abiturienten als Ergebnis ihrer Altersgruppe verstehen. Für die Jüngeren können zwar lediglich Schranken angegeben werden, aber insgesamt ist das ausgewiesene Intervall somit nur so groß wie das Produkt aus dem Bevölkerungsanteil der Jungen und der bei ihnen auftretenden Ausfallwahrscheinlichkeit.

Beispiel 3.17. Innovationstätigkeit − Fortsetzung

Es mag sein, dass bei den kleineren Unternehmen lediglich die forschungsaktiven über ein systematisches Berichtswesen verfügen, das es erlaubt, die Frage nach getätigten Investitionen überhaupt zu beantworten. Am anderen Ende der Größenverteilung mögen die Antworten hingegen auch von strategischen Überlegungen geprägt sein. Geht man davon aus, dass die Annahme der exogenen Selektion in mittleren Größensegmenten verdaulich ist, dann ergibt sich ein Intervall zwischen einer scharfen unteren und einer scharfen oberen Schranke, das lediglich durch die Anteile der zensierten Beobachtungen bei den kleinen und großen Unternehmen und deren Häufigkeiten geprägt ist.

Unbeobachtete Heterogenität. Im Allgemeinen werden wir für unterschiedliche Teilpopulationen, die durch die Ausprägungen von X definiert werden, jeweils unterschiedliche untere und obere Schranken konstruieren. Wie wir oben gesehen haben, liegen diese weiter auseinander, wenn für die betreffende Teilpopulation die Zensurhäufigkeit groß ist. Die dadurch entstehenden Intervalle müssen weder ineinander verschachtelt sein noch sich notwendigerweise überlappen. Das Intervall um $P(Y = y)$ ergibt sich aus den Intervallen für alle Teilpopulationen, d.h. jeweils um $P(Y = y|X = j)$, indem die gewichteten Durchschnitte der unteren und oberen Schranken ermittelt werden. Dieses Intervall könnte genauso gut auch auf direktem Wege konstruiert werden. Wird diese Betrachtung allerdings durch eine *Ausschlussrestriktion* („exclusion restriction") ergänzt, lässt sich aus den Daten noch mehr Information herausholen. Wenn man davon ausgehen kann, dass die Variable X zwar mit dem Antwortverhalten verwoben ist, also

$$P(Z = 1|X = j) \neq P(Z = 1|X = k) \qquad (3.22)$$

mit $j \neq k$ gilt, aber ansonsten mit der Häufigkeit des Wertes in der Stichprobe nicht weiter verknüpft ist, also

$$P(Y = y) = P(Y = y|X = j) \qquad (3.23)$$

zutrifft, dann nennt man X eine *Instrumentvariable*. In diesem Fall kann man sich aus der Schar der unteren Schranken

$$P(Y = y|X = j, Z = 1) \cdot P(Z = 1|X = j) \leq P(Y = y|X = j), \quad (3.24)$$

die in jeder Teilpopulation konstruiert werden können, getrost auf die größte Schranke konzentrieren, denn aufgrund der Eigenschaft (3.23) bilden sie allesamt eine untere Schranke für das gleiche Erkenntnisobjekt, nämlich $P(Y = y)$. Ebenso kann man sich bei der Suche nach der oberen Schranke auf die kleinste aus der Schar der Kandidaten

$$P(Y = y|X = k) \leq P(Y = y|X = k, Z = 1) \cdot P(Z = 1|X = k)$$
$$+ P(Z = 0|X = k) \qquad (3.25)$$

stützen, denn wiederum sind diese alle obere Schranken für $P(Y = y)$. Diese Wahl schränkt das Intervall um $P(Y = y)$ tendenziell ein, denn für die größte untere Schranke gilt

$$P(Y = y|X = j, Z = 1) \ \cdot \ P(Z = 1|X = j)$$
$$\geq P(Y = y|Z = 1) \cdot P(Z = 1) \qquad (3.26)$$

und für die kleinste obere Schranke

$$P(Y = y|X = k, Z = 1) \cdot P(Z = 1|X = k) + P(Z = 0|X = k)$$
$$\leq P(Y = y|Z = 1) \cdot P(Z = 1) + P(Z = 0). \qquad (3.27)$$

Allerdings verbleibt typischerweise ein unbestimmter Bereich, denn die unterste der möglichen oberen Schranken übertrifft in der Regel die oberste der unteren Schranken, wie sich durch die Zusammenführung der Ausdrücke (3.24) und (3.25) und der Berücksichtigung von (3.23) leicht erkennen lässt:

$$P(Y = y|X = j, Z = 1) \cdot P(Z = 1|X = j) \leq P(Y = y)$$
$$\leq P(Y = y|X = k, Z = 1) \cdot P(Z = 1|X = k) + P(Z = 0|X = k). \quad (3.28)$$

Im günstigsten Falle ergibt sich durch den Einsatz von Instrumentvariablen eine exakte Identifikation, wenn die beiden engsten Schranken auf einen einzelnen Wert zusammenfallen. Das ist insbesondere dann der Fall, wenn für einen bestimmten Wert $X = l$ alle betreffenden Individuen unzensiert bleiben,

$$P(Z = 1|X = l) = 1. \quad (3.29)$$

Kernbotschaften

- Die Berücksichtigung von beobachtbaren „Kontrollvariablen" kann Selektionsprobleme dann lösen, wenn innerhalb der durch ihre Berücksichtigung entstehenden, feineren Teilpopulationen die Annahme exogener Selektion aufrecht erhalten werden kann.
- Die Berücksichtigung von beobachtbaren „Kontrollvariablen" kann auch dazu dienen, die Schranken um den gesuchten Wert enger zu ziehen, wenn die Annahme der exogenen Selektion bei einigen Teilpopulationen nicht aufrecht erhalten werden kann.
- Ausschlussrestriktionen bzw. die durch sie definierten Instrumentvariablen ermöglichen es ebenfalls, die Schranken um den gesuchten Wert enger zu ziehen, in manchen Fällen sogar so eng, dass der gesuchte Wert genau getroffen wird.

3.3 Prognosen

3.3.1 Die Herausforderung

Kaum eine Aufgabe wird im Lichte von Politik und Öffentlichkeit so sehr als die ureigenste Aktivität der empirischen Wirtschaftsforschung angesehen, wie die Prognose künftiger Entwicklungen in Wirtschaft und Gesellschaft. So ist die Welt bspw. ständiges wirtschaftliches Wachstum gewöhnt, obgleich dieses Wachstum Schwankungen unterliegt. Welches genaue Wachstum sich in der Zukunft einstellen wird, hat sowohl bedeutende Auswirkungen auf die wirtschaftliche Prosperität aller Akteure – Haushalte, Unternehmen und öffentlicher Sektor – und die Erwartungen über das zukünftige Wachstum haben einen entscheidenden Einfluss auf ihr Handeln. Die Vorhersage zukünftiger Wachstumsraten ist allerdings keineswegs eine leichte Aufgabe. Die Öffentlichkeit ist daher gewohnt, dass die Prognosen unterschiedlicher Wirtschaftsforschungsinstitute sich (leicht) unterscheiden und dass im Nachhinein fast ausnahmslos alle Vorhersagen vom wahren Wert abweichen.

Aber auch wenn dies bei so manchem auf ein gewisses Unverständnis stößt („Die Institute haben schon wieder falsch gerechnet!"), so sind Prognosen doch zwangsläufig durch genau diese Unschärfe gekennzeichnet. Prognoseprobleme entstehen immer dann, wenn die Zukunft droht, sich von der Vergangenheit zu unterscheiden. Die Prognose wirtschaftlichen Wachstums ist nur ein Beispiel für das grundsätzliche Problem, unsichere zukünftige Ereignisse vorherzusagen. Dieses Problem tritt auch dann auf, wenn man versucht, zukünftige Höhen und Tiefen des Aktienmarktes, Arbeitslosenzahlen, die Zahl der Immigranten, Wechselkurse, den Ölpreis oder Sportergebnisse vorherzusagen. Sie lassen sich nur dann sinnvoll angeben, wenn Vergangenheit und Gegenwart hinreichend viele Elemente der Stabilität bereithalten, die man zur Vorhersage der Zukunft nutzen kann.

Unterschiedliche Annahmen darüber, was als stabil betrachtet werden kann und was nicht, haben ihrerseits oft erhebliche Konsequenzen für die Ergebnisse der Prognosen. Bevor die Zukunft eintrifft und damit das Prognoseproblem aus der Welt schafft (und meistens noch nicht einmal dann), lässt sich allerdings nie mit völliger Gewissheit sagen, ob diejenigen Aspekte, deren vermeintliche Stabilität man zur Konstruktion einer Prognose herangezogen hat, auch tatsächlich gut gewählt sind. Somit ist eine nachweislich beste Wahl zwischen unterschiedlichen Annahmen allein auf der Basis der vorliegenden Informationen nicht möglich – sonst gäbe es das Prognoseproblem erst gar nicht. In diesem Umstand liegt wiederum hohes Potenzial für wirtschafts- und gesellschaftspolitische Kontroversen, denn Wirtschaftswissenschaftler können sich offenbar gerade bei denjenigen Prognosen nicht einigen, die von besonderem Interesse für Politik und Öffentlichkeit sind.

Eine entscheidende Frage der empirischen Wirtschaftsforschung lautet daher: Welche Prognosen kann man auf überzeugende Weise konstruieren und welche nicht, wenn man begrenztes Datenmaterial mit bestimmten Annahmen kombiniert? Wie bei der deskriptiven Analyse bietet es sich auch bei Prognoseproblemen an, zwischen „Identifikation" und „statistischer Inferenz" zu unterscheiden. In ähnlicher Art und Weise wie bei deskriptiven Studien geht die moderne empirische Wirtschaftsforschung bei Prognosen gedanklich so vor, dass man vergangene und künftige Ausprägungen ökonomischer Größen als Realisationen von Zufallsmechanismen auffasst. Auch hier geht man grundsätzlich davon aus, dass die dadurch zu gewinnenden Aufschlüsse im Sinne der Prognose dadurch verbessert werden können, dass man mehr Information über die bisherigen Ausprägungen sammelt. Und genauso wie bei deskriptiven Analysen stößt diese Strategie auch hier an ihre Grenzen, wann immer man zum Kern der Angelegenheit, der Identifikation gelangt. Die Übertragung vergangener Erfahrungen in die mögliche Zukunft (ihre „Extrapolation") kann unweigerlich nur mit Hilfe von Annahmen darüber erfolgen, dass sich die Zukunft im Hinblick auf die zu übertragenden Aspekte nicht von der Vergangenheit unterscheidet. Dabei hilft es grundsätzlich nicht, wenn ich über die Vergangenheit ein äußerst akkurates Bild gewinne – den gedanklichen Sprung in die Zukunft kann mir dieses bessere Verständnis nicht abnehmen.

Allerdings hilft ein Mehr an Information natürlich schon bei Prognosen. Einerseits muss man die angesprochenen Stabilitätsannahmen begründen. Dabei kann die Theorie durchaus hilfreich sein. Jedoch wäre es bspw. ein Fehlschluss zu glauben, dass komplexe wirtschaftstheoretische Modelle grundsätzlich als Basis für Vorhersagen besser geeignet seien als vergleichsweise einfach gestrickte zeitreihenökonometrische Ansätze. Es gilt auch hier das mittlerweile wohlbekannte Abwägungsproblem: Wenn die vielfältigen Identifikationsannahmen, die einem völlig ausformulierten Modell zugrunde liegen, in der Tat zutreffen und vor allem in die Zukunft hinein als stabil angesehen werden können, dann wird die auf ihnen aufbauende Prognose tendenziell recht verlässlich sein. Wenn sie aber fehlschlagen, dann hätte man wohl lieber von vornherein auf sie verzichtet und einen Weg gesucht, der weniger komplex und damit robuster gewesen wäre.

Andererseits erlaubt ein Mehr an Information, die bisherigen Zusammenhänge verlässlicher zu erkennen. Während das Problem, geeignete Identifikationsannahmen zu finden, nicht umgangen werden kann, lässt sich die Unsicherheit bei der statistischen Inferenz wie gewohnt durch einen Ausbau bei der Datensammlung (von Informationen der gleichen Art) abmildern. Bei Prognosen paaren sich also ebenfalls zwei Fehlerquellen, unzureichende Identifikationsannahmen und unsichere Schätzungen.

Hinzu tritt aber noch ein weiteres Problem. Diejenigen Vorhersagen, die normalerweise in der Öffentlichkeit kursieren, beruhen auf einer *einzelnen* Zahl, obwohl dies eigentlich recht unsinnig ist, wie im Folgenden deutlich wird. Die sinnvolle Vorgehensweise liegt vielmehr darin, künftige Wahrscheinlichkeitsverteilungen vorherzusagen, nicht einzelne Ausprägungen. Insbesondere in Zeiten rascher Änderungen erweist sich als Nachteil, dass die Produzenten von Vorhersagen bereit sind, ihre Nachricht auf eine einzige uninformative Zahl zu reduzieren, um der Erwartungshaltung uninformierten Empfängern – Politikern und der Öffentlichkeit – zu entsprechen. Des Weiteren werden all diese Zahlen kontinuierlich korrigiert, sobald neue Informationen zugänglich sind. Während dies keinesfalls Anlass zu Bedenken geben sollte, rächt sich nun die Tatsache, dass Prognostiker lange Zeit die Rolle der mysteriösen Wahrsager genossen haben, in Form einer befremdeten Öffentlichkeit.

Der Rest dieses Abschnitts ist folgendermaßen aufgebaut. Abschnitt 3.3.2 bettet die Diskussion von Extrapolationsproblemen in den wahrscheinlichkeitstheoretischen Rahmen des Lehrbuchs ein. Daran anschließend werden mit Blick auf den Wunsch, die für die Zukunft vorhergesagten Wahrscheinlichkeitsverteilungen auf einen einzelnen vorhergesagten Wert zu verdichten, Punktprognosen eingeführt und das Problem des Prognosefehlers erläutert. Des Weiteren wird verdeutlicht, wie eine beste Prognose aussehen sollte, warum diese beste Prognose regelmäßig korrigiert oder aktualisiert werden sollte und dass eine solche Korrektur die beste Prognose nicht widerlegt. Wie wir am Ende des Kapitels feststellen werden, beruht das grundlegende Problem aller verlässlichen Prognosen auf folgendem Paradox von Frank H. Knight:

„[T]he existence of a problem of knowledge depends on the future being different from the past, while the possibility of the solution of the problem depends on the future being like the past."

(Knight (1921), auch zitiert in Heckman und Smith (1998)).

3.3.2 Extrapolationsprobleme

Als wir die Schätzung bedingter Wahrscheinlichkeiten einführend diskutierten, hatten wir gesehen, dass es immer dann schwierig wird, wenn man Aussagen ableiten soll, die aus dem Erfahrungsschatz des bislang Erlebten herausreichen. Im Kontext von Schätzungen ist es problematisch, wenn die Wahrscheinlichkeit einer bestimmten Realisation für eine Zufallsvariable Y bedingt auf die Ausprägungen der Größe X zu ermitteln ist, diese Ausprägung jedoch nicht beobachtet wird. Als ein möglicher Ausweg aus diesem Dilemma wurde das Hinzuziehen eng „verwandter" Informationen skizziert, wenn die Natur der bedingenden Größe X dies zuließ. Ausgeschlossen ist dieser Ausweg ganz offensichtlich, wenn die bedingende Zufallsvariable X diskret verteilt ist. Allerdings legen die Ausführungen zu Selektionsproblemen in Kapitel 3.2.2

nahe, dass es auch in diesem Falle weitere Auswege gibt, wenn es gelingt, entsprechende Identifikationsannahmen zu treffen – dann lässt sich ggf. die nicht durchführbare Schätzung durch eine andere ersetzen.

In diesem Abschnitt geht es um genau dieses Problem, Aussagen über (bedingte) Wahrscheinlichkeitsverteilungen zu treffen, die über das hinausreichen, worüber man durch repräsentative Stichproben Erkenntnisse sammeln kann. Formal handelt es sich dabei um das Problem der *Extrapolation*. Dieses Problem tritt auch bei Datenlücken auf (und heißt dort *Interpolation*), aber insbesondere bei Prognosen. Dabei handelt es sich um die Aufgabe, auf der Basis von Stichprobeninformationen eine bedingte Wahrscheinlichkeitsverteilung zu identifizieren, wenn man sich *außerhalb* des Stützbereichs der bedingenden Größe X bewegt. Im Gegensatz dazu betrifft das Selektionsproblem die Situation, in der auf den Stützbereich von X die Ergebnisvariable nicht oder nur unvollständig beobachtet werden kann. Wie bereits bei der Diskussion von Selektionsproblemen in Kapitel 3.2.2 praktiziert, konzentrieren wir uns hier völlig auf das Identifikationsproblem – Schätzungenauigkeiten im Stützbereich, die in der praktischen Arbeit aufgrund der Endlichkeit der Stichprobe nie ganz ausgeschlossen werden können, bleiben dabei außen vor.

Um die Diskussion von Extrapolationsproblemen in den formalen wahrscheinlichkeitstheoretischen Rahmen einzubetten, bietet es sich erneut an, die Notation geeignet zu erweitern. Im Prinzip sollen die gleichen Ausdrücke innerhalb wie außerhalb des Erfahrungsschatzes Verwendung finden. Daher ist es angebracht, neben den bedingenden Größen X und der Ergebnisvariablen Y eine weitere Zufallsvariable t einzuführen, die anzeigt, wie die betreffende Beobachtung einzuordnen ist. Da die Prognose künftiger Ereignisse die weitaus prominenteste Form von Extrapolationsproblemen darstellt, wird hier bewusst ein Zeitindex t („0" für die Gegenwart und „1" für die Zukunft) verwendet. Nimmt diese Indikatorvariable den Wert 0 an, dann lassen sich die (bedingten) Wahrscheinlichkeiten $P(Y = y|t = 0)$ bzw. $P(Y = y|X = x, t = 0)$ ohne Weiteres im Wege der Stichprobenziehung erfolgreich schätzen, d.h. sie sind direkt „identifiziert".[7] Natürlich kann zusätzliche Information wiederum hilfreich sein, um die Präzision der Schätzung zu erhöhen. Ist der Wert der Indikatorvariablen stattdessen 1, dann sind die entsprechenden Wahrscheinlichkeiten $P(Y = y|t = 1)$ und $P(Y = y|X = x, t = 1)$ weder bekannt noch können sie ohne zusätzliche Information erfolgreich geschätzt werden, denn für die künftigen Realisationen liegen ja grundsätzlich keine Beobachtungen von Y (oder X) vor.

---

[7] Wir behandeln hier der Einfachheit halber konsequent den Fall diskreter Zufallsvariablen Y und X. Es ist wiederum ein Leichtes, die Notation so zu erweitern, dass auch stetige Zufallsvariablen erfasst sind. Dann würden wir bspw. $P(Y \in B|t = 1)$ statt $P(Y = y|t = 1)$ verwenden.

Zusätzlich herangezogene Information kann nur dann zur erfolgreichen Identifikation der (bedingten) Wahrscheinlichkeiten $P(Y = y|t = 1)$ bzw. $P(Y = y|X = x, t = 1)$ und somit zum Ziel führen, wenn sie erlaubt, dass an deren Stelle eine andere (bedingte) Wahrscheinlichkeit tritt, deren erfolgreiche Schätzung auf Basis von Stichprobeninformation möglich ist. Es handelt sich also wiederum um eine Identifikationsannahme. Verhaltenstheoretische Überlegungen können bei der Ableitung solcher Annahmen eine erhebliche Rolle spielen. Allerdings gilt bei jedem Problem der Extrapolation, dass man durch eine Konfrontation mit den Stichprobendaten nicht testen kann, ob Identifikationsannahmen zutreffend sind. Ein Test der Theorie ist also – was äußerst bedauerlich ist – bei Extrapolationsproblemen nicht möglich.

Beispiel 3.18. Schulabschluss und Alter – Fortsetzung

Für die Bildungs- und Arbeitsmarktpolitik könnte durchaus interessant sein, wie hoch der Anteil der Bevölkerung mit einem bestimmten Qualifikationsniveau zu einem Zeitpunkt $t = 1$, bspw. im Jahre 2020, ausfallen wird. Die Wahrscheinlichkeit $P(Y = 1|t = 0)$, dass eine zufällig aus der Grundgesamtheit ausgewählte Person Abitur aufweist, wurde zum Erhebungszeitpunkt als 0,3016 geschätzt. Unter den Jungen wird die entsprechende Wahrscheinlichkeit $P(Y = 1|X = 1, t = 0)$ mit 0,3382 ausgewiesen (siehe **Tabelle 3.1**). Gefragt sind allerdings die Wahrscheinlichkeiten im Jahr 2020, also $P(Y = 1|t = 1)$ und $P(Y = 1|X = 1, t = 1)$. Beobachtungen liegen dazu natürlich (noch) nicht vor.

Beispiel 3.19. Innovationstätigkeit – Fortsetzung

In der industrieökonomischen Forschung würde man sich glücklich schätzen, wenn man das Ausmaß der Innovationsaktivität verlässlich vorhersagen könnte, das die Unternehmen künftig aufweisen werden. Aktuell ist der Anteil $P(Y = 1|t = 0)$ der innovativen Unternehmen in Bayern 40% bzw. der Anteil $P(Y = 1|X = 1, t = 0)$ der kleinen bayerischen Unternehmen, die innovativ sind, 20%. Von besonderem Interesse sind aber die entsprechenden zukünftigen Anteile $P(Y = 1|t = 1)$ und $P(Y = 1|X = 1, t = 1)$, für die es noch keine empirischen Belege geben kann.

Eine in der Praxis der empirischen Wirtschaftsforschung häufig verwendete Identifikationsannahme beruht auf der Grundidee zeitlicher Stabilität der (bedingten) Wahrscheinlichkeitsverteilungen. Wenn man weiß, dass die nicht identifizierte bedingte Wahrscheinlichkeit $P(Y = y | t = 1)$ mit der bisher gültigen identisch ist, also

$$P(Y = y | t = 1) = P(Y = y | t = 0) \qquad (3.30)$$

gilt, dann lässt sich $P(Y = y | t = 1)$ auch auf der Basis der vorliegenden Stichprobe erfolgreich prognostizieren. Analog dazu ergibt sich aus der Identifikationsannahme

$$P(Y = y | X = x, t = 1) = P(Y = y | X = x, t = 0), \qquad (3.31)$$

dass man die bedingte Wahrscheinlichkeit $P(Y = y | X = x, t = 1)$ erfolgreich vorhersagen kann, obwohl die Stichprobe naturgemäß ausschließlich Informationen aus der Vergangenheit ($t = 0$) bereit stellt. Der hier geschilderte Fall zeitlicher Stabilität ist gedanklich das Gegenstück zur *exogenen Selektion* bei der Behandlung von Selektionsproblemen.

Immer dann, wenn Prognosen so konstruiert werden, als ob die vorliegenden Daten (möglicherweise um einen aktuellen Trend ergänzt) auch für die Zukunft repräsentativ wären, wird implizit die Identifikationsannahme der zeitlichen Stabilität unterstellt. Diese implizite Annahme wird aber in der Regel nicht diskutiert und von den Adressaten der Analysen – wie bereits bei den Selektionsproblemen diskutiert wurde, trägt dies zur Qualität der Diskussion nicht gerade bei – so gut wie nie wahrgenommen. Im Gegenteil, auch hier gewinnt man oft den Eindruck, dass die vermeintlich sichere Botschaft auf eine unverdient hohe Gegenliebe stößt, was wiederum oberflächliche Anbieter auf den Plan ruft.

In der praktischen Anwendung dieser Überlegungen tritt neben das Identifikationsproblem natürlich noch das Problem der Stichprobenungenauigkeit. Auf der Basis einer jeden endlich dimensionierten Stichprobe lassen sich die aktuellen bedingten Wahrscheinlichkeitsverteilungen nie ganz eindeutig bestimmen. Wie bei jeder anderen Schätzung auch, ist eine möglichst präzise Annäherung das Beste, was der empirische Forscher leisten kann, so dass um die geschätzten Größen wiederum ein Intervall liegt, das die Restunsicherheit (gegeben die Identifikationsannahmen) widerspiegelt. Die alles entscheidende Frage ist jedoch auch in der Praxis die Frage der Identifikation. Sie wird bei kleinem Prognosehorizont tendenziell überzeugender beantwortet werden können als bei großem. Nicht von ungefähr sind in der empirischen Wirtschaftsforschung oft schon die Kurzfristprognosen heftig umstritten. Über ganze Jahrzehnte hinweg zu prognostizieren, ist mehr als mutig.

Beispiel 3.20. Schulabschluss und Alter – Fortsetzung

Aus der Annahme zeitlicher Stabilität ergäbe sich, dass auch künftig der Bevölkerungsanteil von Abiturienten bei rund 30% läge. Wenn allerdings die Bevölkerungsanteile der Altersgruppen im Zeitablauf schwanken, dann mag zwar innerhalb jeder Altersgruppe $P(Y = y|X = x, t = 1) = P(Y = y|X = x, t = 0)$ gelten, aber dann gilt unweigerlich $P(Y = y|t = 1) \neq P(Y = y|t = 0)$. Eine ähnliche Stabilität mag auch für die anderen Altersgruppen unterstellt werden.

Ganz offensichtlich ist die Annahme, dass die Natur keine Sprünge mache und daher zeitliche Stabilität angenommen werden kann, umso waghalsiger, je größer der Prognosehorizont ausfällt. Eine Spielform dieser Grundidee, die konzeptionell an die gleichen Grenzen stößt, ist die Fortschreibung „aktueller Trends", also die Annahme, dass nicht das jüngst zu beobachtende Niveau, sondern die jüngst zu beobachtende Veränderung extrapoliert werden kann, um den künftigen Wert verlässlich zu prognostizieren. In dieser Variante der Grundidee zeitlicher Stabilität wird zwar eine Transformation der ursprünglichen Variablen, ihre zeitliche Differenz, an die Stelle der Ausgangsgröße gesetzt – die Identifikationsannahme ist aber ebenso zu hinterfragen. Im Beispiel des Abiturs könnte es so sein, dass in der Vergangenheit im Schnitt alle fünf Jahre eine Erhöhung des Anteils der Abiturienten unter den Jungen um 2%-Punkte zu verzeichnen war. Dann mag man davon ausgehen können, dass sich diese Tendenz auch künftig fortsetzt, also $P(Y = y|t = 1) = [P(Y = y|t = 0) + 0,02]$ ist, wenn der Prognosehorizont fünf Jahre beträgt. Dass dieser Trend jedoch hinreichend stabil ist, um diese Extrapolation zu erlauben, ist keineswegs zwingend, sondern muss inhaltlich begründet werden.

Beispiel 3.21. Innovationstätigkeit – Fortsetzung

Im Beispiel der Innovationsaktivität bedeutet die entsprechende Annahme, dass man den Stichprobendurchschnitt von 20% für NRW als Prognosewert für NRW verwenden kann, obwohl künftige Aktivitäten naturgemäß noch nicht beobachtet werden können. Hat man in jüngster Vergangenheit pro Jahr einen Rückgang der Innovationsaktivität um 1%-Punkt gesehen, dann wäre eine entsprechende Annahme für den Prognosehorizont 20 Jahre bspw. $P(Y = y|t = 1) =$

$[P(Y = y|t = 0) - 0, 2]$. Dass diese Tendenzen zeitlich stabil sind, ist jedoch eine Ausnahme und keinesfalls zwingend. Schließlich ist diese Aktivität kein Naturphänomen, sondern ein Betätigungsfeld der Innovationspolitik.

Am Beispiel der Innovationsaktivität zeigt sich auch, dass Extrapolationsprobleme keineswegs zwangsläufig Prognosen künftiger Gegebenheiten betreffen müssen. So ließe sich bspw. die Frage nach der Innovationstätigkeit sächsischer Unternehmen stellen, wenn die Stichprobe gar keine Unternehmen aus Sachsen enthält. Auch dies wäre ein Extrapolationsproblem.

Zusätzliche Information. Auch wenn häufig eine berechtigte Hoffnung besteht, dass sich die Gegebenheiten im Zeitablauf so wenig ändern, dass man die meist verwendete Identifikationsannahme der zeitlichen Stabilität guten Gewissens einsetzen kann, so ist sie doch oft recht problematisch. Dies wird typischerweise immer dann der Fall sein, wenn es um Bereiche geht, auf welche die Wirtschafts- und Gesellschaftspolitik massiv Einfluss zu nehmen sucht. Genau dies sind aber oft die spannendsten und gesellschaftlich relevantesten Prognoseobjekte in den Sozial- und Wirtschaftswissenschaften. Bildungsabschlüsse und Innovationsaktivitäten sind nur zwei von vielen Beispielen. Die Identifikationsannahme der zeitlichen Stabilität ist daher vermutlich häufig nicht haltbar.

Will man also eine sinnvolle Prognose konstruieren, die auf überzeugenderen Annahmen beruht als dem Ignorieren der potenziellen Extrapolationsprobleme, dann muss man sich auch das erarbeiten. Die ernsthafte empirische Wirtschaftsforschung bemüht sich intensiv darum, zusätzliche Informationen zu finden, die zur Identifikation der gesuchten Größen beitragen können. Dies kann einerseits die explizite Berücksichtigung beobachtbarer Eigenschaften der Untersuchungseinheiten und andererseits die detaillierte Analyse „aktueller Trends" einschließen. Diese Möglichkeiten werden im Folgenden diskutiert.

Dadurch, dass wir in diesem Abschnitt konsequent die Auswirkungen mangelnder Beobachtbarkeit sowohl für $P(Y = y|t = 1)$ als auch für $P(Y = y|X = x, t = 1)$ diskutiert und gesehen haben, dass in beiden Fällen im Prinzip die gleichen Schlussfolgerungen gelten, konnten wir bereits – wie schon bei den Selektionsproblemen – eine mögliche Lösung des Extrapolationsproblems vorbereiten: Steht die marginale Wahrscheinlichkeit $P(Y = y|t = 1)$ im Mittelpunkt des Interesses, dann sollte man ausloten, ob sich durch die Berücksichtigung weiterer beobachtbarer Eigenschaften X als „Kontrollvariablen" eine Lösung im Sinne zeitlicher Stabilität finden lässt. Um dies zu diskutieren, gehen wir in der bewährten Art und Weise davon aus, dass es sich bei X um eine univariate diskrete Zufallsvariable mit den

Ausprägungen $1, \ldots, j, \ldots, J$ und den entsprechenden Wahrscheinlichkeiten $P(X = j | t = 1)$ handelt. Schreibt man für diese in sparsamer Weise wiederum $P(X = j | t = 1) = \tilde{w}_j$, wobei $\sum_j \tilde{w}_j = 1$, dann lässt sich das Extrapolationsproblem ausdrücken als

$$P(Y = y | t = 1) = \sum_j \tilde{w}_j \cdot P(Y = y | X = j, t = 1). \qquad (3.32)$$

Dadurch ändert sich zunächst einmal nichts, außer dass die Notation jetzt erlaubt, der Natur des Extrapolationsproblems etwas näher auf den Grund zu gehen. Ohne weitere Überlegungen scheitert die direkte Identifikation von $P(Y = y | t = 1)$ nach wie vor an der fehlenden Identifikation der bedingten Wahrscheinlichkeiten $P(Y = y | X = j, t = 1)$. Es geht daher darum, intellektuell überzeugende identifizierende Restriktionen für diese bedingten Wahrscheinlichkeiten zu finden. Wenn die empirische Detailarbeit nahelegt, dass die Kontrollgröße X zwar im Zeitablauf schwankt, aber die Variable von Interesse Y in einer zeitlich derart stabilen Weise prägt, dass sich innerhalb einer Teilstichprobe mit $X = j$ die Häufigkeit von $Y = y$ zwischen aktuellen und künftigen Beobachtungseinheiten nicht unterscheidet, dann kann an die Stelle der ursprünglichen Annahme der zeitlichen Stabilität – also der Annahme, die meist implizit verwendet wird – die Annahme

$$P(Y = y | X = j, t = 1) = P(Y = y | X = j, t = 0) \qquad (3.33)$$

(zeitliche Stabilität gegeben $X = j$) treten. Aufgrund der systematischen Variation in den Ausprägungen von X ergibt sich selbst in diesem Falle eine Diskrepanz zwischen $P(Y = y | t = 1)$ und $P(Y = y | t = 0)$, denn die Anteile von Beobachtungen mit der Ausprägung j unterscheiden sich im Zeitablauf. Allerdings lässt sich bei Gültigkeit von Annahme (3.33) die gesuchte bedingte Wahrscheinlichkeit $P(Y = y | t = 1)$ als ein gewichtetes Mittel aus identifizierten Größen herleiten:

$$P(Y = y | t = 1) = \sum_j \tilde{w}_j \cdot P(Y = y | X = j, t = 0). \qquad (3.34)$$

Diese Identifikationsstrategie kann natürlich nur dann zum Ziel führen, wenn die Gewichte $\tilde{w}_j$ ihrerseits verlässlich vorhergesagt werden. Gelingt dies nicht, dann hilft auch die multivariate Analyse nichts.

Im Grundsatz ist dies die Vorgehensweise, die mit dem Einsatz (makro-)ökonomischer Prognosemodelle verfolgt wird. In der Praxis tritt an die Stelle einer einzelnen diskreten Variablen X als möglicher Kontrollgröße ein mehr oder weniger elaboriertes Prognosemodell. Um ein solches Modell zu konstruieren, gilt es, nach Variablen zu fahnden, deren Berücksichtigung in feiner gewählten Teilausschnitten der Stichprobe die Annahme zeitlicher Stabilität rechtfertigt, so dass eine geeignete Umgewichtung der Stichprobeninformation das Extrapolationsproblem löst. Es geht also auch immer darum, *zusätzliche* Information zu verarbeiten, die das ergänzt, was man eigentlich analysieren möchte. Das ist oft möglich, oft aber auch nicht. In der Forschungspraxis tritt ein Problem hinzu: Mit der Berücksichtigung eines immer feineren Details sinkt bei gegebener Stichprobengröße die Anzahl der Beobachtungen, die jeweils zur Schätzung zur Verfügung stehen.

Beispiel 3.22. Schulabschluss und Alter – Fortsetzung

Hält man innerhalb jeder Altersgruppe die Annahme zeitlicher Stabilität für gerechtfertigt, dann muss man lediglich das künftige gewichtete Mittel der altersspezifischen Anteile an Abiturienten berechnen, um den Populationsdurchschnitt zu prognostizieren. Entscheidend ist allerdings, dass man in dieser Berechnung als Gewicht die künftigen Anteile der Altersgruppen an der Bevölkerung verwendet und nicht ihre aktuellen Anteile.

Beispiel 3.23. Innovationstätigkeit – Fortsetzung

Im Beispiel der Innovationsaktivität könnte es sich bei der Kontrollvariablen um die Unternehmensgröße handeln. Es ist sicherlich recht gut vorstellbar, dass die Gesamtheit der Unternehmen künftig eine andere Zusammensetzung im Hinblick auf die Anteile kleiner, mittlerer und großer Unternehmen aufweisen wird. Ebenso ist es nicht unwahrscheinlich, dass die Unternehmensgröße auch künftig die Innovationsneigung (positiv) prägen wird. Bei gegebenem Innovationsverhalten $P(Y = y|X = j, t = 0)$ bestimmen die künftigen Anteile $\tilde{w}_j$ der Unternehmen unterschiedlicher Größe, ob die Innovationsneigung künftig sinken oder steigen wird.

Es zeigt sich also, dass eine überzeugende Prognose selbst bei einer univariaten Fragestellung, d.h. nach $P(Y = y|t = 1)$, eines bivariaten oder gar multivariaten Ansatzes bedarf, sie also je nach Problemlage maßgeschneidert durchgeführt werden muss. Die „richtige" Antwort muss zudem häufig konstruiert werden, ergibt sich also nicht aus einer einfachen Fortschreibung. Auch wenn durch die Berücksichtigung weiterer beobachteter Größen als derjenigen, die von unmittelbarem Interesse für die Fragestellung sind, Extrapolationsprobleme offenbar in vielen Fällen einer Lösung zugeführt werden können, so ist in der praktischen Arbeit immer sehr sorgfältig zu bedenken, ob ein derartiges Vorgehen in der Tat angezeigt ist. Fehler bei den Identifikationsannahmen können die Lage ggf. sogar verschlechtern. Ökonometrische Prognosemodelle können durchaus in der Vorhersage sehr daneben liegen, auch wenn sie die Gegenwart sehr gut erfassen. Schließlich treten aufgrund der Endlichkeit jeder Stichprobe grundsätzlich umso größere Schwierigkeiten auf, präzise Prognosen vorzulegen, je anspruchsvoller die angestrebte Konstruktion ist. Dieses Abwägungsproblem wurde hier wie im vorangegangenen Abschnitt aufgrund der Konzentration auf Identifikationsprobleme völlig ausgeblendet.

Eine Alternative zur Suche nach bedingenden Größen X bzw. einem ökonometrischen Prognosemodell, bei dem – bedingt auf die Prognose von X – zeitliche Stabilität unterstellt wird, um Prognosen von Y zu konstruieren, stellt die detaillierte Suche nach „aktuellen Trends" dar. Aus der zeitlichen Abfolge von Wahrscheinlichkeitsverteilungen $P(Y = y|t = 0)$, $P(Y = y|t = -1)$, $P(Y = y|t = -2)$ etc. lassen sich mögliche Muster erkennen, die eine Fortschreibung in die Zukunft erlauben, d.h. $P(Y = y|t = 1)$ durch eine entsprechende Ergänzung der vergangenen Entwicklung von $P(Y = y)$ zu ermitteln. Dies ist das typische Vorgehen statistischer Prognosemodelle bzw. der statistischen Analyse von Zeitreihen. Ihr Nachteil ist, dass sie keine *Erklärung* dafür liefern, warum sich bestimmte Veränderungen ergeben haben. So mag es im Beispiel der Innovationsaktivität durchaus so sein, dass aufgrund von Konzentrationsprozessen der Anteil der großen Unternehmen stetig steigt – und damit auch die Innovationsaktivität. Ein rein statistisch ausgerichtetes Modell kann diese Zusammenhänge nicht aufdecken. Solche Modelle mögen aber nichtsdestoweniger in der Praxis ab und an vorzuziehen sein, denn sie können auf viele der Identifikationsannahmen verzichten, die für den Einsatz ökonometrischer Prognosemodelle essenziell sind. Daher sind rein statistisch ausgerichtete Modelle auch recht *robust*. Steht die Prognose und nicht die Erklärung im Vordergrund, dann kann dies ein erheblicher Vorteil sein.

Kernbotschaften

- Extrapolationsprobleme betreffen die Aufgabe, auf der Basis von Stichproben eine bedingte Wahrscheinlichkeitsverteilung zu identifizieren, wenn man sich außerhalb des Stützbereichs der bedingenden Größen X bewegt. Dies ist insbesondere bei Prognosen der Fall.
- Die nicht-identifizierte (bedingte) Wahrscheinlichkeitsverteilung außerhalb des Stützbereichs kann dann durch ein identifiziertes Gegenstück ersetzt werden, wenn eine entsprechende Identifikationsannahme (bei Prognosen: zeitliche Stabilität) dessen Übertragung aus dem Erfahrungsschatz heraus erlaubt.
- Die Berücksichtigung von beobachtbaren „Kontrollvariablen" kann Extrapolationsprobleme dann lösen, wenn innerhalb der durch ihre Berücksichtigung entstehenden feineren Teilpopulationen die Annahme zeitlicher Stabilität aufrecht erhalten werden kann.

3.3.3 Punktprognosen

In der Praxis der empirischen Wirtschaftsforschung geht die Aufgabe meist über die Prognose einzelner Wahrscheinlichkeiten $P(Y = y | t = 1)$ hinaus. Stattdessen ist eine mögliche Ausprägung von Y anzugeben, welche die gesamte Wahrscheinlichkeitenverteilung $P(Y | t = 1)$ in geeigneter Weise zusammenfasst. Um dieser Aufgabe konkrete Gestalt zu verleihen, stelle man sich in Analogie zu einem einfachen Würfelspiel eine über die Zeit hinweg völlig stabile Welt vor. Die einzigen Abweichungen betreffen das Ausmaß des vierteljährlichen Wachstums der Wirtschaftsaktivität. Nur *sechs* Wachstumsraten seien möglich. Einmal pro Quartal wird (durch eine höhere Macht) per Würfelwurf festgelegt, welche dieser Wachstumsraten sich in diesem Quartal ergibt. In der Realität gibt es ähnliche Zufälligkeiten bei Ernteerträgen, Erdbeben, Erfindungen, Konflikten etc. Die möglichen Zustände der Welt sind „sehr geringes Wachstum (1)", „geringes Wachstum (2)", „moderates Wachstum (3)", „ausgewogenes Wachstum (4)", „starkes Wachstum (5)" und „sehr starkes Wachstum (6)".

Im Zeitablauf vieler Jahre werden in unserer Modellwirtschaft alle Zustände beobachtet, manche öfter, andere seltener. Bspw. durchliefen in der Zeit nach dem 2. Weltkrieg die meisten westlichen Wirtschaften mehr Jahre mit relativ hohem Wachstum als Jahre mit niedrigen Wachstumsraten. Die Wahrscheinlichkeiten $p_j \equiv P(Y = j | t = 1)$, $j = 1, \ldots, 6$ für die sechs möglichen Zustände sind in unserer Modellwelt also nicht identisch, wie es bei einem sog. fairen Würfel der Fall wäre. Läge der realen Welt wirklich eine solch stabile Ordnung zugrunde, dann gäbe es im Sinne von Abschnitt

3.3.2 kein nennenswertes Extrapolationsproblem, schlimmstenfalls eine verbleibende Unsicherheit bei der Schätzung der Wahrscheinlichkeiten auf der Basis einer endlichen Stichprobe. Wir wüssten bspw. mit Gewissheit, dass selbst dann, wenn den Wahrscheinlichkeiten für hohes Wachstum, also p_4, p_5 und p_6 mehr „Gewicht" zufiele als denen für niedriges Wachstum p_1, p_2 und p_3 und somit hohe Wachstumsraten öfter eintreten, sich ab und an die Wachstumsraten als wenig glanzvoll erweisen würden, allein aufgrund des Zufalls. Mit diesem formellen Grundgerüst ausgestattet, beschreiben wir nun das Problem, dem ein Analyst gegenübersteht, wenn er am Neujahrstag mit der Frage konfrontiert wird, welche Wachstumsraten er für das kommende Jahr erwartet.

Ein ganzes Jahr besteht natürlich aus der Abfolge von vier Quartalen. Am Jahresanfang ist in der von uns skizzierten stabilen Welt eine jede Abfolge zwischen vier lausigen Quartalen „1111" und vier grandiosen Quartalen „6666" möglich, mit den entsprechenden Wahrscheinlichkeiten p_1^4 und p_6^4. Sobald ein Quartal erreicht wird, tritt nur einer der Zustände ein. Für diesen Zustand, z.B. Zustand j, beträgt die ex-post-Wahrscheinlichkeit dementsprechend eins, für alle anderen Zustände Null, das Prognoseproblem löst sich auf. Je näher das Jahresende heranrückt, desto mehr Quartale sind bereits realisiert und desto geringer wird die Unsicherheit darüber ausfallen, ob das Jahr insgesamt erfreulich wird oder nicht. Das Prinzip ist einfach – wann immer neue Information verfügbar wird, wird eine Korrektur der ursprünglichen Prognose fällig, die diese neue Information berücksichtigt. Genau dieses Prinzip steckt hinter den oft von Presse und Politik beklagten Revisionen der Wachstumsprognosen der Wirtschaftsforschungsinstitute. Diese werden immer dann fällig, wenn bspw. die aktuellen Quartalszahlen des Statistischen Bundesamtes veröffentlicht werden.

Im Folgenden wollen wir allerdings von diesem Problem hintereinandergeschalteter Prognosen absehen und uns auf einfache Prognosen für die Periode $t = 1$ konzentrieren, denn in der Prognosepraxis tritt noch ein weiteres Problem auf. Wir hatten bislang nie bezweifelt, dass eine angemessene Prognose die Wahrscheinlichkeitsverteilung vollständig nennt, die für die Prognose zugrundegelegt wird. Aber so bedauerlich es scheinen mag, die meisten Empfänger einer solchen Information sind unfähig oder nicht dazu bereit, diese zu verarbeiten. Daher wird der empirische Wirtschaftsforscher oft gedrängt, diese Verteilungsfunktion auf eine einzige Zahl m zu reduzieren, die so genannte *Punktprognose*. Es gibt mehrere Möglichkeiten ein solches zusammenfassendes Informationsmaß zu erstellen. Man könnte z.B. den Zustand vorhersagen, der das höchste p_j aufweist. Allerdings kann man sich ohne große Schwierigkeiten Situationen vorstellen, in denen diese Strategie Probleme aufwirft. Bspw. können in einer relativ gleichen Verteilung geringe Veränderungen in der Verteilung zu starken Änderungen in der vorhergesagten Zahl führen.

Man könnte auch erwägen, die Verteilung durch ihren Mittelwert μ zu beschreiben, hier also $\mu = p_1 + 2p_2 + \ldots + 6p_6$. Wie wir nur allzu gut wissen, muss die Zahl μ keinem der möglichen Zustände „1" bis „6" entsprechen. Auch andere zusammenfassende Vorhersageregeln könnten verwendet werden, z.B. der Median.

Man muss jedoch auch in dieser Frage nicht im Nebel stochern, denn es gibt eine systematische Vorgehensweise, um zwischen den möglichen zusammenfassenden Informationsmaßen zu wählen. Dieses Verfahren wird im Folgenden genauer beschrieben. Die gewählte Punktprognose liegt mehr oder weniger nah an jedem der möglichen Zustände „1" bis „6". Je nachdem, welche Realisation auftritt, ergibt sich ein Prognosefehler. Selbstverständlich wird sich am Schluss nur einer der möglichen Prognosefehler realisieren, wobei man vorher natürlich nicht weiß, welcher. Aber die Verteilung enthält Information, um vorab die Schwere des Fehlers zu bewerten, der mit der zusammenfassenden Punktvorhersage verbunden ist. Der individuelle Verlust, der mit jedem möglichen Fehler verbunden ist, wird in einer so genannten *Verlustfunktion* zusammengefasst. Eine beliebte Verlustfunktion ist die quadratische Funktion $(y - m)^2$, die darauf beruht, die Differenz zwischen eingetretenem Zustand und Informationsmaß zu quadrieren. Der erwartete Fehler Q ist die gewichtete Summe der sechs möglichen quadrierten Fehler

$$Q = p_1(1 - m)^2 + \ldots + p_6(6 - m)^2. \tag{3.35}$$

Wirtschaftswissenschaftler sind bei einer Sache zweifelsfrei Spitze, der Lösung von Optimierungsproblemen. In diesem Fall besteht das Optimierungsproblem darin, m so zu wählen, dass der erwartete Fehler minimal ausfällt. Die erste Ableitung nach m gibt uns die notwendige Bedingung

$$\frac{\partial Q}{\partial m} = -\left[2p_1(1 - m) + \ldots + 2p_6(6 - m)\right] = 0 \tag{3.36}$$

und führt zur Lösung

$$m = p_1 + 2p_2 + \ldots + 6p_6 = \mu. \tag{3.37}$$

Dies bedeutet, dass der Mittelwert μ die optimale Wahl darstellt, um die Verteilung $p_1, \ldots, p_6$ zusammenzufassen, wenn große Prognosefehler als besonders schmerzlich empfunden werden. Dieser Einordnung großer und kleiner Fehler wird durch die Wahl der quadratischen Verlustfunktion Rechnung getragen. Würde die Verlustfunktion den absoluten Prognosefehler problematisieren, dann wäre der Median die geeignete Antwort. Fast ausnahmslos wird in der Praxis der Mittelwert der Verteilungsfunktion als „die Prognose" angegeben, selbst wenn diese Tatsache in der Regel nicht erläutert wird.

Der Vorteil einer Punktprognose liegt darin, dass sie komplexe Information in eine leicht handhabbare Größe komprimiert. Der Nachteil ist, dass dabei einige wichtige Informationen verloren gehen können. Bspw. ist 3,5 der Mittelwert der beiden Verteilungen $p_1 = p_6 = 0,5$, $p_2 = p_3 = p_4 = p_5 = 0$ und $p_1 = p_2 = 0$, $p_3 = p_4 = 0,5$, $p_5 = p_6 = 0$. Allerdings ist offensichtlich, dass das Vertrauen, welches man in die Punktprognose der zweiten Verteilung setzt, größer ist. Formal beträgt der Fehler im zweiten Fall nur $\frac{1}{2} \cdot \frac{1}{4} + \frac{1}{2} \cdot \frac{1}{4} = \frac{1}{4}$ anstatt $\frac{1}{2} \cdot \frac{25}{4} + \frac{1}{2} \cdot \frac{25}{4} = \frac{25}{4}$. Daher sollte jeder Empfänger einer Prognose fordern, dass *beide*, sowohl die Punktprognose, wie auch ein Indikator für deren Unsicherheit (z.B. die Quadratwurzel des erwarteten Fehlers), bekanntgegeben werden. Die Punktprognose ist weitgehend nutzlos, wenn der Empfänger allein auf Basis dieser Information die Situation einzuschätzen versucht.

Diese Unsicherheit ist eine Reflektion des Umstands, dass eine Wahrscheinlichkeitsverteilung in einer einzigen Kennzahl zusammengefasst wird – ganz analog zu Mittelwert und Varianz in der Wahrscheinlichkeitstheorie. Die Wahrscheinlichkeitsverteilung dürfte bei großem Prognosehorizont eine größere Streuung aufweisen. In der empirischen Wirtschaftsforschung kommt noch eine weitere Fehlerquelle hinzu, die verbleibende Unsicherheit bei den geschätzten Wahrscheinlichkeiten, die per Identifikationsannahme der zeitlichen Stabilität auf die Zukunft übertragen werden. Schließlich sind in der Praxis die Wahrscheinlichkeiten p_j für die Zustände $j = 1, \ldots, 6$ nicht mit Sicherheit bekannt. Da sie von diesen Schätzungen abgeleitet werden, wird somit auch die Punktprognose geschätzt.

In der Praxis beruhen die meisten verfügbaren wirtschaftlichen Vorhersagen auf einem System (nicht-)linearer Gleichungen, die an historische Daten angepasst wurden und mit hinreichend vielen Stabilitätsannahmen versehen sind. Die Anwendung dieser formalen Prognosemodelle, so umstritten jedes einzelne sein mag, ermöglicht sowohl eine wissenschaftliche Beurteilung der zugrundeliegenden Identifikationsstrategie wie auch der verbleibenden Unsicherheit (des erwarteten Fehlers). In einem freien Land bedarf es keiner Lizenz, um Wachstumsprognosen abgeben zu dürfen. Wessen Aussagen in der öffentlichen Debatte ernst genommen werden sollten, hängt unter anderem davon ab, wie freimütig die Anbieter ihre Identifikationsstrategie offenlegen und wie überzeugend diese ist.

Ein Blick in jede Zeitung verleitet zu der Einschätzung, es herrsche kein Mangel an „Experten", die jedes nur erdenkliche wirtschaftliche Ereignis vorhersagen. Es ist angesichts der Vielzahl an Anbietern allerdings auch nie schwierig, irgendjemanden zu finden, der eine unwahrscheinliche Situation richtig vorhergesagt hat. In der Tat ist es für einen Zufallstreffer nicht einmal nötig, über das vorherzusagende Phänomen die geringste Ahnung zu haben. Dafür sorgt allein das Gesetz der großen Zahlen. Aber leider verkauft sich eine unglaubliche Erfolgsgeschichte in der Zeitung wesentlich besser als eine *beste* Vorhersage, die immer vom wahren Wert abweicht. Um wirklich einen guten Prognostiker zu erkennen, sollten dessen Leistungen über einen hinreichend langen Zeitraum bewertet werden. Man sollte sich im Besonderen vor Prognostikern hüten, die der „goldenen Regel" der Prognose anhängen: „Prognostiziere ein Ereignis oder einen Zeitpunkt, aber nie beides gleichzeitig." Wer unserem Rat folgt, wird solchen Leuten nicht zum Opfer fallen.

Beispiel 3.24. Experten und Gurus

Gegeben sei eine Situation, in der die Wahrscheinlichkeitsverteilung in vielversprechenden Jahren mit hohem wirtschaftlichen Wachstum $p_5 = p_6 = 0{,}5$ lautet und in weniger vielversprechenden Jahren $p_1 = p_2 = 0{,}5$. Das Vorhersageproblem reduziert sich damit auf die Frage, ob das Jahr vielversprechend wird oder nicht. Weiterhin gelte, dass durchschnittlich die Hälfte der Jahre vielversprechend ausfällt, aber dass dies erst zum Jahresende feststehe. In einer Reihe von z.B. 5 Jahren ist die Anzahl aller möglichen Abfolgen mit hohen (H) und niedrigen (N) Wachstumsraten begrenzt. Diese reichen von „NNNNN" über „NNNNH" bis hin zu „HHHHH", insgesamt also $2^5 = 32$ Möglichkeiten.

Wenn 32 Analysten je eine der 32 möglichen und gleich wahrscheinlichen Abfolgen vorhersagen, so wird selbstverständlich einer von ihnen die unglaubliche Meisterleistung erbringen, fünf Mal hintereinander recht zu haben. Dies muss um so erstaunlicher erscheinen, als die Wahrscheinlichkeit, diesen Erfolg zu erzielen, sehr gering ist, nämlich $\frac{1}{32}$ bzw. ca. 3%. Während im Beispiel die beste Prognose eine 3,5 für jedes Jahr wäre, entscheiden sich die Analysten, „alles oder nichts" zu riskieren, und daher wird einer von ihnen der Öffentlichkeit als Magier erscheinen. Dabei ist das Auftreten des neuen „Gurus" allein auf das Gesetz der großen Zahlen und nicht irgendwelches Wissen über den Prozess zurückzuführen. Es gibt Platz für viele Gurus, da die Zeit genügend 5-Jahres-Geschichten bereithält (und niemand wird je seine Fehler auflisten).

Kernbotschaften

- Prognosen sind zwar im Ideal Aussagen über Wahrscheinlichkeitsverteilungen, aber in der Praxis der empirischen Wirtschaftsforschung wird häufig verlangt, diese Verteilungen in einer einzigen „besten" Punktprognose zusammenzufassen.
- Werden große Prognosefehler als schmerzhafter empfunden als kleine, dann ist der Mittelwert dieser Wahrscheinlichkeitsverteilung die beste Prognose. Neben der Streuung um die Punktprognose tritt in der praktischen Wirtschaftsforschung noch die übliche Schätzunsicherheit.
- Expertise bei Prognosen zeigt sich nur durch geringe durchschnittliche Prognosefehler bei wiederholtem Versuch, nicht durch einmalige Glückstreffer.

Übungsaufgaben

3.1 Stellen sie sich vor, sie wollten mittels Umfragen ermitteln, wie viele Anhänger jeweils die Fußballvereine FC Bayern München bzw. Rot-Weiß Essen in der Bevölkerung haben. Welche Rolle könnten Probleme systematischer Antwortverweigerung spielen? Denken Sie dabei daran, wie emotional dieses Thema ist und wie sehr daher Stolz oder Scham die Repräsentativität belasten mögen.

3.2 Ausgehend von **Tabelle 3.1** und **3.2**: Welche bedingten Wahrscheinlichkeiten charakterisieren den Schulabschluss „Hauptschule"?

3.3 Angenommen, die Antwortneigung unterscheide sich zwischen den Altersgruppen wie in **Beispiel 3.5**: Welche Konsequenzen hätte dies für die Wahrscheinlichkeit, eine Person mit Hauptschulabschluss zu beobachten?

3.4 Genau der gleiche Mechnismus „neue Information – revidierte Prognose", der in Abschnitt 3.3.3 beschrieben wurde, prägt die bedingte Prognose $P(Y = y | X = x, t = 1)$. Stellen Sie sich vor, Y sei die Wachstumsrate des Bruttoinlandsprodukts und X der aktuelle Ölpreis. Diskutieren Sie, wie eine Förderentscheidung der OPEC ihre Aussage zur Wahrscheinlichkeitsverteilung $P(Y | X = x, t = 1)$ verändern könnte. Wie sieht die Punktprognose $m(x)$ aus?

3.5 Zeigen Sie für das in Abschnitt 3.3.3 verwendete Beispiel, dass bei einer Verlustfunktion, die den absoluten Fehler minimiert, der Median die beste Prognose darstellt.

3.6 Nehmen Sie an, Sie seien damit beauftragt, für ein getränkeproduzierendes Unternehmen die monatlichen Ausgaben einer repräsentativen Stichprobe an Haushalten für Alkohol zu ermitteln. Diese Ausgaben seien durch A bezeichnet. Die befragten Haushalte seien durch einen Vektor an Charakteristika X gekennzeichnet, der z.B. das monatliche Nettoeinkommen des Haushaltes, die Anzahl der Kinder im Haushalt oder die Tatsache kennzeichnet, ob es sich um einen Einpersonen- oder Mehrpersonenhaushalt handelt. Ihre Stichprobe enthalte außerdem mehrere Haushalte, die die Frage nach der Höhe der monatlichen Ausgaben für Alkohol nicht beantwortet haben. Diese Haushalte werden durch eine Dummy-Variable D gekennzeichnet, die den Wert Eins annimmt, wenn der Haushalt die Frage nach A beantwortet hat und Null sonst.

a) Wie setzt sich die gesuchte bedingte Wahrscheinlichkeitsverteilung $P(A = a|X = x)$ zusammen? Erläutern Sie kurz, worin das Identifikationsproblem bei der Analyse zensierter Daten besteht.

b) Zeigen Sie, wie man *ohne* weitere Informationen die bedingte Wahrscheinlichkeitsverteilung, dass die Ausgaben für Alkohol in einem beliebigen Intervall B liegen, also $P(A \in B|C)$, *einschränken* kann.

c) Angenommen, Sie vermuten, dass alle die Befragten der Haushalte, die nicht geantwortet haben, betrunken waren. Wie können Sie mit Hilfe dieser zusätzlichen Information $P(A \in B|C)$ weiter einschränken?

d) Welche Bedingungen muss eine Instrumentvariable Z erfüllen, damit man mit ihrer Hilfe $P(A \in B|C)$ weiter einschränken kann?

4. Einführung in die Kausalanalyse

„Der Grund war nicht die Ursache, sondern der Auslöser."
(Franz Beckenbauer)

4.1 Vorbemerkung

Das zentrale konzeptionelle Problem der Analyse von *Kausalzusammenhängen* stellt die so genannte *Identifikationsproblematik* dar. Darunter versteht man die Tatsache, dass ausnahmslos jede empirische Untersuchung mit einer *kontrafaktischen Frage* und einer durch diese implizierten *kontrafaktischen Situation* konfrontiert ist. Diese Situation lässt sich grundsätzlich durch eine „Was-wäre-wenn"-Frage beschreiben und zeichnet sich dadurch aus, dass sie *unbeobachtbar* ist. Als klassisches Beispiel für eine solche kontrafaktische Situation mag die Frage nach dem Erfolg staatlicher Maßnahmen im Bereich der aktiven Arbeitsmarktpolitik dienen, die in diesem Kapitel für die Darstellung der Identifikationsproblematik und ihrer Lösungsmöglichkeiten verwendet wird.

Die wissenschaftliche Forschung hat für Evaluationsprobleme in den vergangenen Jahrzehnten ein umfassendes methodisches Instrumentarium erarbeitet. Diese Methoden werden inzwischen in vielfältigen Gebieten, etwa der Epidemiologie, der Bildungsforschung oder der Arbeitsmarktökonomik, angewendet und findet zunehmend auch Anwendung in anderen Bereichen der Volkswirtschaftslehre sowie in verwandten Disziplinen, z.B. der Betriebswirtschaftslehre oder auch der Soziologie. Dieses Kapitel erläutert, aufbauend auf diesem Instrumentarium, die formalen Grundlagen unterschiedlicher empirischer Strategien zur Lösung von Evaluationsproblemen.

Insbesondere wird in diesem Kapitel deutlich werden, dass die überzeugende Konstruktion einer angemessenen Vergleichssituation, der so genannten *kontrafaktischen Situation*, das Herzstück jeder Evaluation darstellt.[1] Die

---

[1] Einen Überblick zu dieser Thematik geben u.a. Heckman, LaLonde, und Smith (1999), Manski (1995), Smith (2000a) oder Schmidt (1999). Eine umfassende Übersicht zu internationalen Erfahrungen mit (der Evaluation von) arbeits-

Konstruktion dieser Vergleichssituation ist ein komplexes Unterfangen: Welche Ergebnisse sich für alle relevanten Beteiligten im hypothetischen Fall einer ausgebliebenen Durchführung des staatlichen Eingriffs ergeben hätten, kann bestenfalls mit möglicherweise beruhigendem Vertrauen geschätzt, nie jedoch mit Sicherheit gemessen werden.

Es ist auch nicht nur eine einzige, sondern es sind mehrere Antworten auf solche kontrafaktischen Fragen möglich. Entscheidend ist daher, welche der möglichen Antworten auf der Basis welcher Annahmen gewonnen wurden. Es ist in der Regel alles andere als ein triviales Unterfangen, unter diesen möglichen Lösungen die überzeugendste zu finden. Solche Lösungsmöglichkeiten nennt man *Identifikationsstrategien*. Diese zeichnen sich dadurch aus, dass sie mit Hilfe einer oder mehrerer Annahmen ein beobachtbares Gegenstück für die unbeobachtbare kontrafaktische Situation *konstruieren*.

Da die Wirtschaftswissenschaften eine sozialwissenschaftliche Disziplin sind, die sich mit dem Verhalten und den Interaktionen von Menschen in der realen Welt befassen, ist ihnen die Möglichkeit zu reproduzierbaren Laborexperimenten nicht gegeben. *Sichere* Erkenntnis, wie sie in den Naturwissenschaften zumindest teilweise möglich ist, ist deshalb in den Wirtschaftswissenschaften ausgeschlossen. Möglich hingegen ist *abgesicherte* Erkenntnis, die sich von den reinen Hypothesen wirtschaftstheoretischer Modelle dadurch unterscheidet, dass sie mit Hilfe von in der Realität beobachtbaren Daten Aussagen zu Ursache-Wirkungs-Zusammenhängen gibt. Somit können Hypothesen auf ihre Erklärungskraft hinsichtlich realer Phänomene überprüft werden. Diese Analyse muss aber immer unvollkommen bleiben, da die durch die kontrafaktische Frage implizierte kontrafaktische Situation eben eines gewiss ist: nicht beobachtbar.

Kernbotschaften

Sichere Erkenntnis ist in den Wirtschaftswissenschaften ausgeschlossen. Die empirische Wirtschaftsforschung ermöglicht jedoch, über geeignete Identifikationsstrategien abgesicherte Erkenntnisse zu erhalten.

---

marktpolitischen Maßnahmen geben Schmidt, Zimmermann, Fertig, und Kluve (2001). Einen entsprechenden Überblick für Nordamerika liefert Smith (2000b).

4.2 Wirtschaftspolitische Problemstellung

Arbeitslosigkeit ist eines der drängendsten wirtschaftlichen und sozialen Probleme unserer Zeit. Angesichts von rund drei Millionen arbeitslos gemeldeten Menschen unternimmt die Wirtschaftspolitik in Deutschland vielfältige Anstrengungen, um diesem Problem zu begegnen. Alljährlich werden dafür erhebliche finanzielle Ressourcen aufgewendet. Im Gegensatz zu Arbeitslosengeld, Arbeitslosenhilfe und ähnlichen Lohnersatzleistungen gibt es Maßnahmen, bei denen die Arbeitsagenturen einen Handlungsspielraum besitzen, die so genannten Ermessensleistungen des Arbeitsförderungsrechts. Insgesamt wurden im Jahr 2004 für Weiterbildungsmaßnahmen, Lohnsubventionen, Arbeitsbeschaffungsmaßnahmen und andere Leistungen der aktiven Arbeitsförderung nahezu 19 Mrd. € ausgegeben, ohne dass man über den Erfolg dieser Instrumente hinreichende Kenntnisse besitzt (Bundesagentur für Arbeit, 2005).

Beispiel 4.1. Ausgaben für aktive Arbeitsmarktpolitik im Jahr 2004

Tabelle 4.1 zeigt die Ausgaben der Bundesagentur für Arbeit für aktive Maßnahmen der Arbeitsmarktpolitik für das Jahr 2004. Ein Großteil der Ausgaben (8,7 Mrd. €) wurde für Qualifizierungsmaßnahmen (darunter fallen u.a. das Unterhaltsgeld und die direkten Kosten von Fort- und Weiterbildungskursen, die Kosten für berufsvorbereitende Maßnahmen und die Kosten der Berufsausbildung benachteiligter Auszubildender) aufgewendet, gefolgt von Lohnsubventionen (hierunter fallen u.a. die Kosten für Eingliederungszuschüsse, Überbrückungsgeld und Ich-AGs) mit 3,8 Mrd. € und den weiteren Maßnahmen mit 3,2 Mrd. €. Letztere beinhalten bspw. Kurzarbeitergeld, Aufwendungen für das Jugendsofortprogramm und Leistungen nach Altersteilzeitgesetz.

Die Kosten für Beschäftigung im öffentlichen Sektor von nahezu 1,7 Mrd. € setzen sich aus Arbeitsbeschaffungsmaßnahmen, beschäftigungsschaffenden Infrastrukturmaßnahmen und Strukturanpassungsmaßnahmen zusammen. Für vermittlungsbezogene Leistungen, worunter man Zuschüsse zu Vermittlung, Kosten für Eignungsfeststellung und Trainingsmaßnahmen, Mobilitätshilfen, Personal Service-Agenturen (PSA) und Vermittlungsgutscheine zusammenfasst, wurden im Jahr 2004 nahezu 1,4 Mrd. € ausgegeben.

Tabelle 4.1. Struktur der Ausgaben der aktiven Arbeitsmarktpolitik (2004)

Maßnahme	Mill. €
Vermittlungsbezogene Leistungen	1.392,129
Qualifizierungsmaßnahmen	8.652,043
Lohnsubventionen	3.811,623
Beschäftigung im öffentlichen Sektor	1.659,933
Weitere Maßnahmen	3.205,441
Insgesamt	18.721,169

Quelle: Homepage der Statistik der
Bundesagentur für Arbeit (BA).

Dies gilt nicht nur für Maßnahmen der aktiven Arbeitsmarktpolitik, sondern für nahezu alle wirtschafts- und gesellschaftspolitischen Maßnahmen, wie bpsw. der Gesundheits-, Bildungs-, Steuer-, Energie- und Subventionspolitik. Unabhängig von ihrem konkreten Einsatzgebiet binden sämtliche Interventionen der öffentlichen Hand in der Regel erhebliche finanzielle Ressourcen, die daher nicht für alternative Zwecke zur Verfügung stehen. Angesichts hart umkämpfter staatlicher Haushalte in Zeiten begrenzten Wachstums ist somit die Evaluation staatlicher Eingriffe hinsichtlich ihrer Wirksamkeit und ihrer Kosteneffizienz eine unabweisbare Verpflichtung geworden.

Um hinreichend glaubwürdig zu sein, muss jeder Versuch der Evaluation eines staatlichen Eingriffs eine Reihe von Anforderungen erfüllen, die in wissenschaftlichen Arbeiten zu den Minimalanforderungen gehören. Hierzu zählen vor allem

(a) eine sorgfältige Auflistung aller verwendeten Datenquellen,
(b) die Berücksichtigung aller möglichen Fehlerquellen in der statistischen Inferenz und
(c) die Forderung, dass alle Aspekte des Prozesses der Öffentlichkeit zugänglich und dadurch überprüfbar gemacht werden.

Es wird sich im Folgenden zeigen, dass rein buchhalterische Ansätze völlig ungeeignet sind, um diese Aufgabe zu bewältigen, da die in diesem Zusammenhang alles entscheidende, hypothetische Frage nach einer angemessenen Vergleichssituation, d.h. dem Lauf der Welt ohne die Durchführung der zu untersuchenden Maßnahme, nicht gestellt wird.

Nachdem im nächsten Abschnitt die intellektuelle Basis für eine wissenschaftlich gestützte Evaluation kurz dargestellt wird, skizziert Abschnitt 4.4 die – aus formaler Sicht ideale – empirische Strategie experimenteller Evaluation, bevor der daran anschließende Abschnitt 4.5 ausführlich Grundformen unterschiedlicher nicht-experimenteller Vorgehensweisen vorstellt. Jede dieser nicht-experimentellen Identifikationsstrategien beruht auf einer unterschiedlichen Idee, wie die entsprechende kontrafaktische Vergleichssituation konstruiert werden kann. Im letzten Abschnitt 4.6 wird dann anhand eines Beispiels aus der Literatur, nämlich der Evaluierung einer Erhöhung des Mindestlohns im US-Bundesstaat New Jersey, die konzeptionelle Vorgehensweise einer überzeugenden Evaluationsstudie praktisch dargestellt.

Das endgültige Ziel einer Evaluation ist die Isolierung des *kausalen* Effektes einer Intervention. Hierzu muss ein geeignetes Erfolgsmaß zwischen zwei Situationen verglichen werden, die sich in allen relevanten Bereichen nur dadurch unterscheiden, dass in der einen Situation die Intervention durchgeführt wird und in der anderen Situation nicht. Nur so kann der Intervention ein *kausaler* Effekt zugeordnet werden und ist somit die *Beantwortung der kontrafaktischen Frage* überhaupt erst möglich.

Entscheidende konzeptionelle Schritte zur Erreichung dieses Ziels sind die Bestimmung eines geeigneten *Erfolgsmaßes* („outcome measure"), die vollständige Ermittlung der *Kosten* der Intervention sowie die Auswahl eines geeigneten *Evaluationsparameters* und einer überzeugenden empirischen *Evaluationsstrategie*. Die folgenden Abschnitte werden diese konzeptionellen Schritte ausführlich erläutern.

Kernbotschaften

- Interventionen der öffentlichen Hand binden finanzielle Ressourcen, die nicht für alternative Zwecke zur Verfügung stehen. Die Rückführung des staatlichen Defizits in Zeiten begrenzten Wachstums erfordert die Evaluation staatlicher Eingriffe hinsichtlich ihrer Wirksamkeit und ihrer Kosteneffizienz.
- Zu den Minimalanforderungen einer wissenschaftlichen Evaluation staatlicher Eingriffe gehören die sorgfältige Auflistung aller verwendeten Datenquellen, die Berücksichtigung aller möglichen Fehlerquellen bzw. die Verwendung eines angemessenen Studiendesigns und die Veröffentlichung aller Aspekte des Prozesses der Evaluation.

4.3 Die konzeptionellen Schritte einer Evaluierungsstudie

In den folgenden Abschnitten werden die zentralen konzeptionellen Schritte jeder ernst zu nehmenden Evaluierungsstudie dargestellt. Diese Schritte sind für jede Fragestellung immer wieder von Neuem zu durchlaufen. Es liegt in der Natur der Sache, dass ein Patentrezept, mit dessen Hilfe jede Evaluierungsaufgabe immer und überall durchgeführt werden kann, nicht existiert.

4.3.1 Wahl der Beobachtungseinheit

Jeder Versuch der Evaluation eines staatlichen Eingriffs erfordert, dass die von der Intervention betroffenen Wirtschaftssubjekte, d.h. die gewählten Beobachtungseinheiten, angemessen analysiert werden. Was dabei angemessen ist, ergibt sich sowohl aus der Natur des Eingriffs als auch aus der Art der verfügbaren Daten. Häufig betreffen wirtschaftspolitische Interventionen Einzelpersonen, bspw. in einem Weiterbildungsprogramm, und die erhobenen Daten verfolgen ebenfalls Individuen, die somit zum Gegenstand der Analyse werden. Ein anderer, häufig zu beobachtender Fall ist eine Intervention auf regionaler Ebene, bspw. die Einführung von Rauchverboten in Gaststätten. Hier stellen die Regionen die relevanten Beobachtungseinheiten dar. Der Einfachheit der Darstellung halber konzentrieren sich die Ausführungen dieses Kapitels auf den Fall von Einzelpersonen, die eine Weiterbildungsmaßnahme durchlaufen.

4.3.2 Wahl der Erfolgsgröße

Ein weiteres zentrales Element jeder Evaluationsanalyse ist die Wahl einer geeigneten Ergebnis- oder auch Erfolgsgröße. Hierbei ist die Frage zu beantworten, was als Erfolg der Maßnahme gelten und wie dieser Erfolg operationalisiert, also gemessen werden soll. Diese Wahl mag in vielen Fällen offensichtlich sein, wie bei einem Weiterbildungsprogramm die Beschäftigungssituation der Teilnehmer (und ihrer Vergleichsgruppe, siehe unten) geraume Zeit nach der Förderung.

Häufig stehen mehr als nur eine Erfolgsgröße zur Auswahl, die die Zielsetzung der Maßnahme in eine messbare Größe übersetzen können. So wäre neben der Beschäftigungssituation nach der Maßnahme auch die Bezahlung der an einer Weiterbildungsmaßnahme teilnehmenden Arbeitnehmer ein denkbares Erfolgsmaß. Oftmals lässt sich eine *qualitative* Erfolgsgröße, wie die Beschäftigungssituation von Arbeitnehmern, in mehrere *quantitative* Maße übersetzen, die wiederum von einer bestimmten Maßnahme unterschiedlich beeinflusst werden können. So ist es durchaus denkbar, dass eine bestimmte Maßnahme bspw. viele neue Arbeitsplätze schafft, dass diese aber alle schlecht bezahlt sind. Bei einer konkurrierenden Maßnahme kann dies eventuell genau umgekehrt sein.

In der Regel ist der Vergleich unterschiedlicher Erfolgsgrößen ein schwieriges Unterfangen. Hinzu kommt, dass die Zuordnung aller relevanten Kosten zu einer Maßnahme extrem schwierig ist. Dies wird im folgenden Abschnitt näher betrachtet.

4.3.3 Ermittlung aller Kosten

Die Ermittlung aller Kosten, die die Durchführung eines Eingriffs aufwirft, ist notwendig, um neben der reinen Wirksamkeit (*Effektivität*) einer Maßnahme auch ihre *Effizienz* zu ermitteln. Unter Effektivität versteht man dabei, ob und inwieweit die Ziele der Maßnahme überhaupt erreicht wurden. Effizienz hingegen bezeichnet den „Nettoeffekt" der Intervention (z.B. pro ausgegebener Geldeinheit) und stellt somit die Frage, ob die Ziele der Maßnahme mit dem kleinstmöglichen Aufwand erreicht wurden. Hierfür ist eine vollständige Berücksichtigung aller durch die Maßnahme entstehenden Kosten notwendig, d.h. der gesamte Verbrauch an (mit der Intervention verbundenen) gesellschaftlichen Ressourcen. Darunter fallen neben den direkten Kosten der Teilnahme und der Maßnahmenbereitstellung auch die Opportunitätskosten aller Beteiligten. Im Falle der Weiterbildungsmaßnahme sind dies bspw. die Zeitkosten der Teilnehmer, aber auch der verwaltenden Beamten.

Darüber hinaus muss berücksichtigt werden, dass bestimmte Maßnahmen unerwünschte Nebeneffekte haben können. Zu diesen zählen vor allem *Substitutions-*, *Verdrängungs-* und *Mitnahmeeffekte*. Substitutionseffekte können bspw. bei der Qualifizierung arbeitsloser Arbeitnehmer auftreten, wenn diese nach Ende der Maßnahme die Stellen schlechter qualifizierter Arbeitnehmer übernehmen. Verdrängungseffekte sind vor allem bei staatlichen Arbeitsbeschaffungsmaßnahmen denkbar, wenn die Gesellschaften, die diese Maßnahmen durchführen, in Konkurrenz zu privaten Unternehmen treten und ihre Produkte aufgrund der staatlichen Förderung billiger anbieten können. Mitnahmeeffekte entstehen, wenn Personen oder Unternehmen ihr Verhalten ändern, um in den Genuss einer Förderung zu kommen. Solche Effekte können bspw. bei Lohnsubventionsprogrammen auftreten, wenn die Unternehmen, die einen subventionierten Arbeitnehmer einstellen, dies ohnehin getan hätten – auch ohne die Förderung. Mitnahmeeffekte führen also zu einem Aufwand an öffentlichen Mitteln, ohne dass ein zusätzlicher Maßnahmeerfolg entsteht.

In der Praxis wird zumeist nur die Effektivität einer Maßnahme untersucht, da die Kostenermittlung sehr schwierig ist. Es besteht allerdings keine Garantie, dass eine effektive Maßnahme auch effizient ist. Allerdings ist klar, dass eine ineffektive Maßnahme niemals effizient sein kann. Insofern ist die Untersuchung der Effektivität einer Maßnahme eine Mindestanforderung.

Beispiel 4.2. Substitutions-, Verdrängungs- und Mitnahmeeffekte in der aktiven Arbeitsmarktpolitik

Die Quantifizierung von Substitutions-, Verdrängungs- und Mitnahmeeffekten staatlicher Interventionen ist nur in den wenigsten Fällen möglich. Grund hierfür ist zumeist eine unzureichende Verfügbarkeit von Daten zu allen Kosten einer Maßnahme. Entsprechend existieren nur wenige Abschätzungen dieser Effekte. So stellen Martin und Grubb (2001) fest, dass ca. 90% der Effekte von Beschäftigungssubventionen im privaten Sektor Mitnahme- und Substitutionseffekte darstellen, d.h. dass bei 100 subventionierten Stellen nur 10 Stellen netto geschaffen werden. Schulz (1996) liefert qualitative Evidenz, dass ABM-Maßnahmen in Ostdeutschland zu einer massiven Verdrängung privater Unternehmen im Garten- und Landschaftsbau geführt haben.

4.3.4 Wahl des Evaluationsparameters und der Identifikationsstrategie

Das Evaluationsproblem. Der Vergleich zwischen dem Ergebnis der betroffenen Beobachtungseinheiten, hier den Weitergebildeten, und dem Ergebnis, das ihre Vergleichspersonen zum gleichen Zeitpunkt erzielt haben, sollte Situationen erfassen, die sich ausschließlich in dem Umstand unterscheiden, dass in einem Falle die Intervention durchgeführt wurde, im anderen Falle nicht. Da der Zustand einer Volkswirtschaft in jedem Augenblick durch eine Vielzahl von Faktoren beeinflusst wird, ist bei dieser Aufgabe die Ermittlung des Effekts einer Intervention der vielleicht intellektuell anspruchsvollste Aspekt. Dieser Effekt kann naturgemäß nie gemessen, sondern lediglich mehr oder weniger überzeugend geschätzt werden. Somit ist die angemessene Wahl einer empirischen Strategie der entscheidende Schritt einer Evaluationsanalyse.

In der wissenschaftlichen Diskussion hat sich für das Vorgehen bei der Suche einer solchen Strategie ein mehrstufiges Verfahren durchgesetzt. In einem ersten Schritt wird zunächst gefragt, durch welche Herangehensweise bei hypothetisch gegebenen idealen Studienbedingungen die korrekte Antwort ermittelt werden könnte. Diese idealen Studienbedingungen, bei denen bspw.

eine völlige Abwesenheit von Messfehlerproblemen und eine unendlich dimensionierte Stichprobe gegeben sind, werden jedoch in der Praxis nie vorliegen. Aus der Schar der Strategien, denen dies gelingt, d.h. in technischen Termini die gesuchte Größe zu identifizieren, wird dann in einem zweiten Schritt diejenige herausgesucht, die die geringsten Probleme bei der statistischen Inferenz generiert (wenn es denn überhaupt mehr als eine identifizierende Strategie geben sollte).

Die jüngere Literatur verwendet einen einheitlichen formalen Rahmen zur Behandlung solcher Evaluationsprobleme, der hier kurz eingeführt wird. Die Maßnahmenteilnahme einer jeden Person sei durch eine Indikatorvariable D_i beschrieben, so dass die Förderung im Rahmen der Maßnahme durch eine *Eins* angezeigt wird ($D_i = 1$), während nicht durch die Maßnahme betroffene Individuen durch eine *Null* charakterisiert sind ($D_i = 0$). Wir würden nun gerne für jedes Individuum wissen, welchen Arbeitsmarkterfolg (z.B. Monatsverdienst) es erzielen könnte, wenn eine Förderung durch die Maßnahme erfolgt bzw. nicht erfolgt. Dieser Erfolg zu einem Zeitpunkt t nach Durchführung der Maßnahme sei mit Y_{ti} bezeichnet, falls Person i *nicht* gefördert wird. Mit $Y_{ti} + \Delta_i$ wird der Erfolg bezeichnet, falls Person i an der Maßnahme teilgenommen hat. Der kausale Effekt der Maßnahme ist somit direkt aus der Differenz dieser beiden Größen als Δ_i abzulesen. Allerdings lässt sich dieser einfache gedankliche Rahmen zur Formulierung kausaler Effekte nur aufrechterhalten, wenn gewährleistet ist, dass die Maßnahmenteilnahme einer Person die Handlungen jeder anderen Person unberührt lässt (Rubin, 1986), eine Annahme, die wir im Folgenden aufrecht erhalten werden.

Unglücklicherweise können wir unter keinen Umständen für eine Person gleichzeitig beide Arbeitsmarktergebnisse Y_{ti} und $Y_{ti} + \Delta_i$ beobachten – man kann an einer Maßnahme teilnehmen oder nicht, aber nicht beides zusammen. Somit ist das Ergebnis Y_{ti} das kontrafaktische Ergebnis für solche Personen, die durch die Maßnahme gefördert werden, jedoch $Y_{ti} + \Delta_i$ das kontrafaktische Ergebnis für alle anderen, nicht geförderten Personen. Die Maßnahmenteilnahme entscheidet alleine darüber, welches der beiden Ergebnisse beobachtet wird (siehe **Tabelle 4.2**).

Tabelle 4.2. Beobachtbare und nicht beobachtbare Situationen

	$D_i = 1$ (Teilnehmer)	$D_i = 0$ (Nichtteilnehmer)
$Y_{ti} + \Delta_i$	beobachtbar	nicht beobachtbar (kontrafaktisch)
Y_{ti}	nicht beobachtbar (kontrafaktisch)	beobachtbar

Beispiel 4.3. Erfolg von Werbung

Nehmen Sie an, wir beobachten zwei Supermarktketten. Supermarkt Lodl entscheidet sich nun, eine Werbebroschüre in der Nachbarschaft ihrer Filialen verteilen zu lassen. Supermarktkette Spor verzichtet auf diese Maßnahme. Nachdem die Supermarktkette Lodl ihre Werbebroschüre verteilt hat, verzeichnen deren Filialen einen durchschnittlichen Umsatz von 100.000 € pro Monat, d.h. $Y_{Lt} + \Delta_L = 100.000$. Da wir die kontrafaktische Situation Y_{Lt} (d.h. den Umsatz der Filialen der Supermarktkette Lodl, wenn keine Werbebroschüren verteilt worden wären) nicht beobachten können, können wir den Effekt der Werbemaßnahme auf den Umsatz (Δ_L) nicht berechnen, ohne weitere Annahmen zu treffen.

Evaluationsparameter. Da eine Messung individueller kausaler Effekte nicht möglich ist, können wir auf der Ebene der Einzelpersonen der Lösung des Evaluationsproblems nicht näher kommen. Stattdessen muss eine geeignete Strategie gefunden werden, um zumindest durchschnittliche kausale Effekte verlässlich schätzen zu können. Dabei sind grundsätzlich unterschiedliche Formen der Durchschnittsbildung denkbar. Wir folgen hier der Evaluationsliteratur und konzentrieren uns in diesem Kapitel auf genau einen so genannten *Evaluationsparameter*, den durchschnittlichen Effekt der Maßnahme auf die Maßnahmenteilnehmer (*mean effect of treatment on the treated*).[2] Wenn wir im Folgenden von Evaluationsparametern sprechen, beziehen wir uns ausschließlich auf diesen *mean effect of treatment on the treated*.

Dabei verwenden wir zusätzliche Informationen auf der Individualebene. Jede Person sei, zusätzlich zum Indikator der Maßnahmenteilnahme D_i, durch eine Anzahl an persönlichen Charakteristika X_i und Z_i und durch vergangene (zum Zeitpunkt t') Arbeitsmarktergebnisse $Y_{t'i}$ beschrieben. Dabei sind die X_i solche Variablen, die sowohl die Ergebnisvariable (Y_i) als auch die Teilnahme an der Maßnahme (D_i) beeinflussen. Die Variablen Z_i beeinflussen dagegen nur die Teilnahme (D_i). Beide, X_i und Z_i, werden jedoch ihrerseits nicht durch die Maßnahme verändert.

Der Populationsdurchschnitt, d.h. die mathematische Erwartung der individuellen kausalen Effekte der Maßnahme für die Maßnahmenteilnehmer,

---

[2] Für einen Überblick alternativer Evaluationsparameter vgl. u.a. Smith (2000a) und Frondel und Schmidt (2005).

wird für jede konkrete Ausprägung individueller Charakteristika (d.h. bedingt auf X) bestimmt als[3]

$$M(X) = E(Y_t + \Delta | X, D = 1) - E(Y_t | X, D = 1). \tag{4.1}$$

Der zweite Term auf der rechten Seite von Gleichung (4.1) ist nicht beobachtbar und wird in den noch darzustellenden Evaluationsstrategien durch geeignete Annahmen konstruiert. Wie im folgenden Beispiel ausgewiesen, kann der in Gleichung (4.1) dargestellte Evaluationsparameter sowohl für eine bestimmte Gruppe an Teilnehmern, die sich durch bestimmte Charakteristika (d.h. $X = k$) auszeichnen, ermittelt werden als auch für mehrere Teilgruppen oder die Gesamtheit aller Teilnehmer.

Beispiel 4.4. Erfolg von Werbung – Fortsetzung

Der Evaluationsparameter für unser obiges Beispiel der Werbemaßnahme der Supermarktkette Lodl kann wie folgt geschrieben werden:

$$M(X) = E(Y_{Lt} + \Delta_L | X, D = 1) - E(Y_{Lt} | X, D = 1),$$

wobei D eine Indikatorvariable darstellt, die die Maßnahmenteilnahme anzeigt. In der Variablen X werden alle Eigenschaften der Filialen zusammengefasst, die den jeweiligen Umsatz beeinflussen, selbst aber nicht von der Werbemaßnahme beeinflusst werden. So könnte X bspw. die Verkaufsfläche oder die Anzahl der Mitarbeiter der einzelnen Filialen beschreiben.

Beispiel 4.5. Evaluationsparameter

Die Variable X beschreibe das Ausbildungsniveau eines Individuums mit den Ausprägungen 0 = niedriges Ausbildungsniveau, 1 = mittleres Ausbildungsniveau und 2 = hohes Ausbildungsniveau. Der *mean effect of treatment on the treated* für die Gruppe k ergibt sich dann als

---

[3] Wir wollen aus Gründen der Vereinfachung im restlichen Teil dieses Kapitels auf den Index i für die Beobachtungseinheit verzichten.

$$M_{X=k} = E\left[\Delta \mid X = k, D = 1\right]$$
$$= E\left[(Y_t + \Delta) - Y_t \mid X = k, D = 1\right]$$
$$= \underbrace{E\left[Y_t + \Delta \mid X = k, D = 1\right]}_{beobachtbar} - \underbrace{E\left[Y_t \mid X = k, D = 1\right]}_{unbeobachtbar}$$

Betrachtet man nur die beiden Teilgruppen „niedriges" ($k = 0$) und „mittleres Ausbildungsniveau" ($k = 1$) ergibt sich der Evaluationsparameter als

$$M_{X=k\in\{0,1\}} = \underbrace{\frac{\sum_{k\in\{0,1\}} E\left[Y_t + \Delta \mid X = k, D = 1\right] \cdot Pr(X = k \mid D = 1)}{\sum_{k\in\{0,1\}} Pr(X = k \mid D = 1)}}_{beobachtbar}$$
$$- \underbrace{\frac{\sum_{k\in\{0,1\}} E\left[Y_t \mid X = k, D = 1\right] \cdot Pr(X = k \mid D = 1)}{\sum_{k\in\{0,1\}} Pr(X = k \mid D = 1)}}_{unbeobachtbar}$$

Identifikationsstrategie. Als abschließender Schritt ist die Konstruktion der kontrafaktischen Situation durch eine geeignete *Identifikationsstrategie* notwendig. Eine *Identifikationsannahme* ist eine Annahme, die – vorausgesetzt sie ist *korrekt* – die *Konstruktion* einer kontrafaktischen Situation ermöglicht. Durch eine solche Annahme wird ein Populationsparameter *identifiziert*, wobei gilt:

Ein zu schätzender Parameter ist identifiziert, wenn er bei wachsendem Stichprobenumfang mit immer größerer Präzision geschätzt werden kann.

Für den oben beschriebenen Evaluationsparameter bedeutet dies, dass $E(Y_t|X = k, D = 1)$ *nicht* identifiziert ist. Selbst wenn man immer mehr Daten erheben würde (also den Stichprobenumfang immer weiter vergrößern würde), würde dies nicht dazu führen, dass man diesen bedingten Erwartungswert schätzen kann. Man benötigt daher eine Identifikationsannahme, die genau dies ermöglicht. Diese Identifikationsannahmen sind *nicht* testbar und *a priori* ist keine Identifikationsannahme besser oder schlechter als eine andere!

In der Praxis muss der Evaluationsparameter im Rahmen einer Stichprobe geschätzt werden, wobei der geschätzte Wert als eine Approximation an den tatsächlichen Wert angesehen werden muss. Eine erfolgreiche empirische Strategie erfordert grundsätzlich, dass diese Annäherung mit steigender Stichprobengröße zu immer geringer werdender verbleibender Unsicherheit führt. Wird für den hypothetischen Fall einer unendlich großen Stichprobe der tatsächliche Wert des Evaluationsparameters exakt gemessen, so ist die gewählte empirische Vorgehensweise in der Lage, den Parameter zu *identifizieren*.

Auch ohne weitere Annahmen ist der erste Populationsdurchschnitt in Gleichung (4.1) in der Stichprobe der Maßnahmenteilnehmer identifiziert, denn man könnte $E(Y_t + \Delta|X, D = 1)$ zumindest in einer unendlich großen Stichprobe perfekt ermitteln. Andererseits ist dies noch nicht einmal für das Gedankenexperiment einer unendlich dimensionierten Stichprobe für den Durchschnitt der kontrafaktischen Ergebnisse $E(Y_t|X, D = 1)$ denkbar. Evaluierungsprobleme drehen sich daher um die Frage, welche angemessene Identifikationsannahme es ermöglicht, diesen unbeobachtbaren kontrafaktischen Durchschnitt durch einen alternativen, identifizierten Populationsdurchschnitt zu ersetzen.

Beispiel 4.6. Erfolg von Werbung – Fortsetzung

Wie in **Beispiel 4.4** beschrieben, lässt sich der Evaluationsparameter für den Erfolg der Werbemaßnahme schreiben als

$$M(X) = E(Y_{Lt} + \Delta_L|X, D = 1) - E(Y_{Lt}|X, D = 1).$$

Wir können hierbei die kontrafaktische Situation, die durch den Term $E(Y_{Lt}|X, D = 1)$ beschrieben wird (den Umsatz der Filialen der Supermarktkette Lodl, wenn diese keine Werbebroschüre verteilt hätten), nicht beobachten. Wir müssen diesen Term daher durch eine geeignete Identifikationsstrategie konstruieren.

In der Regel sind die Maßnahmenteilnehmer heterogen hinsichtlich der Eigenschaften X, so dass der durchschnittliche Effekt für Maßnahmenteilnehmer als gewichteter Durchschnitt über alle einzelnen $M(X)$ gebildet werden muss. Im Folgenden wollen wir dabei von dem praktischen Problem absehen, dass es unerlässlich ist, zusätzlich zum geschätzten Parameter auch eine Abschätzung der verbleibenden Stichprobenunsicherheit bereitzustellen. Bei allen tatsächlichen Evaluierungsbemühungen muss diese Stichprobenunsicherheit natürlich sorgfältig bedacht werden.

Kernbotschaften

- Die entscheidenden konzeptionellen Schritte einer Evaluationsstudie liegen in der Wahl einer geeigneten Beobachtungseinheit, der Bestimmung einer geeigneten Erfolgsgröße, der (möglichst) vollständigen Ermittlung der Kosten der Intervention sowie der Wahl eines geeigneten Evaluationsparameters und einer überzeugenden Identifikationsstrategie.
- Diese Schritte müssen bei jeder Evaluation neu durchlaufen werden – ein Patentrezept existiert nicht.
- Zumeist kann nur die Effektivität einer Maßnahme bestimmt werden. Da meistens nicht alle Kosten (die direkten Kosten, die Opportunitätskosten aller Beteiligten und unerwünschte Nebeneffekte) einer Intervention bestimmt werden können, lässt sich nur in wenigen Ausnahmefällen deren Effizienz bzw. Nettoeffekt bestimmen.
- Das fundamentale Evaluationsproblem liegt darin, dass die kontrafaktische Situation nie beobachtet werden kann.
- Evaluationsprobleme drehen sich um die Frage, welche angemessene Identifikationsannahme es ermöglicht, den unbeobachtbaren kontrafaktischen Durchschnitt durch einen alternativen Populationsdurchschnitt zu ersetzen. Identifikationsannahmen sind nicht testbar; keine ist grundsätzlich besser oder schlechter als eine andere!
- Die Messung individueller kausaler Effekte ist nicht möglich. Daher wird versucht, zumindest durchschnittliche kausale Effekte verlässlich zu schätzen.

4.4 Experimentelle Studien

4.4.1 Kausaler Effekt bei zufallsgesteuerter Auswahl der Teilnehmer

Unter der Voraussetzung, dass es beim Aufbau einer Evaluationsstudie „im Labor" gelingt, die Wirkungsweise einer Maßnahme in der Praxis vollständig nachzustellen, ist ein experimentelles Vorgehen das konzeptionell überzeugendste empirische Vorgehen. Der Kern dieser Strategie ist die vollständige *zufallsgesteuerte* Auswahl von Teilnehmern an der Maßnahme und Nichtteilnehmern, der so genannten Kontrollgruppe. Da diese Zufallsauswahl aus solchen Individuen heraus erfolgt, die an der Maßnahme teilnehmen wollen, gilt für Mitglieder beider Gruppen $D_i = 1$.

Wenn man eine weitere Indikatorvariable R_i das Ergebnis dieser zufälligen Auswahl anzeigen lässt, so dass $R_i = 1$ die Zuweisung zur Teilnahme und $R_i = 0$ die Zuweisung zur Kontrollgruppe widerspiegelt, so lautet die entsprechende Identifikationsannahme

$$E(Y_t + \Delta | X, D = 1) - E(Y_t | X, D = 1)$$

$$= E(Y_t + \Delta | X, D = 1, R = 1) - E(Y_t | X, D = 1, R = 0). \qquad (4.2)$$

In der Tat sorgt die Zufallsauswahl bei hinreichender Stichprobengröße auch für eine Balance zwischen Teilnahme- und Kontrollgruppe hinsichtlich aller (beobachtbaren und unbeobachtbaren) Charakteristika, so dass eine Konstruktion bedingter Durchschnitte erst gar nicht überdacht werden muss – bloße Durchschnittsbildung der Ergebnisse beider Gruppen reicht zur Schätzung des durchschnittlichen Effekts der Maßnahme auf die Teilnehmer völlig aus.[4]

Beispiel 4.7. Das STAR-Experiment

Vor allem für die USA werden zur Evaluation wirtschafts- und gesellschaftspolitischer Maßnahmen soziale Experimente herangezogen. Ein solches Experiment ist das Projekt STAR (*Student-Teacher Achievement Ratio*). Dieses vierjährige Experiment wurde in Tennessee durchgeführt, um den Effekt der Reduzierung der Größe von Schulklassen auf den Lernerfolg der Schüler zu evaluieren (Krueger, 1999).[5] In diesen vier Jahren nahmen ca. 11.600 Schüler in 80 Schulen an dem Experiment teil. Die Gesamtkosten der Studie lagen bei ca. 12 Mio. \$ (im Jahr 2007 ca. 8,84 Mio. €), wobei sich diese Kosten überwiegend aus den Löhnen für die zusätzlich eingestellten Lehrer zusammensetzten.

Im Rahmen des Experiments wurden in Grundschulen drei verschiedene Klassen miteinander verglichen: (i) Schulklassen mit 22-25 Schülern, einem Lehrer und ohne Hausaufgabenhilfe, (ii) Schulklassen mit 22-25 Schülern, einem Lehrer und Hausaufgabenhilfe und (iii) kleine

---

[4] Eine formale Diskussion sozialer Experimente geben Björklund und Regnér (1996), Burtless (1995), Heckman und Smith (1995) und Heckman und Smith (1996). Eine Übersicht über experimentelle Studien in der empirischen Wirtschaftsforschung geben bspw. Angrist und Krueger (2001).

[5] Eine Übersicht der Literatur zum Zusammenhang zwischen der Größe von Schulklassen und dem Lernerfolg von Schülern geben die Beiträge einer Ausgabe des *Economic Journal*, die im Februar 2003 veröffentlicht wurde: Todd und Wolpin (2003), Krueger (2003), Hanushek (2003) und Dustmann, Rajah, und van Soest (2003).

Schulklassen mit 13-17 Schülern, einem Lehrer und ohne Hausaufgabenhilfe. Im Unterschied zur bisherigen Diskussion in diesem Kapitel, bei der wir uns immer auf den Vergleich von zwei Gruppen – die Maßnahmeteilnehmer und die Nicht-Teilnehmer – konzentriert haben, stehen hier drei Gruppen zur Verfügung, die man miteinander vergleichen kann. Die Unterscheidung dieser drei Gruppen ist notwendig, wenn man sowohl den Effekt der Klassengröße als auch den Effekt der Hausaufgabenhilfe evaluieren möchte.

Jede teilnehmende Schule hatte mindestens eine der drei genannten Klassentypen. Ab dem Schuljahr 1985/86 wurden alle neuen Schüler zufällig einem der drei Klassentypen zugeordnet. Am Ende jedes Schuljahres nahmen alle Schüler an einem standardisierten Lese- und Mathematiktest teil, um den Lernstand und den Lernerfolg der Schüler in den verschiedenen Klassentypen miteinander vergleichen zu können.

Zentrales Ergebnis der Studie von Krueger (1999) ist, dass Schüler, die den kleineren Klassen zugeteilt wurden, in den standardisierten Tests bessere Ergebnisse erzielten, wobei dieser Effekt für Schüler aus ethnischen Minderheiten und sozial benachteiligten Familien größer war. Hausaufgabenhilfen und die Charakteristika der Lehrer zeigten nur einen geringen Einfluss auf den Lernerfolg der Schüler.

In den USA haben insbesondere große soziale Experimente, wie die *National JTPA Study* (Bloom, Orr, Bell, Cave, Doolittle, Lin, und Bos, 1997), zu einem Sinneswandel bei den Politikern geführt; soziale Experimente gehören dort inzwischen zum Standard bei der Evaluation, insbesondere von Arbeitsmarktmaßnahmen. In Europa werden derartige Studien aus politischen, ethischen oder finanziellen Gründen häufig immer noch abgelehnt. Soziale Experimente in Großbritannien (Dolton und O'Neill, 1996), Norwegen (Dolton und O'Neill, 1996), den Niederlanden (Gorter und Kalb, 1996) und Schweden (Björklund und Regnér, 1996) sind hierbei noch die Ausnahme.

Kernbotschaften

- Soziale Experimente sind die konzeptionell überzeugendste empirische Vorgehensweise bei der Evaluation wirtschaftspolitischer Interventionen.
- Während die Methode des sozialen Experiments in den USA bei der Evaluation wirtschaftspolitischer Maßnahmen auch von Politikern geschätzt wird, wird sie in Europa aus politischen, ethischen, logistischen oder finanziellen Gründen immer noch abgelehnt.

Kann eine experimentelle Studie nicht durchgeführt werden, bleibt als einzige Möglichkeit eine nicht-experimentelle Studie. Das übergeordnete Ziel nicht-experimenteller Evaluierungsstudien ist es, durch geeignete Annahmen ein Experiment so gut wie möglich nachzustellen. Doch selbst wenn die Durchführung einer experimentellen Studie möglich ist, entstehen bei der praktischen Durchführung potenziell Probleme, die dazu führen können, dass der durch das Experiment gemessene Effekt nicht dem wahren kausalen Effekt entspricht.[6]

4.4.2 Interne Validität

Zu potenziellen Problemen kann es bei der Durchführung von Experimenten hinsichtlich der *internen* und *externen Validität* der Ergebnisse kommen. Von interner Validität spricht man, wenn die Ergebnisse für die Population gültig sind, aus der die Teilnehmer an dem Experiment gezogen wurden. Von externer Validität spricht man, wenn die Ergebnisse auch auf andere Populationen übertragen werden können.

Beispiel 4.8. Das STAR-Experiment – Fortsetzung

Das oben beschriebene STAR-Experiment ist intern valide, wenn die in diesem Experiment gefundenen Effekte den kausalen Effekt einer Reduzierung der Klassengröße auf den Lernerfolg der Schüler für die 80 teilnehmenden Schulen darstellen. Das Experiment wäre extern valide, wenn die in dem Experiment gemessenen Effekte auf alle Schulen in den USA übertragen werden können.

Die interne Validität eines Experiments kann gestört werden, wenn bei der Auswahl der Teilnehmer oder aufgrund einer nicht zufälligen Maßnahmeteilnahme keine vollständige Randomisierung der Teilnehmer gelingt. Darüber hinaus besteht die Möglichkeit, dass das Experiment selbst das Verhalten der Teilnehmer verändert. Auch in diesem Fall kann die interne Validität des Experiments gestört sein. Schließlich können zu kleine Stichproben eine unpräzise Schätzung der Effekte eines Experiments zur Folge haben.

---

[6] Siehe zur Diskussion in den zwei folgenden Abschnitten Stock und Watson (2007).

Unvollständige Randomisierung. Wie oben bereits dargestellt, ist das Herzstück eines Experiments die zufällige Auswahl der Maßnahmeteilnehmer aus der zugrunde liegenden Population. Kann keine zufällige Auswahl der Maßnahmeteilnehmer gewährleistet werden, besteht die Gefahr, dass auch ein Experiment zu verzerrten Schätzungen des Maßnahmeeffekts führt. Wird die Auswahl der Teilnehmer von irgendwelchen Charakteristika oder Präferenzen der Individuen beeinflusst, besteht die Möglichkeit, dass der ermittelte Maßnahmeeffekt zum Teil auf diese Charakteristika oder Präferenzen zurückzuführen ist und damit nicht den kausalen Effekt der Maßnahme widerspiegelt.

Beispiel 4.9. Teilnehmerauswahl anhand des Geburtstages

In einem Experiment zur Bestimmung des Effektes einer Weiterbildungsmaßnahme auf die Wiederbeschäftigungswahrscheinlichkeit von Arbeitslosen werden die Teilnehmer an der Maßnahme anhand ihres Geburtstages derart ausgewählt, dass Arbeitslose, die im ersten und dritten Quartal eines Jahres geboren wurden, an der Maßnahme teilnehmen. Personen, die in den beiden anderen Quartalen geboren wurden, können hingegen an der Maßnahme nicht teilnehmen.

Eine derartige Auswahl wäre keine Zufallsauswahl und der in einem solchen Experiment gemessene Maßnahmeeffekt würde nicht den kausalen Effekt der Weiterbildungsmaßnahme messen. Der Grund hierfür ist darin zu sehen, dass hinreichende Evidenz dafür vorliegt, dass das Quartal der Geburt mit den schulische Leistungen und der psychischen und physischen Gesundheit von Personen korreliert ist und dass Personen, die in den Wintermonaten geboren sind, mit einer geringeren Wahrscheinlichkeit aus Familien mit einem hohen Einkommen kommen (siehe hierzu bspw. Bound, Jaeger, und Baker (1995)).

Unvollständige Maßnahme. Ein weiteres Problem bei der praktischen Durchführung von Experimenten kann darin liegen, dass zwar die Zuteilung in die Teilnehmer- bzw. Kontrollgruppe zufällig ist, die aktuelle Teilnahme bzw. Nicht-Teilnahme jedoch nicht. So kann es bspw. vorkommen, dass eine Person zwar der Teilnehmergruppe zugeteilt wurde, jedoch nicht an der Maßnahme teilnimmt. In der einschlägigen Literatur wird dieser Fall auch als *partial compliance* bezeichnet. Es ist ebenfalls möglich, dass eine Person im Rahmen der Zufallsauswahl der Kontrollgruppe zugeordnet wurde, aufgrund bspw. eines Einspruchs dann aber doch an der Maßnahme teilnimmt.

Schließlich besteht die Möglichkeit, dass ein Teilnehmer zwar die Maßnahme beginnt, diese aber vorzeitig abbricht, weil er eine Stelle angenommen hat.

In all diesen Fällen würde für die Messung des Maßnahmeeffekts kein Problem entstehen, wenn die Ursachen der unvollständigen Maßnahmenteilnahme ebenfalls zufällig wären. Man muss im Normalfall jedoch davon ausgehen, dass dies nicht der Fall ist. Da die aktuelle Maßnahmenteilnahme von persönlichen Charakteristika und Präferenzen beeinflusst wird und diese Charakteristika bzw. Präferenzen wiederum mit der Erfolgsgröße korreliert sein können, kann der gemessene von dem kausalen Effekt der Maßnahme abweichen.

Hawthorne-Effekt. Das Experiment kann darüber hinaus das Verhalten der Teilnehmer verändern, so dass der kausale Effekt der Maßnahme mit einer Verzerrung gemessen wird. Dieser Effekt wird häufig auch als *Hawthorne-Effekt* bezeichnet. Dieser Name stammt von verschiedenen Experimenten, die die *General Electric Company* in den 1920ern und 1930ern in deren Fabrik in der Stadt Hawthorne durchgeführt hat. Mit diesen Experimenten sollte getestet werden, inwieweit sich Veränderungen im Arbeitsumfeld auf die Produktivität der Arbeiter auswirken. So wurden bspw. die Länge der Arbeitspausen variiert und die Arbeitszeit temporär reduziert. Dabei wurde festgestellt, dass die Produktivität der Arbeiter in der Fabrik unabhängig von diesen Veränderungen stetig anstieg. Aus dieser Beobachtung wurde die Schlussfolgerung gezogen, dass der Anstieg der Produktivität nicht auf die Veränderung des Arbeitsumfelds zurückzuführen ist. Vielmehr wurde vermutet, dass die verstärkte Aufmerksamkeit, die den Arbeitern der Hawthorne-Fabrik nicht nur von der Unternehmensführung, sondern auch in der Presse entgegengebracht wurde, dazu führte, dass diese immer härter arbeiteten.

In seltenen Fällen kann man den Hawthorne-Effekt durch eine entsprechende Gestaltung des Experiments vermeiden. Bei Experimenten zur Wirksamkeit von Arzneimitteln ist es bspw. möglich, das Placebo und den tatsächlichen Wirkstoff äußerlich identisch zu gestalten, so dass weder der Patient selbst noch der verabreichende Arzt erkennen können, welcher Patient den Wirkstoff bekommt. In wirtschaftswissenschaftlichen Experimenten ist eine derartige Ausgestaltung eines Experiments jedoch zumeist nicht möglich.

Kleine Stichproben. Die Durchführung von Experimenten ist in den meisten Fällen mit einem erheblichen finanziellen Aufwand verbunden. Daher werden häufig nur sehr wenige Personen einbezogen, mit der Folge, dass nur eine sehr kleine Stichprobe für die Auswertung zur Verfügung steht. Wie wir in den folgenden Kapiteln noch sehen werden, hat eine kleine Stichprobe zwar keine Verzerrung der gemessenen Effekte zur Folge, führt jedoch zu einer geringen Präzision der gemessenen Effekte.

4.4.3 Externe Validität

Ursachen der Verletzung der externen Validität – können die Ergebnisse eines Experiments also nicht generalisiert werden – sind nicht-repräsentative Stichproben und Maßnahmen sowie allgemeine Gleichgewichtseffekte.

Nicht-repräsentative Stichproben. Nur wenn die an einem Experiment teilnehmenden Personen eine repräsentative Stichprobe der interessierenden Bevölkerungsgruppe darstellen, können die Ergebnisse des Experiments verallgemeinert werden. Häufig wird diese Annahme verletzt, wenn die Teilnahme – wie es zumeist der Fall ist – freiwillig ist. Selbst wenn die Maßnahmezuteilung vollkommen zufällig ist, besteht die Möglichkeit, dass die freiwilligen Teilnehmer keine zufällige Stichprobe der Bevölkerung darstellen. Ist bspw. die Teilnahme an einem Experiment zu den Effekten einer Weiterbildungsmaßnahme für Arbeitslose freiwillig und haben die freiwilligen Teilnehmer im Durchschnitt eine höhere Motivation als ein repräsentativer Arbeitsloser, ist der in dem Experiment gemessene Maßnahmeeffekt zwar für die Maßnahmeteilnehmer unverzerrt. Es kann jedoch nicht davon ausgegangen werden, dass sich im Durchschnitt derselbe Maßnahmeeffekt einstellen wird, wenn ein repräsentativer Arbeitsloser an der Weiterbildungsmaßnahme teilnimmt.

Nicht-repräsentative Maßnahme. Häufig unterscheiden sich die durchgeführten Maßnahmen in einem zeitlich, räumlich und/oder finanziell begrenzten Experiment von der Maßnahme, die in der Realität durchgeführt wird. Man kann sich bspw. vorstellen, dass aufgrund finanzieller Restriktionen die bundesweite Einführung einer in einem Experiment getesteten Weiterbildungsmaßnahme die durchschnittliche Klassengröße erhöht und eine Verringerung der Qualitätskontrolle zur Folge hat. In diesem Fall ist davon auszugehen, dass der Maßnahmeeffekt in der bundesweiten Maßnahme geringer ist als der im Experiment festgestellte.

Allgemeine Gleichgewichtseffekte. In einem Experiment kann man das wirtschaftliche und politische Umfeld konstant halten und damit den kausalen Effekt einer Maßnahme identifizieren. Wird die Maßnahme jedoch bundesweit eingeführt, kann sie zu einer Veränderung des wirtschaftlichen Umfeldes und damit zu unterschiedlichen durchschnittlichen Maßnahmeeffekten führen. So kann in einem kleinen Experiment zu den Effekten einer Weiterbildungsmaßnahme eine ausreichende Qualität der Ausbilder gewährleistet werden. Wird diese Maßnahme jedoch bundesweit eingeführt, kann man aufgrund der gestiegenen Nachfrage nach Ausbildern gezwungen sein, auch weniger geeignete zu akzeptieren, so dass die durchschnittliche Qualität der Ausbilder sinkt und sich damit ein geringerer Maßnahmeeffekt einstellt. Darüber hinaus muss damit gerechnet werden, dass die erfolgreichen Teilnehmer an der bundesweiten Maßnahme weniger qualifizierte Arbeitnehmer aus dem Arbeitsmarkt verdrängen.

Beispiel 4.10. Das STAR-Experiment – Fortsetzung

Aufgrund von Problemen bei der Implementierung und der Durchführung des STAR-Experiments wurden erhebliche Zweifel sowohl an
seiner internen als auch an der externen Validität geäußert.

Hinsichtlich der internen Validität wurde angeführt, dass zum einen
viele Schüler, die das Experiment begonnen haben, im weiteren Verlauf ausgeschieden sind und zum anderen viele neue Schüler in das
Experiment aufgenommen wurden. Hanushek (1999) liefert deskriptive Evidenz, dass diejenigen Schüler, die aus dem Experiment ausgeschieden sind, in den Tests im Durchschnitt unterdurchschnittlich
abgeschnitten haben. Ein nicht zu vernachlässigender Teil der Schüler
hat nicht an den standardisierten Tests teilgenommen. Auch hier ist
unklar, inwieweit dies zufällig erfolgte. Darüber hinaus haben im Laufe des Experiments viele Schüler zwischen der Kontrollgruppe (große
Klassen) und der Teilnehmergruppe (kleine Klassen) gewechselt. Es
besteht die Vermutung, dass diese Wechsel auf Druck der jeweiligen
Eltern erfolgten. Es kann nicht nachvollzogen werden, ob die Lehrer hinsichtlich ihrer Qualität wirklich zufällig der Teilnehmer- bzw.
Kontrollgruppe zugeteilt wurden. Man könnte auch vermuten, dass
insbesondere bei den Lehrern ein Hawthorne-Effekt vorliegen könnte. Schließlich konnten die Lehrer vermuten, dass sich die Ergebnisse
zumindest mittel- bis langfristig auf die finanzielle Ausstattung der
Schule und ihre eigene Beschäftigungssituation auswirken würden.
Die Lehrer hatten damit einen Anreiz, dass gerade Schüler in kleinen
Klassen erfolgreich waren (Hoxby, 2000).

Auch hinsichtlich der externen Validität des Experiments bestehen
grundlegende Zweifel. So stellen die am Experiment teilnehmenden
Schulen keine repräsentative Stichprobe aller Schulen in Tennessee,
geschweige denn in den USA dar. Die Schulen nahmen freiwillig an
dem Experiment teil und mussten groß genug sein, um mindestens
drei Klassen in jeder Jahrgangsstufe zu haben. Im Vergleich zu allen Schulen in Tennessee hatten die am Experiment teilnehmenden
Schulen einen höheren Anteil von Schülern aus ethnischen Minderheiten und sozial schwachen Familien (Hanushek, 1999). Auch kann
aufgrund allgemeiner Gleichgewichtseffekte die externe Validität des
Experiments in Zweifel gezogen werden, da bei einer Verringerung

der Klassen in ganz USA eine nicht unerhebliche Anzahl neuer Lehrer eingestellt werden müsste und zu befürchten ist, dass damit die durchschnittliche Qualität der Lehrer abnehmen würde.

Kernbotschaften

- Die Nützlichkeit sozialer Experimente kann durch eine fehlende interne und externe Validität eingeschränkt sein.
- Interne Validität liegt vor, wenn die Ergebnisse für die Population gültig sind, aus der die Teilnehmer an dem Experiment gezogen wurden. Ursachen einer fehlenden internen Validität sind eine unvollständige Randomisierung, eine unvollständige Maßnahmenteilnahme, potenzielle Hawthorne-Effekte und kleine Stichproben.
- Externe Validität liegt vor, wenn die Ergebnisse eines Experiments verallgemeinert werden können. Ursachen einer fehlenden externen Validität sind nicht-repräsentative Stichproben und Maßnahmen sowie allgemeine Gleichgewichtseffekte.

4.5 Nicht-experimentelle Evaluation

Trotz der beschriebenen potenziellen Probleme, ist ein Experiment die konzeptionell überzeugendste Identifikationsstrategie. Häufig kann ein Experiment jedoch nicht durchgeführt werden. Man ist dann gezwungen, eine nicht-experimentellen Analyse[7] durchzuführen, bei der auf Datenmaterial zurückgegriffen wird, das sich aus dem Teilnahmeprozess heraus ergibt, das also insbesondere für Teilnehmer Informationen zu $Y_{ti} + \Delta_i$ und für Nichtteilnehmer Informationen zu Y_{ti} liefert. Die Informationen zu den Nichtteilnehmern müssen in einer Art und Weise verarbeitet werden, die die Vergleichbarkeit der beiden Gruppen – das Ziel eines gelungenen experimentellen Studiendesigns – bewerkstelligt. Dies kann nur durch eine geeignete Identifikationsannahme erreicht werden.

Mögliche Identifikationsstrategien, die im Folgenden näher erläutert werden, sind der *Querschnittsvergleich*, der *Vorher-Nachher-Vergleich*, der *Differenz-von-Differenzen*-Ansatz, das *exakte Matching*, der *Instrumentvariablenansatz* und der *Kontrollfunktionsansatz*. Alle diese Identifikationsstrategien beruhen auf einer jeweils eigenen Idee und Identifikationsannahme, die die Schätzung des Evaluationsparameters erlauben.

---

[7] Eine Überblick über nicht-experimentelle Evaluationsmethoden geben u.a. Schmidt, Zimmermann, Fertig, und Kluve (2001), Heckman, LaLonde, und Smith (1999), Heckman und Smith (1996), und Rosenbaum (2002).

4.5.1 Querschnittsvergleich

Identifikationsstrategie. Die Idee beim Querschnittsvergleich besteht in der Nutzung der Nichtteilnehmer als Vergleichsgruppe für die Teilnehmer, d.h. der Erwartungswert der Erfolgsgröße der Population der Nichtteilnehmer wird als kontrafaktische Situation für die Erfolgsgröße der Teilnehmer bei Nicht-Teilnahme verwendet. Es wird also die Identifikationsannahme getroffen, dass sich der Wert der Erfolgsgröße der Teilnehmer im Durchschnitt so entwickelt hätte wie der der Nichtteilnehmer, wenn die Teilnehmer nicht an der Maßnahme teilgenommen hätten. Formal lässt sich diese Identifikationsannahme wie folgt darstellen:

$$E(Y_t \mid X, D = 1) = E(Y_t \mid X, D = 0). \tag{4.3}$$

Unter dieser Annahme lässt sich der Maßnahmeeffekt (d.h. der *mean effect of treatment on the treated*) als

$$\begin{aligned} M_{X=k}^Q &= E(Y_t + \Delta \mid X, D = 1) - E(Y_t \mid X, D = 0) \\ &= \frac{1}{N_{1,X=k}} \sum_{i \in I_{1,X=k}} (Y_{ti} + \Delta_i) - \frac{1}{N_{0,X=k}} \sum_{j \in I_{0,X=k}} Y_{tj} \end{aligned} \tag{4.4}$$

schätzen. Hierbei bezeichnen $N_{1,X=k}$ die Anzahl der Teilnehmer (d.h. $D = 1$) mit den Charakteristika k und $N_{0,X=k}$ die Anzahl der Nichtteilnehmer (d.h. $D = 0$) mit denselben Charakteristika, während $I_{1,X=k}$ für die Stichprobe der Teilnehmer und $I_{0,X=k}$ für die Stichprobe der Nichtteilnehmer jeweils mit $X = k$ stehen. **Abbildung 4.1** verdeutlicht die Identifikationsstrategie graphisch. Die Abbildung zeigt den Verlauf der Erfolgsgröße Y von Teilnehmern und Nichtteilnehmer einer Maßnahme, die zum Zeitpunkt t_0 stattgefunden hat. Bei einem Querschnittsvergleich liegen nur Informationen über Y nach erfolgter Maßnahme, d.h. zum Zeitpunkt t vor. Der Maßnahmeeffekt wird bei dieser Identifikationsstrategie als Differenz der Punkte A und B geschätzt.

Potenzielle Probleme. Die Gültigkeit dieser Identifikationsannahme ist gefährdet, wenn sich die Teilnehmer aufgrund *unbeobachtbarer* Charakteristika, etwa ihrer Motivation oder ihren kognitiven Fähigkeiten, systematisch in eine der beiden Gruppen hinein selektieren. Dies wäre bspw. dann der Fall, wenn vor allem solche Personen an einer Maßnahme teilnehmen, die wissen, dass diese für ihre persönliche Situation auch tatsächlich von Nutzen ist, oder aber, wenn die Teilnehmer besonders motiviert sind.

In diesem Fall, also einer so genannten positiven Selbstselektion in die Gruppe der Maßnahmeteilnehmer, unterscheiden sich beide Gruppen systematisch aufgrund *unbeobachtbarer Heterogenität* (siehe hierzu auch Kapi-

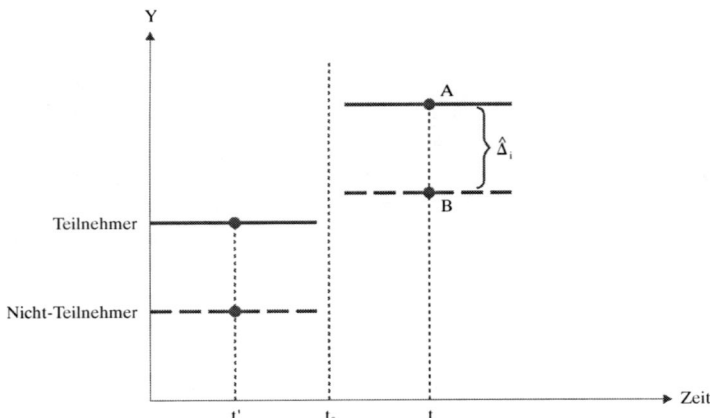

Abbildung 4.1. Die Idee des Querschnittsschätzers als Identifikationsstrategie.

tel 8). Der Maßnahmeeffekt würde durch einen Querschnittsvergleich überschätzt. Denn der höhere Wert der Erfolgsgröße der Maßnahmenteilnehmer käme zumindest zum Teil durch ihre vorteilhaften unbeobachtbaren Charakteristika, also ihre höhere Motivation, zustande. Dieser Effekt würde aber, da er unbeobachtbar ist, fälschlicherweise der Maßnahmenteilnahme zugerechnet, so dass der durch diese Identifikationsstrategie geschätzte Maßnahmeeffekt höher als der tatsächliche ausfiele.

Beispiel 4.11. Fußballstadion

In den vergangenen Jahren haben viele Vereine der Fußballbundesliga neue Arenen gebaut und sind von Stadien mit einer Laufbahn in reine Fußballstadien (d.h. Stadien ohne Laufbahn) umgezogen. Prominente Beispiele hierfür sind der FC Bayern München mit der Allianz-Arena sowie der FC Schalke 04 mit der Veltins-Arena. Ein häufig genanntes Argument für einen Neubau war dabei, dass in einem Stadion mit Laufbahn die Fans zu weit vom Spielgeschehen entfernt wären und Vereine, die in Stadien mit einer Laufbahn spielen, gegenüber Vereinen, die auf ein reines Fußballstadion zurückgreifen können, bei Heimspielen daher einen Nachteil hätten.

Wollte man dieses Argument mit Hilfe eines Querschnittsvergleichs evaluieren, würde man Daten aller Heimspiele einer Saison erheben. Mit diesen Daten würde man dann testen, ob die Wahrscheinlichkeit, ein Heimspiel zu gewinnen, für Vereine mit einem reinen Fußballstadion höher ist als für Vereine, die in einem Stadion mit einer

Laufbahn spielen. Ein potenzielles Problem hierbei könnte sein, dass sich nur erfolgreiche und damit finanzstarke Vereine ein eigenes Stadion leisten können. Diese Vereine werden sich aber auch potenziell einen Spielerkader mit einer höheren durchschnittlichen Qualität leisten können. Diese Vereine wären daher auch in einem Stadion mit Laufbahn überdurchschnittlich erfolgreich. Der Querschnittsvergleich würde dann einen Maßnahmeeffekt ausweisen, der nach oben verzerrt ist, d.h. als zu hoch ausgewiesen wird.

Kernbotschaften

- Beim Querschnittsvergleich wird der Erwartungswert der Erfolgsgröße der Nichtteilnehmer als kontrafaktische Situation für die Erfolgsgröße der Teilnehmer bei Nicht-Teilnahme verwendet, d.h. es wird die Identifikationsannahme getroffen, dass sich der Wert der Erfolgsgröße der Teilnehmer im Schnitt so entwickelt wie der der Nichtteilnehmer, wenn die Teilnehmer an der Maßnahme nicht teilgenommen hätten.
- Die Identifikationsstrategie führt zu falschen Ergebnissen, wenn sich Teilnehmer und Nichtteilnehmer hinsichtlich unbeobachtbarer Charakteristika (z.B. Motivation) systematisch unterscheiden.

4.5.2 Vorher-Nachher-Vergleich

Identifikationsstrategie. Die Idee beim Vorher-Nachher-Vergleich besteht darin, die Teilnehmer mit sich selbst zu vergleichen, d.h. man vergleicht den Wert der Erfolgsgröße *vor* der Intervention (also in t') mit dem Wert der Erfolgsgröße *nach* der Intervention (d.h. in t). Die hierfür notwendige Identifikationsannahme lautet

$$E(Y_t \mid X, D = 1) = E(Y_{t'} \mid X, D = 1). \tag{4.5}$$

Bei dieser Identifikationsstrategie unterstellt man, dass ein Teilnehmer, der sich durch die Charakteristika X auszeichnet, zum Zeitpunkt t im Schnitt den gleichen Wert der Erfolgsgröße gehabt hätte wie zum Zeitpunkt t', wenn er *nicht* an der Maßnahme teilgenommen hätte.

Unter dieser Annahme ist die Schätzung des Evaluationsparameters durch

$$
\begin{aligned}
M_{X=k}^{V-N} &= E(Y_t + \Delta \mid X, D = 1) - E(Y_{t'} \mid X, D = 1) \\
&= \frac{1}{N_{1,X=k}} \sum_{i \in I_{1,X=k}} [(Y_{ti} + \Delta_i) - Y_{t'i}]
\end{aligned}
\tag{4.6}
$$

möglich. Die Identifikationsstrategie des Vorher-Nachher-Vergleichs wird in **Abbildung 4.2** verdeutlicht. Bei dieser Strategie werden nur Informationen über die Teilnehmer vor der Maßnahme (d.h. zum Zeitpunkt t') und nach der Maßnahme (d.h. zum Zeitpunkt t) benötigt. Der Maßnahmeeffekt wird beim Vorher-Nachher-Vergleich als Differenz der Punkte A und B geschätzt.

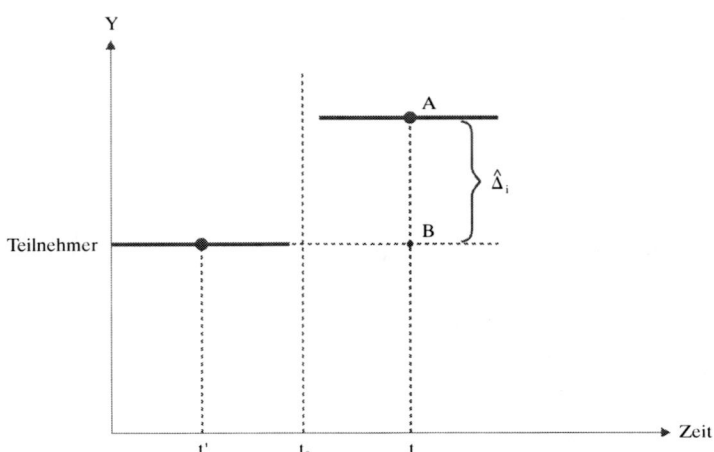

Abbildung 4.2. Die Idee des Vorher-Nachher-Vergleichs als Identifikationsstrategie.

Potenzielle Probleme. Das Hauptproblem dieser Identifikationsstrategie ist neben der Tatsache, dass sie mehr als nur einen Querschnittsdatensatz benötigt, die Sensitivität derselben hinsichtlich des Konjunkturzyklus. Erfahren bspw. die Teilnehmer an einer Qualifizierungsmaßnahme eine Erhöhung ihrer Beschäftigungsaussichten durch eine Verbesserung der konjunkturellen Lage, so wird dies im Vorher-Nachher-Vergleich der Maßnahmewirkung zugeschlagen – der wahre Maßnahmeeffekt würde überschätzt werden. Umgekehrt würde der wahre Effekt der Teilnahme bei einer Verschlechterung der Arbeitsmarktsituation durch einen Konjunkturabschwung unterschätzt.

Des Weiteren ist es für die Gültigkeit dieser Identifikationsannahme notwendig, dass der Wert der Erfolgsgröße *vor* der Intervention nicht durch die erwartete Teilnahme an der Maßnahme beeinflusst wird. Würden die Teilnehmer an einer Qualifizierungsmaßnahme bspw. ihre Suchanstrengungen im Vorfeld der Maßnahme einschränken, so wäre $Y_{t'}$ „unnatürlich" niedrig und der wahre Maßnahmeeffekt würde überschätzt. Dieses Phänomen wird als „Ashenfelter's Dip" bezeichnet (Ashenfelter, 1978). **Abbildung 4.3** verdeutlicht dieses Problem. Das Erfolgsmaß Y sei die Wahrscheinlichkeit, eine Anstellung zu finden. Nur aufgrund der Ankündigung der Qualifizierungsmaßnahme zum Zeitpunkt t'' verringern die Teilnehmer ihre Suchanstrengung bereits vor der Maßnahme, und die Wahrscheinlichkeit, eine Anstellung zu finden, sinkt. Liegen nun Informationen über die Maßnahmeteilnehmer zu den Zeitpunkten t und t' vor, würde der Vorher-Nachher-Vergleich die Differenzen $(A - B')$ als Maßnahmeeffekt ausweisen. Der tatsächliche Effekt ist jedoch nur die Differenz $(A - B)$. In diesem Fall wird der Effekt also um die Differenz $(B - B')$ zu hoch ausgewiesen.

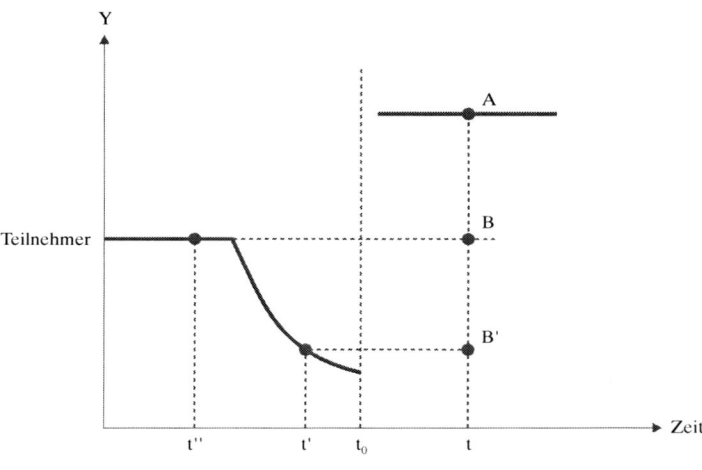

Abbildung 4.3. Ashenfelter Dip.

Beispiel 4.12. Fußballstadion – Fortsetzung

Wollte man die Hypothese, dass Vereine der Fußballbundesliga, die ihre Heimspiele in einem Stadion mit einer Laufbahn ausrichten, gegenüber Vereinen, die in reinen Fußballstadien spielen, mit Hilfe des Vorher-Nachher-Vergleichs testen, würde man nur Daten derjenigen Vereine sammeln, die von einem Stadion mit in ein Stadion ohne Laufbahn umgezogen sind. Mit Hilfe dieser Daten würde man testen, ob sich die Wahrscheinlichkeit, ein Heimspiel im neuen Stadion zu gewinnen, signifikant von der entsprechenden Wahrscheinlichkeit vor dem Umzug unterscheidet.

Diese Identifikationsstrategie würde zu einem verzerrten Ergebnis führen, wenn bspw. die Fernsehrechte an Fußballübertragungen für die Zeit nach dem Umzug zu einem höheren Preis verkauft würden und sich die Vereine aufgrund der damit verbundenen Einnahmen bessere Spieler leisten könnten.

Kernbotschaften

- Beim Vorher-Nachher-Vergleich nimmt man für die kontrafaktische Situation an, dass ein Teilnehmer nach der Maßnahme im Schnitt den gleichen Wert der Erfolgsgröße gehabt hätte wie vor der Maßnahme, wenn er nicht an der Maßnahme teilgenommen hätte, d.h. man vergleicht die Teilnehmer mit sich selbst.
- Die Identifikationsstrategie kann zu einer falschen Inferenz führen, wenn die Erfolgsgröße in dem betrachteten Zeitraum von konjunkturellen Entwicklungen beeinflusst oder das Verhalten der Teilnehmer vor der Maßnahme durch die erwartete Teilnahme beeinflusst wird (Ashenfelter's Dip).

4.5.3 Differenz-von-Differenzen-Ansatz

Identifikationsstrategie. Der Differenz-von-Differenzen-Ansatz (DiD) ist eine Kombination aus Querschnittsvergleich und Vorher-Nachher-Vergleich und zwar derart, dass die Nichtteilnehmer als Kontrollgruppe für die Teilnehmer benutzt werden (wie beim Querschnittsvergleich) und die Veränderung der Erfolgsgröße zwischen t' und t zwischen beiden Gruppen verglichen wird (wie beim Vorher-Nachher-Vergleich). Bezogen auf **Abbildung 4.4** ergibt sich der Evaluationsparameter bei dieser Identifikationsstrategie als $(A - B) - (C - D)$ bzw. $(A - C) - (B - D)$. Man vergleicht also die *Differenz* im Wert der Erfolgsgröße zwischen Teilnehmern und Nichtteilnehmern *vor* der Intervention (in t') mit der *Differenz* zwischen beiden Gruppen *nach* der Intervention (in t). Die Differenz der beiden Differenzen ist dann der Maßnahmeeffekt.[8]

Formal bedeutet dies, dass folgende Identifikationsannahme getroffen wird:

$$E(Y_t + \Delta | X, D = 1) - E(Y_t | X, D = 1)$$
$$= E(Y_t + \Delta - Y_{t'} | X, D = 1) - E(Y_t - Y_{t'} | X, D = 0). \quad (4.7)$$

Um den Maßnahmeeffekt identifizieren zu können, wird bei diesem Ansatz angenommen, dass der Unterschied (die Differenz) in den Erfolgsgrößen der

---

[8] Eine ausführliche Diskussion dieser Identifikationsstrategie und Beispiele für deren Anwendung findet sich u.a. in Meyer (1995), Angrist und Krueger (1999), Rosenbaum (2002), Bertrand, Duflo, und Mullainathan (2004), Besley und Case (2000) und Lee (2005).

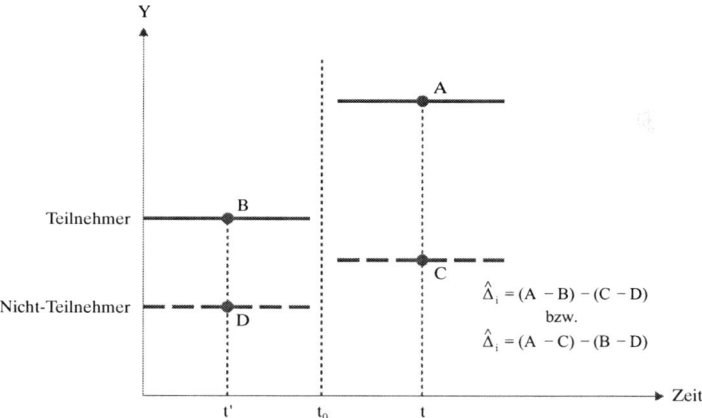

Abbildung 4.4. Die Idee der Differenz-von-Differenzen-Identifikationsstrategie.

Teilnehmer und Nichtteilnehmer über die Zeit hinweg konstant geblieben wäre, wenn die Teilnehmer an der Maßnahme nicht teilgenommen hätten. Liegt es also bspw. an einer vergleichsweise höheren unbeobachtbaren Motivation, dass alle Maßnahmeteilnehmer auch ohne die Maßnahme erfolgreich sind, und bleibt die Diskrepanz in der Motivation der Teilnehmer und Nichtteilnehmer im Zeitablauf konstant, dann löst die Mehrfachbeobachtung der Ergebnisse und die entsprechende Differenzenbildung das Problem der unbeobachteten Heterogenität. Anders gesagt, führt der bloße Einfluss unbeobachtbarer Heterogenität zwar zu Unterschieden der Arbeitsmarktergebnisse von Teilnehmern und Nichtteilnehmern, ist diese Differenz aber über die Zeit hinweg konstant, so kann ein Vergleich der Veränderungen (Differenzen) in den Populationsdurchschnitten vor und nach Durchführung der Maßnahme diesen unerwünschten Einfluss eliminieren. Die Schätzung des Evaluationsparameters erfolgt durch

$$
\begin{aligned}
M_{X=k}^{DiD} = {}& (E[Y_t + \Delta | X, D = 1] - E[Y_{t'} | X, D = 1]) \\
& - (E[Y_t | X, D = 0] - E[Y_{t'} | X, D = 0]) \\
= {}& \frac{1}{N_{1,X=k}} \sum_{i \in I_{1,X=k}} [(Y_{ti} + \Delta_i) - Y_{t'i}] \\
& - \frac{1}{N_{0,X=k}} \sum_{j \in I_{0,X=k}} (Y_{tj} - Y_{t'j}).
\end{aligned}
\tag{4.8}
$$

Potenzielle Probleme. Der Differenz-von-Differenzen-Ansatz eliminiert alle Unterschiede zwischen Teilnehmern und Nichtteilnehmern, die sich über die Zeit hinweg nicht ändern. Es verbleibt das Problem, dass er sensitiv auf temporäre ökonomische Schwankungen reagiert, die die Erfolgsgröße von Teilnehmern und Nichtteilnehmern *unterschiedlich* beeinflussen. Grundsätzlich ist diese Identifikationsstrategie gefährdet, wenn die Teilnehmer – gegeben ihre Ausgangsposition $E(Y_{t'}|X, D = 1)$ – eine *disproportionale* Veränderung im durchschnittlichen Ergebnis erfahren, die nicht auf die Maßnahme zurückgeführt werden kann. Dies ist bspw. beim Ashenfelter's Dip der Fall, wenn vor allem solche Individuen an einer Weiterbildungsmaßnahme teilnehmen, deren Arbeitsmarktsituation sich vor der Durchführung der Maßnahme kurzfristig, aber nur vorübergehend verschlechtert hat (für diese Individuen mit $D = 1$ wäre dann $Y_{t'}$ niedrig, jedoch Y_t hoch). Die Rückkehr zum üblichen Niveau würde dann vom Ansatz der Differenz-von-Differenzen fälschlicherweise der Maßnahme zugeschrieben.

Kernbotschaften

- Beim Differenzen-von-Differenzen-Ansatz nimmt man an, dass sich die Ergebnisgröße der Teilnehmer über die Zeit genauso entwickelt hätte wie die der Nichtteilnehmer, wenn die Teilnehmer nicht an der Maßnahme teilgenommen hätten.
- Die Identifikationsstrategie kann zu einer falschen Inferenz führen, wenn konjunkturelle Entwicklungen oder andere Faktoren die Ergebnisgrößen von Teilnehmern und Nichtteilnehmern über die Zeit unterschiedlich beeinflussen. Auch das Ashenfelter-Dip-Problem kann bei dieser Identifikationsstrategie zu falschen Ergebnissen führen.

Beispiel 4.13. Geschwindigkeitsbegrenzungen und der statistische Wert des Lebens

Im Jahr 1987 erlaubte die Regierung der USA ihren Staaten, auf Autobahnen in ländlichen Gebieten, nicht jedoch auf Autobahnen in städtischen Gebieten, die erlaubte Geschwindigkeit von 55 Mph (ca. 88,5 km/h) auf 65 Mph (ca. 104,6 km/h) zu erhöhen. 21 Staaten der USA erhöhten daraufhin die Geschwindigkeitsbegrenzung auf ihren Autobahnen in ländlichen Regionen.

Ashenfelter und Greenstone (2004) verwendeten diese Änderung in der Verkehrspolitik, um damit den Wert eines statistischen Lebens zu bestimmen. Der Wert eines statistischen Lebens ist ein in den Wirtschaftswissenschaften verwendetes Konzept, dessen wirtschaftspolitische Relevanz in seiner elementaren Bedeutung für Kosten-Nutzen-Analysen von staatlichen Interventionen zur Reduzierung von Gesundheitsrisiken liegt. Ziel des Konzepts ist nicht, einem Menschenleben einen mehr oder weniger willkürlichen Wert zuzuweisen. Es geht vielmehr darum, die von Individuen auf Märkten bezüglich ihrer Gesundheit und Sicherheit offengelegten Präferenzen geeignet zu interpretieren. Geben Individuen bspw. Geld für eine höhere Sicherheit ihrer Fahrzeuge aus, äußern sie Zahlungsbereitschaften für die Reduktion von Gesundheitsrisiken. Diese Zahlungsbereitschaft kann als implizite Bewertung des Lebens interpretiert werden. Ashenfelter und Greenstone (2004) argumentieren nun, dass mit der Erhöhung der Geschwindigkeitsbegrenzung auf Autobahnen in einigen Staaten der USA der Wert eines Lebens insofern bestimmt werden kann, als dass mit dieser Änderung in der Politik für eine erhöhte Wohlfahrt in Form eingesparter Zeit bei Autofahrten ein höheres Unfall- und damit Gesundheitsrisiko in Kauf genommen wird.

Tabelle 4.3 zeigt einige Ergebnisse der Studie von Ashenfelter und Greenstone (2004) für Autobahnen, die von der Änderung der Regelung im Jahr 1987 betroffen waren. In dieser Tabelle ist sowohl der Effekt der Politikmaßnahme einer Erhöhung der Geschwindigkeitsbegrenzung von 55 Mph auf 65 Mph auf Basis eines Querschnitts-, eines Vorher-Nachher-Vergleichs und eines Differenz-in-Differenzen-Ansatzes zu sehen.

Tabelle 4.3. Geschwindigkeitsbegrenzung und tödliche Unfälle

| | Staaten, die die Geschwindigkeitsbegrenzung | | |
	erhöhten (1)	nicht erhöhten (2)	(1) - (2) = (3)
Panel A: Zeitraum 1982-1986			
Rate der tödlichen Unfälle	1,423	0,957	0,466
Geschwindigkeit (Mph)	59,6	59,3	0,3
Panel B: Zeitraum 1988-1993			
Rate der tödlichen Unfälle	1,382	0,731	0,651
Geschwindigkeit (Mph)	64,3	61,2	3,1
Panel B - Panel A			
Rate der tödlichen Unfälle	-0,041	-0,226	0,185
Geschwindigkeit (Mph)	4,7	1,9	2,8

Quelle: Ashenfelter und Greenstone (2004), Tabelle 2A.

Spalte (3) von Panel B zeigt den Querschnittsvergleich, also die Differenz in der Rate der tödlichen Unfälle (gemessen anhand der Anzahl der Toten pro 100 Mio. gefahrenen Meilen) und der durchschnittlichen Geschwindigkeit nach der Politikmaßnahme zwischen Staaten, die die erlaubte Geschwindigkeit erhöht haben, und Staaten, die dies nicht getan haben. Nach den Ergebnissen dieses Querschnittsvergleichs führte die Erhöhung der Geschwindigkeitsbegrenzung zu einer Erhöhung der Rate der tödlichen Unfälle um 0,651 und einer Erhöhung der durchschnittlichen Geschwindigkeit um 3,1 Mph.

Die letzten beiden Zeilen der Spalte (1) zeigen die Ergebnisse eines Vorher-Nachher-Vergleichs, d.h. die Differenz der beiden Ergebnisgrößen vor und nach der Veränderung der Geschwindigkeitsbegrenzung für diejenigen Staaten, die die maximale Geschwindigkeit auf 65 Mph erhöht haben. Im Unterschied zum Querschnittsvergleich würde man anhand dieser Identifikationsstrategie zu dem Ergebnis kommen, dass die Erhöhung der Geschwindigkeitsbegrenzung zu einer Verringerung der Rate der tödlichen Unfälle geführt hat, obwohl sich die durchschnittliche Geschwindigkeit erhöht hat.

Die letzten beiden Zeilen der Spalte (3) zeigen schließlich die Effekte, die sich auf Basis eines Differenz-in-Differenzen-Ansatzes ergeben würden. Nach diesen Ergebnissen führt eine Erhöhung der Geschwindigkeitsbegrenzung von maximal 55 Mph auf maximal 65 Mph zu einer Erhöhung der Rate der tödlichen Unfälle um 0,185 und zu einer Erhöhung der durchschnittlichen Geschwindigkeit um 2,8 Mph.

Es bleibt dem Leser als Übung überlassen, die genauen Identifikationsannahmen der drei diskutierten Schätzer zu benennen und diese Identifikationsannahmen hinsichtlich ihrer Gültigkeit zu diskutieren.

Wir sollten an dieser Stelle aber die zentralen Ergebnisse von Ashenfelter und Greenstone (2004) (die auf komplizierteren Spezifikationen des Differenz-von-Differenzen-Ansatzes beruhen) nicht verschweigen. Die Schätzungen der beiden Autoren implizieren, dass die Erhöhung der Geschwindigkeitsbegrenzung zu einer Zeitersparnis von ca. 125.000 Stunden geführt hat. Bewertet man diese Stunden mit dem Durchschnittslohn, kann man den Wert eines statistischen Lebens auf ca. 1,54 Mio. US $ beziffern. Die Autoren merken jedoch an, dass diese Schätzung mit einer erheblichen Unsicherheit behaftet ist. Ähnliche Studien wurden auch für Deutschland durchgeführt. So beziffern Schaffner und Spengler (2005) den Wert eines statistischen Lebens in Deutschland mit 2,3 bis 3,0 Mio. €.

4.5.4 Matching

Identifikationsstrategie. Die Idee des *Differenz-von-Differenzen- Matching* besteht darin, jeder Beobachtungseinheit in der Teilnehmergruppe ein oder mehrere Mitglieder der Nichtteilnehmergruppe zuzuordnen, die möglichst ähnlich in ihren beobachtbaren Charakteristika sind. Zu diesen Charakteristika werden nun nicht nur die in X zusammengefassten sozio-ökonomischen Variablen gezählt, sondern insbesondere auch der Wert der Erfolgsgröße *vor* der Maßnahme, also $Y_{t'}$. Letzterer muss nicht notwendigerweise nur ein einzelner Wert sein, sondern kann auch eine „längere Vorgeschichte" beinhalten. Durch diese Vorgehensweise soll erreicht werden, dass beide Gruppen hinsichtlich aller relevanten Charakteristika vollständig ausbalanciert werden. Man versucht also, zu jedem Teilnehmer im Datensatz eine Art statistischen Zwilling zu finden.

Die hierfür notwendige Identifikationsannahme lautet

$$E(Y_t \mid X, Y_{t'}, D = 1) = E(Y_t \mid X, Y_{t'}, D = 0), \tag{4.9}$$

und die Schätzung des Evaluationsparameters erfolgt durch

$$M_{X=k}^{Match} = \frac{1}{N_{1,X=k}} \sum_{Y_{t'}} N_{1,X=k,Y_{t'}} \cdot$$

$$\cdot \left(\frac{1}{N_{1,X=k,Y_{t'}}} \sum_{i \in I_{1,X=k,Y_{t'}}} (Y_{ti} + \Delta_i) - \frac{1}{N_{0,X=k,Y_{t'}}} \sum_{j \in I_{0,X=k,Y_{t'}}} Y_{tj} \right). \tag{4.10}$$

Potenzielle Probleme. Ähnlich zum Querschnittsvergleich ist die Gültigkeit dieser Identifikationsstrategie gefährdet, wenn unbeobachtbare Heterogenität für eine Unausgewogenheit beider Gruppen sorgt. Dies wäre bspw. dann der Fall, wenn die Teilnehmer signifikant motivierter sind als die Nichtteilnehmer. Da bei diesem Ansatz die „komplette Vorgeschichte" der Beobachtungseinheiten berücksichtigt wird, kann diese Gefahr allerdings als weniger dramatisch als bei alternativen Identifikationsstrategien angesehen werden.

Ein weiteres – eher praktisches – Problem der Identifikation durch Matching ist die Tatsache, dass dieses Verfahren sehr datenhungrig ist. Man benötigt eine sehr große Stichprobe, um bei einer Fülle an bedingenden Variablen $(X, Y_{t'})$ für jeden Teilnehmer überhaupt geeignete Partner in der Gruppe der Nichtteilnehmer zu finden. Als Alternative zum exakten Matching hat sich deshalb das *Matching on the Propensity Score* etabliert. Hierbei werden in einem ersten Schritt die Determinanten der Teilnahmewahrscheinlichkeit[9] geschätzt und in einer zweiten Stufe dann die Zuordnung der „statistischen Zwillinge" lediglich anhand der in der ersten Stufe vorhergesagten Teilnahmewahrscheinlichkeit gebildet. Für eine ausführlichere Darstellung dieses Ansatzes vgl. u.a. Heckman, Ichimura, und Todd (1998), Heckman, LaLonde, und Smith (1999) und Schmidt, Zimmermann, Fertig, und Kluve (2001).

Beispiel 4.14. Qualifikationsmaßnahmen in Deutschland

Trotz seiner immensen Anforderungen an die zugrunde liegenden Daten stellt der Matching-Ansatz die derzeit vorherrschende Identifikationsstrategie bei der Evaluation arbeitsmarktpolitischer Maßnahmen dar. Einen Überblick über die Evaluation aktiver Arbeitsmarktpolitik und die Ergebnisse derartiger Studien für die Bundesrepublik Deutschland geben Fertig und Kluve (2004), Fertig, Kluve, Schmidt, Apel, Friedrich, und Hägele (2004), Fertig und Schmidt (2000), Schmidt, Zimmermann, Fertig, und Kluve (2001) und Fitzenberger und Hujer (2002).

Neuere Evidenz zur Wirksamkeit von Qualifikationsmaßnahmen für Arbeitslose auf Basis eines exakten Matching liefern Augurzky, Fertig, Kluve, und Rothgang (2006). Die Ergebnisse der Autoren weisen darauf hin, dass Qualifikationsmaßnahmen, die vom Europäischen Sozialfonds (ESF) ko-finanziert wurden, zu einer Erhöhung der Beschäftigungswahrscheinlichkeit der Teilnehmer führen. Dabei zeigen sich jedoch erhebliche Unterschiede zwischen verschiedenen Teilnehmergruppen. So haben die Maßnahmen insbesondere für Frauen und Personen, die vor 1968 geboren wurden, einen positiven Effekt. Ausländer und jüngere Teilnehmer können von den Maßnahmen jedoch nicht profitieren.

Dieses Ergebnis unterscheidet sich von früheren Studien zur Wirksamkeit von Qualifikationsmaßnahmen in Deutschland (Fitzenberger und Hujer, 2002). Die Gründe hierfür sehen die Autoren darin, dass sich ESF-finanzierte Qualifikationsmaßnahmen in wichtigen Punkten von entsprechenden Maßnahmen der Bundesagentur für Arbeit unterscheiden. So konzentrieren sich ESF-Maßnahmen auf Personen, die keine Unterstützung durch die Bundesagentur erhalten. Zum anderen

---

[9] Dies geschieht mittels Modellen für diskrete Wahlentscheidungen, die im Rahmen dieses Buches nicht näher erläutert werden. Siehe hierzu u.a. Greene (2008) oder Wooldridge (2002).

werden die Teilnehmer der ESF-Maßnahmen nicht von der Bundesagentur in diese Maßnahmen vermittelt. Vielmehr haben sich die Teilnehmer pro-aktiv für diese beworben.

Kernbotschaften

- Beim Matching-Ansatz versucht man, in den Daten zu jedem Teilnehmer einen Nichtteilnehmer zu finden, der hinsichtlich seiner Charakteristika und der vergangenen Werte der Erfolgsgröße einen „statistischen Zwilling" darstellt.
- Das größte praktische Problem dieses Ansatzes liegt in seinen immensen Anforderungen an die Daten.
- Trotz dieser Anforderungen ist dieser Ansatz bei der Evaluation arbeitsmarktpolitischer Maßnahmen vorherrschend.

4.5.5 Instrumentvariablenansatz

Identifikationsstrategie. Zu den alternativen Identifikationsansätzen, die die Natur des Einflusses der unbeobachtbaren Heterogenität auf die Arbeitsmarktergebnisse explizit berücksichtigen, zählen der *Instrumentvariablenansatz*, der in Kapitel 8 formal ausführlich dargestellt und mit mehreren Beispielen verdeutlicht wird, und der im nachfolgenden Abschnitt vorgestellte *Kontrollfunktionsansatz*. Die Idee des Instrumentvariablenansatzes besteht darin, Informationen über Determinanten der Teilnahme an einer Maßnahme, die mit dem Ergebnis der Maßnahme nichts zu tun haben, zu einer erfolgreichen Identifikation des Maßnahmeeffekts zu nutzen. Diese Determinanten der Maßnahmenteilnahme werden im Folgenden als Instrumentvariablen Z bezeichnet.

Konzeptionell kann man sich derartige Größen als Bestimmungsfaktoren der Teilnahmekosten vorstellen, bspw. als die Distanz zum Schulungszentrum. Formal müssen diese Instrumentvariablen

(i) die Teilnahme beeinflussen, so dass bspw. für ein binäres Z (d.h. eine 0/1-Variable) die Ungleichung $E(D|X, Z = 1) \neq E(D|X, Z = 0)$ erfüllt ist, aber

(ii) bedingt auf die Maßnahmenteilnahme das Ergebnis unbeeinflusst lassen, d.h. insbesondere $E(Y_t|X, Z = 1) = E(Y_t|X, Z = 0)$.

Die entsprechende Identifikationsannahme lautet dann

$$E(Y_t + \Delta|X, D = 1) - E(Y_t|X, D = 1)$$
$$= \frac{E(Y_t + D \cdot \Delta|X, Z = 1) - E(Y_t + D \cdot \Delta|X, Z = 0)}{E(D|X, Z = 1)E(D|X, Z = 0)}. \tag{4.11}$$

Intuitiv bedeutet dies, dass der gesuchte kontrafaktische Vergleich von Ergebnissen für Maßnahmeteilnehmer durch einen Vergleich der beobachtbaren Ergebnisse für Individuen mit unterschiedlichen Ausprägungen des Instruments ersetzt werden kann (bei gleichzeitiger Berücksichtigung des Korrekturfaktors im Nenner). Der Umstand, dass die Instrumentvariable lediglich durch ihren Einfluss auf die Teilnahme das beobachtete Ergebnis beeinflusst, ist dabei die entscheidende Voraussetzung, da dann

$$E(Y_t + D \cdot \Delta | X, Z = 1) - E(Y_t + D \cdot \Delta | X, Z = 0)$$
$$= E(\Delta | X, D = 1) \cdot E(D | X, Z = 1)$$
$$- E(\Delta | X, D = 1) \cdot E(D | X, Z = 0) \quad (4.12)$$

gilt. Unbeobachtbare Motivation bspw. gefährdet diesen Vergleich nicht, solange das Argument, die Lage des Schulungszentrums sei unabhängig von der Motivation eines Teilnehmers, aufrecht erhalten werden kann.

Potenzielle Probleme. Diese Identifikationsstrategie kann nur dann überzeugend sein, wenn die Voraussetzungen (i) und (ii) tatsächlich erfüllt sind. Annahme (ii) ist jedoch nicht testbar, so dass ohne eine hinreichende Kenntnis des Teilnahme- und Ergebnisprozesses auch kein erfolgreicher Instrumentvariablenansatz denkbar ist. Besonders wirksam als Instrument ist der oben eingeführte Indikator des zufallsgesteuerten Auswahlprozesses in einem Experiment. Heckman (1996) zeigt, dass Gleichung (4.11) in diesem Fall mit Gleichung (4.2) identisch ist. Die Identifikation durch Instrumentvariablen ist gefährdet, wenn die potenziellen Teilnehmer in ihre Entscheidung eine genaue Kenntnis des individuellen Maßnahmeerfolgs einfließen lassen. Dann wird statt des gewünschten Evaluationsparameters eine andere Größe ermittelt (vgl. Angrist, Imbens, und Rubin (1996), Angrist und Krueger (1999) oder Angrist und Krueger (2001)), die kleiner oder größer als dieser Parameter sein kann.

Kernbotschaften

- Beim Instrumentvariablenansatz werden Informationen über Determinanten der Teilnahme, die ihrerseits von der Erfolgsgröße unabhängig sind, verwendet, um den Maßnahmeeffekt zu identifizieren.
- Das entscheidende Problem dieser Identifikationsstrategie liegt darin, valide Instrumentvariablen zu finden, d.h. Variablen, die die Teilnahme an der Maßnahme, nicht jedoch die Erfolgsgröße beeinflussen.

4.5.6 Kontrollfunktionsansätze

Eine weitere Möglichkeit, die Kenntnis über Teilnahmedeterminanten Z_i zu nutzen, liegt in der Modellierung des Teilnahmeprozesses als ökonomisches Entscheidungskalkül. Ist man bereit, bei der Entscheidung über die Maßnahmenteilnahme zu unterstellen, dass jedes Individuum nur dann teilnimmt, wenn der erwartete Nettoeffekt der Teilnahme, also der Zugewinn Δ_i abzüglich der individuellen Teilnahmekosten C, positiv ist, dann erfordert die Beobachtung einer Maßnahmenteilnahme ($D = 1$), dass die Ungleichung

$$(Y_t + \Delta) - Y_t - C > 0$$

gilt, d.h. nur Individuen mit solchen Y_t der Förderung unterliegen, deren Kosten-Nutzen-Kalkulation diese Ungleichung erfüllt.

Dabei sollte man bedenken, dass zum Beispiel unbeobachtbare Motivation sowohl einen Einfluss auf Y_t (positiv) als auch auf C (negativ) haben kann. Somit stellt die Entscheidungsungleichung Informationen über die konkrete Ausprägung von Y_t bereit, auch wenn diese Größe dort nicht direkt vorkommt. Für Individuen in der Stichprobe, deren X und Z eigentlich stark gegen eine Teilnahme sprächen, die aber dennoch teilnehmen, ist unter diesen Voraussetzungen im Schnitt die Motivation, d.h. Y_t, hoch und umgekehrt. Diese Information erlaubt unter geeigneten Annahmen die Konstruktion eines Korrekturterms, der die Diskrepanz im Ergebnisvergleich von Teilnehmern und Nichtteilnehmern ausgleicht.

Diese Konstruktion erfolgt häufig mittels parametrischer Annahmen, insbesondere der Annahme gemeinsam normalverteilter Zufallsvariablen (Heckman, 1979). Dieser Ansatz, der auch unter der Bezeichnung *Sample-Selektions-Korrektur* bekannt ist, wurde in unzähligen empirischen Studien verfolgt und methodisch weiterentwickelt. Eine jüngere Übersicht der Literatur liefert Vella (1998). Die Beziehung zwischen Instrumentvariablenansatz und dem Einsatz von Kontrollfunktionen beleuchten z.B. Vella und Verbeek (1999).

Kernbotschaften

- Beim Kontrollfunktionsansatz versucht man, die Entscheidung zur Teilnahme an einer Maßnahme explizit zu modellieren und damit den kausalen Effekt der Maßnahme zu identifizieren.
- Diese Identifikationsstrategie hängt sehr stark davon ab, wie gut man die Entscheidung der Maßnahmenteilnahme mit den zur Verfügung stehenden Daten modellieren kann.

4.6 Anwendungsbeispiel: Mindestlohn und Beschäftigung

In einer viel beachteten Studie haben Card und Krueger (1995) die Beschäftigungswirkung der Erhöhung des Mindestlohns in New Jersey untersucht. Eine solche Mindestlohnerhöhung in nur einem Teil der USA kann als ein *natürliches Experiment* oder auch *Quasi-Experiment* angesehen werden, da die betroffenen Arbeiter dies selbst nicht beeinflussen können. Unter einem natürlichen Experiment versteht man eine Situation, in der eine Veränderung des individuellen Umfeldes dazu führt, dass die Maßnahmezuteilung als zufällig betrachtet werden kann. Solche Veränderungen entstehen bspw. durch Veränderungen in Gesetzen und Institutionen oder dem Zeitpunkt der Einführung einer Politikmaßnahme bzw. durch natürliche Zufälle wie den Geburtstag oder das Wetter.[10]

Es können zwei unterschiedliche Typen von natürlichen Experimenten unterschieden werden. Zum einen gibt es solche, bei denen die Maßnahmenteilnahme eines Individuums so behandelt werden kann, als wäre sie zufällig. Bei dieser Form des natürlichen Experiments wird häufig der Differenz-von-Differenzen-Ansatz verwendet. Die in diesem Anwendungsbeispiel analysierte Politikmaßnahme ist ein Beispiel für diesen Typus des natürlichen Experiments.[11] Beim zweiten Typus wird zur Bestimmung des Maßnahmeeffekts eine zufällige Variation verwendet, die nur eine von mehreren Determinanten der Maßnahmenteilnahme darstellt. Die in diesen Experimenten verwendete Identifikationsstrategie ist zumeist der Instrumentvariablenansatz (siehe hierzu auch Kapitel 8).

Im Jahr 1992 wurde in New Jersey (NJ) der Mindestlohn von 4,25 auf 5,00 US $ pro Stunde erhöht. Im benachbarten Bundesstaat Pennsylvania (PA) änderte sich der Mindestlohn jedoch nicht. Der Effekt dieser staatlichen Intervention wurde von Card und Krueger (1995) für Schnellimbiss-Restaurants untersucht. Hierzu wurden 410 Restaurants in New Jersey und dem angrenzenden östlichen Teil Pennsylvanias jeweils *vor* und *nach* der Mindestlohnerhöhung befragt.

---

[10] Eine detaillierte Diskussion von natürlichen Experimenten in der empirischen Wirtschaftsforschung geben Meyer (1995), Rosenzweig und Wolpin (2000) und Angrist und Krueger (2001).

[11] Ein weiteres gutes Beispiel für die Verwendung eines natürlichen Experiments ist die Studie von Card (1990), in der der *Miami Boatlift* zur Bestimmung des kausalen Effekts der Zuwanderung auf den Lohn von Einheimischen verwendet wird. Unter *Miami Boatlift* versteht man die stark angestiegene Zuwanderung in die Stadt Miami in Folge der temporären Aufhebung des kubanischen Ausreiseverbots durch Fidel Castro im Jahr 1980.

Der Schnellimbiss-Sektor wurde für diese Untersuchung gewählt, da es sich bei diesem um *den* typischen Niedriglohnsektor handelt (so genannte *McJobs*) und dieser insbesondere für die Beschäftigung gering qualifizierter Arbeitnehmer eine sehr große Bedeutung hat. Zudem ist die Fluktuation und somit die Anpassungsgeschwindigkeit der Beschäftigung in diesem Sektor sehr hoch. Schließlich sind die im Schnellimbiss-Bereich angebotenen Produkte vergleichsweise homogen, so dass auch der Einfluss der Mindestlohnerhöhung auf den Preis der angebotenen Produkte analysiert werden konnte. Die erste Datenwelle wurde zwei Monate vor Inkrafttreten der neuen Regelung erhoben. Zu diesem Zeitpunkt war die Erhöhung des Mindestlohns in New Jersey zwar schon in der politischen Diskussion, jedoch noch nicht endgültig beschlossen. Für die gewählte Identifikationsstrategie ist dieser Zeitpunkt wichtig, da damit die Gefahr eines Ashenfelter's Dips als gering einzustufen ist. Zwischen den beiden Datenerhebungswellen lagen zehn Monate, so dass die Beschäftigung acht Monate Zeit hatte, um sich an die neue Mindestlohnregelung anzupassen.

Die Befragung fand per Telefon statt. In der zweiten Welle waren sechs Restaurants dauerhaft und vier vorübergehend geschlossen. Für ein weiteres Restaurant lagen keine Daten vor. Es wurden jeweils Informationen zu der Anzahl der äquivalent Vollzeitbeschäftigten (eine Halbtagskraft zählt hierbei bspw. 0,5 Vollzeitbeschäftigte), dem Anteil der Vollzeitbeschäftigten, der Höhe des Lohns, der täglichen Öffnungsdauer, den Preisen der angebotenen Produkte und dem Vorhandensein von so genannten *fringe benefits* in Form einer Bonuszahlung für die Vermittlung neuer Arbeitskräfte erhoben.

Tabelle 4.4 fasst die wichtigsten Informationen zu der von den beiden Autoren verwendeten Stichprobe zusammen. Von Interesse ist dabei vor allem die durchschnittliche Beschäftigung je Restaurant vor (oberer Teil der Tabelle) und nach (unterer Teil der Tabelle) der Erhöhung des Mindestlohns in New Jersey (Standardfehler in Klammern). Die Stichprobe besteht aus allen Restaurants mit vorhandenen Angaben über Beschäftigte. Die letzte Spalte der Tabelle enthält das Ergebnis eines t-Tests über die Gleichheit der jeweiligen Mittelwerte in New Jersey und Pennsylvania.[12] Ein Wert von zwei oder größer deutet darauf hin, dass ein systematischer Unterschied zwischen den beiden Staaten in der jeweiligen Variablen besteht. **Tabelle 4.5** gibt eine Zusammenfassung der Evaluierung des Effekts der Mindestlohnerhöhung mittels der Differenz-von-Differenzen-Methode.

Als Ergebnis der Mindestlohnerhöhung lässt sich feststellen, dass der Niedrigststundenlohn in New Jersey wie geplant gestiegen ist, die Anzahl der äquivalent Vollzeitbeschäftigten im Vergleich zu Pennsylvania jedoch *nicht* abgenommen hat und im Durchschnitt der Preis für eine volle Mahlzeit leicht

---

[12] Für eine ausführliche Darstellung von t-Tests vgl. Kapitel 5.

Tabelle 4.4. Beschäftigungseffekte des Mindestlohns: Mittelwerte der wichtigsten Variablen (Standardfehler in Klammern)

	gesamt	NJ	PA	t-Test für NJ-PA
Mittelwerte vor Mindestlohnerhöhung (1. Welle)				
Beschäftigte (Vollzeitäquivalent)	21,0 (0,49)	20,4 (0,51)	23,3 (1,35)	-2,0
Anteil der Vollzeitbeschäftigten in %	33,3 (1,2)	32,8 (1,3)	35,0 (2,7)	-0,7
Niedrigststundenlohn in $	4,62 (0,02)	4,61 (0,02)	4,63 (0,04)	-0,4
Anteil mit Stundenlohn von $ 4,25	31,0 (2,3)	30,5 (2,5)	32,9 (5,3)	-0,4
Preis einer vollen Mahlzeit in $	3,29 (0,03)	3,35 (0,04)	3,04 (0,07)	4,0
Werbebonus	24,6 (2,1)	23,6 (2,3)	29,1 (5,1)	-0,1
Mittelwerte nach Mindestlohnerhöhung (2. Welle)				
Beschäftigte (Vollzeitäquivalent)	21,1 (0,46)	21,0 (0,52)	21,2 (0,94)	-0,2
Anteil der Vollzeitbeschäftigten in %	34,8 (1,2)	35,9 (1,4)	30,4 (2,8)	1,8
Niedrigststundenlohn in $	5,00 (0,01)	5,08 (0,01)	4,62 (0,04)	10,8
Anteil mit Stundenlohn von $ 4,25	4,9 (1,1)	0,0 (-)	25,3 (4,9)	-
Anteil mit Stundenlohn von $ 5,05	69,0 (2,3)	85,2 (2,0)	1,3 (1,3)	36,1
Preis einer vollen Mahlzeit in $	3,34 (0,03)	3,41 (0,04)	3,03 (0,07)	5,0
Werbebonus	20,9 (2,1)	20,3 (2,3)	23,4 (4,9)	-0,6

Anmerkungen: NJ: New Jersey; *PA:* Pennsylvania.
Quelle: Card und Krueger (1995), Tabelle 2.1.

Tabelle 4.5. Beschäftigungseffekte des Mindestlohns: DiD-Ergebnisse (Standardfehler in Klammern)

	Gesamt	NJ	PA	Differenz NJ-PA
Beschäftigte (VÄ) vor Maßnahme,	21,00	20,44	23,33	-2,89
alle verfügbaren Beobachtungen	(0,49)	(0,51)	(1,35)	(1,44)
Beschäftigte (VÄ) nach Maßnahme,	21,05	21,03	21,17	-0,14
alle verfügbaren Beobachtungen	(0,46)	(0,52)	(0,94)	(1,07)
Veränderung der Beschäftigung (VÄ)	0,05	0,59	-2,16	2,76
alle verfügbaren Beobachtungen	(0,50)	(0,54)	(1,25)	(1,36)

Anmerkungen: NJ: New Jersey; *PA:* Pennsylvania.

Quelle: Card und Krueger (1995), Tabelle 2.2.

erhöht wurde. Die Ergebnisse in **Tabelle 4.5** zeigen, dass die Beschäftigung in New Jersey in dem betrachteten Zeitraum signifikant stärker gestiegen ist als in Pennsylvania. Akzeptiert man, dass die Differenz-in-Differenzen-Methode in diesem Fall den kausalen Effekt des Mindestlohns auf die Beschäftigung identifiziert, bedeutet dieses Ergebnis, dass die Mindestlohnerhöhung zu einer Erhöhung der Beschäftigung geführt hat.

Mit einem einfachen Angebots-Nachfrage-Modell des Arbeitsmarktes mit vollkommener Konkurrenz kann dieses Ergebnis nicht begründet werden – man hätte in einem derartigen Modell eindeutig mit einem negativen Effekt der Mindestlohnerhöhung auf die Beschäftigung gerechnet. Es gibt verschiedene theoretische Modelle, mit denen die empirischen Ergebnisse von Card und Krueger (1995) erklärt werden können; u.a. kann ein positiver Effekt einer Mindestlohnerhöhung auf die Beschäftigung in einem Monopsonmodell abgeleitet werden. Man sollte auf Basis dieser Ergebnisse aber nicht pauschal die Schlussfolgerung ziehen, dass Mindestlöhne positive Beschäftigungseffekte haben, oder – wenn man etwas vorsichtiger ist – zumindest keine negativen Beschäftigungseffekte hervorrufen. Bevor man eine derartige Aussage trifft, sollte man erst die interne und externe Validität der Studie von Card und Krueger (1995) analysieren. Dabei kann die interne Validität der Studie nur schwerlich angegriffen werden. Es bestehen jedoch erhebliche Zweifel an der externen Validität der Studie, d.h. die Ergebnisse können nicht auf andere Sektoren oder sogar andere Länder übertragen werden.[13]

---

[13] Siehe Cahuc und Zylberberg (2004) und Neumark und Wascher (2007) für eine Übersicht der Literatur zu den Effekten von Mindestlöhnen.

Übungsaufgaben

4.1 Beurteilen Sie, ob die folgenden Aussagen *richtig* oder *falsch* sind und begründen Sie Ihre Antwort jeweils **kurz**.

a) Werden Beobachtungseinheiten (z.b. Arbeitslose) *vor und nach* einem wirtschaftspolitischen Eingriff (z.b. Weiterbildungsmaßnahme) beobachtet, so entsteht *kein* grundsätzliches Evaluierungsproblem, denn für jede Beobachtungseinheit, die der Maßnahme unterliegt (treatment), wird auch ein Ergebnis ohne die Maßnahme erhoben (control).

b) Ein statistisch signifikanter, positiver *mean effect of treatment on the treated* erlaubt den Schluss, dass jeder Teilnehmer von der Maßnahme profitiert hat.

c) An Ihrer Universität werden am Lehrstuhl Ökonometrie aufgrund der hohen Nachfrage Seminarteilnehmer über ein Losverfahren ausgewählt. Sie wollen evaluieren, ob die Teilnahme an diesem Seminar nach Abschluss des Studiums zu einem höheren Einkommen führt, und verwenden Daten von Absolventen, die sich für die Teilnahme an dem Seminar des Lehrstuhls Ökonometrie beworben haben. Da das Losverfahren als Experiment interpretiert werden kann, können Sie den kausalen Effekt des Seminars auf den Lohn zweifelsfrei identifizieren.

4.2 Angenommen, 70% der Teilnehmer an einer durch die Arbeitsagentur für Arbeitslose finanzierten Weiterbildungsmaßnahme haben ein Jahr nach Abschluss der Maßnahme eine Beschäftigung gefunden. War das Programm erfolgreich?

4.3 Nehmen Sie an, das einzig relevante Charakteristikum X für die Höhe des Lohnes sei der Schulabschluss der Individuen. Dieser sei beobachtbar und liege als kategoriale Variable vor, d.h. $X \in \{0, 1, 2\}$, wobei 0 keinen oder einen niedrigen, 1 einen mittleren und 2 einen hohen Schulabschluss bezeichnet. Wie lautet der Evaluationsparameter (*mean effect of treatment on the treated*), wenn die zu evaluierende Maßnahme nur für Individuen mit einem hohen Schulabschluss, nicht aber für Individuen mit keinem, einem niedrigen oder einem mittleren Abschluss relevant ist?

4.4 Im Jahr 1995 ist in allen 250 Regionen des Landes A das Fahren eines Kraftfahrzeugs mit einem Alkoholspiegel von mehr als 0,8 Promille verboten gewesen. Bis zum Jahr 2000 haben 100 der 250 Regionen eine Grenze von 0 Promille eingeführt, während alle anderen Regionen die Promille-Grenze nicht verändert haben.

Nehmen Sie an, Sie hätten für alle Regionen des Landes A nur Informationen zu dem Anteil an allen Unfälle, der auf Alkoholeinfluss zurückzuführen ist. Gehen Sie weiterhin davon aus, dass die Beobachtungen voneinander unabhängig sind. Welches Modell würden Sie schätzen, um zu testen, ob die Einführung der Null-Promille-Grenze zu einer Verringerung des Anteils der auf Alkoholeinfluss zurückzuführenden Unfälle geführt hat? Geben Sie eine detaillierte Erläuterung Ihrer Identifikationsstrategie.

4.5

a) Stellen Sie sich vor, Sie planten die Wirkung einer betrieblichen Fortbildungsmaßnahme anhand des Monatslohns der teilnehmenden Individuen zu untersuchen. Ihre Identifikationsstrategie sei der *Differenz-von-Differenzen-Ansatz*. Welches Problem haben Sie bei der Zuordnung des Maßnahmeeffektes, wenn viele der teilnehmenden Individuen einige Zeit vor der Maßnahme unterdurchschnittlich viele Überstunden leisten, weil sie wissen, dass sie an der Maßnahme teilnehmen werden?

b) Angenommen, ein Teil der Teilnehmer an einer Weiterbildungsmaßnahme zieht vor der Maßnahme in das Einzugsgebiet des Schulungszentrums. Inwiefern ist dadurch die Strategie einer Identifikation mit Hilfe einer Instrumentvariablen „Distanz zum Schulungszentrum" gefährdet?

4.6 Stellen Sie sich vor, Sie seien damit beauftragt, die Auswirkung einer Erhöhung der Tariflöhne um 2,5% für Arbeitnehmer in der Metallindustrie zum 1. Januar 1998 in Nordbaden auf die Beschäftigungssituation dieser Arbeitnehmer zu untersuchen.

a) Wie lautet die kontrafaktische Frage Ihrer Untersuchung und welches grundsätzliche Problem besteht hierbei?

b) Welche Auswirkungen dieser Tariflohnerhöhung würden Sie auf Basis theoretischer Überlegungen prognostizieren?

4.7 Nehmen Sie an, Sie besitzen eine Stichprobe mit Daten für 220 Unternehmen der Metallindustrie in *Nordbaden*. Darüber hinaus steht Ihnen eine Stichprobe mit den gleichen Daten zu 190 Unternehmen aus *Nordbayern* zur Verfügung. Die Datensätze enthalten folgende Informationen, jeweils zum Stichtag 1.10.1997 und 1.10.1998:

- die Anzahl der Arbeitnehmer pro Unternehmen (Vollzeitäquivalente),
- den Umsatz des Unternehmens in €,
- die Ausgaben für Investitionsgüter des Unternehmens in €,
- den durchschnittlichen Bruttomonatslohn der Arbeitnehmer in jedem Unternehmen in €.

Angenommen, die Erfolgsgröße für Ihre Untersuchung sei die Anzahl der Beschäftigten (Vollzeitäquivalente) in den Unternehmen Nordbadens und Ihre Evaluierungsstrategie sei ein Differenz-von-Differenzen-Ansatz. Die für die Durchführung einer Differenz-von-Differenzen-Evaluierung relevanten Informationen sind in der nachfolgenden Tabelle zusammengefasst worden.

Variable	Nordbaden		Nordbayern	
	Mittel-wert	Standard-abweichung	Mittel-wert	Standard-abweichung
Beschäftigung zum 1.10.1997	950.03	12.45	1024.12	26.89
Beschäftigung zum 1.10.1998	934.11	15.99	1011.07	36.97
Differenz in der Beschäftigung über die Zeit	-15.92	8.23	-13.05	7.45

a) Erläutern Sie jeweils verbal die Idee und die notwendigen Identifikationsannahmen des Differenz-von-Differenzen-Ansatzes.

b) Besteht eine signifikante Differenz in der Beschäftigung zwischen Nordbaden und Nordbayern jeweils am 01.10.1997 und am 01.10.1998?

c) Bestimmen Sie den Differenz-von-Differenzen-Schätzer für den mittleren Beschäftigungseffekt der Tariflohnerhöhung.

d) Ist dieser Effekt statistisch signifikant von Null verschieden?

e) Welche Auswirkung auf die Differenz-von-Differenzen-Evaluierung hätte es, wenn nordbadische Unternehmen in Erwartung einer deutlichen Tariflohnerhöhung bereits zum 30.09.1997 eine nennenswerte Anzahl an Arbeitnehmern entlassen hätten?

f) Welche Auswirkung auf die Differenz-von-Differenzen-Evaluierung hätte es, wenn die für Sie unbeobachtbare Motivation nordbadischer Arbeitnehmer in den Jahren 1997 und 1998 deutlich höher als die Motivation nordbayerischer Arbeitnehmer war?

4.8 Sie bekommen den Auftrag, die Auswirkungen der Einführung von Studiengebühren in NRW auf die Anzahl der eingeschriebenen Studenten zu evaluieren. Sie müssen Ihr Gutachten im Dezember 2008 abgeschlossen haben.

a) Wie würden Sie vorgehen, wenn Ihnen nur die Möglichkeit eröffnet wird, Daten von denjenigen Universitäten in NRW zu erheben, die im Sommersemster 2007 Studiengebühren einführen werden? Geben Sie eine detaillierte Beschreibung Ihrer (i) Identifikationsstrategie, (ii) der potenziellen Probleme, die im gegebenen Kontext mit Ihrer empirischen Strategie verbunden sein könnten sowie (iii) der Daten, die Sie erheben wollen.

b) Sie versuchen, Ihren Auftraggeber davon zu überzeugen, Ihnen auch die Erhebung von Daten derjenigen Universitäten zu ermöglichen, die keine Studiengebühren erheben werden. Sie argumentieren, dass Sie damit ein überzeugenderes Studiendesign realisieren könnten. Geben Sie eine Beschreibung der Identifikationsstrategie, die Sie mit diesen zusätzlichen Daten anwenden könnten. Welche Probleme der Identifikationsstrategie aus Teilaufgabe a) könnten Sie damit vermeiden?

5. Das lineare Regressionsmodell

„Pro Jahr habe ich mich ungefähr sechs Kilometer von meinem Geburtsort entfernt. Folglich werde ich 4647 in Australien leben."
(Marco Bode)

Lineare Regressionsmodelle sind die Arbeitspferde der empirischen Wirtschaftsforschung schlechthin. In diesem Kapitel werden die grundlegenden Konzepte dieser Modelle erläutert, wobei mit dem einfachsten Fall, dem bivariate Regressionsmodell, begonnen wird. Dies dient der Vorbereitung der Diskussion des multivariaten Regressionsmodells, bei der dann oft in Analogie zum bivariaten Fall argumentiert werden kann.

5.1 Das bivariate lineare Regressionsmodell

Angenommen, es besteht ein *linearer* Zusammenhang zwischen den beobachtbaren Größen X und Y wobei X auf Y wirkt und *nicht* umgekehrt. Weiterhin sei angenommen, dass dieser Zusammenhang nicht perfekt ist, da noch weitere, *unbeobachtbare*, Einflussfaktoren existieren, die *keinen systematischen* Einfluss auf Y haben und deshalb in der Zufallsvariablen ε_i zusammengefasst werden können. Für X und Y stehen jeweils N Beobachtungen $X_1, \ldots, X_N$ und $Y_1, \ldots, Y_N$ aus einer *Zufallsstichprobe* zur Verfügung. Dies bedeutet bspw., dass aus der Gesamtheit aller Individuen in der Bevölkerung N Individuen *zufällig ausgewählt* und für diese N Personen die individuellen Realisationen der Variablen Y_i und X_i erhoben wurden. Durch die Zufallsvariable ε_i wird das Modell *stochastisch*, d.h. durch diese Variable wird das ökonomische Modell

$$Y = \beta_0 + \beta_1 X \qquad (5.1)$$

zum ökonometrischen (stochastischen) Modell

$$Y_i = \beta_0 + \beta_1 X_i + \varepsilon_i, \qquad (5.2)$$

für $i = 1, \ldots, N$.

Die *Zufallsvariable* ε heißt *Störterm* des linearen Regressionsmodells, die Variable X wird als erklärende (exogene) Variable (*Regressor*) und Y als die *zu erklärende, abhängige* oder auch *endogene* Variable bzw. *Regressand* bezeichnet. Die Parameter β_0 und β_1 sind die *zu schätzenden Koeffizienten* des Modells. Dabei ist β_0 der Ordinatenabschnitt und β_1 die Steigung der Geraden.

Löst man Gleichung (5.2) nach der Störgröße des Modells auf, erhält man

$$\varepsilon_i = Y_i - (\beta_0 + \beta_1 X_i). \tag{5.3}$$

Gleichung (5.3) verdeutlicht, dass Y_i eine Zufallsvariable ist, da Y_i eine lineare Funktion der Zufallsvariablen ε_i ist. **Abbildung 5.1** veranschaulicht den Zusammenhang zwischen Y_i, X_i und dem spezifizierten bivariaten linearen Regressionsmodell.

Für gegebene Werte von X_i wird in **Abbildung 5.1** ein linearer Zusammenhang zwischen Y_i und diesen Werten von X_i unterstellt, wobei jeweils der bedingte Erwartungswert $E(Y_i|X_i)$ für jeden Wert $X_1, \ldots, X_N$ des Regressors auf der Geraden liegt. In den nun folgenden Abschnitten werden das bivariate lineare Regressionsmodell als Identifikationsstrategie, die Schätzung seiner unbekannten Parameter sowie die Eigenschaften der am häufigsten verwendeten Schätzer erläutert.

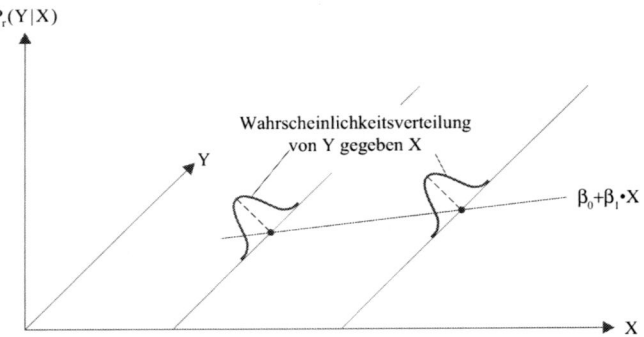

Abbildung 5.1. Der Zusammenhang zwischen Y und X im bivariaten linearen Regressionsmodell.

Kernbotschaften

Das bivariate lineare Regressionsmodell geschrieben werden als

$$Y_i = \beta_0 + \beta_1 X_i + \varepsilon_i, \ i = 1, \dots, N,$$

wobei

- Y die abhängige oder auch endogene Variable bzw. der Regressand ist,
- X die erklärende oder auch exogene Variable bzw. der Regressor ist.

5.2 Das lineare Regressionsmodell als Identifikationsstrategie

Die kontrafaktische Frage, die dem (ökonomischen) Modell zugrunde liegt, lautet:

> „Wie hoch wäre der Wert von Y_i gewesen, wenn X_i (*ceteris paribus*) einen anderen Wert angenommen hätte, d.h. zum Beispiel doppelt so hoch oder halb so hoch gewesen wäre?"

Da für jede Beobachtungseinheit i nur ein Beobachtungspaar (Y_i, X_i) zur Verfügung steht, ist die durch die kontrafaktische Frage implizierte Situation *unbeobachtbar*. Es sind daher Identifikationsannahmen erforderlich, die es erlauben, ein beobachtbares Gegenstück zu dieser unbeobachtbaren Situation zu konstruieren.

Im bivariaten linearen Regressionsmodell werden folgende entscheidenden Identifikationsannahmen getroffen:

1. Es existiert ein linearer Zusammenhang zwischen X und Y, wobei X einen Einfluss auf Y hat und *nicht* umgekehrt.
2. Dieser lineare Zusammenhang gilt für *alle* Zellen, d.h. für alle Beobachtungspaare (Y_i, X_i). Dieser lineare Zusammenhang schließt jedoch auch alle „leeren" Zellen mit ein, d.h. auch Kombinationen von Y_i und X_i, für die keine Beobachtungen in der Stichprobe vorhanden sind.
3. Als „Kontrollgruppe" für die Beobachtungseinheit i dienen alle anderen Beobachtungseinheiten $j = 1, ..., N$ $(j \neq i)$ in der Stichprobe.

Beispiel 5.1. Golf-Handicap und Aktienkurs

In einem Artikel der *New York Times* vom 31. Mai 1998 (Sektion 3, Seite 1) wird von einer Studie des Anlageexperten Graef Crystal berichtet, der den Zusammenhang zwischen dem Golf-Handicap von Managern und dem Aktienkurs der von diesen Managern geleiteten Unternehmen untersucht. Die Informationen über das Golf-Handicap von 51 Vorstandsmitgliedern erhielt der Autor aus der Zeitschrift *Golf Digest.* Für die Bewertung des Aktienkurses der Unternehmen konstruierte Graef Crystal einen Index, der den Erfolg der jeweiligen Aktie des Unternehmens der Manager bewertet. Dieser Index nimmt Werte zwischen 100 für die erfolgreichsten und 0 für die am wenigsten erfolgreichen Aktien an. Mit dieser Studie wollte Crystal die Hypothese analysieren, dass die Unternehmen von Managern mit einem sehr niedrigem Handicap (also gute Golfer) erfolgreicher sind, wobei der Erfolg eines Unternehmens mit der Entwicklung des Aktienkurses gemessen wird.

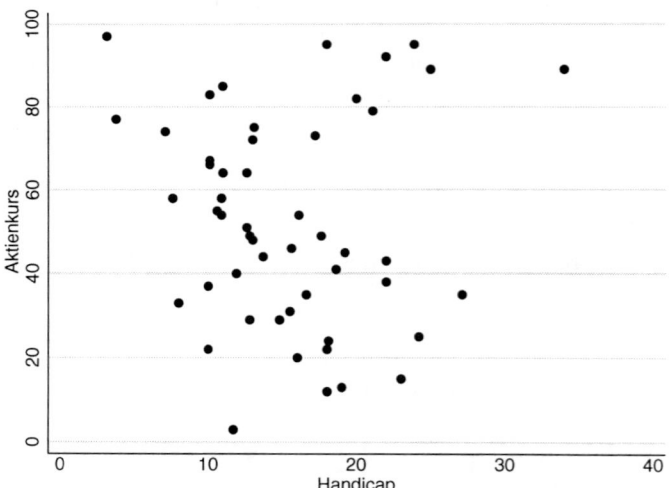

Abbildung 5.2. Golf-Handicap und Aktienkurs.

Abbildung 5.2 zeigt die Punktwolke des von Crystal verwendeten Datensatzes. Die Daten wurden aus dem *CHANCE Newsletter 7.06,*

27. Mai 1998 - 26. Juni 1998, entnommen.[1] Da für jeden Manager nur ein Beobachtungspaar zur Verfügung steht, kann die kontrafaktische Situation, welchen Erfolg die Aktie eines bestimmten Managers gehabt hätte, wenn dieser ein besseres oder schlechteres Handicap hätte, nicht beobachtet werden.

Im Unterschied zu den in Kapitel 4 diskutierten Identifikationsstrategien werden hier nicht *einzelne* Zellen über die Zeit bzw. über die Beobachtungseinheiten hinweg miteinander verglichen und daran anschließend ein Mittelwert geschätzt. Vielmehr wird eine Gerade durch *alle* Zellen gelegt. Dies hat den Vorteil, dass man weniger Beobachtungen benötigt als bei den Identifikations-strategien in Kapitel 4. Der Nachteil dieser Identifikationsstrategie ist jedoch, dass sie eine Annahme über die „leeren" Zellen erfordert.

Der Parameter, der die Antwort auf obige kontrafaktische Frage liefert, d.h die Frage, wie stark (*ceteris paribus*) die Änderung von Y gewesen wäre, wenn X einen marginal veränderten Wert angenommen hätte, ist β_1 aus Gleichung (5.2). Er ist gewissermaßen der „Evaluationsparameter" des bivariaten linearen Regressionsmodells. Ähnlich zu den Evaluationsparametern aus Kapitel 4, handelt es sich dabei um einen Durchschnittswert über alle Beobachtungseinheiten i. Im nächsten Abschnitt wird erläutert, warum dies so ist und wie man β_1 auf der Basis obiger Annahmen schätzen kann.

Kernbotschaften

Im bivariaten Regressionsmodell werden folgende Identifikationsannahmen getroffen:

- Zwischen der erklärenden Variablen X und der abhängigen Variablen Y existiert ein linearer Zusammenhang, wobei X auf Y wirkt und nicht umgekehrt.
- Dieser Zusammenhang gilt grundsätzlich nicht nur für alle Beobachtungspaare.
- Als Kontrollgruppe für ein Beobachtungspaar dienen alle anderen Beobachtungspaare.

---

[1] Siehe http://www.dartmouth.edu/~chance.

5.3 Die Schätzung der Parameter des Modells

Die Parameter β_0 und β_1 sind die zu schätzenden Koeffizienten des Modells. Der Parameter β_1 gibt den wahren, aber unbekannten (und deshalb zu schätzenden) Einfluss einer marginalen Veränderung der Variablen X auf die Variable Y an, d.h. $\partial Y / \partial X = \beta_1$.

Der ebenfalls wahre, aber unbekannte (und deshalb zu schätzende) Koeffizient β_0 gibt an, welchen Wert Y annehmen würde, wenn $X = 0$ wäre. Anschaulich bedeutet die Schätzung von β_0 und β_1, in die Punktwolke, die durch die Beobachtungspaare (Y_i, X_i) für $i = 1, ..., N$ entsteht, eine Gerade zu legen. Die Bestimmung dieser Geraden erfolgt dabei nach einem festgelegten Optimierungsziel.

Für die Schätzung der Parameter existieren mehrere *Schätzmethoden*, die sich vor allem darin unterscheiden, dass sie unterschiedliche Optimierungsziele verfolgen. Die beiden bekanntesten und am häufigsten verwendeten Schätzmethoden sind die „Methode der kleinsten Quadrate" (*Ordinary Least Squares, OLS*) bzw. KQ-Methode und die „Maximum Likelihood-Methode" (ML-Methode). Im Folgenden werden die Prinzipien der OLS-Methode und daran anschließend die konkrete Vorgehensweise der Schätzung der Parameter dargestellt. Die ML-Methode werden wir im Rahmen dieses Buches nicht weiter behandeln. Diejenigen, die an dieser Methode näher interessiert sind, möchten wir auf fortgeschrittene Lehrbücher der Ökonometrie, bspw. Greene (2008) oder Wooldridge (2006), verweisen.

5.3.1 Das OLS-Prinzip

Die bekannteste Schätzmethode ist die KQ- oder auch OLS-Methode. Ihr Optimierungsziel ist die Minimierung der Summe der quadrierten senkrechten Abstände $\hat{\varepsilon}_i$ der Beobachtungspaare (Y_i, X_i) von der dadurch zu bestimmenden Regressionsgeraden. Diese senkrechten Abstände zwischen den Beobachtungen und der Regressionsgeraden nennt man *Residuen*. In **Abbildung 5.3** wird dies graphisch veranschaulicht.

Formal sind die Residuen $\hat{\varepsilon}_i$ des bivariaten linearen Regressionsmodells gegeben durch:

$$\hat{\varepsilon}_i = Y_i - \hat{Y}_i = Y_i - \hat{\beta}_0 - \hat{\beta}_1 X_i. \tag{5.4}$$

Hierbei sind $\hat{\beta}_0$ und $\hat{\beta}_1$ die Schätzer der unbekannten Parameter β_0 und β_1. Das Residuum $\hat{\varepsilon}_i$ stellt die Schätzwerte der unbekannten Störgröße ε_i dar. $\hat{Y}_i$ nennt man den *vorhergesagten* oder auch *prognostizierten* Wert für ein gegebenes X_i:

$$\hat{Y}_i = E[Y_i | X_i] = \hat{\beta}_0 - \hat{\beta}_1 X_i.$$

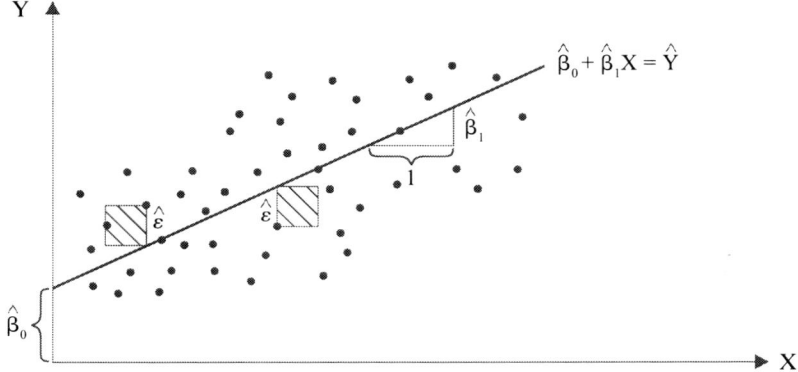

Abbildung 5.3. Das Optimierungsprinzip der OLS-Methode – Minimierung der quadrierten Residuen $\hat{\varepsilon}_i$.

Dieses $\hat{Y}_i$ liegt per Konstruktion auf der geschätzten Regressionsgeraden (vgl. auch **Abbildung 5.3**). Das Optimierungskalkül der OLS-Methode ergibt sich damit formal aus der Minimierung der Summe der quadratischen Residuen:

$$\min_{\beta_0,\beta_1} \quad \sum_{i=1}^{N} \hat{\varepsilon}_i^2 = \sum_{i=1}^{N}[Y_i - (\hat{\beta}_0 + \hat{\beta}_1 X_i)]^2. \tag{5.5}$$

5.3.2 OLS-Schätzung: Konkretes Vorgehen

Gesucht werden diejenigen Werte $\hat{\beta}_0$ und $\hat{\beta}_1$, die die Summe der quadrierten Residuen $\sum_i^N \hat{\varepsilon}_i^2$ minimieren. Aus den Bedingungen erster Ordnung erhält man die Gleichungen (5.6) und (5.7). Diese Gleichungen werden im Allgemeinen als *Normalgleichungen* bezeichnet:

$$\frac{\partial \sum_{i=1}^{N} \hat{\varepsilon}_i^2}{\partial \hat{\beta}_0} = -2 \sum_{i=1}^{N}(Y_i - \hat{\beta}_0 - \hat{\beta}_1 X_i) = 0 \tag{5.6}$$

und

$$\frac{\partial \sum_{i=1}^{N} \hat{\varepsilon}_i^2}{\partial \hat{\beta}_1} = -2 \sum_{i=1}^{N}(Y_i - \hat{\beta}_0 - \hat{\beta}_1 X_i)X_i = 0. \tag{5.7}$$

Durch Umformung der Normalgleichungen ergeben sich die Schätzformeln für $\hat{\beta}_0$ und $\hat{\beta}_1$ als

$$\hat{\beta}_0 = \overline{Y} - \hat{\beta}_1 \overline{X} \tag{5.8}$$

und

$$\hat{\beta}_1 = \frac{\overline{Y \cdot X} - \overline{Y} \cdot \overline{X}}{\overline{X^2} - \overline{X}^2} \tag{5.9}$$

mit

$$\overline{Y} = \frac{1}{N} \sum_{i=1}^{N} Y_i, \ \ \overline{X} = \frac{1}{N} \sum_{i=1}^{N} X_i, \ \ \overline{YX} = \frac{1}{N} \sum_{i=1}^{N} Y_i X_i, \ \ \overline{X^2} = \frac{1}{N} \sum_{i=1}^{N} X_i^2.$$

Gleichung (5.9) lässt sich noch etwas einfacher darstellen:

$$\hat{\beta}_1 = \frac{\sum_{i=1}^{N}(Y_i - \overline{Y})(X_i - \overline{X})}{\sum_{i=1}^{N}(X_i - \overline{X})^2} = \frac{\hat{\sigma}_{XY}}{\hat{\sigma}_X^2}. \tag{5.10}$$

Gleichung (5.10) zeigt, dass eine Variation in der erklärenden Variablen vorhanden sein muss, um eine OLS-Regression durchzuführen, da $\hat{\beta}_1$ nur berechnet werden kann, wenn $\sum_{i=1}^{N}(X_i - \overline{X})^2 = \hat{\sigma}_X^2 \neq 0$.

Man schätzt demnach zunächst $\hat{\beta}_1$ gemäß Gleichung (5.10) und nutzt dann den so gewonnenen Schätzwert für die Schätzung von $\hat{\beta}_0$ gemäß Gleichung (5.8). Die ausführliche Herleitung dieser Schätzformeln findet sich in Anhang A zu diesem Kapitel.

Beispiel 5.2. Preis für Einfamilienhäuser

Mit Hilfe des Datensatzes *haus.dta* wird der Zusammenhang zwischen der Wohnfläche (in m^2) und dem Kaufpreis (in Tausend €) von Einfamilienhäusern in einer deutschen Großstadt im Jahr 2005 analysiert. Für die in der bivariaten Regression verwendeten Variablen P für den Preis und qm für die Wohnfläche ergeben sich die folgenden Mittelwerte: $\overline{P} = 340{,}11$, $\overline{qm} = 219{,}79$, $\overline{P \cdot qm} = 92.339{,}62$ und $\overline{qm^2} = 80.892{,}02$. Für das bivariate Regressionsmodell

$$P = \beta_0 + \beta_1 qm + \varepsilon$$

berechnen sich die OLS-Schätzer für die Parameter β_0 und β_1 als

$$\begin{aligned} \hat{\beta}_1 &= \frac{\overline{P \cdot qm} - \overline{P} \ \overline{qm}}{\overline{qm^2} - \overline{qm}^2} \\ &= \frac{92.339{,}62 - 340{,}11 \cdot 219{,}79}{80.892{,}02 - 219{,}79^2} \\ &= \frac{17.583{,}44}{32.579{,}98} = 0{,}5397 \end{aligned}$$

und

$$\hat{\beta}_0 = \overline{P} - \hat{\beta}_1 \overline{qm} = 340{,}11 - 0{,}5397 \cdot 219{,}79 = 221{,}48.$$

Der geschätzte Wert für den Achsenabschnitt ($\hat{\beta}_0$) gibt an, dass ein Haus mit 0 m^2 Wohnfläche einen durchschnittlichen Preis in Höhe von 221,48 Tausend € hat, wobei man diesen Preis als Fixkosten (bspw. den Kosten des Erwerbs des Grundstücks) interpretieren kann. Der geschätzte Wert für den Steigungsparameter $\hat{\beta}_1$ besagt, dass der Preis durchschnittlich um 0,54 Tausend € steigt, wenn sich die Wohnfläche um 1 m^2 erhöht. **Abbildung 5.4** zeigt die geschätzte Gerade.

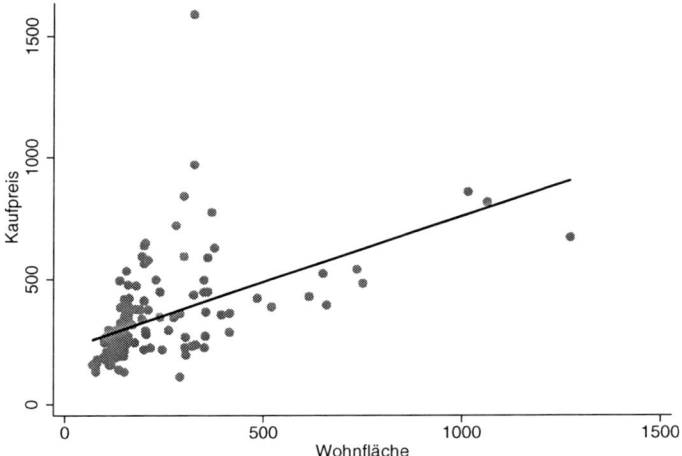

Abbildung 5.4. Wohnfläche und Kaufpreis von Einfamilienhäusern.

Beispiel 5.3. Golf-Handicap und Aktienkurs – Fortsetzung

Für den bereits beschriebenen Datensatz von Graef Crystal zur Analyse des Zusammenhangs zwischen dem Golf-Handicap H von Managern und dem Erfolg der von diesen Managern geleiteten Unternehmen, der mit der Entwicklung des Aktienkurses S gemessen wird, ergeben sich folgende Mittelwerte: $\overline{S} = 52{,}47$, $\overline{H} = 15{,}38$,

$\overline{S \cdot H} = 800,59$ und $\overline{H^2} = 272,32$.

Für das Regressionsmodell

$$S = \beta_0 + \beta_1 H + \varepsilon$$

berechnen sich die OLS-Schätzer für die Parameter β_0 und β_1 als

$$\hat{\beta}_1 = \frac{\overline{S \cdot H} - \overline{S} \cdot \overline{H}}{\overline{H^2} - \overline{H}^2} = \frac{800,59 - 52,47 \cdot 15,38}{272,32 - 15,38^2} = \frac{-6,40}{35,78} = -0,179$$

und

$$\hat{\beta}_0 = \overline{S} - \hat{\beta}_1 \overline{H} = 52,47 + 0,179 \cdot 15,38 = 55,22.$$

Abbildung 5.5 zeigt die geschätzte Gerade.

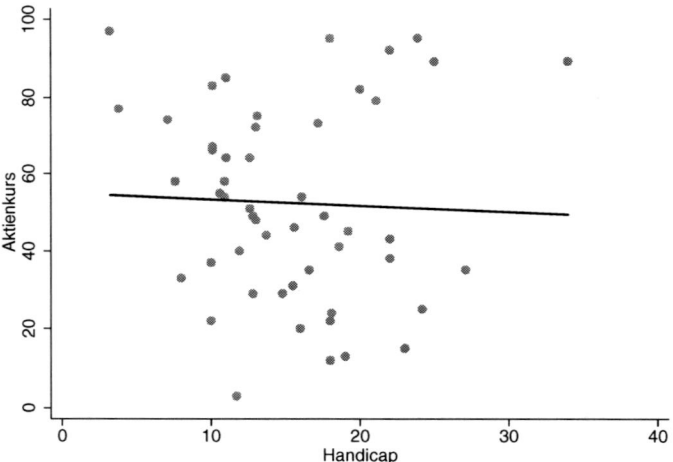

Abbildung 5.5. Golf-Handicap und Aktienkurs – Fortsetzung.

An dieser Stelle sei ausdrücklich der Unterschied zwischen dem geschätzten Koeffizienten des linearen Regressionsmodells und dem *Korrelationskoeffizienten*

$$\rho_{Y,X} = \frac{\hat{\sigma}_{XY}}{\hat{\sigma}_Y \cdot \hat{\sigma}_X}$$

betont. Im linearen Regressionsmodell wird bekanntlich eine Annahme über die Kausalrichtung gemacht. In unserem Fall sollte die Variable X auf Y

wirken und *nicht* umgekehrt. Dies hatte zur Konsequenz, dass im Nenner des Schätzers $\hat{\beta}_1$ die Variation bzw. Varianz des Regressors X verwendet wird und *nicht* die Varianz von Y. Dies ist beim Korrelationskoeffizienten anders. Hier wird durch die Standardabweichung beider Variablen dividiert.

Beispiel 5.4. Umkehrung der Kausalrichtung – Regression vs. Korrelation

Angenommen, man dreht im bivariaten linearen Regressionsmodell $Y = \beta_0 + \beta_1 X + \varepsilon$ die Kausalrichtung einfach um, d.h. man schätzt das Modell $X = \gamma_0 + \gamma_1 Y + \eta$. Die resultierenden Schätzer $\hat{\beta}_1$ und $\hat{\gamma}_1$ der jeweiligen Steigungsparameter β_1 und γ_1 lauten:

$$\hat{\beta}_1 = \frac{\hat{\sigma}_{XY}}{\hat{\sigma}_X^2} \quad \text{und} \quad \hat{\gamma}_1 = \frac{\hat{\sigma}_{XY}}{\hat{\sigma}_Y^2}.$$

Die beiden Schätzer unterscheiden sich durch die jeweilige Normierung der geschätzten Kovarianz von Y und X. Im ersten Fall wird diese mit der Varianz von X normiert, während sie im zweiten Fall durch die Varianz von Y dividiert wird. Der Korrelationskoeffizient zwischen Y und X ist jedoch vollkommen unabhängig von der Annahme über die Kausalrichtung.

Kernbotschaften

Bei der OLS-Schätzung geht man im bivariaten Fall in zwei Schritten vor:

1. Man schätzt in einem ersten Schritt den Steigungsparameter mit Hilfe der Formel

$$\hat{\beta}_1 = \frac{\sum_{i=1}^{N}(Y_i - \overline{Y})(X_i - \overline{X})}{\sum_{i=1}^{N}(X_i - \overline{X})^2} = \frac{\hat{\sigma}_{XY}}{\hat{\sigma}_X^2}.$$

2. In einem zweiten Schritt kann der Ordinatenabschnitt aus der Formel

$$\hat{\beta}_0 = \overline{Y} - \hat{\beta}_1 \overline{X}$$

berechnet werden.

5.4 Die Annahmen des bivariaten linearen Regressionsmodells

Da ε_i eine Zufallsvariable ist und jede Funktion einer Zufallsvariablen ebenfalls eine Zufallsvariable darstellt, ist Y_i auch eine Zufallsvariable. Da $\hat{\beta}_0$ und $\hat{\beta}_1$ lineare Funktionen von Y_i sind, sind auch $\hat{\beta}_0$ und $\hat{\beta}_1$ Zufallsvariablen. Intuitiv kann man sich auch vorstellen, dass $\hat{\beta}_0$ und $\hat{\beta}_1$ aus einer Zufallsstichprobe geschätzt werden, also mit Zufall behaftet sind, und deshalb Zufallsvariablen sind. Dies bedeutet wiederum, dass auch die Schätzer $\hat{\beta}_0$ und $\hat{\beta}_1$ jeweils einen *Erwartungswert* besitzen, deren Schätzwerte um diesen Erwartungswert herum streuen und daher neben dem Erwartungswert auch eine Varianz bzw. eine Standardabweichung besitzen.

Bevor darauf genauer eingegangen wird, sollen im nächsten Abschnitt die Annahmen, die für die Herleitung der statistischen Eigenschaften, d.h. die für die Beschreibung der Verteilungsfunktion der Schätzer $\hat{\beta}_0$ und $\hat{\beta}_1$ notwendig sind, erläutert werden. Im Rahmen einer empirischen Analyse sucht man nach Schätzern, die ganz bestimmte statistische Eigenschaften, etwa Erwartungstreue, Konsistenz und Effizienz, aufweisen. Es wird sich zeigen, dass der OLS-Schätzer der unbekannten Parameter β_0 und β_1 bei Gültigkeit gewisser Annahmen diese Eigenschaften erfüllt.

5.4.1 Die klassischen Annahmen

Die folgenden Annahmen (1) bis (5) werden häufig als die „klassischen" Annahmen des bivariaten linearen Regressionsmodells bezeichnet. Annahme (6) wird für die Maximum-Likelihood-Methode und statistische Tests benötigt.

(1) Die Beziehung zwischen X_i und Y_i ist linear, wobei X_i auf Y_i wirkt und nicht umgekehrt.

(2) Die X_i sind *nicht* stochastisch.

(3) Der Erwartungswert der Störterme ε_i ist Null, d.h. $E(\varepsilon_i) = 0$ für alle i.

(4) Die Störterme ε_i haben eine *konstante* Varianz: $Var(\varepsilon_i) = \sigma^2$ für alle i.

(5) Die Störterme sind *unkorreliert*, d.h. $Cov(\varepsilon_i, \varepsilon_j) = 0$ für alle $i \neq j$.

(6) Die Störterme sind unabhängig identisch (i.i.d.) normalverteilt.

Annahme (1) repliziert die für die Identifikationsstrategie des bivariaten linearen Regressionsmodells entscheidende Annahme über die Kausalrichtung des Modells. Annahme (2) wurde bei der Bestimmung von $E(Y_i)$ schon benutzt. Sie impliziert insbesondere, dass die Beobachtungen des Regressors X_i

frei von Messfehlern sind. Die Variable X_i ist demnach *keine* Zufallsvariable. Bei der Berechnung von Erwartungswerten, Varianzen und Kovarianzen kann X_i damit als konstant angesehen werden.

Annahme (3) wirkt auf den ersten Blick sehr restriktiv, stellt sich aber bei genauerem Hinsehen als wenig dramatisch heraus. Sie besagt, dass die in der Störgröße zusammengefassten Einflüsse keinen systematischen Beitrag zur Erklärung der abhängigen Variablen Y_i besitzen. Da die Störgröße ε_i eine Zufallsvariable ist, ist eine Annahme über die Höhe des Erwartungswertes von ε_i notwendig. Entscheidend ist dabei, dass der Erwartungswert von ε_i *existiert* und *konstant* ist. Die Annahme $E(\varepsilon_i) = 0$ ist nur eine spezielle Möglichkeit, deren Verletzung keine weitgehenden Folgen hat. Wenn bspw. $E(\varepsilon_i) = k$, wobei k konstant und ungleich Null ist, dann ließe sich das Modell so transformieren, dass $E(\varepsilon_i^*) = 0$ gilt und sich lediglich der Achsenabschnitt β_0, nicht aber der Steigungskoeffizient β_1 verändert:

$$Y_i = \beta_0 + \beta_1 X_i + \varepsilon_i$$
$$= \underbrace{\beta_0 + k}_{\beta_0^*} + \beta_1 X_i + \underbrace{\varepsilon_i - k}_{\varepsilon_i^*}$$
$$= \beta_0^* + \beta_1 X_i + \varepsilon_i^*.$$

mit $\beta_0^* := (\beta_0 + k)$, $\varepsilon_i^* := (\varepsilon_i - k)$ und

$$E(\varepsilon_i^*) = E(\varepsilon_i - k) = E(\varepsilon_i) - k = k - k = 0.$$

Die Annahme (4) einer konstanten Varianz des Störterms wird auch als *Homoskedastizitätsannahme* bezeichnet. Ist die Varianz des Störterms, d.h. der ebenfalls zu schätzende Parameter σ^2, nicht konstant für alle Beobachtungseinheiten, so spricht man von *Heteroskedastizität*. Dies wäre bspw. dann der Fall, wenn die Varianz des Störterms mit der Höhe der Variablen X_i variiert. Ein Beispiel hierfür wird in **Abbildung 5.6** gegeben.

In diesem Beispiel sind die Abweichungen der Punktwolke von der Geraden ganz offensichtlich nicht unsystematisch. Die Daten enthalten offenbar noch Informationen, die in dem bislang spezifizierten Modell nicht berücksichtigt wurden. Von einer Hinzunahme dieser zusätzlichen Informationen kann deshalb eine Verbesserung der Schätzung erwartet werden. Die hierfür notwendige Vorgehensweise der *Verallgemeinerten Methode der kleinsten Quadrate* (engl. *Generalized Least Squares*, GLS) wird in Kapitel 7 ausführlich dargestellt. Für den Moment wollen wir davon ausgehen, dass die Varianz des Störterms konstant ist, also Homoskedastizität vorliegt.

Eine Verletzung von Annahme (5), d.h. die Anwesenheit einer Korrelation zwischen einzelnen Realisationen des Störterms des Modells, hat ähnliche Implikationen wie eine Verletzung der Homoskedastizitätsannahme. In empirischen Analysen, die auf Zeitreihendaten basieren, tritt häufig das Phänomen

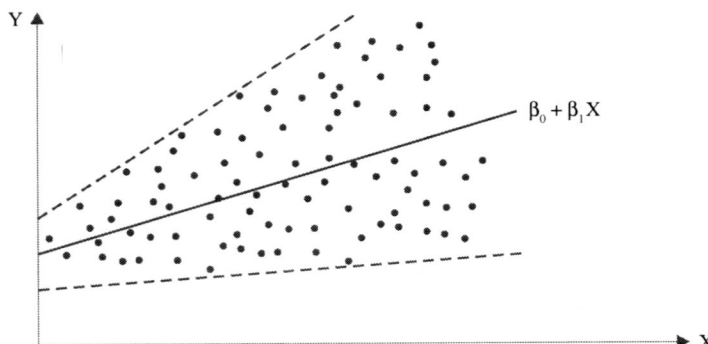

Abbildung 5.6. Heteroskedastizität – Die Varianz des Störterms steigt mit X.

auf, dass Beobachtungen aus einer bestimmten Periode mit Beobachtungen aus einer oder mehreren zurückliegenden Perioden korreliert sind. Die Existenz einer solchen *Autokorrelation* der Beobachtungen über die Zeit hinweg deutet ebenfalls darauf hin, dass der Störterm des linearen Regressionsmodells noch systematische Information enthält, die für die Schätzung der Parameter genutzt werden sollte. Auch hierfür eignet sich die GLS-Methode, die in Kapitel 7 vorgestellt wird.

Annahme (6) ist schließlich für die Überprüfung der statistischen Signifikanz der geschätzten Koeffizienten, die im übernächsten Abschnitt diskutiert wird, von zentraler Bedeutung. Alle diese Annahmen haben eine ganze Reihe von Konsequenzen für das Regressionsmodell und die Schätzer der unbekannten Parameter. Diese werden im nächsten Abschnitt erläutert.

5.4.2 Konsequenzen für das Regressionsmodell

Aus den Annahmen (1) bis (6) ergeben sich die folgenden interessanten Beziehungen:

1. Da die erklärende Variable X_i gemäß Annahme (2) nicht stochastisch ist, erhält man

$$E(X_i \varepsilon_i) = X_i E(\varepsilon_i) = X_i \cdot 0 = 0. \qquad (5.11)$$

Dies bedeutet, dass X_i und ε_i nicht korreliert sind, d.h. $Cov(X_i, \varepsilon_i) = 0$. Ist diese Annahme erfüllt, bezeichnet man X_i auch häufig als *exogene erklärende Variable*, während man von X_i als *endogene erklärende Variable* spricht, wenn diese Annahme verletzt ist. Die Verletzung der impliziten Annahme, dass $E(X_i \varepsilon_i) = 0$, ist eines der zentralen Probleme der empirischen Wirtschaftsforschung. Wir werden uns mit dieser Annahme insbesondere in Kapitel 8 dieses Buches noch sehr ausführlich beschäftigen.

Die Unkorreliertheit von X_i und ε_i impliziert weiterhin, dass

$$E(\varepsilon_i|X_i) = E(\varepsilon_i) = 0 \qquad (5.12)$$

und

$$Var(\varepsilon_i|X_i) = Var(\varepsilon_i) = \sigma^2, \qquad (5.13)$$

d.h. die Gleichheit des bedingten und unbedingten Erwartungswertes und der bedingten und unbedingten Varianz von ε_i. Dies bedeutet, dass man aus den beobachteten X_i nichts über den Erwartungswert und die Varianz von ε_i lernen kann.

2. Wegen der Annahmen (2) und (3) gilt für den Erwartungswert von Y_i

$$E(Y_i) = E(\beta_0 + \beta_1 X_i + \varepsilon_i) = \beta_0 + \beta_1 X_i, \qquad (5.14)$$

da die X_i nicht stochastisch sind und ε_i einen Erwartungswert von Null hat.

3. Die Annahme einer konstanten Varianz der Störterme – Annahme (4) – überträgt sich auf die Varianz der abhängigen Variablen, denn es gilt

$$\begin{aligned} Var(Y_i) &= E\left[(Y_i - E(Y_i))^2\right] \\ &= E\left[(\beta_0 + \beta_1 X_i + \varepsilon_i - \beta_0 - \beta_1 X_i)^2\right] \\ &= E(\varepsilon_i^2) = \sigma^2, \end{aligned} \qquad (5.15)$$

d.h. die Varianz von Y_i ist also ebenfalls konstant und gleich der Varianz von ε_i.

4. Hierzu analog führt Annahme (5), also die Unkorreliertheit der Störterme, dazu, dass auch die Beobachtungen der abhängigen Variablen Y_i unkorreliert sind, denn

$$\begin{aligned} Cov(Y_i, Y_j) &= E[(Y_i - E(Y_i))(Y_j - E(Y_j))] \\ &= E(\varepsilon_i \varepsilon_j) = 0 \text{ für alle } i \neq j. \end{aligned} \qquad (5.16)$$

5. Schließlich gilt für Y_i wegen Annahme (6)

$$Y_i \sim N(\mu, \sigma^2) \text{ mit } \mu = E(Y_i) = \beta_0 + \beta_1 X_i, \qquad (5.17)$$

da $\varepsilon_i \sim N(0, \sigma^2)$ und jede lineare Funktion einer normalverteilten Zufallsvariable wiederum normalverteilt ist.

Zusammenfassend lässt sich festhalten, dass sich die Annahmen über den Störterm weitgehend auf die abhängige Variable Y_i übertragen. Unter diesen Annahmen weisen die OLS-Schätzer eine Reihe begrüßenswerter Eigenschaften auf, die im folgenden Abschnitt diskutiert werden.

Kernbotschaften

Die klassischen Annahmen für das bivariate lineare Regressionsmodell lauten:

1. Die Beziehung zwischen X_i und Y_i ist linear, wobei X_i auf Y_i wirkt und nicht umgekehrt.

2. Die X_i sind *nicht* stochastisch.

3. Der Erwartungswert des Störterms ε_i ist Null, d.h. $E(\varepsilon_i) = 0$ für alle i.

4. Der Störterm ε_i hat eine *konstante* Varianz für alle Beobachtungen, d.h. $Var(\varepsilon_i) = \sigma^2$ für alle i (Homoskedastizität).

5. Die Störterme sind *unkorreliert*, d.h. $Cov(\varepsilon_i, \varepsilon_j) = 0$ für alle $i \neq j$ (Abwesenheit von Autokorrelation).

6. Die Störterme sind i.i.d. normalverteilt.

Die Annahmen über den Störterm übertragen sich weitgehend auf die abhängige Variable Y_i, d.h. insbesondere, dass $Y_i \sim N(\mu, \sigma^2)$ mit $\mu = \beta_0 + \beta_1 X_i$.

5.5 Die statistischen Eigenschaften der Schätzer

5.5.1 Statistische Eigenschaften der Schätzer

Unter den klassischen Annahmen (1) bis (5) sind die OLS-Schätzer $\hat{\beta}_0$ und $\hat{\beta}_1$ erwartungstreu. Ihre Erwartungswerte entsprechen also den tatsächlichen Populationsparametern β_0 und β_1, d.h. $E(\hat{\beta}_0) = \beta_0$ und $E(\hat{\beta}_1) = \beta_1$. Wir wollen diese Eigenschaft nur für den Steigungsparameter β_1 beweisen (ein allgemeiner Beweis findet sich im nächsten Abschnitt). Der Erwartungswert des Schätzer $\hat{\beta}_1$ ist gegeben durch

$$E(\hat{\beta}_1) = E\left(\frac{\sum_{i=1}^{N}(Y_i - \overline{Y})(X_i - \overline{X})}{\sum_{i=1}^{N}(X_i - \overline{X})^2} \right). \tag{5.18}$$

Da

$$Y_i - \overline{Y} = (\beta_0 + \beta_1 X_i + \varepsilon_i) - (\beta_0 + \beta_1 \overline{X}) = \beta_1(X_i - \overline{X}) + \varepsilon_i,$$

lässt sich Gleichung (5.18) wie folgt umformulieren:

$$E(\hat{\beta}_1) = E\left(\frac{\sum_{i=1}^{N} \beta_1(X_i - \overline{X})^2 + (X_i - \overline{X})\varepsilon_i}{\sum_{i=1}^{N}(X_i - \overline{X})^2}\right)$$

$$= \beta_1 + E\left(\frac{\sum_{i=1}^{N}(X_i - \overline{X})\varepsilon_i}{\sum_{i=1}^{N}(X_i - \overline{X})^2}\right). \tag{5.19}$$

Nach Gleichung (5.19) ist $\hat{\beta}_1$ erwartungstreu, wenn der zweite Term auf der rechten Seite dieser Gleichung gleich Null ist. Gelten die klassischen Annahmen, ist dies genau der Fall, da gemäß Annahme (2) die X_i nicht stochastisch sind und damit

$$E\left(\frac{\sum_{i=1}^{N}(X_i - \overline{X})\varepsilon_i}{\sum_{i=1}^{N}(X_i - \overline{X})^2}\right) = \frac{\sum_{i=1}^{N}(X_i - \overline{X})}{\sum_{i=1}^{N}(X_i - \overline{X})^2} \cdot E(\varepsilon_i)$$

gilt und gemäß Annahme (3) $E(\varepsilon_i) = 0$ ist.

Die Streuung der Schätzwerte um diese Erwartungswerte herum, d.h. die *Varianzen* der Schätzer, sind durch

$$Var(\hat{\beta}_0) = \sigma_{\hat{\beta}_0}^2 = \frac{\sigma^2 \sum_{i=1}^{N} X_i^2}{N \sum_{i=1}^{N}(X_i - \overline{X})^2} \tag{5.20}$$

und

$$Var(\hat{\beta}_1) = \sigma_{\hat{\beta}_1}^2 = \frac{\sigma^2}{\sum_{i=1}^{N}(X_i - \overline{X})^2} \tag{5.21}$$

gegeben. Die Herleitung dieser Gleichungen sei wieder exemplarisch für den Schätzer von β_1 gezeigt.[2] Aus der Definition einer Varianz ergibt sich

$$Var(\hat{\beta}_1) = E[(\hat{\beta}_1 - E(\hat{\beta}_1))^2] = E[(\hat{\beta}_1 - \beta_1)^2].$$

Aus dem obigen Beweis der Erwartungstreue von $\hat{\beta}_1$ (siehe Gleichung (5.19)) wissen wir außerdem, dass

$$\hat{\beta}_1 - \beta_1 = \frac{\sum_{i=1}^{N}(X_i - \overline{X})\varepsilon_i}{\sum_{i=1}^{N}(X_i - \overline{X})^2}.$$

Unter Berücksichtigung der klassischen Annahme (2), dass X_i nicht stochastisch ist und damit als Konstante behandelt werden kann, der Homogenitätsannahme und der Rechenregeln für Varianzen erhält man:

$$\sigma_{\hat{\beta}_1}^2 = \frac{\sum_{i=1}^{N}(X_i - \overline{X})^2 Var(\varepsilon_i)}{\left[\sum_{i=1}^{N}(X_i - \overline{X})^2\right]^2} = \frac{\sigma^2}{\sum_{i=1}^{N}(X_i - \overline{X})^2}.$$

---

[2] Eine alternative Herleitung von Gleichung (5.21) wird in Anhang B zu diesem Kapitel gegeben.

Die in den Gleichungen (5.20) und (5.21) dargestellten Varianzen der Schätzer sind unbekannt, da σ^2 einen zu schätzenden Parameter des Modells darstellt. Es kann aber gezeigt werden, dass

$$\hat{\sigma}^2 = \frac{\sum_{i=1}^{N} \hat{\varepsilon}_i^2}{N-2} \qquad (5.22)$$

einen unverzerrten Schätzer für σ^2 darstellt (der Beweis hierfür wird in Anhang C zu diesem Kapitel gegeben). Damit können die Schätzwerte für die Standardfehler aus den Wurzeln der geschätzten Varianzen berechnet werden:

$$\hat{\sigma}_{\hat{\beta}_0} = \sqrt{\frac{\hat{\sigma}^2 \sum_{i=1}^{N} X_i^2}{N \sum_{i=1}^{N} (X_i - \overline{X})^2}} \qquad (5.23)$$

und

$$\hat{\sigma}_{\hat{\beta}_1} = \sqrt{\frac{\hat{\sigma}^2}{\sum_{i=1}^{N} (X_i - \overline{X})^2}}. \qquad (5.24)$$

Gleichung (5.21) verdeutlicht, dass die Varianz von $\hat{\beta}_1$ umso kleiner ist bzw. die Präzision, mit der β_1 geschätzt werden kann, umso höher ist, je kleiner die Varianz σ^2 des Störterms (und damit auch die Varianz der Y_i) und umso größer die Variation der exogenen Variablen X ist.

Dieser Umstand wird anhand von **Abbildung 5.7** verdeutlicht. Im oberen Teil von **Abbildung 5.7** variieren die Beobachtungen des Regressors X_i nur innerhalb eines sehr kleinen Intervalls $[X^u, X^o]$, wohingegen die der abhängigen Variablen Y (und damit der Störterm) sehr stark variiert. Aus der Abbildung wird deutlich, wie schwierig es in einem solchen Fall ist herauszufinden, welche der zur Auswahl stehenden Geraden das OLS-Optimierungsziel erfüllt. Mit anderen Worten, in diesem Fall wird die Schätzung von β_0 und β_1 nur sehr unzuverlässig sein, bzw. der Standardfehler der Schätzer wird sehr hoch werden. Im unteren Teil von **Abbildung 5.7** hingegen variieren die Beobachtungen des Regressors X sehr stark, während nur eine geringe Variation der abhängigen Variablen Y vorliegt. In diesem Fall ist es vergleichsweise einfach, eine Regressionsgerade durch die Punktwolke zu legen.

Darüber hinaus ist festzuhalten, dass $\hat{\beta}_1$ ein *linearer* Schätzer ist, da er eine lineare Funktion (ein gewogenes Mittel) von Y_i darstellt:

$$\hat{\beta}_1 = \frac{\sum_{i=1}^{N}(X_i - \overline{X})Y_i}{\sum_{i=1}^{N}(X_i - \overline{X})^2} = \sum_{i=1}^{N} \underbrace{\frac{(X_i - \overline{X})}{\sum_{i=1}^{N}(X_i - \overline{X})^2}}_{c_i} Y_i = \sum_{i=1}^{N} c_i Y_i. \qquad (5.25)$$

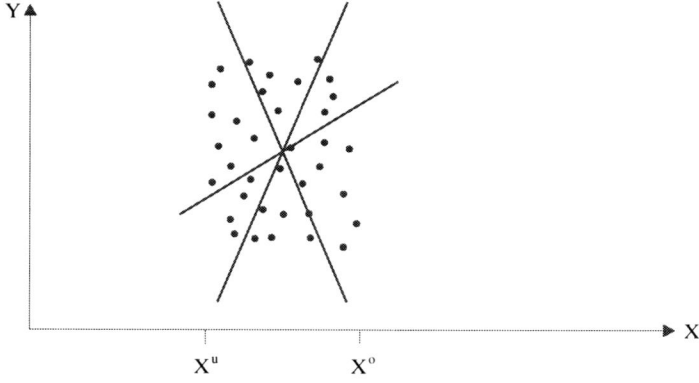

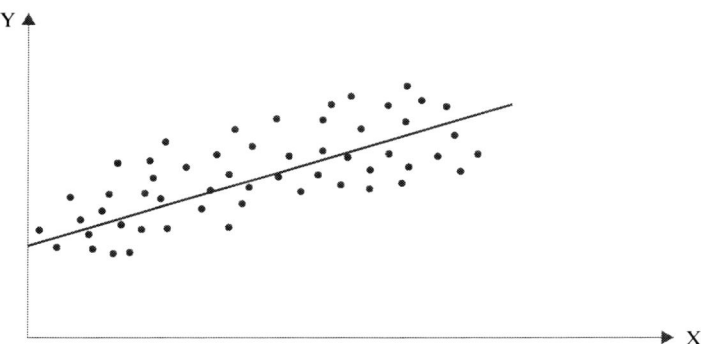

Abbildung 5.7. OLS-Schätzer und Variation in Y und X.

Da die c_i Konstanten sind (weil nach Annahme (2) die $X_1, \ldots, X_N$ nicht stochastisch sind), ist $\sum c_i Y_i$ ein gewogenes arithmetisches Mittel der Zufallsvariablen $Y_1, \ldots, Y_N$. Wenn gemäß Annahme (6) ε_i und deshalb auch Y_i normalverteilt ist, dann ist folglich auch $\hat{\beta}_1$ normalverteilt, da $\hat{\beta}_1$ eine lineare Funktion von Y_i darstellt. Es gilt wegen der Erwartungstreue von $\hat{\beta}_1$ und Gleichung (5.21):

$$\hat{\beta}_1 \sim N\left(\beta_1, \sigma^2 / \sum_{i=1}^{N}(X_i - \overline{X})^2\right). \tag{5.26}$$

Schließlich lässt sich zeigen (vgl. z.B. Greene (2008)), dass bei Gültigkeit der Annahmen (1) bis (5) die Varianz des OLS-Schätzers $\hat{\beta}_1$ kleiner oder gleich ist als die Varianz aller anderen Schätzer $\tilde{\beta}_1$, die ebenfalls *unverzerrt* und eine *lineare* Funktion von Y sind, d.h. es gilt $Var(\hat{\beta}_1) \leq Var(\tilde{\beta}_1)$. Unter diesen Annahmen ist der OLS-Schätzer also der *effiziente* Schätzer aus der Klasse der unverzerrten linearen Schätzer. Dies ist das so genannte

Gauss-Markov-Theorem und wird häufig als die BLUE-Eigenschaft des OLS-Schätzers bezeichnet, wobei BLUE für *best linear unbiased estimator* steht. Wir verzichten in diesem Buch auf einen Beweis des Gauss-Markov-Theorems und möchten den Leser hierzu auf andere Lehrbücher, bspw. Greene (2008), verweisen.

Kernbotschaften

Gelten die klassischen Annahmen, dann folgen die Schätzer $\hat{\beta}_0$ und $\hat{\beta}_1$ einer Normalverteilung mit den Erwartungswerten β_0 bzw. β_1 und den Varianzen $\sigma^2_{\hat{\beta}_0}$ und $\sigma^2_{\hat{\beta}_1}$, d.h. $\hat{\beta}_0 \sim N(\beta_0, \sigma^2_{\hat{\beta}_0})$ und $\hat{\beta}_1 \sim N(\beta_1, \sigma^2_{\hat{\beta}_1})$.

Weiterhin gilt in diesem Fall, dass die OLS-Schätzer $\hat{\beta}_0$ und $\hat{\beta}_1$ die besten unverzerrten linearen Schätzer darstellen, d.h. sie sind BLUE.

5.5.2 Test auf statistische Signifikanz der Schätzer

Die Tatsache, dass der OLS-Schätzer erwartungstreu ist, bedeutet, dass eine ausreichend häufige Wiederholung des Vorgangs „Ziehen der Stichprobe – Schätzen der Parameter – Speichern des Ergebnisses" auf Dauer und im Durchschnitt dazu führt, dass man den tatsächlichen Populationswert β erhält. Da eine solche Wiederholung in der Regel nicht möglich ist, muss man sich fragen, ob die geschätzten Werte nicht zufällig erheblich von dem zu schätzenden Parameter abweichen. Hierzu benötigt man eine Idee (oder einen Verdacht), wie groß diese Parameter tatsächlich sind.

Angenommen man hat den Verdacht, dass der tatsächliche Wert von β größer als z ist. Dann lautet die sog. *Nullhypothese* H_0: $\beta = z$ und die sog. *Einshypothese* oder *Alternativhypothese* H_1: $\beta > z$. Man bezeichnet einen derartigen Test als *einseitigen Test*. Es lässt sich zeigen, dass die Teststatistik

$$t = \frac{\hat{\beta} - z}{\hat{\sigma}_{\hat{\beta}}} \tag{5.27}$$

unter H_0 *t-verteilt* mit $N-2$ *Freiheitsgraden* ist, falls ε und damit auch $\hat{\beta}$ normalverteilt sind. Allgemein ergibt sich die Anzahl der Freiheitsgrade immer als die Anzahl der Beobachtungen abzüglich der zu schätzenden Parameter des Regressionsmodells. Im bivariaten Fall sind dies zwei: die Konstante und der Steigungskoeffizient.

Um die oben genannte Hypothese zu testen, muss man sich in einem ersten Schritt ein Signifikanzniveau bzw. eine Irrtumswahrscheinlichkeit vorgeben. Diese Irrtumswahrscheinlichkeit bestimmt, mit welcher Wahrscheinlichkeit wir zulassen, die Nullhypothese abzulehnen, wenn sie in Wirklichkeit wahr ist. Man bezeichnet dies in der Statistik auch als den Fehler 1. Art. Als Fehler 2. Art bezeichnet man den Fall, dass man die Nullhypothese für wahr hält, obwohl die Alternativhypothese korrekt ist. In der Literatur hat sich eine Irrtumswahrscheinlichkeit von 5% oder 1% (bzw. ein Signifikanzniveau von 95% bzw. 99%) durchgesetzt. Wählen wir bspw. eine Irrtumswahrscheinlichkeit von 5%, erlauben wir, dass die Nullhypothese in 5% aller Fälle fälschlicherweise abgelehnt wird.

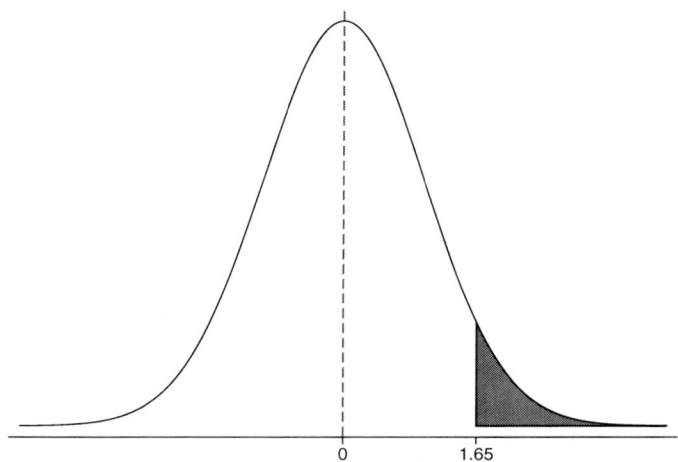

Abbildung 5.8. Einseitiger t-Test.

Für die Testentscheidung bedeutet dies, dass die Nullhypothese H_0: $\beta = z$ bei einer vorgegebenen Irrtumswahrscheinlichkeit von z.B. 5% oder 1% gegen die Alternativhypothese H_1: $\beta > z$ verworfen werden kann, wenn die berechnete t-Statistik größer als der kritische Wert der t-Verteilung, t_{N-2}^* mit N-2 Freiheitsgraden ist. In diesem Fall bezeichnet man $\hat{\beta}$ „*statistisch signifikant größer als z*". Ist dieser kritische Wert kleiner als die berechnete t-Statistik, kann die Nullhypothese nicht verworfen werden.

Abbildung 5.8 verdeutlicht das Vorgehen des t-Tests für die Nullhypothese, dass der Steigungskoeffizient gleich Null ist, d.h. für den Test, dass H_0: $\beta = 0$ gegen die Alternativhypothese H_1: $\beta > 0$. Bei N Beobachtungen bildet man einen Bereich am rechten Rand der relevanten t-Verteilung, der 5% der t-Verteilung abbildet. Die Nullhypothese wird abgelehnt, wenn die t-Statistik in diesen Bereich fällt; wenn also der geschätzte Koeffizient ausreichend größer ist als der durch die Nullhypothese vorgegebene Wert von Null.

Kernbotschaften

Beim einseitigen t-Test wird die Nullhypothese H_0: $\beta = z$ gegen die Alternativhypothese H_1: $\beta > z$ bzw. H_1: $\beta < z$ getestet. Dabei geht man wie folgt vor:

1. Man berechnet die t-Statistik:

$$t = \frac{\hat{\beta} - z}{\hat{\sigma}_{\hat{\beta}}}.$$

2. Man gibt sich eine Irrtumswahrscheinlichkeit vor (üblich sind 5% oder 1%) und bestimmt aus geeigneten Tabellen (die im Anhang zu diesem Buch zu finden sind) den kritischen t-Wert t^* mit $N-(K+1)$ Freiheitsgraden. Dabei bezeichnet K die Anzahl der Regressoren (im bivariaten Fall ist $K = 1$).
3. Lautet die Alternativhypothese H_1: $\beta > z$, wird die Nullhypothese abgelehnt, wenn $t > t^*$. Lautet die Alternativhypothese H_1: $\beta < z$, wird die Nullhypothese abgelehnt, wenn $t < t^*$.

Beispiel 5.5. Golf-Handicap und Aktienkurs – Fortsetzung

Bei den in **Beispiel 5.3** dargestellten Regressionsergebnissen für den Zusammenhang zwischen dem Golf-Handicap H von Managern und dem Erfolg der von diesen Managern geleiteten Unternehmen S wurde für den geschätzten Steigungsparameter $\hat{\beta}_1 = -0,179$ ein Standardfehler von $\hat{\sigma}_{\hat{\beta}_1} = 0,593$ geschätzt. Möchte man testen, ob das Golf-Handicap eines Managers einen negativen Einfluss auf den Erfolg seines Unternehmens hat, würde man die Nullhypothese H_0: $\beta_1 = 0$ gegen die Alternativhypothese H_0: $\beta_1 < 0$ testen. Für das vorliegende Beispiel ergibt sich die Teststatistik für diese Nullhypothese als

$$t = \frac{\hat{\beta}_1 - 0}{\hat{\sigma}_{\hat{\beta}_1}} = \frac{-0,179}{0,593} = -0,301.$$

Bei einem Signifikanzniveau von 95% ist der kritische t-Wert für N=51 Beobachtungen (d.h. wir haben 49 Freiheitsgrade) $t^*_{49} =$

$-1,68$. Um die Nullhypothese abzulehnen, muss die Teststatistik kleiner als dieser kritische Wert sein. Die t-Statistik von -0,301 ist jedoch größer als der kritische Wert aus der t-Verteilung. Wir können damit die Hypothese, dass das Handicap eines Managers keinen signifikanten Einfluss auf den Unternehmenserfolg hat, *nicht* ablehnen. Mit anderen Worten: Man kann auf Basis dieses statistischen Tests nicht davon ausgehen, dass sich die Golffähigkeiten eines Managers auf den Erfolg seines Unternehmens auswirken.

Beispiel 5.6. Preis für Einfamilienhäuser – Fortsetzung

Regressiert man wie im **Beispiel 5.2** den Kaufpreis von Häusern auf deren Wohnfläche, erhält man für den Steigungsparameter einen Schätzwert von $\hat{\beta}_1 = 0,5397$ mit einem geschätzten Standardfehler von $\hat{\sigma}_{\hat{\beta}_1} = 0,073$. Wenn man nun testen möchte, ob die Wohnfläche einen signifikant positiven Effekt auf den Kaufpreis eines Hauses hat, würde man die Nullhypothese H_0: $\beta_1 = 0$ gegen die Alternativhypothese H_1: $\beta_1 > 0$ testen. Bezüglich des vorliegenden Beispiels ergibt sich die Teststatistik für diese Nullhypothese als

$$t = \frac{\hat{\beta}_1 - 0}{\hat{\sigma}_{\hat{\beta}_1}} = \frac{0,5397}{0,073} = 7,40.$$

Bei einem Signifikanzniveau von 95% ist der kritische t-Wert für N=150 Beobachtungen (d.h. wir haben $150 - 2 = 148$ Freiheitsgrade) $t^*_{148} = 1,65$. Um die Nullhypothese abzulehnen, muss die Teststatistik größer als dieser kritische Wert sein. Da dies hier der Fall ist, können wir mit einer Irrtumswahrscheinlichkeit von 5% die Hypothese, dass die Wohnfläche keinen signifikanten Einfluss auf den Preis eines Hauses hat, gegen die Alternativhypothese, dass die Wohnfläche einen signifikant positiven Effekt auf den Kaufpreis hat, ablehnen.

Dieses Vorgehen kann auch angewendet werden, um so genannte *zweiseitige Tests* durchzuführen, bei denen man die Hypothese testet, dass β ungleich einem vermuteten Wert z ist. In diesem Fall lautet die Nullhypothese H_0: $\beta = z$ und die Alternativhypothese H_1: $\beta \neq z$. Das Vorgehen für diesen zweiseitigen Test wird in **Abbildung 5.9** verdeutlicht. In diesem Fall wird man die Nullhypothese ablehnen, wenn $\hat{\beta}$, gegeben eine bestimmte Irrtumswahrscheinlichkeit, ausreichend weit unterhalb oder oberhalb des hypothetischen Werts liegt. Bei einem Signifikanzniveau von 95% wählt man den kritischen Wert der t-Verteilung derart, dass die Fläche an den beiden

Rändern der Verteilung jeweils 2,5% entspricht. Die Nullhypothese wird abgelehnt, wenn die t-Statistik in den so definierten Rändern der t-Verteilung liegt. Da die t-Verteilung symmetrisch ist, kann man bei einem zweiseitigen Test die Nullhypothese ablehnen, wenn der Absolutwert der t-Statistik größer ist als der kritische Wert der t-Verteilung mit $N-2$ Freiheitsgraden:

$$|t| = \left| \frac{\hat{\beta} - z}{\hat{\sigma}_{\hat{\beta}}} \right| > t^*_{N-2}. \tag{5.28}$$

In diesem Fall bezeichnet man $\hat{\beta}$ als „*statistisch signifikant von z verschieden*".

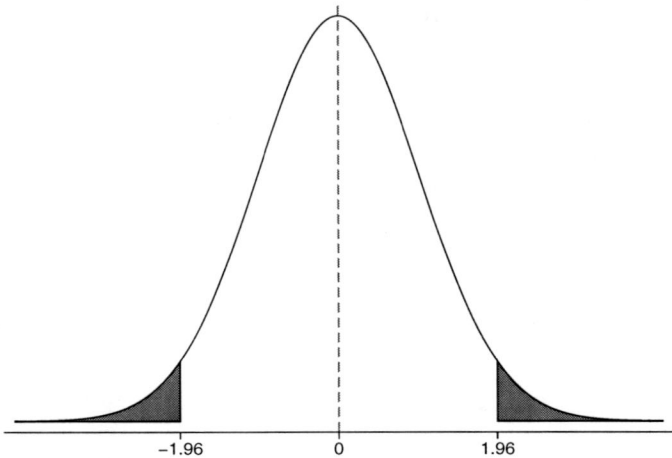

Abbildung 5.9. Zweiseitiger t-Test.

Beispiel 5.7. Golf-Handicap und Aktienkurs – Fortsetzung

Wenn man testen möchte, ob das Golf-Handicap von Managern überhaupt einen Einfluss auf den Erfolg der von diesen Managern geleiteten Unternehmen hat, d.h. ob der Steigungsparameter unterschiedlich von Null ist, lautet die Nullhypothese H_0: $\beta_1 = 0$ und die Alternativhypothese H_1: $\beta_1 \neq 0$. Die t-Statistik für diese Nullhypothese berechnet sich zu

$$|t| = \left| \frac{\hat{\beta}_1 - 0}{\hat{\sigma}_{\hat{\beta}_1}} \right| = \left| \frac{-0,179}{0,593} \right| = 0,301.$$

Bei einem Signifikanzniveau von 95% ist für diesen zweiseitigen Test der kritische t-Wert bei 49 Freiheitsgraden $t^*_{49} = 2.01$. Der Absolutwert der t-Statistik ist damit kleiner als der kritische Wert der t-Verteilung. Wir können also die Hypothese, dass das Handicap eines Managers keinen Einfluss auf den Unternehmenserfolg hat, *nicht* ablehnen. Daher ist davon auszugehen, dass der Parameter β_1 nicht von Null verschieden ist. In der Literatur wird in diesem Fall β_1 auch salopp als *„nicht statistisch signifikant"* bezeichnet.

Kernbotschaften

Beim zweiseitigen t-Test wird die Nullhypothese H_0: $\beta = z$ gegen die Alternativhypothese H_1: $\beta \neq z$ getestet. Dabei geht man wie folgt vor:

1. Man berechnet den Betrag der t-Statistik:

$$|t| = \left| \frac{\hat{\beta} - z}{\hat{\sigma}_{\hat{\beta}}} \right|.$$

2. Man gibt sich eine Irrtumswahrscheinlichkeit vor (üblich sind 5% oder 1%) und bestimmt aus geeigneten Tabellen (die im Anhang zu diesem Buch zu finden sind) den kritischen t-Wert t^* mit $N - (K + 1)$ Freiheitsgraden. Dabei bezeichnet K die Anzahl der erklärenden Variablen des Regressionsmodells (im bivariaten Fall ist $K = 1$).
3. Die Nullhypothese kann abgelehnt werden, wenn $|t| > t^*$. In diesem Fall bezeichnet man den Koeffizienten β als statistisch signifikant (von Null verschieden).

Beispiel 5.8. Preis für Einfamilienhäuser – Fortsetzung

Wenn man testen möchte, ob die Wohnfläche überhaupt einen Einfluss auf den Preis von Häusern hat, überprüft man, ob der Steigungsparameter signifikant von Null verschieden ist. Die Nullhypothese lautet in diesem Fall H_0: $\beta_1 = 0$ und die Alternativhypothese H_1: $\beta_1 \neq 0$. Die t-Statistik für diese Nullhypothese berechnet sich als

$$t = \left| \frac{\hat{\beta}_1 - 0}{\hat{\sigma}_{\hat{\beta}_1}} \right| = \left| \frac{0,5397}{0,073} \right| = 7,40.$$

Bei einem Signifikanzniveau von 95% ist für diesen zweiseitigen Test der kritische t-Wert bei 148 Freiheitsgraden $t^*_{148} = 1,96$. Da der

Absolutwert der t-Statistik größer ist als der kritische Wert der t-Verteilung, können wir mit einer Irrtumswahrscheinlichkeit von 5% die Hypothese, dass die Wohnfläche keinen signifikanten Einfluss auf den Preis eines Hauses hat, ablehnen. Der Parameter β_1 ist somit statistisch signifikant von Null verschieden. In der Literatur wird in diesem Fall β_1 auch einfach nur als *„statistisch signifikant"* bezeichnet.

Der Begriff der *ökonomischen* Signifikanz ist streng von dem der statistischen Signifikanz zu unterscheiden: Ein Koeffizient kann zwar statistisch signifikant sein, die zugehörige Variable aber einen ökonomisch betrachtet sehr geringen Einfluss auf die abhängige Variable haben, das heißt ökonomisch nahezu irrelevant sein.

Schließlich ist es unter den klassischen Annahmen relativ einfach, *Konfidenzintervalle* für den unbekannten Parameter zu bilden. Ein 95%-iges Konfidenzintervall ist gegeben durch

$$\hat{\beta} \pm t^*_{N-(K+1)} \cdot \hat{\sigma}_{\hat{\beta}}, \tag{5.29}$$

wobei $t^*_{N-(K+1)}$ das 97,5-Perzentil einer t-Verteilung mit $N-(K+1)$ Freiheitsgraden angibt. Ein derartiges Konfidenzintervall zeigt an, dass der unbekannte Parameter β mit einer Wahrscheinlichkeit von 95% in dem Intervall $[\hat{\beta} - t^*_{N-(K+1)} \cdot \hat{\sigma}_{\hat{\beta}}; \hat{\beta} + t^*_{N-(K+1)} \cdot \hat{\sigma}_{\hat{\beta}}]$ liegt.

Beispiel 5.9. Golf-Handicap und Aktienkurs – Fortsetzung

Das 95%-Konfidenzintervall für den Einfluss des Golf-Handicaps eines Managers auf den Unternehmenserfolg berechnet sich als

$$\hat{\beta}_1 \pm t^*_{N-(K+1)} \cdot \hat{\sigma}_{\hat{\beta}_1} = -0,179 \pm 2,01 \cdot 0,593.$$

Der wahre, nicht zu beobachtende Einfluss des Golf-Handicaps eines Managers auf den Unternehmenserfolg liegt demnach mit einer Wahrscheinlichkeit von 95% irgendwo in dem Intervall [-1,371; 1,013].

Beispiel 5.10. Preis für Einfamilienhäuser – Fortsetzung

Das 95%-Konfidenzintervall für den Einfluss der Wohnfläche auf den
Preis eines Hauses berechnet sich als

$$\hat{\beta}_1 \pm t^*_{N-(K+1)} \cdot \hat{\sigma}_{\hat{\beta}_1} = 0,5397 \pm 1,96 \cdot 0,073.$$

Der wahre, nicht zu beobachtende Einfluss der Wohnfläche eines Hauses auf dessen Preis liegt demnach mit einer Wahrscheinlichkeit von
95% irgendwo in dem Intervall [0,396; 0,683].

Kernbotschaften

Ein symmetrisches 95%-Konfidenzintervall um den geschätzten Koeffizienten $\hat{\beta}$ enthält den wahren Parameter β mit einer Wahrscheinlichkeit
von 95%. Das Konvidenzintervall ist gegeben durch:

$$[\hat{\beta} - t^*_{N-(K+1)} \cdot \hat{\sigma}_{\hat{\beta}} \; ; \; \hat{\beta} + t^*_{N-(K+1)} \cdot \hat{\sigma}_{\hat{\beta}}$$

5.6 Das multivariate Regressionsmodell

In diesem Abschnitt wird die Erweiterung des bivariaten linearen Regressionsmodells auf mehr als einen Regressor besprochen. Hierbei wird – was
die Idee des Modells betrifft – hauptsächlich in Analogie zum bivariaten Fall
argumentiert. Eine kohärente Darstellung des multivariaten linearen Regressionsmodells setzt jedoch voraus, dass man sich mit den Grundzügen der
Matrizenrechnung vertraut macht. Hierfür werden im Anhang des Buches
einige grundlegende Begriffe und Rechenregeln erläutert.

5.6.1 Spezifikation und Annahmen

Spezifikation. Im Gegensatz zum bivariaten linearen Regressionsmodell
wird nun angenommen, dass ein *linearer* Zusammenhang zwischen mehr
als zwei Variablen besteht. Allgemein soll dieser lineare Zusammenhang für
K beobachtbare Variablen $X_1, X_2, ..., X_K$ und die beobachtbare endogene
Variable Y gelten, wobei die erklärenden Variablen X_j ($i = 1, ..., N$ und
$j = 0, 1, ..., K$) auf Y wirken und nicht umgekehrt. Dieser Zusammenhang
sei wiederum nicht perfekt, d.h. es gibt noch weitere unbeobachtbare Faktoren, die *keinen systematischen* Einfluss auf Y haben und deshalb in der

Zufallsvariable ε zusammengefasst werden können. Für die individuelle Beobachtungseinheit i der Stichprobe bedeutet dies

$$Y_i = \beta_0 + \beta_1 X_{i1} + \beta_2 X_{i2} + \ldots + \beta_K X_{iK} + \varepsilon_i.$$

Bei $i = 1, \ldots, N$ Beobachtungen erhält man folgendes Gleichungssystem:

$$Y_1 = \beta_0 + \beta_1 X_{11} + \beta_2 X_{12} + \ldots + \beta_K X_{1K} + \varepsilon_1,$$
$$Y_2 = \beta_0 + \beta_1 X_{21} + \beta_2 X_{22} + \ldots + \beta_K X_{2K} + \varepsilon_2,$$
$$\vdots$$
$$Y_i = \beta_0 + \beta_1 X_{i1} + \beta_2 X_{i2} + \ldots + \beta_K X_{iK} + \varepsilon_i,$$
$$\vdots$$
$$Y_N = \beta_0 + \beta_1 X_{N1} + \beta_2 X_{N2} + \ldots + \beta_K X_{NK} + \varepsilon_N.$$

Dieses Gleichungssystem lässt sich wesentlich kompakter in Matrixnotation schreiben, nämlich als:

$$Y = X\beta + \varepsilon. \tag{5.30}$$

Hierbei ist Y der $(N \times 1)$ Vektor der abhängigen Variablen, ε der $(N \times 1)$ Vektor des Störterms, β der $(K+1 \times 1)$ Vektor der unbekannten Parameter. X bezeichnet die $(N \times K + 1)$ Matrix der Regressoren, deren erste Spalte aus lauter Einsen besteht. Damit stellt β_0 die Konstante des multivariaten linearen Regressionsmodells dar. Somit gilt:

$$Y = \begin{pmatrix} Y_1 \\ Y_2 \\ \vdots \\ Y_i \\ \vdots \\ Y_N \end{pmatrix} ; \quad \varepsilon = \begin{pmatrix} \varepsilon_1 \\ \varepsilon_2 \\ \vdots \\ \varepsilon_i \\ \vdots \\ \varepsilon_N \end{pmatrix} ; \quad \beta = \begin{pmatrix} \beta_0 \\ \beta_1 \\ \beta_2 \\ \vdots \\ \beta_K \end{pmatrix} ;$$

$$X = \begin{pmatrix} 1 & X_{11} & X_{12} & \ldots & X_{1K} \\ 1 & X_{21} & X_{22} & \ldots & X_{2K} \\ \vdots & \vdots & \vdots & \ddots & \vdots \\ 1 & X_{i1} & X_{i2} & \ldots & X_{iK} \\ \vdots & \vdots & \vdots & \ddots & \vdots \\ 1 & X_{N1} & X_{N2} & \ldots & X_{NK} \end{pmatrix}.$$

Annahmen. Ähnlich zum bivariaten Regressionsmodell ist auch im multivariaten Modell eine Reihe von Annahmen notwendig, um einen Schätzer für den unbekannten Parametervektor β herleiten zu können und wünschenswerte statistische Eigenschaften für diesen zu erhalten. Die „klassischen" Annahmen des multivariaten linearen Regressionsmodells sind denen des bivariaten Modells sehr ähnlich. Sie lauten:

(1) Die Beziehung zwischen X und Y ist linear, wobei X auf Y wirkt und nicht umgekehrt.

(2) Die Elemente von X sind *nicht* stochastisch und die Matrix X hat vollen Rang, d.h. die Anzahl der linear unabhängigen Spalten in X sei $K+1$.

(3) Der Erwartungswert des Störterms ε ist Null, d.h. $E(\varepsilon_i) = 0$ für alle i.

(4) Der Störterm ε ist homoskedastisch, d.h. er hat eine *konstante* Varianz für alle Beobachtungen ($Var(\varepsilon_i) = \sigma^2$ für alle i). In Matrixnotation bedeutet dies $E(\varepsilon\varepsilon') = \sigma^2$.

(5) Die Störterme sind *unkorreliert*, d.h. $Cov(\varepsilon_i, \varepsilon_j) = 0$ für alle $i \neq j$.

(6) Die Störterme sind i.i.d. normalverteilt.

Bei Gültigkeit dieser Annahmen liefert eine OLS-Schätzung des multivariaten Regressionsmodells beste lineare unverzerrte Schätzer $\hat{\beta}_k$ für die unbekannten Parameter β_k mit $k = 1, \ldots, K$.[3] Die Schätzung dieser Parameter mit Hilfe der OLS-Methode wird im folgenden Abschnitt dargestellt.

5.6.2 Schätzung der Parameter

Die zu schätzenden Parameter des Modells sind neben der Varianz σ^2 der Störgröße ε die Elemente des Vektors β, d.h. $\beta_0, \beta_1, \beta_2, ..., \beta_K$. Hierbei gibt β_k für $k = 0, 1, .., K$ an, wie sich der Wert von Y verändert, wenn sich X_k um eine kleine Einheit ändert und alle anderen erklärenden Variablen konstant gehalten werden. Der Parameter β_0 ist die Konstante des multivariaten linearen Regressionsmodells und gibt den Wert von Y an, wenn alle X_k gleich Null sind. Für die Schätzung der Parameter existieren wieder mehrere Schätzmethoden, wobei die OLS- und die ML-Methode die beiden am häufigsten verwendeten sind. Wir konzentrieren uns im Folgenden auf die OLS-Methode.

---

[3] Auf einen Beweis, dass auch die OLS-Schätzer der Parameter des multivariaten Regressionsmodells die BLUE-Eigenschaft besitzen, wollen wir im Rahmen dieses Buches verzichten und auf fortgeschrittene Lehrbücher der Ökonometrie, bspw. Greene (2008) oder Wooldridge (2002), verweisen.

Das Optimierungskalkül der OLS-Methode ist die Minimierung der quadrierten Residuensumme $\sum_{i=1}^{N} \hat{\varepsilon}^2$. In Matrixnotation bedeutet dies

$$\sum_{i=1}^{N} \hat{\varepsilon}_i^2 = \hat{\varepsilon}'\hat{\varepsilon} = (\boldsymbol{Y} - \boldsymbol{X}\hat{\boldsymbol{\beta}})'(\boldsymbol{Y} - \boldsymbol{X}\hat{\boldsymbol{\beta}})$$
$$= \boldsymbol{Y}'\boldsymbol{Y} - \hat{\boldsymbol{\beta}}'\boldsymbol{X}'\boldsymbol{Y} - \boldsymbol{Y}'\boldsymbol{X}\hat{\boldsymbol{\beta}} + \hat{\boldsymbol{\beta}}'\boldsymbol{X}'\boldsymbol{X}\hat{\boldsymbol{\beta}}$$
$$= \boldsymbol{Y}'\boldsymbol{Y} - 2\hat{\boldsymbol{\beta}}'\boldsymbol{X}'\boldsymbol{Y} + \hat{\boldsymbol{\beta}}'\boldsymbol{X}'\boldsymbol{X}\hat{\boldsymbol{\beta}}. \tag{5.31}$$

Hierbei wurde berücksichtigt, dass $\hat{\boldsymbol{\beta}}'\boldsymbol{X}'\boldsymbol{Y} = \boldsymbol{Y}'\boldsymbol{X}\hat{\boldsymbol{\beta}}$ gilt, da beide Ausdrücke jeweils einen Skalar ergeben und somit gleich sind. Aus der Bedingung erster Ordnung für ein Minimum der Residuenquadratsumme erhält man die Normalgleichungen

$$\frac{\partial \hat{\varepsilon}'\hat{\varepsilon}}{\partial \hat{\boldsymbol{\beta}}} = -2\boldsymbol{X}'\boldsymbol{Y} + 2\boldsymbol{X}'\boldsymbol{X}\hat{\boldsymbol{\beta}} = 0.$$

Ein Umformen dieser Gleichung nach $\hat{\boldsymbol{\beta}}$ ergibt den OLS-Schätzer für $\boldsymbol{\beta}$:

$$\hat{\boldsymbol{\beta}} = (\boldsymbol{X}'\boldsymbol{X})^{-1}\boldsymbol{X}'\boldsymbol{Y}. \tag{5.32}$$

Die Matrix $\boldsymbol{X}'\boldsymbol{X}$ hat eine eindeutige Lösung, wenn die Determinante dieser Matrix ungleich Null ist. Nur dann kann der Schätzer $\hat{\boldsymbol{\beta}}$ bestimmt werden. Dies wiederum wird durch die klassische Annahme (2) sichergestellt, die besagt, dass die Regressormatrix $\boldsymbol{X}$ den Rang $K + 1$ hat, also alle Spalten von $\boldsymbol{X}$ linear unabhängig sind. Es lässt sich leicht zeigen, dass der Schätzer $\hat{\boldsymbol{\beta}}$ erwartungstreu ist, d.h. dass $E(\hat{\boldsymbol{\beta}}) = \boldsymbol{\beta}$ gilt

$$E(\hat{\boldsymbol{\beta}}) = E[(\boldsymbol{X}'\boldsymbol{X})^{-1}\boldsymbol{X}'\boldsymbol{Y}]$$
$$= E[(\boldsymbol{X}'\boldsymbol{X})^{-1}\boldsymbol{X}'(\boldsymbol{X}\boldsymbol{\beta} + \epsilon)]$$
$$= E[\underbrace{(\boldsymbol{X}'\boldsymbol{X})^{-1}\boldsymbol{X}'\boldsymbol{X}}_{=\boldsymbol{I}}\boldsymbol{\beta}] + E[(\boldsymbol{X}'\boldsymbol{X})^{-1}\boldsymbol{X}'\varepsilon]$$
$$= E[\boldsymbol{\beta}] + E[(\boldsymbol{X}'\boldsymbol{X})^{-1}\boldsymbol{X}'\varepsilon]$$
$$= \boldsymbol{\beta} + (\boldsymbol{X}'\boldsymbol{X})^{-1}\underbrace{E[\boldsymbol{X}'\varepsilon]}_{=\boldsymbol{0}}$$
$$= \boldsymbol{\beta}. \tag{5.33}$$

Wie im bivariaten Fall, haben die oben angeführten Annahmen wichtige Konsequenzen. Eine wichtige implizite Annahme – die sich aus Annahme (3) ergibt – ist, dass die Störterme ε und die Regressormatrix $\boldsymbol{X}$ unkorreliert sind. Die Verletzung der impliziten Annahme $E(\boldsymbol{X}'\varepsilon)$ und die Lösung der daraus entstehenden Probleme für den geschätzten Parametervektor $\hat{\boldsymbol{\beta}}$ werden das zentrale Thema von Kapitel 8 sein.

Auch im multivariaten Fall gilt, dass die Elemente des Vektors $\hat{\boldsymbol{\beta}}$ Zufallsvariablen sind, die einen Schätzfehler aufweisen. Dieser Schätzfehler lässt sich bekanntlich durch den Standardfehler des Schätzers, also die Wurzel aus seiner Varianz, ausdrücken. Die Varianz von $\hat{\boldsymbol{\beta}}$ ergibt sich als[4]

$$Var(\hat{\boldsymbol{\beta}}) = \sigma^2 (\boldsymbol{X'X})^{-1}. \tag{5.34}$$

(Man beachte die Analogie zu Gleichung (5.21) im bivariaten Regressionsmodell.) Diese lässt sich schätzen durch

$$\hat{\sigma}^2_{\hat{\boldsymbol{\beta}}} = \hat{\sigma}^2 (\boldsymbol{X'X})^{-1} \tag{5.35}$$

mit

$$\hat{\sigma}^2 = \frac{\sum_{i=1}^N \varepsilon_i^2}{N - (K+1)} = \frac{\hat{\varepsilon}'\hat{\varepsilon}}{N - (K+1)}. \tag{5.36}$$

Hieraus erhält man den Standardfehler von $\hat{\boldsymbol{\beta}}$ durch $\hat{\sigma}_{\hat{\boldsymbol{\beta}}} = \sqrt{\hat{\sigma}^2_{\hat{\boldsymbol{\beta}}}}$. Der Schätzer $\hat{\sigma}^2$ für σ^2 ist ein unverzerrter Schätzer, da er mit der Anzahl der Freiheitsgrade normiert ist. Die Anzahl der Freiheitsgrade ergibt sich wieder als Anzahl der Beobachtungen abzüglich der zuvor bereits geschätzten $K + 1$ Parameter des Modells.

Hypothesentests über die Parameter β_j für $j = 0, \dots, K$ lassen sich vollkommen analog zum bivariaten Fall mit Hilfe des t-Tests durchführen. Wenn man bspw. den Verdacht hat, dass der tatsächliche Wert von β_k gleich g ist und das Schätzergebnis $\hat{\beta}_k \neq g$ nur durch Zufall zustande gekommen ist, lautet die Nullhypothese $H_0 : \beta_k = g$ und die Alternativhypothese $H_1 : \beta_k \neq g$. Für einen zweiseitigen Test bildet man die Teststatistik

$$|t| = \left| \frac{\hat{\beta}_k - g}{\hat{\sigma}_{\hat{\beta}_k}} \right| \tag{5.37}$$

und lehnt die Nullhypothese ab, wenn der Betrag von t bei einer vorgegebenen Irrtumswahrscheinlichkeit (z.B. 5% oder 1%) größer als der kritische Wert der t-Verteilung mit $N - (K+1)$ Freiheitsgraden ist.

---

[4] Die genaue Herleitung der Varianz von $\hat{\boldsymbol{\beta}}$ findet sich in Anhang D zu diesem Kapitel.

Beispiel 5.11. Preis für Einfamilienhäuser – Fortsetzung

Für den bereits verwendeten Datensatz für Einfamilienhäuser in einer westdeutschen Großstadt wurde folgendes Regressionsmodell geschätzt:

$$P = \beta_0 + \beta_1 W + \beta_2 G + \varepsilon,$$

wobei P den Preis eines Hauses in Tsd. €, W die Wohnfläche in Quadratmetern und G die Grundstücksfläche in Quadratmetern bezeichnen. Die Schätzergebnisse werden in **Tabelle 5.1** zusammengefasst.

Tabelle 5.1. Determinanten des Preises eines Einfamilienhauses I

Variable	Koeffizient	absolute t-Statistik
Konstante	155,701	10,60
Wohnfläche	0,243	4,55
Grundstücksfläche	0,233	13,55
Beobachtungen	150	

Die Ergebnisse zeigen, dass sowohl die Wohn- als auch die Grundstücksfläche einen statistisch signifikanten Einfluss auf den Preis eines Einfamilienhauses haben. Die t-Statistiken aller Koeffizienten sind größer als der kritische Wert von 1,96 bei einer Irrtumswahrscheinlichkeit von 5% und $147 = 150 - 2 - 1$ Freiheitsgraden.

5.7 Die Güte des Regressionsmodells

5.7.1 Das Bestimmtheitsmaß

Neben den beschriebenen Hypothesentests für die Koeffizienten würde man auch gerne einen Indikator dafür haben, wie gut die Schätzung die beobachtete Beziehung zwischen der abhängigen und den unabhängigen Variablen beschreibt. Allgemein wird die „Güte" eines Regressionsmodells als seine Fähigkeit bezeichnet, einen möglichst großen Teil der Variation der endogenen Variablen Y zu erklären. Betrachtet man die Residuen des Modells, so würde eine große Residuenquadratsumme den Schluss nahe legen, dass die Erklärungskraft (der so genannte *fit*) des Modells eher schlecht ist, da ein hoher unerklärter Rest verbleibt. Das Problem hierbei ist allerdings, dass die Höhe der Residuenquadratsumme von der Dimension abhängt, in der Y gemessen wird.

Beispiel 5.12. Preis für Einfamilienhäuser – Fortsetzung

Für die in **Beispiel 5.11** dargestellte Regression erhält man eine Residuenquadratsumme in Höhe von 1.708.728,36. Wird der Hauspreis nicht in Tsd. € sondern in € gemessen, erhöht sich diese Residuenquadratsumme auf 170.872.836,57.

Als dimensionsloses Maß für die Erklärungskraft des Regressionsmodells wäre deshalb der *Anteil* der *durch das Modell erklärten Variation* an der *gesamten Variation* in Y eine geeignetere Größe. Dieser Anteil wird als *Bestimmtheitsmaß* oder R^2 bezeichnet.

Für die Konstruktion des R^2 ist es hilfreich, die Dekomposition

$$(Y_i - \overline{Y}) = (Y_i - \hat{Y}_i) + (\hat{Y}_i - \overline{Y}) \tag{5.38}$$

zu betrachten, die anhand von **Abbildung 5.10** graphisch erläutert wird. In **Abbildung 5.10** weicht der beobachtete Wert Y_i vom mittleren Wert $\overline{Y}$ ab, wobei die Differenz $Y_i - \overline{Y}$ beträgt. Für diese Differenz gibt es zwei Ursachen. Zum einen weicht der zu Y_i zugehörige Wert von X_i vom durchschnittlichen $\overline{X}$ ab. In **Abbildung 5.10** ist X_i größer als $\overline{X}$. (Es sei hier darauf hingewiesen, dass der Schwerpunkt der Regression durch die Mittelwerte von Y und X geht, d.h. der Schwerpunkt geht durch das Beobachtungspaar $[\overline{Y}, \overline{X}]$.) Die dadurch entstehende Differenz ist aber genau diejenige Differenz, die durch die Regressionsgerade erklärt wird, d.h. für den Wert X_i würden wir anhand der Schätzung einen Wert für Y_i in Höhe von $\hat{Y}_i$ vorhersagen. Mit anderen Worten, $\hat{Y}_i - \overline{Y}$ ist derjenige Anteil der Differenz $Y_i - \overline{Y}$, der durch die Regression erklärt wird. Die verbleibende Differenz $Y_i - \hat{Y}_i$ wird durch das Residuum der Regression aufgefangen.

Quadriert man die in Gleichung (5.38) enthaltenen Terme und summiert über alle Beobachtungen auf, erhält man unter Berücksichtigung, dass aufgrund der Bedingungen erster Ordnung $\sum(Y_i - \hat{Y}_i) \cdot (\hat{Y}_i - \overline{Y}) = \sum \varepsilon_i \cdot (\beta_1 X_i) = \beta_1 \sum \varepsilon_i X_i = 0$ gilt, den Ausdruck

$$\underbrace{\sum_{i=1}^{N}(Y_i - \overline{Y})^2}_{TSS} = \underbrace{\sum_{i=1}^{N}(Y_i - \hat{Y}_i)^2}_{ESS} + \underbrace{\sum_{i=1}^{N}(\hat{Y}_i - \overline{Y})^2}_{RSS}. \tag{5.39}$$

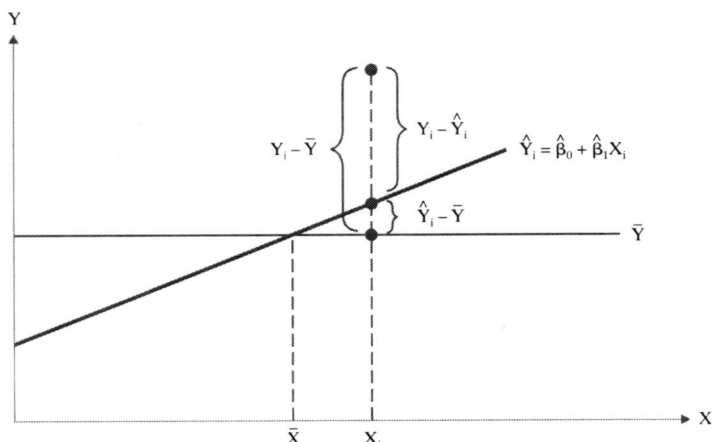

Abbildung 5.10. Dekomposition zur Ableitung des R^2.

Hierbei ist *TSS* (*Total Sum of Squares*) die gesamte Variation in der abhängigen Variablen Y_i, *RSS* ist die vom Modell erklärte Variation in Y (*Regression Sum of Squares*) und *ESS* die *Error Sum of Squares*, also die verbleibende, nicht vom Modell erklärte Variation der abhängigen Variablen.

Aus Gleichung (5.39) ergibt sich durch Umformung

$$1 = \frac{ESS}{TSS} + \frac{RSS}{TSS}. \tag{5.40}$$

Das Bestimmtheitsmaß R^2 ist nun definiert als der Anteil der vom Modell erklärten Variation an der gesamten Variation in Y_i, d.h.

$$R^2 = \frac{RSS}{TSS} = 1 - \frac{ESS}{TSS}. \tag{5.41}$$

Für R^2 gilt $0 \leq R^2 \leq 1$, da die vom Modell erklärte Variation von Y (*RSS*) höchstens so groß sein kann wie die gesamte Variation von Y (*TSS*). In diesem Fall wäre $R^2 = 1$. Der *fit* des Regressionsmodells wäre perfekt, da kein unerklärter Rest verbleibt. Graphisch würden bei einem $R^2 = 1$ alle Beobachtungen auf einer Geraden liegen. Im schlechtesten Fall ist *RSS=0* bzw. *ESS=TSS* und damit $R^2 = 0$, d.h. das Modell kann keinerlei Beitrag zur Erklärung der Variation in Y liefern. Letzteres ist bspw. der Fall, wenn Y nur auf eine Konstante regressiert wird, d.h., wenn es keinen Regressor gibt, der einen Beitrag zur Erklärung von Y liefern könnte. Lautet das Regressionsmodell $Y_i = \beta_0 + \varepsilon_i$, entspricht $\hat{\beta}_0$ dem Stichprobenmittel von Y, d.h. $\hat{\beta}_0 = \bar{Y}$ und $\hat{Y}_i = \bar{Y}$ für alle $i = 1, \ldots, N$ (siehe hierzu Übungsaufgabe 5.3). Wie aus Gleichung (5.39) leicht erkennbar ist, gilt in diesem Fall $RSS = 0$, d.h. das Regressionsmodell liefert keinen Beitrag zur Erklärung der Variation in Y.

Im Regelfall liegt der Wert von R^2 irgendwo zwischen Null und Eins. Die Frage, ab wann das Bestimmtheitsmaß groß genug ist, um die Güte des Regressionsmodells als zufriedenstellend oder überzeugend einzustufen, lässt sich in dieser Allgemeinheit nicht beantworten. Dieser Umstand ist ein großer Nachteil des Bestimmtheitsmaßes. Darüber hinaus weist R^2 noch einige weitere Probleme auf, so dass seine Aussagekraft nur sehr eingeschränkt ist und die Bewertung eines Regressionsmodells nicht ausschließlich auf diesem Indikator beruhen sollte. Zu den Hauptproblemen zählen dabei:

1. In Zeitreihenstudien ist das R^2 üblicherweise höher als in Querschnittsstudien, da jede Variable, die über die Zeit hinweg wächst, jede andere Variable, die ebenfalls über die Zeit wächst, gut „erklärt". Querschnittsstudien versuchen hingegen, das Verhalten von vielen Individuen, Unternehmen oder Regionen zu einem einzigen Zeitpunkt zu erklären. In derartigen Studien erhält man daher eher ein niedriges R^2.

2. Die Hinzunahme eines weiteren Regressors führt nie dazu, dass das R^2 sinkt, denn RSS kann dadurch nicht kleiner werden. Allerdings ist es durchaus möglich, dass sich das R^2 bei der Aufnahme einer zusätzlichen erklärenden Variablen in das Regressionsmodell erhöht, auch wenn die Erklärungskraft dieses zusätzlichen Regressors gering ist, da dadurch ESS zumindest geringfügig sinkt.

Beispiel 5.13. Die Höhe des R^2

Unter Verwendung von Daten für die alten Bundesländer aus dem SOEP für das Jahr 2002 wurde für 11.764 Beschäftigte im Alter von 18 bis 65 Jahren folgende Lohngleichung geschätzt:

$$ln(w_i) = \beta_0 + \beta_1 S_i + \varepsilon_i,$$

wobei $ln(w_i)$ den logarithmierten Bruttolohn und S_i die Jahre der Schulausbildung für Individuum i bezeichnet. Für diese Regression erhält man ein R^2 von $0{,}146$, d.h. die Regression erklärt 14,6% der Variation in $ln(w_i)$.

Verwendet man statt der Individualdaten die Mittelwerte der beiden Variablen im jeweiligen Bundesland, in dem ein Individuum im Jahr 2002 gelebt hat, und schätzt mit diesen neu definierten Variablen obige Regressionsgleichung, erhält man ein R^2 von $0{,}532$, d.h. man kann mit denselben Daten und derselben Regressionsgleichung nun 53,2% der Variation in $ln(w_i)$ erklären. Der Grund hierfür liegt darin, dass man durch die Bildung von Mittelwerten sehr viel der

Variation in den abhängigen und unabhängigen Variablen aus den Daten herausgenommen hat.

Um das zweite Problem zu vermeiden, wird in der Literatur häufig das *korrigierte Bestimmtheitsmaß* oder auch *Adjusted R^2* verwendet. Das korrigierte Bestimmtheitsmaß ist von der Anzahl der Regressoren in einem Modell weitgehend unabhängig und muss daher dem ursprünglichem R^2 vorgezogen werden. Multipliziert man das ursprüngliche R^2 mit dem Faktor $(N-1)/(N-(K+1))$, erhält man das korrigierte Bestimmtheitsmaß

$$\bar{R}^2 = 1 - \left(\frac{N-1}{N-(K+1)} \right) \frac{ESS}{TSS}. \tag{5.42}$$

Der Faktor $(N-1)/(N-(K+1))$ ist für $K > 0$ kleiner als 1. Damit gilt, dass $\bar{R}^2 < R^2$. Mit einer konstanten Anzahl von Regressoren K, nähert sich der Korrekturfaktor mit einer wachsenden Anzahl von Beobachtungen N dem Wert 1 an, so dass sich dass korrigierte Bestimmtheitsmaß $\bar{R}^2$ mit wachsendem N immer weniger von R^2 unterscheidet.

Durch den Korrekturfaktor $(N-1)/(N-(K+1))$ wird der Wissenschaftler für die Aufnahme zusätzlicher Regressoren bestraft. Wie erwähnt, führt die Aufnahme zusätzlicher Regressoren dazu, dass das R^2 tendenziell steigt. Bei einer gleichen Anzahl von Beobachtungen N steigt mit der Aufnahme zusätzlicher Regressoren auch der Quotient $(N-1)/(N-(K+1))$. Dies führt dazu, dass das Bestimmtheitsmaß tendenziell wieder sinkt.

Beispiel 5.14. Preis für Einfamilienhäuser – Fortsetzung

Zu der in **Beispiel 5.11** diskutierten Spezifikation einer Regressionsgleichung zur Bestimmung der Determinanten des Preises eines Hauses wurde in einer weiteren Regression die Variable A in das Modell aufgenommen, die das Alter des Hauses in Jahren misst:

$$P = \beta_0 + \beta_1 W + \beta_2 G + \beta_3 A + \varepsilon$$

geschätzt. Die Schätzergebnisse für die Spezifikationen mit und ohne Alter des Hauses werden in der folgenden Tabelle zusammengefasst.

Die Ergebnisse deuten darauf hin, dass das Alter keinen Einfluss auf den Preis haben könnte. Das R^2 von 0,676 in der ersten Spezifikation zeigt, dass 67,6% der Variation des Preises der Einfamilienhäuser durch die erste Spezifikation des Regressionsmodells erklärt werden

Tabelle 5.2. Determinanten des Preises eines Einfamilienhauses II

Variable	Koeffizient	absolute t-Statistik	Koeffizient	absolute t-Statistik
Konstante	155,701	10,60	163,410	9,30
Wohnfläche	0,243	4,55	0,253	4,62
Grundstücksfläche	0,233	13,55	0,233	13,55
Alter	-	-	-0,263	0,80
R^2		0,676		0,677
$\bar{R}^2$		0,671		0,670
Beobachtungen		150		150

können. Wird das Alter des Hauses in die Spezifikation aufgenommen, steigt das R^2 auf 0,677 leicht an, obwohl das Alter keinen statistisch signifikanten Beitrag zur Erklärung der abhängigen Variablen liefert. Das korrigierte Bestimmtheitsmaß, $\bar{R}^2$, nimmt durch die Zunahme des Alters des Hauses in die Regression hingegen leicht ab.

Allgemein sollte man sich aufgrund dieser Probleme bei der Beurteilung der Güte eines Regressionsmodells nicht allein auf das Bestimmtheitsmaß verlassen, sondern eine Art Gesamtbild im Auge behalten. Dieses Gesamtbild setzt sich aus den Tests auf individuelle Signifikanz der geschätzten Koeffizienten (t-Tests), dem R^2 und dem im nächsten Abschnitt erläuterten F-Test auf gemeinsame statistische Signifikanz der Koeffizienten des Modells zusammen.

5.7.2 Der F-Test

Ein im Vergleich zum Bestimmtheitsmaß wesentlich geeigneteres Maß zur Beurteilung der Erklärungskraft eines Regressionsmodells stellt der F-Test dar. Die Idee des F-Tests besteht darin, statt der durch das Modell erklärten *Variation* (wie beim R^2) die durch das Modell erklärte *Varianz* zu betrachten. Wenn das Modell „gut" ist, in dem Sinne, dass ein starker linearer Zusammenhang zwischen Y und X besteht, dann sollte das Verhältnis

$$\frac{\text{erklärte Varianz}}{\text{unerklärte Varianz}}$$

groß sein. Es lässt sich zeigen, dass sich dieses Varianzverhältnis für die Nullhypothese $H_0 : \beta_1 = \beta_2 = \ldots = \beta_K = 0$ gegen die Alternativhypothese, dass mindestens ein β_k für $k = 1, \ldots, K$ nicht gleich Null ist, wie folgt ausdrücken lässt:

$$F = \frac{RSS/K}{ESS/(N - (K + 1))}. \tag{5.43}$$

Ist die Nullhypothese korrekt, erwartet man, dass RSS und damit auch das R^2 und F nahe bei Null liegen. Mit anderen Worten: Eine nahe bei Null liegende F-Statistik bedeutet, dass die Regressoren des Modells nur wenig zur Erklärung der Variation von Y um seinen Mittelwert $\bar{Y}$ beitragen. Im bivariaten Fall testet der F-Test, ob die Regressionsgerade eine Horizontale darstellt. Wie wir schon gesehen haben, wäre bei der Gültigkeit der Nullhypothese in diesem Fall das $R^2 = 0$ und die Regression würde keinen Beitrag zur Erklärung der Variation von Y liefern.

Die Zufallsvariable F ist *F-verteilt* mit *K Zählerfreiheitsgraden* und *$N - (K + 1)$ Nennerfreiheitsgraden*. Für die Testentscheidung ergibt sich dann wie üblich: Verwerfe H_0, wenn für eine vorgegebene Irrtumswahrscheinlichkeit $F > F^{krit}_{K, N-(K+1)}$ ist. In diesem Fall sind alle erklärenden Variablen des Modells *als Gruppe* statistisch signifikant. F-Tests lassen sich noch für eine Reihe weiterer Fragestellungen verwenden (z.B. Test von Ausschlussrestriktionen und linearen Restriktionen auf die Parameter des Modells), die in Kapitel 6 besprochen werden.

Beispiel 5.15. Preis für Einfamilienhäuser – Fortsetzung

Für die im letzten Beispiel diskutierten Schätzungen ergibt sich für die erste Spezifikation eine F-Statistik von 153,03. Diese F-Statistik zeigt an, dass die Nullhypothese H_0: $\beta_1 = \beta_2 = 0$ bei einer Irrtumswahrscheinlichkeit von 5% abgelehnt werden kann, da die F-Statistik von 153,03 größer ist als der kritische Wert der F-Verteilung von 3,00, der sich für 2 Zähler- und $150 - 2 - 1 = 147$ Nennerfreiheitsgrade ergibt.

Auch für die zweite Spezifikation kann die Nullhypothese, dass die Steigungsparameter allesamt Null sind, abgelehnt werden. Für diese Spezifikation ergibt sich eine F-Statistik von 101,99. Für eine Irrtumswahrscheinlichkeit von 5% ergibt sich bei 3 Zähler- und $150 - 3 - 1 = 146$ Nennerfreiheitsgraden ein kritischer Wert der F-Verteilung von 2,60. Da die F-Statistik größer ist als dieser kritische Wert, kann die Nullhypothese H_0: $\beta_1 = \beta_2 = \beta_3 = 0$ verworfen werden.

Kernbotschaften

Das Bestimmtheitsmaß oder auch R^2 gibt an, wie viel von der Variation der abhängigen Variablen Y durch die Regression erklärt werden kann. Das R^2 als Maß für die Güte einer Regression hat folgende zentrale Probleme:

- Es kann nicht eindeutig gesagt werden, wie hoch das R^2 sein muss, um eine Regression als zufriedenstellend einzustufen. Bei Zeitreihenstudien ist das R^2 im Allgemeinen wesentlich höher als in Querschnittsstudien.
- Werden zusätzliche Regressoren in ein Modell aufgenommen, kann das R^2 nicht sinken, selbst wenn die zusätzlichen Regressoren keinen signifikanten Beitrag zur Erklärung der abhängigen Variablen liefern.

Aufgrund des zweiten Problems sollte das korrigierte Bestimmtheitsmaß

$$\bar{R}^2 = 1 - \left(\frac{N-1}{N-(K+1)} \frac{ESS}{TSS} \right)$$

dem R^2 bei der Beurteilung der Güte einer Regression vorgezogen werden.

Eine Alternative zum R^2 stellt der F-Test

$$F = \frac{RSS/K}{ESS/(N-(K+1))}$$

dar, der die Nullhypothese, dass alle Steigungsparameter gleichzeitig den Wert 0 annehmen testet: $H_0 : \beta_1 = \beta_2 = ... = \beta_K = 0$). Die F-Statistik ist *F-verteilt* mit K Zählerfreiheitsgraden und $N-(K+1)$ Nennerfreiheitsgraden. Die Nullhypothese wird abgelehnt, wenn für eine vorgegebene Irrtumswahrscheinlichkeit $F > F_{K,N-(K+1)}^{krit}$ ist.

Übungsaufgaben

5.1 Beurteilen Sie, ob die folgenden Aussagen *richtig* oder *falsch* sind und begründen Sie Ihre Antwort jeweils **kurz**.

a) Aus einer Zufallsstichprobe wurden folgende Angaben verwendet, um den Standardfehler des geschätzten Koeffizienten β_1 des bivariaten Regressionsmodells

$$Y_t = \beta_0 + \beta_1 X_t + \epsilon_t$$

zu schätzen: $t = 5$; $\sum \widehat{\epsilon_t}^2 = 15$; $\overline{X_t^2} = 10$; $\overline{X_t}^2 = 8$. Aus diesen Angaben ergibt sich für die Varianz des geschätzten Koeffizienten $\hat{\beta}_1$ der Wert $\widehat{Var(\hat{\beta}_1)} = 0{,}5$.

b) Eine Verletzung der Annahme des OLS-Modells, dass $E[\epsilon_t \epsilon_s] = 0$ für alle $t \neq s$, führt zu einer Verzerrung der geschätzten Koeffizienten.

c) Aus einer Zufallsstichprobe wurden folgende Angaben verwendet, um die Parameter des bivariaten Regressionsmodells $Y_t = \beta_0 + \beta_1 X_t + \varepsilon_t$ zu schätzen: $\overline{Y_t} = 5$; $\overline{X_t} = 3$; $\overline{Y_t \cdot X_t} = 18$; $\overline{X_t^2} = 11$. Aus diesen Angaben ergeben sich folgende geschätzte Parameter: $\hat{\beta}_0 = 1{,}0$ und $\hat{\beta}_1 = 1{,}5$.

d) In einem bivariaten Regressionsmodell nimmt die Präzision des Schätzers $\hat{\beta}$ ab, je größer (*ceteris paribus*) die Variation von X_t ist.

e) Aus den Annahmen für OLS folgt, dass $E[X_t \varepsilon_t] \neq 0$.

5.2 Zeigen Sie, dass man aus den Normalgleichungen (5.6) und (5.7) die Schätzgleichungen (5.8) und (5.9) erhält und dass sich Gleichung (5.9) zu Gleichung (5.10) umformen lässt. Die Lösung findet sich im Anhang.

5.3 Zeigen Sie, dass der geschätzte Koeffizient $\hat{\beta}_0$ in dem Regressionsmodell $Y = \beta_0 + \varepsilon$ dem Stichprobenmittel von Y entspricht.

5.4 Zeigen Sie, dass $\hat{\beta}$ ein unverzerrter Schätzer für β ist.

5.5 Zeigen Sie, dass die Residuen $\hat{\varepsilon}$ des multivariaten linearen Regressionsmodells und die Regressormatrix X unkorreliert sind, indem Sie den Erwartungswert von $X' \hat{\varepsilon}$ bestimmen.

5.6 Überlegen Sie sich ein Beispiel, in dem ein statistisch signifikanter Koeffizient ökonomisch insignifikant ist.

5.7 Welche Konsequenzen hätte die Hinzunahme eines weiteren Regressors, der statistisch nicht signifikant von Null verschieden ist, für das Bestimmtheitsmaß des Regressionsmodells? Argumentieren Sie über TSS, ESS und RSS.

5.8 Sie haben Daten für 104 Länder zusammengestellt, um die Frage zu beantworten, welche Determinanten für Unterschiede im Lebensstandard verschiedener Länder verantwortlich sind. Aus Ihrer Makroökonomik-Vorlesung wissen Sie, dass nach der neoklassischen Wachstumstheorie das Pro-Kopf-Einkommensniveau unter anderem von der Sparrate und der Wachstumsrate der Bevölkerung beeinflusst werden. Um die Vorhersage dieses Wachstumsmodells zu testen, schätzen Sie folgende Regression:

$$Y = 0{,}339 \;-\; 12{,}894\,n \;+\; 1{,}397\,K, \quad R^2 = 0{,}621$$
$$\quad (0{,}068) \quad (3{,}177) \qquad (0{,}229)$$

wobei Y das Bruttoinlandsprodukt (BIP) pro Kopf, n die durchschnittliche Rate des Bevölkerungswachstums von 1980 bis 1990 und K der durchschnittliche Anteil der Investitionen am BIP von 1960 bis 1990 ist (Sie erinnern sich, dass die Investitionen den Ersparnissen entsprechen). Die Zahlen in Klammern geben die geschätzten Standardfehler wieder.

a) Interpretieren Sie die Ergebnisse und testen Sie, ob die einzelnen Koeffizienten statistisch signifikant von Null verschieden sind. Entsprechen die Vorzeichen Ihren Erwartungen?
b) Sie erinnern sich, dass Humankapital neben physischem Kapital eine weitere Determinante des Lebensstandards eines Landes ist. Daher stellen Sie zusätzliche Daten über die durchschnittliche Ausbildung in Jahren für 1985 zusammen und fügen diese Variable (E) zur obigen Regression hinzu. Dies führt zu folgenden Ergebnissen (wobei die geschätzten Standardfehler in Klammern angegeben sind):

$$Y = 0,046 \; - \; 5,869\, n \; + \; 0,738\, K \; + \; 0,055\, E, R^2 = 0,775$$
$$(0,079) \quad (2,238) \qquad (0,294) \qquad (0,010)$$

Interpretieren Sie die Ergebnisse für die Variable E. Wie hat die Aufnahme von E die vorherigen Ergebnisse beeinflusst?
c) Brasilien hat in Ihrer Stichprobe die nachfolgenden Werte: $Y = 0,30$, $n = 0,021$, $K = 0,169$, $E = 3,5$. Überschätzt oder unterschätzt Ihre Gleichung das relative BIP pro Arbeiter? Was würde mit diesem Ergebnis passieren, wenn Brasilien seine durchschnittliche Ausbildung verdoppeln würde?

5.9 Es wurde ein bivariates lineares Regressionsmodell geschätzt, um den Zusammenhang zwischen dem Lernaufwand für eine Klausur in Stunden (Variable X) und dem Klausurergebnis in Punkten (Variable Y) aus einer Stichprobe von 30 Studenten zu bestimmen. In der folgenden Tabelle werden die Schätzergebnisse zusammengefasst.

Variable	Koeffizienten-schätzer	Standardabweichung des Schätzers
Lernaufwand in Stunden (β_1)	3,45	0,521
Konstante (β_0)	25,87	6,196
$R^2 = 0,15$		

a) Interpretieren Sie die geschätzten Koeffizienten.
b) Ist der geschätzte Koeffizient für den Lernaufwand statistisch signifikant von Null verschieden?
c) Ist der geschätzte Koeffizient der Konstante statistisch signifikant von 50 verschieden?
d) Mit wie vielen Punkten in der Klausur würden Sie rechnen, wenn Sie 9,5 Stunden für die Klausur gelernt hätten?
e) Interpretieren Sie das Ergebnis in der letzten Zeile der Tabelle.

5.10 Sir Francis Galton, ein Cousin von James Darwin, untersuchte gegen Ende des 19. Jahrhunderts die Beziehung zwischen der Größe von Kindern und der Größe ihrer Eltern. Sie aktualisieren die Untersuchung dieses Zusammenhangs durch Daten von 500 Kommilitonen und schätzen folgendes Modell:

$$\text{Student} = 49,9 \ + \ 0,73 \ \text{Eltern}$$
$$(7,2) \qquad (0,10)$$
$$R^2 = 0,45$$

wobei *Student* die Größe (in cm) der Kommilitonen und *Eltern* die durchschnittliche Größe (in cm) der jeweiligen Eltern der Kommilitonen repräsentiert. Die Werte in Klammern sind geschätzte Standardfehler.

a) Interpretieren Sie die geschätzten Koeffizienten quantitativ.
b) Wenn erwartet würde, dass Kinder im Durchschnitt die gleiche Größe hätten wie ihre Eltern, dann würde dies zwei Hypothesen implizieren, von denen eine den Steigungskoeffizienten und die andere den Achsenabschnitt betrifft.
  (i) Was sollte die Nullhypothese für den Achsenabschnitt sein? Berechnen Sie die relevante t-Statistik und führen Sie einen Hypothesentest für eine Irrtumswahrscheinlichkeit von 1% durch.
  (ii) Was sollte die Nullhypothese für den Steigungskoeffizienten sein? Berechnen Sie die relevante t-Statistik und führen Sie einen Hypothesentest für eine Irrtumswahrscheinlichkeit von 5% durch.
c) Was ist die vorhergesagte Größe eines Kindes, dessen Eltern eine durchschnittliche Größe von 170 cm haben?
d) Gegeben, dass der Achsenabschnitt positiv und der Steigungskoeffizient zwischen 0 und 1 liegt, was lässt sich über die Größe von Studenten sagen, die relativ große Eltern haben? Was lässt sich über die Größe von Studenten sagen, die relativ kleine Eltern haben?

5.11 Man betrachte das folgende bivariate Regressionsmodell ohne Konstante,

$$Y_i = \beta X_i + \varepsilon_i, \qquad \text{für } i = 1, ..., N.$$

Hierbei wird angenommen, dass $\text{E}(\varepsilon_i) = 0$ für alle $i = 1, .., N$ und die Varianz $\text{Var}(\varepsilon_i) = \sigma^2$ konstant ist.

a) Zeigen Sie durch Anwendung der Kleinst-Quadrate-Methode, dass der OLS-Schätzer $\hat{\beta}$ für den Parameter β wie folgt lautet:

$$\hat{\beta} = \frac{\sum\limits_{i=1}^{N} Y_i X_i}{\sum\limits_{i=1}^{N} X_i^2}.$$

b) Mit welchem Begriff wird die Varianz-Struktur dieses Modells bezeichnet? Mit welchem Begriff wird der Fall bezeichnet, in dem jede Beobachtungseinheit ihre eigene Varianz σ_i^2 besitzt?

c) Warum lässt sich ein solches Modell (mit $Var(\varepsilon_i) = \sigma_i^2$ für alle $i = 1, .., N$) ohne weitere Annahmen *nicht* schätzen?

d) Welchen Wert für Y_i würden Sie bei einem ermittelten Schätzwert $\hat{\beta} = 0,5$ bei bekanntem Wert $X_i = 2$ prognostizieren?

e) Geben Sie einen *erwartungstreuen* Schätzer für den unbekannten Parameter σ^2 in obigem Modell an.

f) Anstatt des bivariaten Modells ohne Konstante betrachte man nun das folgende bivariate Regressionsmodell *mit* Konstante,

$$Y_i = \beta_0 + \beta_1 X_i + \varepsilon_i, \qquad \text{für } i = 1, ..., N.$$

Es wird wieder angenommen, dass $\mathrm{E}(\varepsilon_i) = 0$ für alle $i = 1, .., N$ und die Varianz $\mathrm{Var}(\varepsilon_i) = \sigma^2$ konstant ist. Zeigen Sie, dass die Annahme $\mathrm{E}(\varepsilon_i) = 0$ unproblematisch ist, das heißt keine Einschränkung der Allgemeinheit darstellt.

5.12 Sie möchten untersuchen, welche Faktoren den Lohn eines Individuums erklären. Ihnen stehen Daten für $i = 1, ..., 2767$ Individuen zwischen 16 und 60 Jahren beiderlei Geschlechts über einen Zeitraum von drei aufeinanderfolgenden Jahren zur Verfügung. Sie können also möglicherweise ein und dasselbe Individuum i über mehrere Jahre hinweg beobachten. Ihr Datensatz stellt Ihnen folgende Informationen für Individuum i zur Verfügung: den logarithmierten Brutto-Jahreslohn ($\ln(w_i)$), die Ausbildungsdauer in Jahren (S_i) sowie das Alter in Jahren (A_i). Sie spezifizieren und schätzen eine Gleichung mittels der Gewöhnlichen Kleinste-Quadrate-Methode (OLS) mit folgendem Ergebnis

$$\ln(w_i) = \underset{(0,15)}{6,5} + \underset{(0,007)}{0,06} \ S_i + \underset{(0,009)}{0,07} \ A_i. \tag{5.44}$$
$$R^2 = 0,2$$

Die Werte in Klammern unter den geschätzten Koeffizienten geben die dazugehörigen Standardfehler an.

a) Wie beurteilen Sie die obige Spezifikation der Schätzgleichung im Lichte einer kontrafaktischen Fragestellung?

b) Erläutern Sie, was man unter dem Begriff *statistische Signifikanz* versteht.

c) Sind die geschätzten Koeffizienten statistisch signifikant?

d) Was bedeutet R^2?

e) Nehmen Sie an, ein Individuum sei 30 Jahre alt und habe 18 Jahre Schulausbildung (Schule und Studium). Dieses Individuum bewirbt sich nach seinem Studienabschluss um einen Job. Welchen Lohn würden Sie diesem Individuum voraussagen?

f) Zu den Grundannahmen der Regressionsanalyse zählt die Annahme der „Homoskedastizität". Was bedeutet diese Annahme und was liegt vor, wenn diese Annahme verletzt ist?

g) Bei Gültigkeit einiger weiterer Annahmen besitzt der OLS-Schätzer die Eigenschaften Erwartungstreue, Konsistenz und Effizienz. Erläutern Sie verbal, was man unter diesen Eigenschaften versteht.

Anhang

A. Herleitung der OLS-Schätzer für β_0 und β_1

Aus den beiden Normalgleichungen (5.6) und (5.7), die hier zur Wiederholung noch einmal aufgeführt sind

$$-2\sum_{i=1}^{N}(Y_i - \hat{\beta}_0 - \hat{\beta}_1 X_i) = 0 \qquad (5.45)$$

$$-2\sum_{i=1}^{N}(Y_i - \hat{\beta}_0 - \hat{\beta}_1 X_i)X_i = 0, \qquad (5.46)$$

erhält man durch folgende Umformungen die Schätzgleichungen (5.8) und (5.9) bzw. (5.10).

Aus Gleichung (5.45) ergibt sich durch Multiplikation mit $-\frac{1}{2N}$ und Aufspalten der Summe

$$\frac{1}{N}\sum_{i=1}^{N}Y_i - \frac{1}{N}\sum_{i=1}^{N}\hat{\beta}_0 - \frac{1}{N}\sum_{i=1}^{N}\hat{\beta}_1 X_i = 0. \qquad (5.47)$$

Da $\hat{\beta}_0$ und $\hat{\beta}_1$ Konstanten sind, entspricht dies

$$\frac{1}{N}\sum_{i=1}^{N}Y_i - \frac{1}{N}\cdot N\cdot\hat{\beta}_0 - \hat{\beta}_1\frac{1}{N}\sum_{i=1}^{N}X_i = \overline{Y} - \hat{\beta}_0 - \hat{\beta}_1\overline{X} = 0 \qquad (5.48)$$

bzw. nach $\hat{\beta}_0$ aufgelöst

$$\hat{\beta}_0 = \overline{Y} - \hat{\beta}_1\overline{X}. \qquad (5.49)$$

Dies bedeutet, dass der Schätzer $\hat{\beta}_0$ vom Schätzer $\hat{\beta}_1$ abhängt. Gleichung (5.49) legt nahe, zuerst einen Schätzwert für $\hat{\beta}_1$ zu ermitteln, um dann auf Bais von (5.49) den Schätzwert für $\hat{\beta}_0$ zu errechnen.

Aus Gleichung (5.46) ergibt sich wiederum durch Multiplikation mit $-\frac{1}{2N}$ und Aufspalten der Summe

$$\frac{1}{N}\sum_{i=1}^{N} Y_i X_i - \frac{1}{N}\sum_{i=1}^{N} \hat{\beta}_0 X_i - \frac{1}{N}\sum_{i=1}^{N} \hat{\beta}_1 X_i^2 = 0. \qquad (5.50)$$

Da $\hat{\beta}_0$ und $\hat{\beta}_1$ Konstanten sind und für $\hat{\beta}_0$ Gleichung (5.49) gilt, ergibt sich

$$\frac{1}{N}\sum_{i=1}^{N} Y_i X_i - \frac{1}{N}\sum_{i=1}^{N}(\overline{Y} - \hat{\beta}_1\overline{X})X_i - \hat{\beta}_1 \frac{1}{N}\sum_{i=1}^{N} X_i^2 =$$

$$\frac{1}{N}\sum_{i=1}^{N} Y_i X_i - \overline{Y}\frac{1}{N}\sum_{i=1}^{N} X_i + \hat{\beta}_1\overline{X}\frac{1}{N}\sum_{i=1}^{N} X_i - \hat{\beta}_1\frac{1}{N}\sum_{i=1}^{N} X_i^2 =$$

$$\overline{YX} - \overline{Y}\,\overline{X} + \hat{\beta}_1\overline{X}^2 - \hat{\beta}_1\overline{X^2} = 0. \qquad (5.51)$$

Löst man diese Gleichung nach $\hat{\beta}_1$ auf, erhält man

$$\hat{\beta}_1\left(\overline{X^2} - \overline{X}^2\right) = \overline{YX} - \overline{Y}\,\overline{X} \qquad (5.52)$$

bzw.

$$\hat{\beta}_1 = \frac{\overline{YX} - \overline{Y}\,\overline{X}}{\overline{X^2} - \overline{X}^2}. \qquad (5.53)$$

Mit dieser Gleichung könnte man bereits arbeiten, denn sie enthält nur beobachtbare Werte und Konstanten. Sie lässt sich aber noch etwas vereinfachen und in eine übersichtlichere Schreibweise bringen. Hierzu vergegenwärtige man sich, dass für die geschätzte Kovarianz von Y und X gilt

$$\hat{\sigma}_{XY} = \frac{1}{N}\sum_{i=1}^{N}(Y_i - \overline{Y})(X_i - \overline{X})$$

$$= \frac{1}{N}\sum_{i=1}^{N} Y_i X_i - \frac{1}{N}\sum_{i=1}^{N}\overline{Y}X_i - \frac{1}{N}\sum_{i=1}^{N}\overline{X}Y_i + \frac{1}{N}\sum_{i=1}^{N}\overline{X}\,\overline{Y}$$

$$= \frac{1}{N}\sum_{i=1}^{N} Y_i X_i - \overline{Y}\,\overline{X} - \overline{X}\,\overline{Y} + \overline{X}\,\overline{Y}$$

$$= \frac{1}{N}\sum_{i=1}^{N} Y_i X_i - \overline{Y}\,\overline{X}$$

$$= \overline{YX} - \overline{Y}\,\overline{X}. \qquad (5.54)$$

Gleichung (5.54) entspricht dem Zähler von $\hat{\beta}_1$ in Gleichung (5.53). Die geschätzte Kovarianz von X mit sich selbst entspricht natürlich der geschätzten Varianz von X. Für diese gilt dann analog zu Gleichung (5.54)

$$\hat{\sigma}_{XX} = \frac{1}{N}\sum_{i=1}^{N} X_i X_i - \overline{X}\ \overline{X} = \frac{1}{N}\sum_{i=1}^{N} X_i^2 - \overline{X}\ \overline{X}$$

$$= \overline{X_i^2} - \overline{X}^2 = \hat{\sigma}_X^2.$$ (5.55)

Gleichung (5.55) entspricht dem Nenner von $\hat{\beta}_1$ in Gleichung (5.53). Der Schätzer für $\hat{\beta}_1$ kann daher auch als

$$\hat{\beta}_1 = \frac{\sum_{i=1}^{N}(X_i - \overline{X})(Y_i - \overline{Y})}{\sum_{i=1}^{N}(X_i - \overline{X})^2} = \frac{\hat{\sigma}_{XY}}{\hat{\sigma}_X^2}$$ (5.56)

geschrieben werden. Die Tatsache, dass in diesen Herleitungen N statt $N-1$ zur Normierung benutzt wurde, schränkt die Gültigkeit in keiner Weise ein, denn dieser Normierungsfaktor kürzt sich in der Schätzformel für $\hat{\beta}_1$ ohnehin heraus.

Häufig findet man als Formel für den Schätzer $\hat{\beta}_1$ auch die Gleichungen

$$\hat{\beta}_1 = \frac{\sum_{i=1}^{N}(X_i - \overline{X})Y_i}{\sum_{i=1}^{N}(X_i - \overline{X})^2}$$ (5.57)

bzw.

$$\hat{\beta}_1 = \frac{\sum_{i=1}^{N}(Y_i - \overline{Y})X_i}{\sum_{i=1}^{N}(X_i - \overline{X})^2}.$$ (5.58)

Diese Gleichung erhält man, indem man den Zähler von Gleichung (5.56) entsprechend auflöst. Dies sei für Gleichung (5.58) exemplarisch dargestellt.

Löst man die Summe im Zähler von Gleichung (5.56) auf und berücksichtigt man, dass $\overline{Y} = \frac{1}{N}\sum_{i=1}^{N} Y_i$ bzw. dass $\sum_{i=1}^{N} Y_i = N\overline{Y}$, erhält man den Zähler von Gleichung (5.58):

$$\sum_{i=1}^{N}(X_i - \overline{X})(Y_i - \overline{Y}) = \sum_{i=1}^{N} Y_i X_i - \sum_{i=1}^{N} \overline{Y} X_i - \sum_{i=1}^{N} \overline{X} Y_i + \sum_{i=1}^{N} \overline{X}\,\overline{Y}$$

$$= \sum_{i=1}^{N} Y_i X_i - \sum_{i=1}^{N} \overline{Y} X_i - \overline{X} \sum_{i=1}^{N} Y_i + \sum_{i=1}^{N} \overline{X}\,\overline{Y}$$

$$= \sum_{i=1}^{N} Y_i X_i - \sum_{i=1}^{N} \overline{Y} X_i - \overline{X} N \overline{Y} + N \overline{X}\,\overline{Y}$$

$$= \sum_{i=1}^{N} Y_i X_i - \sum_{i=1}^{N} \overline{Y} X_i$$

$$= \sum_{i=1}^{N} \left(Y_i X_i - \overline{Y} X_i \right) = \sum_{i=1}^{N} (Y_i - \overline{Y}) X_i.$$

B. Herleitung der Varianz des bivariaten OLS-Schätzers $\hat{\beta}$

Das bivariate Regressionsmodell lautet

$$Y_i = \beta_0 + \beta_1 X_i + \varepsilon_i \tag{5.59}$$

mit $Var(\varepsilon_i) = \sigma^2$ für alle $i = 1,...,N$. Summiert man dies über alle N Beobachtungen und dividiert durch N, erhält man

$$\frac{1}{N}\sum_{i=1}^{N} Y_i = \beta_0 + \beta_1 \frac{1}{N}\sum_{i=1}^{N} X_i + \frac{1}{N}\sum_{i=1}^{N} \varepsilon_i \tag{5.60}$$

bzw.

$$\overline{Y} = \beta_0 + \beta_1 \overline{X} + \overline{\varepsilon}. \tag{5.61}$$

Subtrahiert man Gleichung (5.61) von Gleichung (5.59), erhält man das *bivariate Regressionsmodell in Abweichung von den jeweiligen Mittelwerten*, d.h.

$$\underbrace{(Y_i - \overline{Y})}_{y_i} = \underbrace{(\beta_0 - \beta_0)}_{0} + \beta_1 \underbrace{(X_i - \overline{X})}_{x_i} + \underbrace{(\varepsilon_i - \overline{\varepsilon})}_{\eta_i}. \tag{5.62}$$

Für das Modell $y_i = \beta_1 x_i + \eta_i$ gilt

$$\hat{\beta}_1 = \frac{\sum_{i=1}^{N} x_i y_i}{\sum_{i=1}^{N} x_i^2} \tag{5.63}$$

mit $E(\hat{\beta}_1) = \beta_1$.

Gleichung (5.63) lässt sich auch wie folgt schreiben:

$$\hat{\beta}_1 = \sum_{i=1}^{N} \underbrace{\frac{x_i}{\sum_{i=1}^{N} x_i^2}}_{c_i} \cdot y_i = \sum_{i=1}^{N} c_i y_i \tag{5.64}$$

Da X annahmegemäß keine Zufallsvariable ist, stellen die c_i Konstanten dar. Bildet man die Varianz von Gleichung (5.64) erhält man:

$$Var(\hat{\beta}_1) = \sum_{i=1}^{N} c_i^2 Var(Y_i) = \sum_{i=1}^{N} c_i^2 Var(\varepsilon_i) = \sigma^2 \sum_{i=1}^{N} c_i^2$$

$$= \frac{\sigma^2}{\sum_{i=1}^{N} x_i^2} = \frac{\sigma^2}{\sum_{i=1}^{N} (X_i - \bar{X})^2}. \tag{5.65}$$

Da σ^2 selbst ein zu schätzender Parameter des Modells ist und nicht beobachtet werden kann, benötigen wir einen Schätzer für σ^2. Ein derartiger Schätzer ist

$$\hat{\sigma}^2 = \frac{\sum_{i=1}^{N} \hat{\varepsilon}_i^2}{N-2}. \tag{5.66}$$

Eingesetzt in obige Gleichung für $Var(\hat{\beta}_1)$ und Bildung der Wurzel ergibt den in Gleichung (5.24) angegebenen Standardfehler des Schätzer $\hat{\beta}_1$.

C. Ein unverzerrter Schätzer für σ^2

Die Behauptung, dass ein Varianzschätzer, der die Summe der quadrierten Residuen durch $N-2$ normiert, ein unverzerrter Schätzer ist, lässt sich formal wie folgt zeigen, wobei wir vom bivariaten Regressionsmodell in Abweichung von den jeweiligen Mittelwerten aus Anhang B ausgehen.

Berechnung der Summe der quadrierten Residuen. Es gilt

$$\begin{aligned} \hat{\varepsilon}_i &= y_i - \hat{y}_i \\ &= y_i - \hat{\beta}_1 x_i \\ &= \beta_1 x_i + \eta_i - \hat{\beta}_1 x_i \\ &= (\beta_1 - \hat{\beta}_1) x_i + \eta_i. \end{aligned} \tag{5.67}$$

Quadriert man Gleichung (5.72), erhält man

$$\begin{aligned} \hat{\varepsilon}_i^2 &= (\beta_1 - \hat{\beta}_1)^2 x_i^2 + \eta_i^2 + 2(\beta_1 - \hat{\beta}_1) x_i \eta_i \\ &= (\hat{\beta}_1 - \beta_1)^2 x_i^2 + \eta_i^2 - 2(\hat{\beta}_1 - \beta_1) x_i \eta_i. \end{aligned} \tag{5.68}$$

Aufsummieren über alle N Beobachtungen ergibt

$$\sum_{i=1}^{N} \varepsilon_i^2 = (\hat{\beta}_1 - \beta_1)^2 \sum_{i=1}^{N} x_i^2 + \sum_{i=1}^{N} \eta_i^2 - 2(\hat{\beta}_1 - \beta_1) \sum_{i=1}^{N} x_i \eta_i. \qquad (5.69)$$

Erwartungswertbildung. Gleichung (5.69) ausgedrückt in Erwartungen lautet

$$E\left[\sum_{i=1}^{N} \hat{\varepsilon}_i^2\right] = E\left[(\hat{\beta}_1 - \beta_1)^2\right] \sum_{i=1}^{N} x_i^2 + E\left[\sum_{i=1}^{N} \eta_i^2\right]$$
$$-2E\left[(\hat{\beta}_1 - \beta_1) \sum_{i=1}^{N} x_i \eta_i\right]. \qquad (5.70)$$

Hierbei gilt

$$E\left[(\hat{\beta}_1 - \beta_1)^2\right] = Var(\hat{\beta}_1) = \frac{\sigma^2}{\sum_{i=1}^{N} x_i^2} \qquad (5.71)$$

und (vgl. Kapitel 2)

$$E\left[\sum_{i=1}^{N} \eta_i^2\right] = E\left[\sum_{i=1}^{N} (\varepsilon_i - \bar{\varepsilon})^2\right] = \sigma^2 (N-1) \qquad (5.72)$$

sowie

$$(\hat{\beta}_1 - \beta_1) = \frac{\sum_{i=1}^{N} x_i y_i}{\sum_{i=1}^{N} x_i^2} - \beta_1$$
$$= \frac{\sum_{i=1}^{N} x_i (\beta_1 x_i + \eta_i)}{\sum_{i=1}^{N} x_i^2} - \beta_1$$
$$= \frac{\beta_1 \sum_{i=1}^{N} x_i^2}{\sum_{i=1}^{N} x_i^2} + \frac{\sum_{i=1}^{N} x_i \eta_i}{\sum_{i=1}^{N} x_i^2} - \beta_1$$
$$= \frac{\sum_{i=1}^{N} x_i \eta_i}{\sum_{i=1}^{N} x_i^2}$$

bzw.

$$\sum_{i=1}^{N} x_i \eta_i = (\hat{\beta}_1 - \beta_1) \sum_{i=1}^{N} x_i^2. \qquad (5.73)$$

Setzt man die Gleichungen (5.71) - (5.73) in Gleichung (5.70) ein, erhält man

$$E\left[\sum_{i=1}^{N}\hat{\varepsilon}_i^2\right] = \frac{\sigma^2}{\sum_{i=1}^{N}x_i^2}\sum_{i=1}^{N}x_i^2 + \sigma^2(N-1) - 2E\left[(\hat{\beta}_1 - \beta_1)(\hat{\beta}_1 - \beta_1)\sum_{i=1}^{N}x_i^2\right]$$

$$= \sigma^2 + \sigma^2(N-1) - 2E\left[(\hat{\beta}_1 - \beta_1)^2\sum_{i=1}^{N}x_i^2\right]$$

$$= \sigma^2 + \sigma^2(N-1) - 2\sum_{i=1}^{N}x_i^2\underbrace{E\left[(\hat{\beta}_1 - \beta_1)^2\right]}_{Var(\hat{\beta}_1)=\frac{\sigma^2}{\sum_{i=1}^{N}x_i^2}}$$

$$= \sigma^2 + \sigma^2(N-1) - 2\sigma^2$$

$$= -\sigma^2 + \sigma^2(N-1)$$

$$= \sigma^2(N-2). \tag{5.74}$$

D. Die Varianz-Kovarianz-Matrix des OLS-Schätzers $\hat{\beta}$

Da der Parametervektor $\hat{\beta}$ mehrere Elemente enthält, die allesamt Zufallsvariablen sind und von denen nicht anzunehmen ist, dass sie unabhängig voneinander sind, besitzt der Vektor $\hat{\beta}$ eine so genannte *Varianz-Kovarianz-Matrix*. Bezeichnet man die Differenz $\hat{\beta}_i - \beta_i$ mit θ, sieht die Varianz-Kovarianz-Matrix $V(\hat{\beta}) = E[(\hat{\beta} - \beta)(\hat{\beta} - \beta)']$ wie folgt aus

$$V(\hat{\beta}) = E[(\hat{\beta} - \beta)(\hat{\beta} - \beta)']$$

$$= \begin{bmatrix} E(\theta_0)^2 & E(\theta_0)(\theta_1) & ... & E(\theta_0)(\theta_K) \\ E(\theta_1)(\theta_0) & E(\theta_1)^2 & ... & E(\theta_1)(\theta_K) \\ \vdots & \vdots & \ddots & \vdots \\ E(\theta_K)(\theta_0) & E(\theta_K)(\theta_1) & ... & E(\theta_K)^2 \end{bmatrix},$$

bzw.

$$V(\hat{\beta}) = \begin{bmatrix} Var(\hat{\beta}_0) & Cov(\hat{\beta}_0, \hat{\beta}_1) & ... & Cov(\hat{\beta}_0, \hat{\beta}_K) \\ Cov(\hat{\beta}_1, \hat{\beta}_0) & Var(\hat{\beta}_1) & ... & Cov(\hat{\beta}_1, \hat{\beta}_K) \\ \vdots & \vdots & \ddots & \vdots \\ Cov(\hat{\beta}_K, \hat{\beta}_0) & Cov(\hat{\beta}_K, \hat{\beta}_1) & ... & Var(\hat{\beta}_K) \end{bmatrix}. \tag{5.75}$$

In dieser Matrix sind auf der Hauptdiagonalen die Varianzen der einzelnen Elemente von $\hat{\beta}$, also der einzelnen Schätzer $\hat{\beta}_0, \hat{\beta}_1, ..., \hat{\beta}_K$, und auf den Nebendiagonalen die jeweiligen paarweisen Kovarianzen dieser Elemente.

Um die Varianz-Kovarianz-Matrix von $\hat{\beta}$ näher zu bestimmen, ist es sehr hilfreich, sich folgende Beziehung zu vergegenwärtigen

$$\hat{\boldsymbol{\beta}} = (\boldsymbol{X}'\boldsymbol{X})^{-1}\boldsymbol{X}'\boldsymbol{Y} =$$
$$= (\boldsymbol{X}'\boldsymbol{X})^{-1}\boldsymbol{X}'(\boldsymbol{X}\boldsymbol{\beta} + \boldsymbol{\varepsilon})$$
$$= \underbrace{(\boldsymbol{X}'\boldsymbol{X})^{-1}\boldsymbol{X}'\boldsymbol{X}}_{=\boldsymbol{I}}\boldsymbol{\beta} + (\boldsymbol{X}'\boldsymbol{X})^{-1}\boldsymbol{X}'\boldsymbol{\varepsilon}$$
$$= \boldsymbol{\beta} + \boldsymbol{A}\boldsymbol{\varepsilon} \tag{5.76}$$

mit $\boldsymbol{A} = (\boldsymbol{X}'\boldsymbol{X})^{-1}\boldsymbol{X}'$. Setzt man den OLS-Schätzer $\hat{\boldsymbol{\beta}} = \boldsymbol{\beta} + \boldsymbol{A}\boldsymbol{\varepsilon}$ und $\boldsymbol{Y} = \boldsymbol{X}\boldsymbol{\beta} + \boldsymbol{\varepsilon}$ in $\boldsymbol{V}(\hat{\boldsymbol{\beta}}) = E[(\hat{\boldsymbol{\beta}} - \boldsymbol{\beta})(\hat{\boldsymbol{\beta}} - \boldsymbol{\beta})']$ ein, erhält man folgende Beziehung für die Varianz-Kovarianz-Matrix von $\hat{\boldsymbol{\beta}}$

$$\boldsymbol{V}(\hat{\boldsymbol{\beta}}) = E[(\hat{\boldsymbol{\beta}} - \boldsymbol{\beta})(\hat{\boldsymbol{\beta}} - \boldsymbol{\beta})']$$
$$= E[(\boldsymbol{\beta} + \boldsymbol{A}\boldsymbol{\varepsilon} - \boldsymbol{\beta})(\boldsymbol{\beta} + \boldsymbol{A}\epsilon - \boldsymbol{\beta})']$$
$$= E[(\boldsymbol{A}\boldsymbol{\varepsilon})(\boldsymbol{A}\boldsymbol{\varepsilon})']$$
$$= E[\boldsymbol{A}\boldsymbol{\varepsilon}\boldsymbol{\varepsilon}'\boldsymbol{A}']$$
$$= \boldsymbol{A}\underbrace{E[\boldsymbol{\varepsilon}\boldsymbol{\varepsilon}']}_{=\sigma^2}\boldsymbol{A}'$$
$$= \sigma^2\underbrace{(\boldsymbol{X}'\boldsymbol{X})^{-1}\boldsymbol{X}'\boldsymbol{X}}_{=\boldsymbol{I}}(\boldsymbol{X}'\boldsymbol{X})^{-1}$$
$$= \sigma^2(\boldsymbol{X}'\boldsymbol{X})^{-1}. \tag{5.77}$$

6. Modellspezifikation

„Wenn man steil von hier oben auf das Spielfeld herunter blickt, sieht man sehr schön die beiden unterschiedlichen Systeme: 3-5-1 bei der Türkei und 4-5-1 die Portugiesen"
(Reinhold Beckmann)

In diesem Kapitel werden einige Probleme diskutiert, die in der empirischen Praxis eine wichtige Rolle spielen, wie die Wahl der Spezifikation des Regressionsmodells, die Verwendung und Interpretation von kategorialen Variablen und das Problem der Multikollinearität. Darüber hinaus werden Möglichkeiten vorgestellt, lineare Restriktionen der geschätzten Parameter des multivariaten Regressionsmodells zu testen. Derartige Tests sind von zentraler Bedeutung, um Parameterrestriktionen, die sich bspw. aus theoretischen Überlegungen ergeben, auf ihren empirischen Gehalt zu prüfen.

6.1 Funktionale Formen

Die für das Regressionsmodell gemachte Annahme eines linearen Zusammenhangs zwischen den erklärenden Variablen[1] X_k für $k = 1, \ldots, K$ und der zu erklärenden Variable Y bedeutet, dass das Modell linear in den zu schätzenden Parametern sein muss. Multivariate Regressionsmodelle sind linear in den Parametern und damit mit dem besprochenen Instrumentarium handhabbar, wenn sie in die folgende Form überführt werden können

$$f(Y) = \beta_0 + \beta_1 g_1(X_1, ..., X_K) + ... + \beta_K g_K(X_1, ..., X_K) + \epsilon, \quad (6.1)$$

wobei $f(\cdot)$ und $g_k(\cdot)$ ($k = 1, ..., K$) auch nicht-lineare Funktionen darstellen können. So ist es bspw. durchaus möglich und in praktischen Anwendungen auch nicht unüblich, dass die Funktion $g_k(X_1, ..., X_K)$ zwei Regressoren enthält, die multiplikativ miteinander verknüpft sind. Die Verwendung derartiger *Interaktionsterme* wird in Kapitel 6.3.3 detailliert besprochen. Hier soll zunächst auf andere Beispiele linearer Modelle eingegangen werden, die sich in der praktischen Anwendung großer Beliebtheit erfreuen: so genannte *log-lineare* Modelle und Modelle mit *Polynomen*.

---

[1] Aus darstellerischen Gründen wird für den Rest dieses Abschnitts auf das Subskript i zur Bezeichnung der Beobachtungseinheit verzichtet.

6.1.1 Modelle mit logarithmierten abhängigen und unabhängigen Variablen

Das log-log-Modell. Aus theoretischen Modellen ergeben sich oft Beziehungen zwischen verschiedenen Variablen, die nicht linear in den interessierenden Parametern sind. Häufig lassen sich derartige nicht-lineare Beziehungen durch Logarithmieren jedoch linearisieren. Die Verwendung logarithmierter Variablen findet darüber hinaus Anwendung, wenn die abhängige Variable eine natürliche Untergrenze von Null hat, wie dies z.b. beim Lohn eines Arbeitnehmers oder beim Umsatz eines Unternehmens der Fall ist. Verwendet man derartige Variablen als abhängige Variable, erhält man häufig eine heteroskedastische konditionale Verteilung. Dieses Problem kann durch Logarithmieren verringert werden. Darüber hinaus verringert das Logarithmieren den Wertebereich von Variablen, sofern diese nur positive Werte annehmen können. Messfehler und Ausreißer verlieren dadurch an Bedeutung. Zu beachten ist, dass Variablen, die den Wert Null oder negative Werte annehmen, nicht logarithmiert werden können.

Das Modell

$$Y = \beta_0 X_1^{\beta_1} X_2^{\beta_2} e^{\varepsilon} \tag{6.2}$$

ist ein Beispiel für ein Modell, das nicht linear in den Parametern ist und somit nicht mit linearen Regressionsmodellen geschätzt werden kann. Durch Logarithmieren kann dieses Modell in die (log-)lineare Form

$$ln(Y) = ln(\beta_0) + \beta_1 \, ln(X_1) + \beta_2 \, ln(X_2) + \varepsilon \tag{6.3}$$

überführt werden. Gleichung (6.3) lässt sich problemlos mit dem Instrumentarium der linearen Regressionsmodelle schätzen und testen.

Ein weiterer Vorteil von log-log-Modellen liegt darin, dass die Koeffizienten in Gleichung (6.3) direkt als Elastizität interpretiert werden können. Leitet man diese Gleichung bspw. nach $ln(X_1)$ ab, erhält man

$$\eta_{Y,X_1} := \frac{\partial \, ln(Y)}{\partial \, ln(X_1)} = \beta_1, \tag{6.4}$$

wobei η_{Y,X_1} die Elastizität von Y bezüglich X_1 darstellt, also angibt, um wieviel Prozent sich Y verändert, wenn sich (*ceteris paribus*) X_1 um ein Prozent verändert.

Beispiel 6.1. Die Cobb-Douglas-Produktionsfunktion

Die in den Wirtschaftswissenschaften am häufigsten verwendete Funktion zur Beschreibung der Produktionsmöglichkeiten eines Landes, eines Sektors oder eines Unternehmens ist die nach den Ökonomen Charles Cobb und Paul Douglas benannte Cobb-Douglas-Produktionsfunktion (Cobb und Douglas, 1928)[2]:

$$Y = A \cdot L^{\beta_1} K^{\beta_2} e^{\varepsilon},$$

wobei Y das Produktionsniveau, K den Kapitaleinsatz und L den Einsatz des Faktors Arbeit bezeichnet. Für $\beta_1 + \beta_2 = 1$ ist diese Produktionsfunktion linear-homogen vom Grade 1 und hat konstante Skalenerträge, d.h. wenn alle Produktionsfaktoren um eine Einheit erhöht werden, steigt der Output ebenfalls um eine Einheit.

Diese Produktionsfunktion ist nicht-linear in den Parametern und kann daher mit einem linearen Regressionsmodell nicht geschätzt werden. Durch Logarithmierung lässt sich diese Produktionsfunktion jedoch leicht linearisieren:

$$ln(Y) = ln(A) + \beta_1 \, ln(L) + \beta_2 \, ln(K) + \varepsilon$$
$$= \beta_0 + \beta_1 \, ln(L) + \beta_2 ln(K) + \varepsilon,$$

mit $\beta_0 = ln(A)$. Gleichung (6.5) ist ein multivariates Regressionsmodell, das linear in den zu schätzenden Parametern ist. **Tabelle 6.1** zeigt die Schätzergebnisse, wenn man Quartalsdaten der vierteljährlichen volkswirtschaftlichen Gesamtrechnung Westdeutschlands für die Periode von 1960 bis 1989 verwendet, um die Cobb-Douglas-Produktionsfunktion zu schätzen.

Die geschätzten Koeffizienten implizieren, dass das Bruttoinlandsprodukt um 0,32% steigt, wenn sich der Kapitaleinsatz K um 1% erhöht. Erhöht sich der Einsatz des Faktors Arbeit L um 1%, erhöht sich der Output um 0,62%. t-Tests der Nullhypothesen H_0: $\beta_k = 0$ gegen die Alternativhypothesen H_1: $\beta_k \neq 0$ für $k = 0, 1, 2$ zeigen, dass alle in der Tabelle dargestellten Schätzwerte statistisch signifikant von Null verschieden sind (der kritische Wert der t-Verteilung bei einer Irrtumswahrscheinlichkeit von 5% und 117 Freiheitsgraden ist 1,98).

---

[2] Es sollte angemerkt werden, dass diese Produktionsfunktion zuerst von dem schwedischen Ökonomen Knut Wicksell verwendet und von Cobb und Douglas wiederentdeckt wurde.

Tabelle 6.1. Cobb-Douglas-Produktionsfunktion

Variable	Koeffizient	t-Statistik
Konstante	-4,525	6,228
$ln(K)$	0,321	6,382
$ln(L)$	0,618	6,218
R^2	0,995	
F-Statistik	3165,6	
Beobachtungen	120	

Anmerkungen: Abhängige Variable: ln(Bruttoinlandsprodukt abzgl. Wertschöpfung des Staates). L: Zahl der Erwerbstätigen ohne Beschäftigte beim Staat multipliziert mit der vierteljährlichen Zahl der geleisteten Arbeitsstunden pro Erwerbstätigen. K: Kapitalbestand von Unternehmen ohne Wohnungsvermietung multipliziert mit dem Kapitalauslastungsgrad. Die Regression kontrolliert darüber hinaus für Quartalseffekte und einen quadratischen Zeittrend, die in der Tabelle nicht ausgewiesen werden. *Datenquelle*: Vierteljährliche Volkswirtschaftliche Gesamtrechnung, DIW, Berlin.

Das R^2 von 0,995 zeigt, dass 99,5% der Variation der abhängigen Variablen durch die Regression erklärt werden. Die F-Statistik zeigt schließlich die Testgröße des F-Tests für die Nullhypothese H_0: $\beta_1 = \beta_2 = 0$ gegen die Alternativhypothese, dass diese Nullhypothese nicht zutrifft. Der kritische Wert der F-Statistik mit $K = 2$ Zählerfreiheitsgraden und $N - (K + 1) = 120 - 2 - 1 = 117$ Nennerfreiheitsgraden ist $F_{2,117}^{krit} = 3,00$. Da die F-Statistik größer als dieser kritische Wert ist, kann die Nullhypothese, dass alle Steigungsparameter gleichzeitig Null sind, abgelehnt werden.

Semi-logarithmische Modelle. Weit häufiger als das beschriebene log-log-Modell sind in der Praxis *semi-logarithmische* Modelle anzutreffen, in denen nicht alle Variablen des Modells logarithmiert werden. In dem log-linearen Modell

$$ln(Y) = \beta_0 + \beta_1 X_1 + \varepsilon \tag{6.5}$$

hat der Parameter β_1 die Interpretation einer *Semi-Elastizität* von Y bezüglich X_1, d.h. steigt X_1 um eine Einheit, verändert sich Y approximativ um $100 \cdot \beta_1$ Prozent. Diese Approximation wird umso schlechter, je größer der geschätzte Wert von β_1 ist. Die exakte prozentuale Veränderung von Y, wenn sich X_1 um eine Einheit ändert, ist $100 \cdot (e^{\beta_1} - 1)$. Nehmen wir an, die Schätzung des Regressionsmodells (6.5) hat zu einem Steigungsparameter von $\hat{\beta}_1 = 0,03$ geführt. Approximativ führt demnach eine zusätzliche Einheit von X_1 zu einer Erhöhung von Y um 3%. Exakt ergibt sich jedoch ein Effekt von 3,05%. Ist der geschätzte Wert hingegen $\hat{\beta}_1 = 0,50$, ergibt sich approximativ ein Effekt von 50%, exakt jedoch ein Effekt von 64,9%.

Weniger häufig findet man linear-log-Modelle der Art

$$Y = \beta_0 + \beta_1 \ ln(X) + \varepsilon. \tag{6.6}$$

In diesem Fall ist der marginale Effekt von X auf Y durch $dY/dX = \beta_1/X$ gegeben, d.h. die marginale Veränderung von Y bei einer Erhöhung von X ist eine abnehmende Funktion von X. **Abbildung 6.1** zeigt diesen Zusammenhang für $\beta_1 > 0$. Die Elastizität von Y bezüglich X berechnet sich in diesem Fall als β_1/Y.

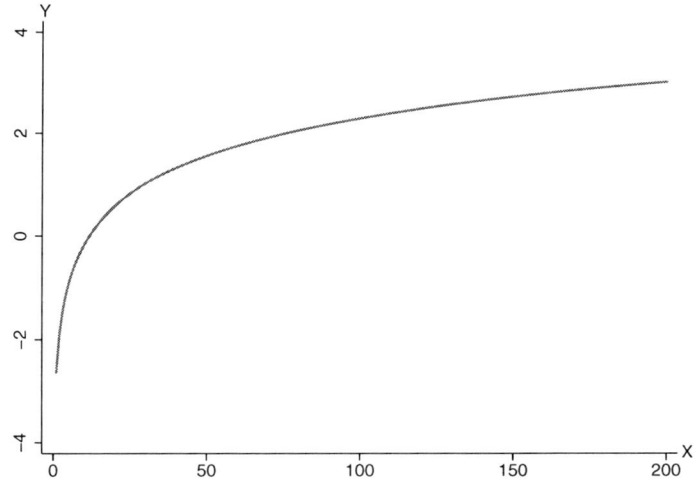

Abbildung 6.1. Semi-log-Spezifikation der Form $Y = \beta_0 + \beta_1 ln(X)$.

Beispiel 6.2. Hedonische Preise für Mobiltelefone

Basierend auf der Konsumtheorie von Lancaster (1971), kann der Gesamtpreis eines Produkts als gewichtete Summe der Preise der verschiedenen Charakteristika dieses Produkts angesehen werden, die

die Konsumenten wertschätzen. Die Preise für die Charakteristika eines Produkts werden dabei als hedonische Preise bezeichnet. Die Schätzung hedonischer Preisfunktionen erfreut sich in der empirischen Wirtschaftsforschung einer hohen Popularität und wurde auf verschiedenste Produkte angewendet (siehe Dewenter, Haucap, Luther, und Rötzel (2004) für einen kurzen Überblick).

Dewenter, Haucap, Luther, und Rötzel (2004) untersuchen hedonische Preise von Mobiltelefonen in Deutschland, indem sie folgendes Modell schätzen

$$ln(P) = \boldsymbol{X\beta} + \varepsilon, \qquad (6.7)$$

wobei P den Preis eines Mobiltelefons ohne Anbietervertrag und $\boldsymbol{X}$ einen Vektor verschiedener Charakteristika eines Mobiltelfons bezeichnet. **Tabelle 6.2** zeigt die Ergebnisse einer solchen Regression.[3] Dabei steht SAR für *Specific Absorption Rate*. Diese Variable misst die Menge an Radiostrahlung, die bei der Benutzung des Mobiltelefons vom Körper absorbiert wird.

Tabelle 6.2. Hedonische Preise für Mobiltelefone in Deutschland

Variable	Koeffizient	t-Statistik
Konstante	5,290	16,50
Gewicht (in kg)	0,200	0,01
Anzahl der Ruftöne	0,007	2,32
Sprechzeit in Minuten	0,002	0,49
Strahlung in SAR	-0,023	0,18

Die Ergebnisse zeigen, dass nur die Anzahl der Ruftöne einen statistisch signifikanten Einfluss auf den Preis eines Mobiltelefons hat. Dabei erhöht ein zusätzlicher Rufton den Preis approximativ um 0,7%.

---

[3] Wir danken den Autoren für die Bereitstellung des Datensatzes.

Beispiel 6.3. Preise für Einfamilienhäuser – Fortsetzung

Die Regression der Preise (P) von Einfamilienhäusern (in Tausend €) in einer deutschen Großstadt im Jahr 2005 auf die Wohnfläche (W) in m^2 ergibt folgendes Ergebnis:

$$\widehat{P} = -682,59 + 196,55\ ln(W). \tag{6.8}$$

Bei einer Wohnfläche von 100 m^2 erhöht ein zusätzlicher Quadratmeter den Preis des Einfamilienhauses um 1,97 Tausend €. Bei einer Wohnfläche von 200 m^2 erhöht ein zusätzlicher Quadratmeter den Preis hingegen nur um 0,98 Tausend €.

6.1.2 Modelle mit Polynomen

Ebenfalls vollkommen unproblematisch ist die Spezifikation

$$Y = \beta_0 + \beta_1 X_1 + \beta_2 X_1^2 + \beta_3 X_3 + ... + \beta_K X_K + \varepsilon \tag{6.9}$$

zu handhaben, da dieses Regressionsmodell linear in den Parametern ist. Die Existenz des quadratischen Terms X_1^2 in Gleichung (6.9) erlaubt eine größere Flexibilität in der Modellierung des Effekts einzelner Variablen. So beobachtet man in vielen Anwendungen einen U-förmigen oder invertiert U-förmigen Zusammenhang zwischen der abhängigen und einer unabhängigen Variable. Dabei ergibt sich für $\beta_1 < 0$ und $\beta_2 > 0$ ein U-förmiger Zusammenhang zwischen X_1 und Y und ein invertiert U-förmiger Zusammenhang für die Parameterkombination $\beta_1 > 0$ und $\beta_2 < 0$. Y nimmt mit X quadratisch zu, wenn $\beta_1 > 0$ und $\beta_2 > 0$, und entsprechend quadratisch ab, wenn $\beta_1 < 0$ und $\beta_2 < 0$.

So ergibt sich aus verschiedenen theoretischen Modellen in der Arbeitsökonomik, dass die Bezahlung eines Arbeitnehmers mit seinem Lebensalter und/oder seiner Arbeitsmarkterfahrung zunächst stark zunimmt, da sein Produktivitätsfortschritt gerade in den ersten Jahren auf dem Arbeitsmarkt erheblich ist. Mit zunehmendem Lebensalter und/oder zunehmender Arbeitsmarkterfahrung nimmt dieser Produktivitätsfortschritt aber fortlaufend ab. Die Bezahlung des Arbeitnehmers steigt nicht mehr so schnell wie noch in den ersten Jahren.[4] **Abbildung 6.2** veranschaulicht diesen Zusammenhang für das Beispiel Einkommen und Lebensalter.

---

[4] Siehe bspw. Cahuc und Zylberberg (2004) oder Franz (2006) für eine ausführliche Darstellung.

Bezahlung

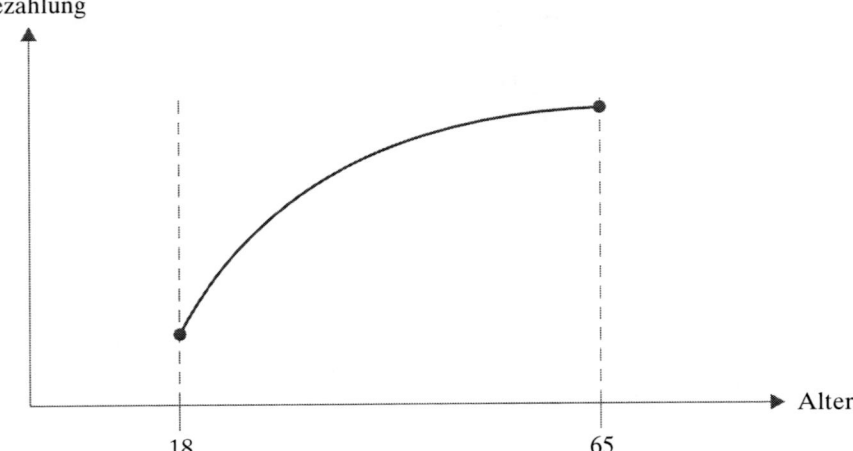

Abbildung 6.2. Der invertiert U-förmige Zusammenhang zwischen Einkommen und Lebensalter.

Werden in einem Regressionsmodell Polynome verwendet, ist bei der Interpretation der Koeffizienten Vorsicht geboten. Sie geben zwar analog zum bivariaten Modell an, wie sich Y verändert, wenn sich X_k (*ceteris paribus*) um eine marginale Einheit ändert. β_1 und β_2 in Gleichung (6.9) lassen sich jedoch nicht getrennt voneinander interpretieren. Wenn sich X_1 (*ceteris paribus*) marginal verändert, dann ändert sich auch X_1^2. Der marginale Effekt von X_1 auf Y ergibt sich in diesem Modell als

$$\frac{\partial Y}{\partial X_1} = \beta_1 + 2\beta_2 X_1. \tag{6.10}$$

Gleichung (6.10) enthält die Variable X_1. Damit ist der Effekt einer marginalen Veränderung von X_1 auf Y abhängig vom Niveau von X_1. Es macht demnach offensichtlich einen Unterschied, ob eine Person 35 Jahre alt ist und 36 wird, oder ob sie 45 Jahre alt ist und 46 wird. Nimmt X_1 nur positive Werte an, ergibt sich der maximale (minimale) Wert von Y bei $X_1 = -\beta_1/(2\beta_2)$, wenn $\beta_2 < 0$ ($\beta_2 > 0$).

Auch Polynome höherer Ordnung stellen kein Problem dar. So können kubische Funktionen in einem Regressionsmodell bspw. durch Polynome dritten Grades modelliert werden

$$Y = \beta_0 + \beta_1 X_1 + \beta_2 X_1^2 + \beta_3 X_1^3 + \varepsilon. \tag{6.11}$$

Die marginale Veränderung von Y bei einer Veränderung von X_1 berechnet sich in diesem Fall als

$$\frac{\partial Y}{\partial X_1} = \beta_1 + 2\beta_2 X_1 + 3\beta_3 X_1^2. \tag{6.12}$$

Beispiel 6.4. Mincer'sche Lohnfunktion

Die von Becker (1962, 1964) entwickelte Humankapitaltheorie ist die dominante Theorie zur Erklärung von Löhnen. Nach dieser Theorie wird die Bildungsentscheidung einer Person als Investitionsentscheidung modelliert, bei der sich eine Person für ein zusätzliches Jahr der Schulausbildung entscheidet, wenn die Kosten dieser Entscheidung (z.B. entgangene Einkommen, Schul- und Studiengebühren) geringer sind als die erwarteten Erträge in Form eines höheren Lohnes. Mincer (1958, 1962, 1974) leitete aus dieser Humankapitaltheorie eine Lohnfunktion ab, mit der man die Rendite aus der Schulbildung sehr einfach bestimmen kann. Diese Lohnfunktion gehört zu einer der am häufigsten geschätzten Funktionen in der wirtschaftswissenschaftlichen Literatur und soll in diesem Beispiel kurz dargestellt werden, da sie uns in den folgenden Abschnitten und Kapiteln immer wieder begegnen wird.[5]

Die typische Lohnfunktion nach Mincer hat die Form

$$ln(w_i) = \beta_0 + \beta_1 S_i + \beta_2 E_i + \beta_3 E_i^2 + \varepsilon_i,$$

wobei w_i den Bruttostundenlohn, S_i die Jahre der Schulausbildung und E_i die potenzielle Berufserfahrung von Individuum i bezeichnen und ε_i den üblichen Störterm angibt. **Tabelle 6.3** zeigt die Ergebnisse der Schätzung der Mincer'schen Lohnfunktion für die Bundesrepublik Deutschland, wobei auf Daten des Sozio-oekonomischen Panels zurückgegriffen wurde.

Die Ergebnisse zeigen, dass ein zusätzliches Jahr der Schulausbildung den Lohn eines Individuums (*ceteris paribus*) um 8,5% erhöht. Ein zusätzliches Jahr der Berufserfahrung erhöht den Bruttostundenlohn um $0,040 - 2 \cdot 0,001 \cdot 10 = 0,02$ bzw. um 2,0%, wenn ein Individuum bereits 10 Jahre Berufserfahrung hat. Hat eine Person 15 Jahre der potenziellen Berufserfahrung, führt ein zusätzliches Jahr der Berufserfahrung nur noch zu einer Erhöhung des Bruttostundenlohns um 1,0%. Der maximale Wert des Bruttostundenlohns ist bei $0,04/(2 \cdot 0,001) = 20$ Jahren Berufserfahrung erreicht.

---

[5] Einen neueren Überblick über die Literatur zur Bestimmung der Rendite aus der Schulbildung gibt Card (1999).

Tabelle 6.3. Mincer'sche Lohnfunktion

Variable	Koeffizient	Standardfehler	t-Statistik
Schuljahre	0,085	0,001	112,56
Berufserfahrung	0,040	0,001	50,74
Berufserfahrung^2	-0,001	0,00002	-35,05
Konstante	0,434	0,013	34,71
R^2		0,2110	
F-Statistik		5.604,22	
Beobachtungen		62.860	

6.1.3 Das reziproke Modell

In reziproken Modellen, die häufig zur Schätzung von Nachfragekurven oder Engel-Kurven herangezogen werden, werden die inversen Werte einer erklärenden Variablen in das Modell aufgenommen, d.h. das Regressionsmodell lautet

$$Y = \beta_0 + \beta_1 \frac{1}{X_1} + \varepsilon. \tag{6.13}$$

Dieses Modell hat die Eigenschaft, dass für steigende Werte von X_1 die abhängige Variable Y asymptotisch gegen $\beta_0 + \varepsilon$ tendiert. Der marginale Effekt einer Veränderung von X_1 auf Y ergibt sich als

$$\frac{\partial Y}{\partial X_1} = -\frac{\beta_1}{X_1^2} \tag{6.14}$$

und die Elastizität von Y hinsichtlich X_1 als

$$\frac{\partial Y / \partial X_1}{X_1 / Y} = -\frac{\beta_1}{X_1 Y}. \tag{6.15}$$

Beispiel 6.5. Engel-Kurve für Mietausgaben

Engel-Kurven beschreiben den Zusammenhang zwischen der Nachfrage nach einem Gut und dem Einkommen.[6] In diesem Beispiel soll die Schätzung einer derartigen Engel-Kurve für die Mietausgaben von Haushalten unter Verwendung des Mikrozensus für das Jahr 1998 gezeigt werden. Das Regressionsmodell lautet

---

[6] Siehe bspw. Pindyck und Rubinfeld (2005) oder Varian (2005).

$$M_i = \beta_0 + \beta_1 I_i^{-1} + \varepsilon_i,$$

wobei M_i die Kaltmiete je Haushaltsmitglied in Tausend € und I_i^{-1} die Inverse des Nettohaushaltseinkommens je Haushaltsmitglied in Tausend € von Haushalt i bezeichnet. Die Schätzung dieser Gleichung mit 8.570 Beobachtungen ergab folgendes Ergebnis

$$\hat{M}_i = 0,380 - 0,143 I_i^{-1}.$$

Abbildung 6.3 zeigt den geschätzten Verlauf der Engel-Kurve, der mit den theoretischen Erwartungen übereinstimmt. Die Ergebnisse zeigen, dass nicht mehr als 380 € je Haushaltsmitglied für Miete ausgegeben werden, egal wie hoch das Einkommen I ist. Bei einem mittleren Einkommen je Haushaltsmitglied von 981 € und einer mittleren Kaltmiete von 205 € ergibt sich ein marginaler Effekt von 0,149 und eine Elastizität von 0,711.

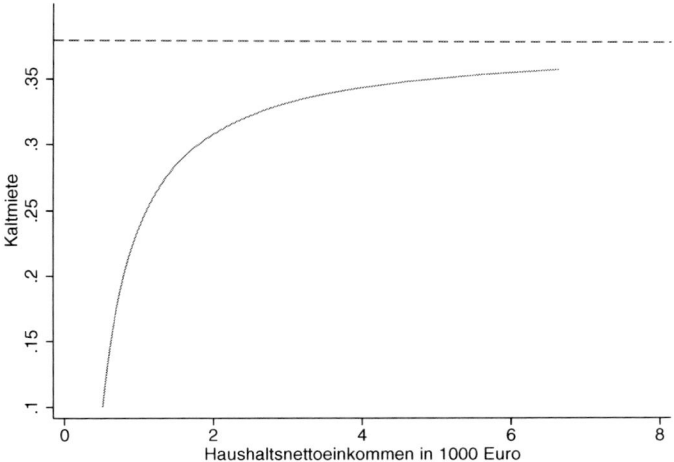

Abbildung 6.3. Schätzung einer Engel-Kurve.

Kernbotschaften

Die marginalen Effekte und Elastizitäten verschiedener Spezifikationen eines Regressionsmodells werden in der folgenden Tabelle zusammengefasst.

Name	Funktionale Form	Marginaler Effekt (dY/dX)	Elastizität $(dY/dX)(X/Y)$
Linear	$Y = \beta_0 + \beta_1 X$	β_1	$\beta_1 \cdot X/Y$
Log-Log	$ln(Y) = \beta_0 + \beta_1 ln(X)$	$\beta_1 \cdot (Y/X)$	β_1
Linear-Log	$Y = \beta_0 + \beta_1 ln(X)$	β_1/X	β_1/Y
Log-Linear	$ln(Y) = \beta_0 + \beta_1 X$	$\beta_1 \cdot Y$	$\beta_1 \cdot X$
Quadratisch	$Y = \beta_0 + \beta_1 X + \beta_2 X^2$	$\beta_1 + 2\beta_2 X$	$(\beta_1 + 2\beta_2 X)X/Y$
Reziprok	$Y = \beta_0 + \beta_1(1/X)$	$-\beta_1/X^2$	$-\beta_1/(XY)$

6.2 Multikollinearität

Gemäß Annahme (2) aus Abschnitt 5.6 soll die Matrix X vollen Rang (d.h. $K + 1$ linear unabhängige Spalten) aufweisen. Diese Annahme ist dann verletzt, wenn zwei oder mehrere Regressoren in einem perfekten *linearen* Verhältnis zueinander stehen. Dies wäre z.B. in einem Modell mit den Regressoren *Volkseinkommen* (BIP), *gesamtwirtschaftlicher Konsum* (C) und *gesamtwirtschaftliche Ersparnis* (S) der Fall. Zwischen diesen drei Variablen existiert definitorisch ein perfekter linearer Zusammenhang, da immer $BIP = C + S$ gilt. In einem solchen Fall liegt eine *perfekte Multikollinearität* vor.

Formal bedeutet dies, dass sich die Inverse der Matrix $(X'X)$ nicht bilden und sich somit der OLS-Schätzer nicht berechnen lässt. In diesem Fall ist die *ceteris paribus*-Bedingung verletzt. Zur Erinnerung: Der Koeffizient β_k gibt an, wie sich Y verändert, wenn sich X_k um eine kleine Einheit verändert *und alle anderen Variablen konstant bleiben*. Wenn sich in einem Modell mit den drei oben genannten Regressoren nun der gesamtwirtschaftliche Konsum verändert, dann hat das zur Konsequenz, dass sich auch das Volkseinkommen und/oder die gesamtwirtschaftliche Ersparnis verändern muss und der Koeffizient des Einflusses des gesamtwirtschaftlichen Konsums nicht mehr sinnvoll interpretiert werden kann.

Dieses Problem wird schwerwiegender, wenn der lineare Zusammenhang zwischen zwei oder mehreren Regressoren nicht perfekt, jedoch *nahezu* perfekt ist. In diesem Fall können zwar OLS-Schätzer berechnet werden, das Interpretationsproblem bleibt allerdings weiterhin bestehen. Besonders unangenehm daran ist, dass *kein* statistischer Test existiert, der es erlaubt, für eine vorgegebene Irrtumswahrscheinlichkeit die Nullhypothese „Multikollinearität liegt (nicht) vor" zurückzuweisen. Alle Verfahren, die beim Auffinden von Multikollinearität helfen können, beruhen auf Faustregeln und der Erfahrung des Wissenschaftlers.

Häufigstes Indiz für das Vorliegen von Multikollinearität ist ein starker Anstieg der geschätzten Standardfehler der Schätzer, wenn eine weitere Variable in das Modell aufgenommen wird. Ebenfalls ein Hinweis auf Multikollinearität wäre ein hohes R^2 in einem Modell mit wenigen statistisch signifikanten Schätzwerten. Schwerwiegende Multikollinearität lässt sich für eine gegebene Stichprobe nur dadurch beseitigen, dass man eine (oder mehrere) der verursachenden Variablen aus dem Modell herauslässt.

Beispiel 6.6. Alter, Schulausbildung und Berufserfahrung in einer Lohnfunktion

In vielen Datensätzen existieren keine genauen Angaben zur Berufserfahrung einer Person. Aus diesem Grund wird in Lohnfunktionen häufig die Variable *potenzielle Berufserfahrung* als Regressor verwendet. Diese Variable wird berechnet als

potenzielle Berufserfahrung = Alter
$$-\text{Jahre der Schulausbildung} - 6.$$

Damit lässt sich die folgende Spezifikation einer Lohnfunktion nicht mehr schätzen

$$ln(w) = \beta_0 + \beta_1 S + \beta_2 A + \beta_4 E + \varepsilon,$$

wobei w den Bruttostundenlohn, S die Jahre der Schulausbildung, A das Alter und E die potenzielle Berufserfahrung bezeichnet. Der Grund hierfür liegt darin, dass zwischen den Variablen S, A und E perfekte Kollinearität vorliegt (E wurde ja als lineare Funktion von A und S berechnet). Um das Modell schätzen zu können, muss man eine der drei Variablen aus der Spezifikation entfernen.

> **Kernbotschaften**
>
> ---
>
> Hat die Matrix X keinen vollen Rang, d.h. besteht ein perfektes lineares Verhältnis zwischen zwei oder mehreren Regressoren, kann der OLS-Schätzer nicht berechnet werden (die Matrix $X'X$ kann nicht invertiert werden). Man spricht in diesem Fall von perfekter Multikollinearität.
>
> Ist das lineare Verhältnis zwischen zwei oder mehreren Regressoren nahezu perfekt, kann der OLS-Schätzer zwar berechnet werden, es entstehen jedoch erhebliche Interpretationsprobleme, da die ceteris-paribus-Bedingung nicht mehr eingehalten werden kann.
>
> Es existiert kein statistischer Test für Multikollinearität. Man muss sich daher auf Faustregeln und Erfahrung verlassen.

6.3 Dummy-Variablen

„Ob rechts oder links, wo ich auftauchte, war ich schlecht."
(Mario Basler)

In den meisten bisher verwendeten Beispielen wurden nur *metrische* Variablen (z.B. Lohnsatz, Bruttoinlandsprodukt, Inflationsrate) verwendet. Diese Variablen zeichnen sich dadurch aus, dass die Differenz von zwei verschiedenen Ausprägungen der Variablen interpretiert werden kann. In vielen Fällen müssen in einer empirische Analyse jedoch *kategoriale* Variablen als erklärende Variablen verwendet werden. Bei derartigen Variablen hat die Differenz zwischen verschiedenen Ausprägungen keine sinnvolle Interpretation.

Im Allgemeinen kann man zwei Arten von kategorialen Variablen unterscheiden. Variablen mit einer *Nominalskalierung* haben keine über ihre Unterscheidung hinausgehende Bedeutung. Beispiele für derartige Variablen sind das Geschlecht oder der Familienstand einer Person, die Teilnahme an einer Maßnahme der aktiven Arbeitsmarktpolitik, oder Berufs- und Industrieklassifikationen. Bei Variablen mit einer *Ordinalskalierung* kann hingegen zumindest die Ordnung der Ausprägungen der Variablen interpretiert werden. Beispiele hierfür sind Klausurnoten oder die Geschäftslage in einem Konjunkturtest.

Die in Variablen mit einer Nominalskalierung enthaltene Information kann durch die Definition einer *binären Variablen*, *Indikatorvariablen* oder auch *Dummy-Variablen* für die empirische Analyse genutzt werden. Bei der Definition einer Dummy-Variablen wird einer Ausprägung der Variablen der

Wert 1 und allen anderen Ausprägungen der Wert 0 zugewiesen. Dabei werden die Ausprägungen, denen der Wert 0 zugewiesen wurde, als *Kontroll-* oder *Referenzgruppe* bezeichnet. Bspw. kann die in der Variablen *Geschlecht* enthaltene Information für die Analyse der Determinanten des Lohnes eines Individuums genutzt werden, indem man eine Dummy-Variable *Frau* definiert, die den Wert 1 für Frauen und den Wert 0 für die Kontrollgruppe der Männer annimmt.

In der Praxis der empirischen Wirtschaftsforschung spielen Dummy-Variablen eine wichtige Rolle. Zum einen können durch die Definition von Dummy-Variablen kategoriale Informationen für die empirische Analyse nutzbar gemacht werden. Eine wichtige Rolle spielen Dummy-Variablen auch bei der Evaluierung wirtschaftspolitischer Maßnahmen. Bei der Diskussion verschiedener Identifikationsstrategien in Kapitel 4 wurde bspw. eine Dummy-Variable verwendet, um Teilnehmer einer wirtschaftspolitischen Maßnahme von Nichtteilnehmern zu unterscheiden. Im Rahmen dieses Abschnitts wird gezeigt, wie mit Hilfe von Dummy-Variablen einige der in Kapitel 4 diskutierten Identifikationsstrategien, wie bspw. der Querschnittsvergleich, der Vorher-Nachher-Vergleich und der Differenz-in-Differenzen-Ansatz, in der Praxis der empirischen Wirtschaftsforschung in einem linearen Regressionsmodell implementiert werden können. Eine zentrale Rolle spielen Dummy-Variablen darüber hinaus in Modellen für Paneldaten, die in einem späteren Kapitel vorgestellt werden.[7]

6.3.1 Interpretation von Dummy-Variablen

Die Verwendung und Interpretation von Dummy-Variablen soll anhand eines einfachen Beispiels erläutert werden, bei dem in einem empirischen Modell eine einzelne Dummy-Variable berücksichtigt wird. Ausgangspunkt sei folgendes Modell

$$w = \beta_0 + \beta_1 S + \delta B + \varepsilon, \qquad (6.16)$$

wobei w den Bruttostundenlohn und S die Jahre der Schulausbildung eines Individuums bezeichnen. B ist eine Dummy-Variable, die den Wert 1 annimmt, wenn ein Individuum Wehr- oder Zivildienst abgeleistet hat, und den Wert 0 sonst (der Datensatz enthalte nur Männer). ε sei ein Störterm, der die üblichen Annahmen erfüllt.

In diesem Modell zeigt der Parameter δ die Lohndifferenz zwischen Männern, die Wehr- oder Zivildienst geleistet haben, und Männern, die keinen Wehr- oder Zivildienst abgeleistet haben, wenn für die Jahre der Schulausbildung kontrolliert wird:

---

[7] In der Zeitreihenökonometrie finden Dummy-Variablen bei der Modellierung von saisonalen Effekten und Strukturbrüchen Verwendung.

$$\delta = E[w|B = 1, S] - E[w|B = 0, S].   (6.17)$$

Nimmt der geschätzte Parameter $\hat{\delta}$ bspw. den Wert -3 an, verdienen Männer, die Wehr- oder Zivildienst geleistet haben, 3 € weniger als Männer mit derselben Schulausbildung, die vom Wehr- oder Zivildienst befreit wurden. Graphisch kann der Effekt der Dummy-Variablen B als eine Verschiebung der Konstanten dargestellt werden, bei der Wehr- oder Zivildienstleistende einen fixen Betrag in Höhe von δ weniger verdienen als Männer, die keinen Wehr- oder Zivildienst geleistet haben (siehe **Abbildung 6.4**).

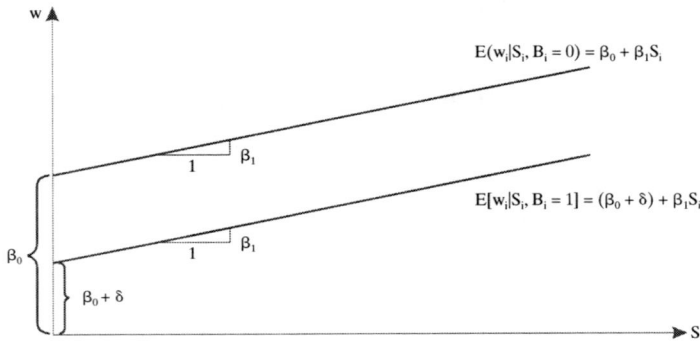

Abbildung 6.4. Interpretation von Dummy-Variablen.

In dem in Gleichung (6.16) beschriebenen Modell wurden Männer, die vom Wehr- oder Zivildienst befreit wurden, als Kontrollgruppe verwendet. Dabei ist anzumerken, dass es keine Rolle spielt, welche der beiden Gruppen als Kontrollgruppe ausgewählt wird. Definiert man bspw. eine Dummy-Variable NB, die den Wert 1 für Männer, die vom Wehr- oder Zivildienst befreit wurden, und den Wert 0 für Wehr- oder Zivildienstleistende annimmt und formuliert das Modell

$$w = \alpha_0 + \alpha_1 S + \gamma NB + v,   (6.18)$$

ist α_0 die Konstante für Wehr- oder Zivildienstleistende und γ die Lohndifferenz zwischen Männern, die vom Wehr- oder Zivildienst befreit wurden, und Männern, die Wehr- oder Zivildienst geleistet haben. Es gilt also, dass $\alpha_0 + \gamma = \beta_0$ und $\alpha_0 = \beta_0 + \delta$.

Die Interpretation des Parameters δ verändert sich, wenn das Modell (6.16) in semi-logarithmischer Form (wie es eigentlich in diesem Beispiel üblich wäre) spezifiziert wird. Lautet das Modell

$$ln(w) = \beta_0 + \beta_1 S + \delta B + \varepsilon, \tag{6.19}$$

zeigt der Parameter δ die prozentuale Differenz der Stundenlöhne zwischen Männern, die Wehr- oder Zivildienst geleistet haben, und Männern, die keinen Wehr- oder Zivildienst geleistet haben. Nimmt in diesem Modell der geschätzte Parameter $\hat{\delta}$ bspw. den Wert -0,08 an, haben Männer, die Wehr- oder Zivildienst geleistet haben, einen um 8% geringeren Bruttostundenlohn als Männer, die von dieser Verpflichtung befreit wurden.

Beispiel 6.7. Lohndifferenz zwischen Männern und Frauen

Unter Verwendung von Daten des Sozio-oekonomischen Panels für die Jahre 1984-2003 wurde folgende Lohngleichung geschätzt

$$lnw = \beta_0 + \beta_1 S + \beta_2 E + \beta_3 E^2 + \beta_4 F + \varepsilon,$$

wobei w den Bruttostundenlohn, S die Jahre der Schulausbildung und E die potenziellen Jahre der Berufserfahrung bezeichnen. Die Variable F ist eine Dummy-Variable, die den Wert 1 für Frauen und den Wert 0 für Männer annimmt. **Tabelle 6.4** zeigt die Ergebnisse einer OLS-Schätzung dieser Gleichung.

Tabelle 6.4. Lohndifferenz zwischen Frauen und Männern

Variable	Koeffizient	Standardfehler	t-Statistik
Schuljahre	0,0857	0,0008	114,13
Berufserfahrung	0,0386	0,0008	49,33
Berufserfahrung^2	-0,0006	0,00002	-34,09
Frau	-0,1172	0,0042	-27,65
Konstante	0,4825	0,0125	38,46
R^2		0,2205	
F-Statistik		4.445,26	
Beobachtungen		62.860	

Die Ergebnisse zeigen, dass ein zusätzliches Jahr der Schulausbildung den Lohn um 8,57% erhöht. Der Einfluss der potenziellen Berufserfahrung gleicht einem invertierten U. Hält man die Jahre der Schulausbildung sowie die potenzielle Berufserfahrung konstant, verdienen Frauen im Durchschnitt nahezu 12% weniger als vergleichbare Männer. Die t-Werte zeigen, dass alle geschätzten Koeffizienten statistisch signifikant von Null verschieden sind.

In dem empirischen Modell (6.19) wurde nur eine Dummy-Variable berücksichtigt, die den Wert 1 für Männer, die Wehr- oder Zivildienst geleistet haben, und den Wert 0 für alle anderen Männern annimmt. Kann man das Modell

$$ln(w) = \beta_0 + \beta_1 S + \delta B + \gamma NB + \varepsilon \qquad (6.20)$$

schätzen, in dem zusätzlich die Dummy-Variable NB berücksichtigt wird? Die Antwort auf diese Frage ist ein eindeutiges Nein. Das in Gleichung (6.20) dargestellte empirische Modell ist ein Beispiel für die so genannte *dummy variable trap*. Diese „Falle" tritt auf, wenn zuviele Dummy-Variablen eine gegebene Anzahl von Gruppen beschreiben. Generell gilt, dass man in einem Modell nur $g - 1$ Dummy-Variablen für g unterschiedliche Gruppen aufnehmen darf.

Im obigen Beispiel ist $B + NB = 1$. Dies bedeutet, dass NB eine lineare Funktion von B ist, d.h. $NB = 1 - B$. Mit anderen Worten: Da nur zwei Gruppen von Personen unterschieden werden (die, die Wehr- oder Zivildienst geleistet haben, und die, die davon befreit wurden), benötigt man auch nur zwei Konstanten. In Modell (6.19) ist β_0 die Konstante für diejenigen Männer, die vom Wehr- und Zivildienst befreit wurden, und $\beta_0 + \delta$ die Konstante für diejenigen Männer, die Wehr- oder Zivildienst geleistet haben. Nimmt man wie in Gleichung (6.20) zusätzlich zu einer Konstanten eine Dummy-Variable für jede der beiden Gruppen in das Modell auf, kommt es zu einer perfekten Multikollinearität mit der Folge, dass das Modell nicht geschätzt werden kann.

Das Modell

$$ln(w) = \beta_1 S + \theta B + \lambda NB + \varepsilon \qquad (6.21)$$

kann hingegen geschätzt werden, da dieses Modell keine Konstante enthält und man damit wiederum für beide Gruppen jeweils eine unterschiedliche Konstante erhält. Dabei ist nun θ die Konstante für die Männer, die Wehr- oder Zivildienst geleistet haben, und λ die Konstante für diejenigen Männer, die keinen Wehr- oder Zivildienst geleistet haben. Im Vergleich zu Spezifikation (6.19) hat diese Spezifikation jedoch einige Nachteile. Zum einen kann – anders als in Modell (6.19) – aus den Schätzergebnissen die Differenz zwischen den beiden Gruppen nicht direkt abgelesen werden, sondern muss erst berechnet werden. Zum Zweiten muss man erst testen, ob die geschätzten Parameter $\hat\theta$ und $\hat\lambda$ signifikant voneinander verschieden sind. Bei der Modellspezifikation (6.19) sieht man an der t-Statistik für den geschätzten Koeffizienten $\hat\delta$ hingegen sofort, ob sich beide Gruppen signifikant voneinander unterscheiden.

6.3.2 Multiple Kategorien und ordinale Information

In vielen Anwendungen würde man gerne Variablen verwenden, in denen mehrere Gruppen voneinander unterschieden werden. In dem im letzten Abschnitt verwendeten Beispiel kann man bspw. drei Gruppen voneinander unterscheiden: (i) Männer, die Wehrdienst geleistet haben; (ii) Männer, die Zivildienst geleistet haben; und (iii) Männer, die vom Wehr- und Zivildienst befreit wurden. Im letzten Abschnitt wurde angenommen, dass Wehr- und Zivildienst denselben Effekt auf den Stundenlohn haben. Möchte man nun untersuchen, ob der Wehrdienst einen im Vergleich zum Zivildienst unterschiedlichen Einfluss auf den Lohn hat, muss man zwei Dummy-Variablen definieren: (i) eine Dummy-Variable W, die den Wert 1 annimmt, wenn eine Person Wehrdienst geleistet hat, und den Wert 0 sonst; (ii) eine Dummy-Variable Z, die den Wert 1 annimmt, wenn eine Person Zivildienst geleistet hat, und den Wert 0 sonst. Männer, die vom Wehr- und Zivildienst befreit wurden, bilden die Referenzgruppe. Wir haben damit zwei Dummy-Variablen für drei Gruppen definiert. Würden wir diejenigen, die weder Wehr- noch Zivildienst geleistet haben, zusätzlich in das Modell aufnehmen, würde wiederum perfekte Kollinearität vorliegen.

Das empirische Modell lautet:

$$ln(w) = \beta_0 + \beta_1 S + \delta W + \gamma Z + \varepsilon. \tag{6.22}$$

Der Parameter δ zeigt nun die prozentuale Differenz der Stundenlöhne zwischen Wehrdienstleistenden und Männern, die vom Wehr- und Zivildienst befreit wurden, wenn die Jahre der Schulausbildung konstant gehalten werden. Entsprechend gibt γ die prozentuale Differenz der Stundenlöhne zwischen Zivildienstleistenden und Männern an, die vom Wehr- und Zivildienst befreit wurden, wenn die Jahre der Schulausbildung konstant gehalten werden.

Obwohl uns die Parameter δ und γ nur die jeweilige prozentuale Lohndifferenz zur Kontrollgruppe angeben, wäre es ein Leichtes, die prozentuale Lohndifferenz zwischen Wehrdienst- und Zivildienstleistenden als Differenz der beiden geschätzten Parameter $\hat{\delta} - \hat{\gamma}$ zu berechnen. Jedoch wäre die Kenntnis der geschätzten Standardfehler der beiden Parameter nicht ausreichend, um zu testen, ob diese Lohndifferenz signifikant von Null verschieden ist. Eine einfache Lösung für dieses Problem liegt darin, das Modell mit einer unterschiedlich definierten Kontrollgruppe noch einmal zu schätzen. Bezeichnet NB eine Dummy-Variable, die den Wert 1 für Männer, die vom Wehr- und Zivildienst befreit wurden, und den Wert 0 sonst annimmt, würde man folgendes Modell schätzen:

$$ln(w) = \alpha_0 + \alpha_1 S + \theta W + \lambda NB + \nu. \tag{6.23}$$

Der Parameter θ zeigt nun die prozentuale Differenz der Stundenlöhne zwischen Wehrdienst- und Zivildienstleistenden an, wenn die Jahre der Schulausbildung konstant gehalten werden. Mit Hilfe des geschätzten Standardfehlers des Parameters θ kann ein t-Test durchgeführt werden, der zeigt, ob diese Differenz signifikant von Null verschieden ist.

Eine im Vergleich zu multiplen Kategorien ähnliche Strategie wählt man bei Variablen mit einer Ordinalskalierung. Bei derartigen Variablen kann die Ordnung der Ausprägungen interpretiert werden, nicht jedoch die Differenz zwischen zwei Ausprägungen. Gegeben sei bspw. eine Variable Z, die eine Ordinalskalierung mit Ausprägungen zwischen 1 und 3 aufweist. Schätzt man das Modell

$$Y = \boldsymbol{X}\boldsymbol{\beta} + \gamma Z + \varepsilon, \tag{6.24}$$

zeigt γ die Veränderung in Y, wenn Z um eine Einheit steigt und alle anderen erklärenden Variablen $\boldsymbol{X}$ konstant gehalten werden. Da die Differenz zwischen den Ausprägungen von Z jedoch keine sinnvolle Interpretation besitzt, kann zwar das Vorzeichen des Koeffizienten γ interpretiert werden. Der geschätzte Wert hat jedoch keine sinnvolle quantitative Interpretation, da ein Anstieg der Variable Z um eine Einheit nicht sinnvoll interpretiert werden kann. So mag zwar ein Wert von Z in Höhe von drei besser sein als ein Wert von eins. Man kann jedoch nicht sagen, ob ein Anstieg von Z von eins auf zwei äquivalent ist zu einem Anstieg von zwei auf drei.

Daher wird üblicherweise für jede Ausprägung von Z eine Dummy-Variable definiert, d.h. man definiert bspw. eine Dummy-Variable Z_1, wenn Z den Wert 1 annimmt und 0 sonst, und eine Dummy-Variable Z_2, wenn Z den Wert 2 annimmt und 0 sonst. Aufgrund des Problems der *dummy variable trap* kann man nur für zwei der drei Ausprägungen der Variable Z Dummy-Variablen bilden. Die verbleibende Ausprägung, d.h. in diesem Beispiel der Fall, dass Z den Wert 3 annimmt, bildet die Referenzgruppe. Schätzt man nun das Modell

$$Y = \boldsymbol{X}\boldsymbol{\beta} + \gamma_1 Z_1 + \gamma_2 Z_2 + \varepsilon, \tag{6.25}$$

haben die geschätzten Parameter $\hat{\gamma}_1$ und $\hat{\gamma}_2$ die übliche Interpretation. $\hat{\gamma}_1$ zeigt die Differenz zwischen einem Individuum, für das die Variable Z den Wert 1, und einem Individuum, für das die Variable Z den Wert 3 annimmt, an, wenn alle anderen Faktoren $\boldsymbol{X}$ konstant gehalten werden. Entsprechend kann der geschätzte Parameter $\hat{\gamma}_2$ als Differenz zwischen einem Individuum, für das die Variable Z den Wert 2, und einem Individuum, für das die Variable Z den Wert 3 annimmt, interpretiert werden.

Beispiel 6.8. Schönheit und Lohn

Hamermesh und Biddle (1994) untersuchen unter Verwendung von Individualdatensätzen für die Vereinigten Staaten der Jahre 1971 und 1977 sowie eines Datensatzes für Kanada, der im Jahr 1981 erhoben wurde, den Einfluss des Aussehens einer Person auf den Lohn. Alle drei Datensätze enthalten eine Variable *Aussehen*, bei der der Interviewer das Aussehen der befragten Personen auf einer Skala mit den Ausprägungen 1=Auffallend schön, 2=Überdurchschnittliches Aussehen gegeben Alter, 3=Durchschnittliches Aussehen gegeben Alter, 4=Unterdurchschnittliches Aussehen gegeben Alter, und 5=Unattraktiv kategorisierte. Aus dieser ordinalen Information konstruieren die Autoren eine Dummy-Variable S_i *Überdurchschnittliches Aussehen* für die Merkmalsausprägungen 1 und 2 der Variablen *Aussehen* und eine zweite Variable *Unterdurchschnittliches Aussehen* H_i für die Merkmalsausprägungen 4 und 5. Als Kontrollgruppe in den empirischen Schätzungen dienen Personen mit einem für das jeweilige Alter durchschnittlichen Aussehen. Die Autoren schätzen folgendes Modell:

$$ln(w) = \boldsymbol{X}\boldsymbol{\beta} + \delta_1 S + \delta_2 H + \varepsilon, \qquad (6.26)$$

wobei w den Stundenlohn und ε einen normalverteilten Fehlerterm mit Mittelwert 0 und Varianz σ^2 bezeichnet. Die Ergebnisse der OLS-Schätzungen für die zu interessierenden Variablen sind in **Tabelle 6.5** zusammengefasst.

Mit Ausnahme der Frauen in den USA im Jahr 1971, erhalten Personen mit unterdurchschnittlichem Aussehen im Vergleich zu Personen mit durchschnittlichem Aussehen einen Lohnabschlag von 3% (Männer in Kanada) bis 16% (Männer in den USA im Jahr 1977). Die geschätzten Koeffizienten sind bei einer Irrtumswahrscheinlichkeit von 5% nur für Männer in den USA im Jahr 1977 statistisch signifikant von Null verschieden. Bei einer Irrtumswahrscheinlichkeit von 10% sind die geschätzten Koeffizienten auch bei amerikanischen Frauen im Jahr 1977 und amerikanischen Männern im Jahr 1971 statistisch signifikant. Personen mit einem überdurchschnittlichen Aussehen erhalten im Vergleich zu Personen mit einem durchschnittlichem Aussehen einen Lohnaufschlag von 1% (Frauen in Kanada) bis 13% (Frauen in den USA im Jahr 1971). Jedoch ist keiner der geschätzten Koeffizienten für diese Variable statistisch signifikant von Null verschieden.

Tabelle 6.5. Schönheit und Lohn

Variable	Männer	Frauen
USA 1971:		
Unterdurchschnittliches Aussehen	-0,138	0,122
	(0,081)	(0,095)
Überdurchschnittliches Aussehen	0,109	0,129
	(0,081)	(0,095)
Beobachtungen	476	307
R^2	0,471	0,332
p-Wert für F-Statistik	0,014	0,174
USA 1977:		
Unterdurchschnittliches Aussehen	-0,164	-0,124
	(0,046)	(0,066)
Überdurchschnittliches Aussehen	0,016	0,039
	(0,033)	(0,048)
Beobachtungen	700	409
R^2	0,403	0,330
p-Wert für F-Statistik	0,001	0,069
Kanada 1981:		
Unterdurchschnittliches Aussehen	-0,027	-0,072
	(0,054)	(0,067)
Überdurchschnittliches Aussehen	0,059	0,010
	(0,030)	(0,029)
Beobachtungen	887	883
R^2	0,306	0,389
p-Wert für F-Statistik	0,099	0,492

Anmerkungen: Geschätzte Standardfehler in Klammern.
Quelle: Hamermesh und Biddle (1994), Tabellen 3-5.

Kernbotschaften

Variablen mit kategorialen Informationen können durch eine geeignete Definition von Indikator- bzw. Dummy-Variablen als erklärende Variablen in einem Regressionsmodell verwendet werden. Dies gilt unabhängig davon, ob eine Nominal- oder Ordinalskalierung der kategorialen Variablen vorliegt.

Bei der Verwendung von Dummy-Variablen muss darauf geachtet werden, dass in einem Regressionsmodell mit einer Konstanten nur $g - 1$ Dummy-Variablen verwendet werden können, wenn man anhand der vorliegenden Information g unterschiedliche Gruppen bilden könnte. Würde man g Dummy-Variablen verwenden, hätte man perfekte Multikollinearität und das Modell könnte nicht geschätzt werden.

6.3.3 Interaktionsvariablen

In der bisherigen Diskussion bewirkten Dummy-Variablen, dass für unterschiedliche Gruppen unterschiedliche Konstanten zugelassen werden. Durch Bildung geeigneter Interaktionsterme können Dummy-Variablen jedoch auch dazu verwendet werden, für unterschiedliche Gruppen unterschiedliche Steigungsparameter zuzulassen. So könnte man bspw. vermuten, dass der Wehr- oder Zivildienst zu einer Verringerung der Rendite aus der Schulausbildung führt, da die Personen während ihres Dienstes einen Teil des in der Schule oder Berufsausbildung angeeigneten Wissens (oder in ökonomischen Termini: Humankapital) vergessen. Um diese Hypothese zu testen, würde man eine Interaktionsvariable zwischen den Jahren der Schulausbildung, S, und der Dummy-Variable für den Wehr- oder Zivildienst, B, bilden und folgendes Modell schätzen

$$ln(w) = \beta_0 + \beta_1 S + \delta_0 B + \delta_1 (S \cdot B) + \varepsilon. \tag{6.27}$$

In diesem Modell ist die Konstante für die Gruppe von Männern, die vom Wehr- und Zivildienst befreit wurden, durch den Parameter β_0 gegeben. Für diese Gruppe gibt der Parameter β_1 die Rendite aus einem zusätzlichem Jahr der Schulausbildung an. Für die Gruppe von Wehr- oder Zivildienstleistenden ist die Konstante $\beta_0 + \delta_0$ und die Rendite aus einem zusätzlichem Jahr der Schulausbildung $\beta_1 + \delta_1$. **Abbildung 6.5** veranschaulicht den Effekt der Interaktionsvariablen $S_i \cdot B_i$ für $\delta_0 < 0$ und $\delta_1 < 0$. In diesem Fall haben Wehr- und Zivildienstleistende eine im Vergleich zu Personen, die von diesen Diensten befreit wurden, niedrigere Konstante. Aufgrund der relativ geringeren Rendite aus der Schulausbildung vergrößert sich die Lohndifferenz zwischen denjenigen, die vom Wehr- und Zivildienst befreit wurden, und denjenigen, die Wehr- oder Zivildienst leisten mussten, mit den Jahren der Schulausbildung.

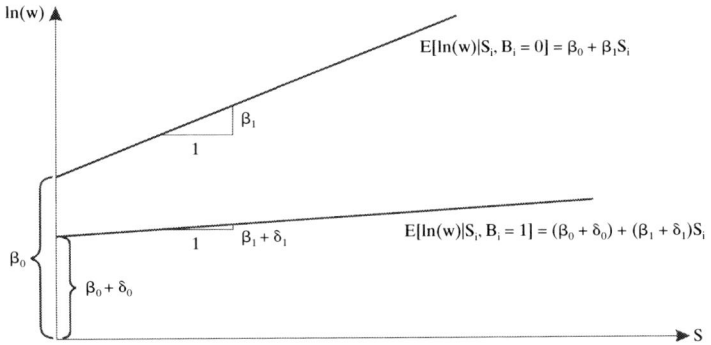

Abbildung 6.5. Interpretation von Interaktionsvariablen.

Beispiel 6.9. Regionale Unterschiede in Ausbildungsrenditen

Um zu überprüfen, ob bezüglich der Ausbildungsrendite zwischen West- und Ostdeutschland relevante Unterschiede bestehen, wird auf Basis einer Stichprobe aus dem Sozio-oekonomischen Panel das folgende Modell geschätzt:

$$ln(w) = \beta_0 + \beta_1 S + \beta_2 E + \beta_3 E^2 + \beta_4 B + \beta_5 (S \cdot B) + \epsilon, \quad (6.28)$$

wobei $ln(w)$ für den logarithmierten Bruttostundenlohn, S für die in Jahren gemessene Schulausbildung und E für die potenzielle Berufserfahrung steht. B ist eine Dummy-Variable, die den Wert 1 annimmt, wenn eine Person in den neuen Bundesländern lebt, und den Wert 0 für Personen in den alten Bundesländern. Der Interaktionsterm $S \cdot B$ eröffnet die Möglichkeit zu analysieren, ob sich die Rendite aus der Schulausbildung in den beiden Regionen unterscheidet. Wenn man dieses Modell für die Jahre 1984 bis 2004 schätzt, erhält man die in **Tabelle 6.6** dargestellten Schätzergebnisse.

Tabelle 6.6. Regionsspezifische Unterschiede in den Ausbildungsrenditen

Variable	Koeffizient	Standardfehler	t-Statistik
Schuljahre	0,096	0,001	117,64
Berufserfahrung	0,043	0,001	56,19
Berufserfahrung$^2 \cdot 10^{-2}$	-0,070	0,002	-39,33
Ost	-0,050	0,025	-2,02
Schuljahre $\cdot$ Ost	-0,021	0,002	-11,49
Konstante	0,340	0,013	26,47
R^2		0,2652	
F-Statistik		4.537,06	
Beobachtungen		62.860	

Die Schätzergebnisse deuten auf signifikante regionale Unterschiede in den Lohndeterminanten hin. Der geschätzte Koeffizient für die Dummyvariable B zeigt, dass Individuen in den neuen Bundesländern gegenüber vergleichbaren westdeutschen Personen einen durchschnittlichen Einkommensnachteil von etwa 5% aufweisen. Darüber hinaus zeigt der geschätzte Koeffizient des Interaktionsterms $S \cdot B$, dass die Rendite eines zusätzlichen Jahres der Schulausbildung in den neuen Bundesländern (*ceteris paribus*) ca. 2% geringer ist als in den alten Bundesländern. Um die tatsächliche Höhe der Ausbildungsrendite für Individuen in den neuen Bundesländern zu ermitteln, müssen die Koeffizienten der beiden Ausbildungsvariablen (β_1 und β_5) addiert werden. Demnach ist die Rendite eines zusätzlichen Jahres der Schulausbildung für Personen aus den neuen Bundesländern 7,5% und für Personen aus den alten Bundesländern 9,6%. Die in **Tabelle 6.6** ausgewiesenen t-Werte zeigen, dass alle geschätzten Koeffizienten statistisch signifikant von Null verschieden sind.

Kernbotschaften

Die Bildung geeigneter Interaktionsterme mit Hilfe von Dummy-Variablen erlaubt, für verschiedene Gruppen unterschiedliche Steigungsparameter zuzulassen.

6.3.4 Dummy-Variablen und Evaluation wirtschaftspolitischer Maßnahmen

Der Koeffizient einer Dummy-Variablen zeigt die Differenz der abhängigen Variablen zwischen Personen, für die die Dummy-Variable den Wert 1, und Personen, für die die Dummy-Variable den Wert 0 annimmt. In dem in Abschnitt 6.3.1 verwendeten Beispiel zeigte der Parameter δ bspw. die Lohndifferenz zwischen Männern, die Wehr- oder Zivildienst geleistet haben, und Männern, die keinen Wehr- oder Zivildienst abgeleistet haben, wenn für die Schulausbildung kontrolliert wird, d.h. $\delta = E[w|B = 1, S] - E[w|B = 0, S]$.

Aufmerksamen Lesern wird nicht entgangen sein, dass es sich bei diesem Koeffizienten um den in Kapitel 4 diskutierten Evaluationsparameter (der *mean effect of treatment on the treated*) beim *Querschnittsvergleich* handelt, wobei die Dummy-Variable B Teilnehmer am Wehr- oder Zivildienst von Nichtteilnehmern unterscheidet (in Termini von Kapitel 4 ist das Äquivalent zu der Dummy-Variablen B die Indikatorvariable D) und $ln(w)$ die Erfolgsgröße darstellt. Wie in Kapitel 4.5.1 ausführlich diskutiert wurde, wird bei dieser Schätzung der Lohneffekte des Wehr- oder Zivildienstes die Identifikationsannahme getroffen, dass Wehr- oder Zivildienstleistende denselben Lohn erhalten würden wie Männer, die vom Wehr- oder Zivildienst freigestellt wurden, wenn Erstere nicht zum Wehr- oder Zivildienst einberufen worden wären.

Um den Rahmen der Diskussion in Kapitel 4 wieder aufzugreifen, sei angenommen, dass man die Effekte betrieblicher Weiterbildungsmaßnahmen auf den Lohn evaluieren möchte. Die gewählte Erfolgsgröße sei der logarithmierte

Lohn, $ln(w)$. Wählt man für die Evaluierung bspw. aus Gründen der Daten-verfügbarkeit einen Querschnittsvergleich, würde man unter Verwendung von OLS folgendes Modell schätzen

$$ln(w) = \boldsymbol{X\beta} + \delta_1 D + \varepsilon, \qquad (6.29)$$

wobei $\boldsymbol{X}$ einen Vektor sozio-oekonomischer Charakteristika und ε einen her-kömmlichen Fehlerterm beschreiben. D ist eine Dummy-Variable, die den Wert 1 für Teilnehmer an betrieblichen Weiterbildungsmaßnahmen und den Wert 0 für Nichtteilnehmer annimmt. In diesem Modell ist der Parameter

$$\delta_1 = E[ln(w)|\boldsymbol{X}, D = 1] - E[ln(w)|\boldsymbol{X}, D = 0]$$

der Evaluationsparameter des Querschnittsvergleichs, der in Kapitel 4.5.1 als $\hat{M}_X^Q$ bezeichnet wurde.

Auch der Evaluationsparameter des Vorher-Nachher-Vergleichs lässt sich durch geeignete Konstruktion einer Dummy-Variablen leicht in einem linea-ren Regressionsmodell schätzen. Nimmt man an, dass Daten zur Verfügung stehen, die den Zeitraum vor und nach der Maßnahme umspannen, würde man folgendes Modell schätzen

$$ln(w) = \boldsymbol{X\beta} + \delta_2 T + \varepsilon, \qquad (6.30)$$

wobei T den Wert 1 annimmt, wenn eine Beobachtung nach der Weiterbil-dungsmaßnahme vorliegt, und den Wert 0, wenn es sich um eine Beobachtung vor der Weiterbildungsmaßnahme handelt. Es soll hier noch einmal ange-merkt werden, dass dieses Modell nur unter Einbeziehung der Teilnehmer an der betrieblichen Weiterbildungsmaßnahme geschätzt wird. Der Parameter

$$\delta_2 = E[ln(w)|\boldsymbol{X}, T = 1, D = 1] - E[ln(w)|\boldsymbol{X}, T = 0, D = 1]$$

ist der Evaluationsparameter des Vorher-Nachher-Vergleichs, $\hat{M}_X^{V-N}$.

Der Differenz-in-Differenzen-Schätzer ist eine Kombination aus dem Quer-schnitts- und dem Vorher-Nachher-Vergleich. Es ist daher nicht verwunder-lich, dass sich der Evaluationsparameter dieser Identifikationsstrategie durch die geeignete Konstruktion von Interaktionsvariablen schätzen lässt. Steht ein Datensatz von Teilnehmern und Nichtteilnehmern zur Verfügung, der sowohl den Zeitraum vor als auch den nach der Maßnahme umfasst, lässt sich der Evaluationsparameter bei der Differenz-in-Differenzen-Strategie durch das Modell

$$ln(w) = \boldsymbol{X\beta} + \delta_1 D + \delta_2 T + \delta_3 (T \cdot D) + \varepsilon \qquad (6.31)$$

bestimmen. Die Indikatorvariable D kontrolliert dabei für Unterschiede zwi-schen den Teilnehmern und Nichtteilnehmern, die sich über die Zeit hinweg nicht ändern, während die Indikatorvariable T für alle zeitlichen Entwicklungen kontrolliert, die beide Gruppen gleich beeinflussen. Der Koeffizient des Interaktionsterms $(T \cdot D)$, δ_3, entspricht schließlich dem Evaluationsparameter des Differenz-in-Differenzen-Ansatz $\hat{M}_{X=k}^{DiD}$, da

$$\delta_3 = (E[ln(w)|\boldsymbol{X}, T = 1, D = 1] - E[ln(w)|\boldsymbol{X}, T = 1, D = 0])$$
$$- (E[ln(w)|\boldsymbol{X}, T = 0, D = 1] - E[ln(w)|\boldsymbol{X}, T = 0, D = 0]).$$

Kernbotschaften

Durch eine geeignete Definition von Dummy- und Interaktionsvariablen sowie einer geeigneten Modellspezifikation können einige der in Kapitel 4 besprochenen Identifikationsstrategien leicht in einem linearen Regressionsmodell implementiert werden. Bezeichnet man mit D eine Dummy-Variable, die den Wert 1 für Maßnahmeteilnehmer und den Wert 0 sonst annimmt, und mit T eine Dummy-Variable, die den Wert 1 für den Zeitraum nach und den Wert 0 für den Zeitraum vor der Maßnahme annimmt, identifiziert in dem Modell

- $Y = \boldsymbol{X}\boldsymbol{\beta} + \delta_1 D + \varepsilon_i$ der Parameter δ_1 den Evaluationsparameter im Querschnittsvergleich,
- $Y = \boldsymbol{X}\boldsymbol{\beta} + \delta_2 T + \varepsilon$ der Parameter δ_2 den Evaluationsparameter im Vorher-Nachher-Vergleich, wobei nur Maßnahmeteilnehmer betrachtet werden,
- $Y = \boldsymbol{X}\boldsymbol{\beta} + \delta_1 D + \delta_2 T + \delta_3 (T \cdot D) + \varepsilon$ der Parameter δ_3 den Evaluationsparameter im Differenz-in-Differenzen Ansatz.

Beispiel 6.10. Praxisgebühr und Arztbesuche

Am 1. Januar 2004 trat in Deutschland das Gesetz zur Modernisierung der gesetzlichen Krankenversicherung (GKV) in Kraft. Neben anderen politischen Maßnahmen beinhaltete das Gesetz die Einführung einer Praxisgebühr von 10 € für den ersten Arztbesuch innerhalb eines Quartals. Ziel dieser Maßnahme war es, die Eigenverantwortung der Versicherten zu stärken und die Anzahl der Arztbesuche zu senken. Die Studie von Augurzky, Bauer, und Schaffner (2006) untersucht mit Hilfe eines Differenz-in-Differenzen-Ansatzes, inwieweit sich die Wahrscheinlichkeit, innerhalb von drei Monaten mindestens einen Arzt zu besuchen, durch die Einführung der Praxisgebühr geändert hat. Die Autoren verwenden eine Stichprobe, die aus dem Soziooekonomischen Panel (SOEP) für die Jahre 2003 und 2005 gezogen wurde. Damit deckt der Datensatz die Zeiträume vor und nach der

Einführung der Praxisgebühr ab. Ziel der Analyse ist ein Vergleich der Entwicklung der Anzahl der Arztbesuche von GKV-Versicherten, die die Praxisgebühr zahlen müssen, mit zwei Kontrollgruppen. Die erste Kontrollgruppe besteht aus den gesetzlich versicherten Jugendlichen im Alter von 17 Jahren, die zweite aus den privat Versicherten. Beide Kontrollgruppen müssen keine Praxisgebühr entrichten.

In ihrer empirischen Analyse schätzen Augurzky, Bauer, und Schaffner (2006) folgendes Regressionsmodell:

$$Y = \boldsymbol{X}\boldsymbol{\beta} + \delta_1 D + \delta_2 C + \delta_3 D \cdot C + \varepsilon.$$

Dabei bezeichnet Y eine Dummy-Variable, die den Wert 1 annimmt, wenn eine Person in den letzten 3 Monaten einen Arzt besucht hat, und den Wert 0 sonst. $\boldsymbol{X}$ ist ein Vektor sozioökonomischer Charakteristika, D eine Dummy-Variable, die den Wert 1 für das Jahr 2005 und den Wert 0 für das Jahr 2003 annimmt, und C eine Dummy-Variable, die den Wert 1 für GKV-Versicherte und den Wert 0 für die jeweiligen Kontrollgruppen annimmt. In dieser Spezifikation des Modells entspricht der Koeffizient δ_3 dem Evaluationsparameter des Differenz-in-Differenzen-Ansatzes. **Tabelle 6.7** stellt ausgesuchte Ergebnisse der Autoren dar, wobei in Klammern die jeweiligen absoluten t-Werte angegeben sind.

Die Ergebnisse zeigen, dass GKV-Versicherte signifikant häufiger in den letzten drei Monaten einen Arzt aufgesucht haben als die jeweilige Kontrollgruppe. Der geschätzte *mean effect of treatment on the treated* (der geschätzte Koeffizient $\hat{\delta}_3$) weist jedoch darauf hin, dass die Einführung der Praxisgebühr zu keiner statistisch signifikanten Verringerung der Wahrscheinlichkeit eines Arztbesuchs der GKV-Versicherten im Vergleich zu den Kontrollgruppen geführt hat.

6.4 Hypothesen- und Spezifikationstests

6.4.1 Der F-Test

In Kapitel 5.7 wurde als Alternative zum Bestimmtheitsmaß R^2 der F-Test als Maß zur Beurteilung der Erklärungskraft eines Modells vorgestellt. Dabei wurde die Hypothese getestet, dass alle geschätzten Koeffizienten mit Ausnahme der Konstante gleichzeitig Null sind, d.h die Nullhypothese lautete H_0: $\beta_1 = \beta_2 = ... = \beta_K = 0$. In diesem Abschnitt soll nun gezeigt werden,

Tabelle 6.7. Praxisgebühr und Arztbesuche

| | Kontrollgruppe | |
	Privatversicherte	Jugendliche
(Jahr = 2005)	0,082	-0,073
	(0,65)	(0,26)
GKV-Versicherte	0,292	0,513
	(3,14)	(2,91)
(Jahr = 2005) · GKV-Versicherte	-0,020	0,015
	(0,74)	(0,23)
Beobachtungen	33.151	31.092

Anmerkungen: Absolute t-Werte in Klammern.

Quelle: Augurzky, Bauer, und Schaffner (2006), Tabelle 4.

dass der F-Test, der häufig auch als *Wald-Test* bezeichnet wird (Wald, 1943), zur Überprüfung verschiedenster *Ausschlussrestriktionen* und linearer Kombinationen von geschätzten Koeffizienten generalisiert werden kann. Unter Ausschlussrestriktionen versteht man dabei, dass eine Gruppe von Variablen gemeinsam keinen Beitrag zur Erklärung der abhängigen Variablen liefert. Einen derartigen Test wendet man bspw. häufig an, um den Erklärungsbeitrag einer Gruppe von Dummy-Variablen zu prüfen.

Um zu testen, ob eine Gruppe von Variablen gemeinsam statistisch signifikant von Null verschieden ist, gehen wir von folgendem multivariaten Regressionsmodell aus

$$Y = \beta_0 + \beta_1 X_1 + \beta_2 X_2 + \beta_3 X_3 + \varepsilon. \tag{6.32}$$

Diese Gleichung bezeichnet man bei der Anwendung des F-Tests auch als *unrestringiertes Modell*, da keinerlei Annahmen über die Regressionskoeffizienten gemacht wurden. Es soll die Hypothese getestet werden, dass die Variablen X_2 und X_3 gemeinsam keinen Beitrag zur Erklärung der Variation der abhängigen Variablen Y liefern. Die Nullhypothese lautet in diesem Fall H_0: $\beta_2 = \beta_3 = 0$. Die Alternativhypothese lautet, dass H_0 nicht zutrifft.

Um diese Hypothese zu testen, geht man wie folgt vor: Man schätzt zuerst das unrestringierte Modell und berechnet die Residuenquadratsumme, ESS_u. In einem zweiten Schritt setzt man die Restriktionen, die sich aus der Nullhypothese ergeben, in das unrestringierte Modell ein. Dies ergibt das so genannte *restringierte Modell*

$$Y = \beta_0 + \beta_1 X_1 + \varepsilon. \tag{6.33}$$

Man schätzt auch dieses Modell und berechnet die Residuenquadratsumme, ESS_r. Die nicht von diesem Modell erklärte Variation von Y, ESS_r, muss größer sein als die Residuenquadratsumme des unrestringierten Modells, ESS_u (siehe auch Kapitel 5.7), da Letzteres mehr erklärende Variablen beinhaltet.

Die Idee des F-Tests ist nun, die beiden Statistiken ESS_u und ESS_r miteinander zu vergleichen und zu analysieren, ob die sich ergebende Differenz zwischen den beiden Größen nur zufällig ist. Liefern die im restringierten Modell nicht beachteten Variablen nur einen geringen Beitrag zur Erklärung der Variation von Y, wird ESS_r nur geringfügig größer sein als ESS_u. Um ESS_r jedoch mit ESS_u vergleichen zu können, muss die unterschiedliche Anzahl der Freiheitsgrade in den beiden Modellen berücksichtigt werden.

Die Testgröße für den F-Test lautet damit:

$$F = \frac{(ESS_r - ESS_u)/q}{ESS_u/(N - (K + 1))}. \tag{6.34}$$

Man kann zeigen, dass diese Testgröße F-verteilt ist mit q Zählerfreiheitsgraden, wobei q der Anzahl der Restriktion entspricht (in unserem Beispiel 2), und $N - (K + 1)$ Nennerfreiheitsgraden, wobei N die Anzahl der Beobachtungen und $K + 1$ die Anzahl der zu schätzenden Koeffizienten (d.h. die K Steigungskoeffizienten $\beta_1, \beta_2, ..., \beta_K$ und die Konstante β_0) im unrestringierten Modell bezeichnen (in unserem Beispiel N-3-1). Um den F-Test durchzuführen, geben wir uns eine Irrtumswahrscheinlichkeit vor (z.B. 5% oder 1%) und entnehmen der Tabelle der F-Statistik den relevanten kritischen Wert. Ist die berechnete F-Statistik größer als dieser Wert, kann die Nullhypothese zu der vorgegebenen Irrtumswahrscheinlichkeit abgelehnt werden.

Es sollte an dieser Stelle betont werden, dass der F-Test nicht äquivalent zu den t-Tests aller im F-Test berücksichtigten Koeffizienten ist. Der t-Test prüft, ob die *einzelnen* geschätzten Koeffizienten signifikant von Null verschieden sind. Der F-Test prüft hingegen, ob diese Koeffizienten *gemeinsam* von Null verschieden sind. Es kann vorkommen, dass keiner der Koeffizienten einer Gruppe von Variablen für sich genommen statistisch signifikant von Null verschieden ist, dass jedoch die Gruppe *gemeinsam* einen signifikanten Beitrag zur Erklärung der abhängigen Variablen liefert. Wenn nur eine Restriktion vorliegt, d.h. wenn $q = 1$, reduziert sich die Nullhypothese des F-Tests auf einen Koeffizienten. In diesem Fall entspricht die F-Statistik dem Quadrat der t-Statistik.

In Kapitel 5.7 wurde gezeigt, dass das Bestimmtheitsmaß als $R^2 = 1 - (ESS/TSS)$ (vgl. Gleichung (5.41)) geschrieben werden kann. Da das unrestringierte und restringierte Modell dieselbe abhängige Variable verwenden, haben beide Modelle dasselbe $TSS = \sum_{i=1}^{N} (Y_i - \overline{Y})^2$. Damit kann Gleichung (6.34) in Termini der R^2 des unrestringierten und restringierten Modells geschrieben werden:

$$F = \frac{(R_u{}^2 - R_r{}^2)/q}{(1 - R_u{}^2)/(N - (K + 1))}.$$ (6.35)

In der praktischen Anwendung ist diese Beziehung sehr hilfreich, da im Gegensatz zum ESS das R^2 einer Schätzung in allen ökonometrischen Softwarepaketen automatisch ausgewiesen wird.

Kernbotschaften

Der F-Test oder auch Wald-Test kann zur Überprüfung der gemeinsamen Signifikanz mehrerer Regressoren verwendet werden. Die Vorgehensweise bei diesem Test ist wie folgt:

Schritt 1: Für das Regressionsmodell

$$Y = \beta_0 + \beta_1 X_1 + \ldots + \beta_m X_m + \beta_{m+1} X_{m+1} + \ldots + \beta_K X_K + \varepsilon$$

lautet die Nullhypothese H_0: $\beta_{m+1} = \beta_{m+2} = \ldots = \beta_K = 0$ und die Alternativhypothese H_1: mindestens eines der β_k für $k = m + 1, \ldots, K$ ist nicht Null.

Schritt 2: Man schätzt das unrestringierte Modell, d.h. man regressiert Y auf eine Konstante und $X_1, X_2, \ldots, X_K$, und behält die Residuenquadratsumme ESS_u. Man schätzt dann das restringierte Modell, d.h. man regressiert Y auf eine Konstante und $X_1, X_2, \ldots, X_m$, und behält die Residuenquadratsumme ESS_r.

Schritt 3: Man berechnet die F-Statistik

$$F = \frac{(ESS_r - ESS_u)/q}{ESS_u/(N - (K + 1))},$$

wobei q die Anzahl der Restriktionen (die auch als Differenz der Freiheitsgrade des unrestringierten Modells und des restringierten Modells berechnet werden kann) und $N - (K + 1)$ die Anzahl der Freiheitsgrade des unrestringierten Modells angeben.

Schritt 4: Man gibt sich eine Irrtumswahrscheinlichkeit vor und sucht aus der Tabelle (siehe Anhang) den kritischen Wert F_{krit} der F-Verteilung mit q Zähler- und $(N - (K + 1))$ Nennerfreiheitsgraden.

Schritt 5: Die Nullhypothese wird abgelehnt, wenn $F > F_{krit}$.

> **Beispiel 6.11. Schönheit und Lohn – Fortsetzung**
>
> In **Tabelle 6.5** sind p-Werte von F-Statistiken angegeben. Dies sind die F-Statistiken für die Nullhypothese, dass die geschätzten Koeffizienten $\hat{\delta}_1$ und $\hat{\delta}_2$ der beiden Schönheitsvariablen *Überduchschnittliches Aussehen* (S_i) und *Unterduchschnittliches Aussehen* (H_i) gemeinsam Null sind, d.h. H_0: $\hat{\delta}_1 = \hat{\delta}_2 = 0$. Die p-Werte geben dabei an, zu welcher Irrtumswahrscheinlichkeit diese Nullhypothese abgelehnt werden kann. Aus **Tabelle 6.5** ist zu entnehmen, dass diese Nullhypothese bspw. für Männer in den USA im Jahr 1971 mit einer Irrtumswahrscheinlichkeit von unter 5% abgelehnt werden kann, obwohl die jeweiligen t-Statistiken zeigen, dass beide Koeffizienten für sich genommen nicht statistisch signifikant von Null verschieden sind. Mit anderen Worten: *Gemeinsam* tragen die Koeffizienten δ_1 und δ_2 zur Erklärung des Modells bei, wohingegen der t-Test keinen Erklärungsbeitrag für die *einzelnen* Koeffizienten festzustellen vermag.

Der F-Test kann darüber hinaus verwendet werden, um lineare Restriktionen der geschätzten Koeffizienten zu testen, die sich aus theoretischen Überlegungen ergeben. So könnte man bspw. die Vermutung haben, dass die Koeffizienten β_2 und β_3 aus Gleichung (6.32) denselben Wert annehmen. Die Nullhypothese in diesem Fall lautet H_0: $\beta_2 = \beta_3$; die Alternativhypothese ist H_1: $\beta_2 \neq \beta_3$. Bei dieser Hypothese handelt es sich insofern um eine lineare Restriktion, als dass die Hypothese $\beta_2 = \beta_3$ äquivalent zu der Hypothese $\beta_2 - \beta_3 = 0$ ist. Um diese Hypothese zu testen, setzt man die sich aus der Nullhypothese ergebende Restriktion in Gleichung (6.32) ein, um ein restringiertes Modell zu erhalten. In dem konkreten Beispiel erhält man für das restringierte Modell

$$Y = \beta_0 + \beta_1 X_1 + \beta_2(X_2 + X_3) + \varepsilon$$
$$= \beta_0 + \beta_1 X_1 + \beta_2 Z + \varepsilon. \tag{6.36}$$

Um die in den Gleichungen (6.34) und (6.35) dargestellte F-Statistik berechnen zu können, generiert man eine Variable $Z = X_2 + X_3$ und schätzt das restringierte Modell (6.36) und das unrestringierte Modell (6.32) mit OLS, wobei die Anzahl der Restriktionen und damit die Zählerfreiheitsgrade der F-Statistik $q = 1$ sind.

Ähnlich geht man vor, wenn man irgendeine lineare Restriktion $\lambda_1\beta_i + \lambda_2\beta_j = \lambda_3$ für $i \neq j$ testen möchte. Will man bspw. die Restriktion $\beta_2 + \beta_3 = \lambda$ testen, formuliert man das unrestringierte Modell (6.32) wie folgt um

$$Y = \beta_0 + \beta_1 X_1 + \beta_2 X_2 + (\lambda - \beta_2)X_3 + \varepsilon, \qquad (6.37)$$

bzw.

$$Y - \lambda X_3 = \beta_0 + \beta_1 X_1 + \beta_2 (X_2 - X_3) + \varepsilon. \qquad (6.38)$$

Um die in Gleichung (6.34) dargestellte F-Statistik berechnen zu können, muss man das unrestringierte Modell (6.32) und das restringierte Modell (6.38) mit OLS schätzen. Auch in diesem Beispiel ist die Anzahl der Restriktionen $q = 1$. Für diesen allgemeinen Fall kann die F-Statistik nicht nach Gleichung (6.35) berechnet werden, da die abhängigen Variablen des unrestringierten Modells (Y) und des restringierten Modells ($Y - \lambda X_3$) unterschiedlich sind.

Beispiel 6.12. Cobb-Douglas-Produktionsfunktion — Fortsetzung

Im Falle der Cobb-Douglas-Produktionsfunktion aus **Beispiel 6.1** würde man gerne testen, ob die geschätzten Koeffizienten eine konstante Skalenelastizität implizieren, d.h. ob bei der Produktionsfunktion

$$ln(Y) = ln\ A + \beta_1\ ln(L) + \beta_2\ ln(K) + \varepsilon$$

die lineare Restriktion $\beta_1 + \beta_2 = 1$ gegeben ist. Die Nullhypothese lautet in diesem Fall H_0: $\beta_1 + \beta_2 = 1$. Um einen F-Test durchführen zu können, muss man die Schätzgleichung für die Cobb-Douglas-Produktionsfunktion wie folgt umformulieren, um das restringierte Modell zu erhalten

$$ln\ Y = ln\ A + \beta_1\ ln\ L + (1 - \beta_1)\ ln\ K + \varepsilon,$$

bzw.

$$ln(Y) - ln(K) = ln(A) + \beta_1\ [ln(L)\ - ln(K)] + \varepsilon.$$

Schätzt man diese Modelle mit den in **Beispiel 6.1** verwendeten Daten, erhält man für das unrestringierte Modell ein $ESS_u = 0{,}0402$ und für das restringierte Modell ein $ESS_r = 0{,}0404$. Die Anzahl der

Restriktionen ist $q = 1$ und die Nennerfreiheitsgrade $N - K - 1 = 117$. Die F-Statistik berechnet sich demnach als

$$F = \frac{(0{,}0404 - 0{,}0402)/1}{0{,}0402/117} = 0{,}5941.$$

Bei einer Irrtumswahrscheinlichkeit von 5% ist der kritische Wert der F-Verteilung für einen Zählerfreiheitsgrad und 117 Nennerfreiheitsgrade ca. $F_{krit} = 3{,}94$. Da $F < F_{krit}$, kann die Nullhypothese, dass $\beta_1 + \beta_2 = 1$, nicht abgelehnt werden.

Kernbotschaften

Der F-Test bzw. Wald-Test kann auch zur Überprüfung linearer Restriktionen der Koeffizienten herangezogen werden. Man geht dabei wie folgt vor:

Schritt 1: Man schätzt das unrestringierte Modell und behält die Residuenquadratsumme ESS_u.

Schritt 2: Man löst die lineare Restriktion der Koeffizienten nach einem Koeffizienten auf und setzt diesen Ausdruck in das unrestringierte Modell ein, um das restringierte Modell zu erhalten. Man schätzt dieses restringierte Modell und behält die Residuenquadratsumme ESS_r.

Schritt 3: Man berechnet die F-Statistik

$$F = \frac{(ESS_r - ESS_u)/q}{ESS_u/(N - (K+1))},$$

wobei q die Anzahl der Restriktionen (die auch als Differenz der Freiheitsgrade des unrestringierten Modells und des restringierten Modells berechnet werden kann) und $N - (K+1)$ die Anzahl der Freiheitsgrade des unrestringierten Modells angeben.

Schritt 4: Man gibt sich eine Irrtumswahrscheinlichkeit vor und sucht aus der Tabelle (siehe Anhang) den kritischen Wert F_{krit} der F-Verteilung mit q Zähler- und $(N - (K+1))$ Nennerfreiheitsgraden.

Schritt 5: Die Nullhypothese wird abgelehnt, wenn $F > F_{krit}$.

6.4.2 Der Lagrange-Multiplier-Test (LM-Test)

In den meisten Anwendungsproblemen dürften der t-Test und der F-Test vollkommen ausreichend sein. Jedoch soll an dieser Stelle ein weiterer Test – der Lagrange-Multiplier-Test (LM-Test) – vorgestellt werden, der wegen seiner einfachen Handhabung in der empirischen Wirtschaftsforschung sehr populär ist. Darüber hinaus werden wir den LM-Test in späteren Kapiteln noch benötigen. Der LM-Test soll hier nur intuitiv dargestellt werden, ohne ihn in allen mathematischen Details herzuleiten. Eine ausführlich Diskussion des Tests findet sich bpsw. in Greene (2008) oder Wooldridge (2006).

Ausgangspunkt sei das folgende multivariate Regressionsmodell

$$Y = \beta_0 + \beta_1 X_1 + \beta_2 X_2 + \beta_3 X_3 + \varepsilon. \tag{6.39}$$

Wir wollen die Nullhypothese H_0: $\beta_2 = \beta_3 = 0$ testen. Damit lautet das restringierte Modell unter der Nullhypothese:

$$Y = \beta_0 + \beta_1 X_1 + \varepsilon. \tag{6.40}$$

Bei der Durchführung des F-Tests haben wir das unrestringierte und das restringierte Modell geschätzt und aus den Residuenquadratsummen der beiden Modelle eine F-Statistik abgeleitet. Für den LM-Test benötigen wir dagegen nur eine Schätzung des restringierten Modells.

Die Idee des LM-Tests ist, dass – wenn die Nullhypothese zutreffen sollte – die geschätzten Residuen aus dem restringierten Modell mit jeder der im restringierten Modell nicht berücksichtigten Variablen unkorrelliert sein sollten. In unserem Beispiel sollten also die Residuen aus dem restringierten Modell unter der gegebenen Nullhypothese nicht mit X_2 und X_3 korreliert sein. Es bietet sich an, eine Regression der geschätzten Residuen aus dem restringierten Modell auf die nicht berücksichtigten Variablen zu schätzen. Da diese Variablen jedoch wiederum mit den berücksichtigten Variablen (in unserem Beispiel X_1) korreliert sein können, schätzt man folgende Regression unter Berücksichtigung aller erklärenden Variablen der Ausgangsgleichung (6.39)

$$\hat{\varepsilon} = \gamma_0 + \gamma_1 X_1 + \gamma_2 X_2 + \gamma_3 X_3 + \nu. \tag{6.41}$$

Ist die Nullhypothese richtig, sollte das R^2 dieser Regression nahe bei Null liegen, da $\hat{\varepsilon}$ mit den Regressoren unkorrelliert sein müsste. Um dies zu testen, berechnet man die Testgröße $N \cdot R_{\hat{\varepsilon}}^2$, wobei N die Anzahl der Beobachtungen und $R_{\hat{\varepsilon}}^2$ das Bestimmtheitsmaß aus der Regression (6.41) bezeichnet.[8] Diese Testgröße ist asymptotisch χ_q^2-verteilt, wobei q die Anzahl der Restriktionen (in unserem Beispiel ist $q = 2$) angibt. Ist die LM-Statistik größer als der kritische Wert aus der χ_q^2-Verteilung, wird die Nullhypothese abgelehnt.

---

[8] Siehe hierzu Engel (1982).

Beispiel 6.13. Preise für Einfamilienhäuser – Fortsetzung

Für einen Querschnitt von 150 zum Verkauf stehenden Einfamilienhäusern in einer deutschen Großstadt wurde folgende hedonische Preisgleichung geschätzt:

$$ln(\text{Preis}) = \beta_0 + \beta_1 ln(\text{Wohnfläche}) + \beta_2 ln(\text{Grundstücksfläche})$$
$$+\beta_3\text{Süden} + \beta_4\text{Zimmer} + \beta_5\text{Alter} + \beta_6\text{Alter}^2 + \varepsilon.$$

Die Ergebnisse der Schätzung werden in **Tabelle 6.8** zusammengefasst.

Die Resultate zeigen, dass sowohl die Wohnfläche als auch die Grundstücksfläche einen signifikant positiven Effekt auf den Preis haben. Der Wert für β_1, der als Elastizität interpretiert werden kann, impliziert, dass eine Erhöhung der Wohnfläche um 1% zu einer Preiserhöhung von 0,388% führt. Eine Erhöhung der Grundstücksfläche um 1% führt zu einer Erhöhung des Kaufpreises um 0,305%. Liegt das Haus im Süden der Stadt, erhöht sich der Preis approximativ um 23,1%. Die Anzahl der Zimmer sowie das Alter und das quadrierte Alter haben keinen statistisch signifikanten Einfluss auf den Preis des Hauses.

Es soll nun anhand eines Lagrange-Multiplier-Tests die Nullhypothese H_0: $\beta_4 = \beta_5 = \beta_6 = 0$ getestet werden. Hierzu wird zuerst das restringierte Regressionsmodell

$$ln(P) = \beta_0 + \beta_1 ln(\text{Wohnfläche})$$
$$+\beta_2 ln(\text{Grundstück}) + \beta_3\text{Süden} + \varepsilon$$

geschätzt. Die aus dieser Regression geschätzten Residuen, $\hat{\varepsilon}$, regressiert man dann wiederum auf die Variablen ln(*Wohnfläche*), ln(*Grundstück*), *Süden*, *Zimmer*, *Alter* und *Alter*^{2}:

$$\hat{\varepsilon} = \alpha_0 + \alpha_1 ln(\text{Wohnfläche}) + \alpha_2 ln(\text{Grundstück})$$
$$+\alpha_3\text{Süden} + \alpha_4\text{Zimmer} + \alpha_5\text{Alter} + \alpha_6\text{Alter}^2 + \nu.$$

Das $R_{\hat{\varepsilon}}^2$ aus dieser Schätzung ist 0,047. Daraus ergibt sich eine LM-Statistik von $N \cdot R_{\hat{\varepsilon}}^2 = 150 \cdot 0,047 = 7,05$. Der kritische Wert der χ_q^2-Verteilung mit $q = 3$ Freiheitsgraden und einer Irrtumswahrscheinlichkeit von 5% ist 7,81. Da die LM-Statistik kleiner ist als dieser kritische Wert, kann die Nullhypothese bei einer Irrtumswahrscheinlichkeit von 5% nicht abgelehnt werden.

Tabelle 6.8. Preise für Einfamilienhäuser

Koeffizient	Schätzwert	absolute t-Werte
Konstante	1,850	8,09
ln(Wohnfläche)	0,388	7,77
ln(Grundstück)	0,305	8,85
Süden	0,231	5,17
Zimmer	-0,001	0,23
Alter	-0,004	1,64
Alter$^2 \cdot 10^{-2}$	0,002	0,88
R^2		0.685

Kernbotschaften

Der Lagrange-Multiplier- oder auch LM-Test stellt eine Alternative zum F-Test dar, mit dem eine Gruppe von Koeffizienten auf deren gemeinsame statistische Signifikanz geprüft werden kann. Beim LM-Test geht man wie folgt vor:

Schritt 1: Lautet für das unrestringierte Regressionsmodell

$$Y = \beta_0 + \beta_1 X_1 + \ldots + \beta_m X_m + \beta_{m+1} X_{m+1} + \ldots + \beta_K X_K + \varepsilon$$

die Nullhypothese H_0: $\beta_{m+1} = \beta_{m+2} = \ldots = \beta_K = 0$ und die Alternativhypothese H_1: mindestens eines der β_k für $k = m+1, \ldots, K$ ist nicht Null, schätzt man das restringierte Modell

$$Y = \beta_0 + \beta_1 X_1 + \ldots + \beta_m X_m + \varepsilon$$

und behält die Residuen $\hat{\varepsilon}$.

Schritt 2: Man regressiert die Residuen $\hat{\varepsilon}$ auf eine Konstante und alle Regressoren des unrestringierten Modells $(X_1, X_2, \ldots, X_K)$ und berechnet aus dem Bestimmtheitsmaß dieser Regression die LM-Statistik $N \cdot R_{\hat{\varepsilon}}^2$. Die LM-Statistik ist χ_q^2-verteilt mit q Freiheitsgraden, wobei q der Anzahl der Restriktionen entspricht.

Schritt 3: Man gibt sich eine Irrtumswahrscheinlichkeit vor und sucht aus der Tabelle (siehe Anhang) den kritischen Wert χ_q^2 der χ^2-Verteilung mit q Freiheitsgraden.

Schritt 4: Die Nullhypothese wird abgelehnt, wenn $N \cdot R_{\hat{\varepsilon}}^2 > \chi_q^2$.

6.4.3 Der Chow-Test

In Abschnitt 6.3.3 wurde gezeigt, wie man unter Verwendung von Interaktionsvariablen Unterschiede in den Steigungsparametern zwischen zwei Gruppen testen kann. Bei dem dort verwendeten Beispiel der Lohneffekte des Wehrdienstes ist dies relativ einfach, da nur ein unterschiedlicher Steigungsparameter für die Jahre der Schulausbildung zugelassen wurde (siehe Gleichung 6.27). Ein t-Test auf die Nullhypothese, dass der Koeffizient der Interaktionsvariablen gleich Null ist, d.h. $H_0 : \delta_2 = 0$, ist hier vollkommen ausreichend. Auch für mehrere Steigungsparameter ist der t-Test ausreichend, wenn man nur testen will, ob sich ein einzelner Steigungsparameter für zwei verschiedene Gruppen statistisch signifikant unterscheidet. In einigen Anwendungen möchte man aber testen, ob sich die Konstanten und die Steigungsparameter für verschiedene Gruppen unterscheiden. Hierzu muss man wieder auf den F-Test zurückgreifen.

Gegeben sei das folgende (unrestringierte) Modell

$$Y = \beta_0 + \beta_1 X_1 + \beta_2 X_2 + \ldots + \beta_K X_K +$$
$$\gamma_0 D + \gamma_1 D \cdot X_1 + \gamma_2 D \cdot X_2 + \ldots + \gamma_K D \cdot X_K + \varepsilon, \qquad (6.42)$$

wobei D eine Dummy-Variable darstellt, die den Wert 1 für die Gruppe 1 und den Wert 0 für Gruppe 2 annimmt. Dieses unrestringierte Modell hat $N - 2K - 2$ Freiheitsgrade. Die vollständige Interaktion aller erklärenden Variablen X_k für $k = 0, 1, 2, \ldots, K$ mit der Dummy-Variablen D ist gleichbedeutend mit einer getrennten Schätzung des Modells für die durch die Variable D definierten Gruppen, d.h. man könnte alternativ den Datensatz in die beiden Gruppen aufteilen und folgende Modelle schätzen

$$Y = \beta_0 + \beta_1 X_1 + \beta_2 X_2 + \ldots + \beta_K X_K + \eta, \text{ für } D = 0 \qquad (6.43)$$
$$Y = \alpha_0 + \alpha_1 X_1 + \alpha_2 X_2 + \ldots + \alpha_K X_K + \nu, \text{ für } D = 1. \qquad (6.44)$$

Unterscheiden sich die beiden Gruppen nicht, sind die jeweiligen Koeffizienten in den beiden Gleichungen (6.43) und (6.44) gleich, d.h. die Nullhypothese lautet $H_0 : \beta_0 = \alpha_0, \beta_1 = \alpha_1, \ldots, \beta_K = \alpha_K$. Man hat damit $K + 1$ Restriktionen. Unter dieser Nullhypothese lautet das restringierte Modell, das für alle Individuen in der Stichprobe geschätzt wird:

$$Y = \beta_0 + \beta_1 X_1 + \beta_2 X_2 + \ldots + \beta_K X_K + \varepsilon. \qquad (6.45)$$

Bezeichnet man nun die Residuenquadratsumme von Modell (6.43) mit $ESS_{D=0}$ und die Residuenquadratsumme von Modell (6.44) mit $ESS_{D=1}$, ergibt sich die Residuenquadratsumme des unrestringierten Modells als Summe der Residuenquadratsummen der Modelle (6.43) und (6.44): $ESS_u = ESS_{D=0} + ESS_{D=1}$. Damit hat man alle Zutaten für den F-Test mit der F-Statistik

$$F = \frac{[ESS_r - (ESS_{D=0} + ESS_{D=1})]/(K+1)}{(ESS_{D=0} + ESS_{D=1})/[N - 2(K+1)]}. \tag{6.46}$$

Dieser Test basiert auf Chow (1960) und wird daher im Allgemeinen als *Chow-Test* bezeichnet. Da dieser Test in der empirischen Wirtschaftsforschung häufig auch als Test für Strukturbrüche in einer zu schätzenden Beziehung verwendet wird, ist dieser Test auch als *Strukturbruchtest* bekannt. Alternativ kann man für einen Strukturbruch auch direkt testen, indem man Gleichung (6.42) schätzt und mit Hilfe eines F-Tests die Nullhypothese $H_0 : \gamma_0 = \gamma_1 = \gamma_2 = \ldots = \gamma_K = 0$ testet.

Beispiel 6.14. Der Zusammenhang zwischen CO$_2$-Emissionen und Wirtschaftstätigkeit

Tabelle 6.9 zeigt die Ergebnisse einer Schätzung des Einflusses der Wirtschaftstätigkeit (gemessen am realen BIP in Mrd. € zu Preisen von 1995) auf die CO$_2$-Emissionen (gemessen in Mio. Tonnen) in den alten Bundesländern für den Zeitraum von 1970 bis 1990, wobei absolute t-Werte in Klammern angegeben werden. Es wird vermutet, dass nach den beiden Ölpreisschocks, d.h. ab 1981, dieser Zusammenhang einem Strukturbruch unterliegt, da zunehmend energieeffizienter produziert wurde.

Tabelle 6.9. Einfluss der Wirtschaftstätigkeit auf die CO$_2$-Emissionen

	1970-1990	1970-1980	1981-1990
Konstante	1.178,594	784,932	1.270,818
	(22,01)	(8,92)	(14,74)
reales BIP (in Mrd. €)	-0,137	0,249	-0,213
	(3,03)	(2,95)	(3,24)
R^2	0,314	0,491	0,538
ESS	26.333,518	5.450,250	6.274,439
Beobachtungen	22	11	11

Anmerkung: Absolute t-Werte in Klammern

Die Chow-Statistik berechnet sich als

$$F = \frac{[26.333,518 - (6.274,439 + 5450,250)]/2}{(6.274,439 + 5450,250)/[22 - 2 \cdot 1 - 2]} = 11,21$$

Der kritische Wert der F-Verteilung mit 2 Zähler- und 18 Nennerfreiheitsgraden ist 3,55. Da die Chow-Teststatistik größer ist als dieser kritische Wert, kann die Nullhypothese, dass kein Strukturbruch vorliegt, verworfen werden.

Beispiel 6.15. Lohndifferenz zwischen Männern und Frauen – Fortsetzung

In **Beispiel 6.7** wurde die Lohndifferenz zwischen Männern und Frauen unter Verwendung von Daten des SOEP untersucht. Dabei wurde das Modell derart spezifiziert, dass nur eine unterschiedliche Konstante für Männer und Frauen zugelassen wurde. Damit wurde implizit die Annahme getroffen, dass die Steigungsparameter für beide Gruppen identisch sind. Will man diese Annahme aufgeben, muss jede erklärende Variable mit der Dummy-Variable F interagiert werden, d.h. es wird folgendes Regressionsmodell spezifiziert:

$$ln(w) = \beta_0 + \beta_1 S + \beta_2 E + \beta_3 E^2 +$$
$$\beta_4 F + \beta_5 S \cdot F + \beta_6 E \cdot F + \beta_7 E^2 \cdot F + \varepsilon. \qquad (6.47)$$

Dieses Regressionsmodell ist gleichbedeutend mit einer getrennten Schätzung des Modells für Frauen und Männer, d.h. man kann den Datensatz nach Frauen und Männern trennen und folgende Modelle schätzen

$$ln(w) = \alpha_0 + \alpha_1 S + \alpha_2 E + \alpha_3 E^2 + \eta, \text{ für } F = 0, \qquad (6.48)$$

bzw.

$$ln(w) = \gamma_0 + \gamma_1 S + \gamma_2 E + \gamma_3 E^2 + \nu, \text{ für } F = 1. \qquad (6.49)$$

Um zu testen, ob alle geschätzten Koeffizienten für Männer und Frauen einen unterschiedlichen Wert annehmen, können beide oben besprochenen Versionen des Chow-Tests angewendet werden.

Das restringierte Regressionsmodell, in dem alle Parameter für Männer und Frauen denselben Wert annehmen (d.h. $\alpha_0 = \gamma_0$, $\alpha_1 = \gamma_1$, $\alpha_2 = \gamma_2$ und $\alpha_3 = \gamma_3$), lautet in diesem Fall

$$ln(w) = \beta_0 + \beta_1 S + \beta_2 E + \beta_3 E^2 + \varepsilon \qquad (6.50)$$

für $F = 0$ und $F = 1$. **Tabelle 6.10** zeigt die Schätzergebnisse für alle vier aufgezeigten Spezifikationen.

Die Chow-Teststatistik berechnet sich aus den ESS der Modelle (6.48), (6.49) und (6.50) als

$$F = \frac{[ESS_r - (ESS_{F=1} + ESS_{F=0})]/K+1}{(ESS_{F=1} + ESS_{F=0})/[N - 2(K+1)]}$$

$$\frac{[16.352,54 - (5.554,02 + 10.594,91)]/4}{(5.554,02 + 10.594,91)/[62.860 - (2 \cdot 3) - 2]} = 198.$$

Der kritische Wert der F-Verteilung mit 4 Zähler- und 62.852 Nennerfreiheitsgraden ist 2,37. Da die Chow-Teststatistik größer ist als dieser kritische Wert, kann die Nullhypothese H_0: $\beta_0 = \alpha_0, \beta_1 = \alpha_1, \beta_2 = \alpha_2, \beta_3 = \alpha_3$ bei einer Irrtumswahrscheinlichkeit von 5% abgelehnt werden.

Tabelle 6.10. Lohndifferenz zwischen Männern und Frauen – Fortsetzung

	Modell (6.47)	Modell (6.48)	Modell (6.49)	Modell (6.50)
Konstante	0,453 (0,016)	0,453 (0,016)	0,398 (0,020)	0,434 (0,013)
Schuljahre	0,085 (0,001)	0,085 (0,001)	0,086 (0,001)	0,085 (0,001)
Berufserfahrung	0,041 (0,001)	0,041 (0,001)	0,035 (0,001)	0,039 (0,001)
Berufserfahrung$^2 \cdot 10^{-2}$	-0,063 (0,002)	-0,063 (0,002)	-0,053 (0,002)	-0,059 (0,002)
Frau	-0,055 (0,026)	-	-	-
Frau · Schuljahre·10^{-2}	0,071 (0,160)	-	-	-
Frau · Berufserfahrung	-0,006 (0,002)	-	-	-
Frau · Berufserfahrung$^2 \cdot 10^{-2}$	0,009 (0,003)	-	-	-
R^2	0,2209	0,2153	0,2071	0,2110
ESS	16.148,93	10.594,91	5.554,02	16.352,54
Beobachtungen	62.860	40.370	22.490	62.860

Anmerkung: Geschätzte Standardfehler in Klammern.

Alternativ kann man das unrestringierte Modell (6.47) verwenden und anhand eines herkömmlichen F-Tests die Nullhypothese H_0:

$\beta_4 = \beta_5 = \beta_6 = \beta_7 = 0$ testen. Die F-Statistik für diesen Test berechnet sich als

$$F = \frac{(ESS_r - ESS_u)/q}{ESS_u/(N - (K+1))} = \frac{(16.352,54 - 16.148,93)/4}{16.148,93/(62.860 - 8)} = 198,$$

d.h. man erhält identisch dieselbe Teststatistik wie oben. Dies ist nicht weiter verwunderlich, da $ESS_{F=1} + ESS_{F=0} = ESS_u$ gilt.

Kernbotschaften

Der Chow-Test wird verwendet, um zu testen, ob zwei unterschiedliche Gruppen von Beobachtungen unterschiedliche Konstanten und Steigungsparameter aufweisen. Der Test wird zumeist verwendet, um Strukturbrüche in den Daten zu testen.

Der Chow-Test kann auf zwei unterschiedliche Arten implementiert werden. Beim ursprüngliche Chow-Test geht man wie folgt vor:

Schritt 1: Ist D eine Indikatorvariable, die zwei Gruppen von Beobachtungen voneinander unterscheidet, schätzt man das Regressionsmodell getrennt für beide Gruppen, d.h. man schätzt die Regressionsmodelle

$$Y = \beta_0 + \beta_1 X_1 + \ldots + \beta_K X_K + \eta \quad \text{für} \quad D = 0$$
$$Y = \alpha_0 + \alpha_1 X_1 + \ldots + \alpha_K X_k + \nu \quad \text{für} \quad D = 1$$

und behält die beiden Residuenquadratsummen $ESS_{D=0}$ und $ESS_{D=1}$. Die Nullhypothese für den Chow-Test lautet H_0: $\beta_0 = \alpha_0, \beta_1 = \alpha_1, \ldots, \beta_K = \alpha_K$.

Schritt 2: Man schätzt das restringierte Modell

$$Y = \beta_0 + \beta_1 X_1 + \ldots + \beta_K X_K + \varepsilon$$

für alle Beobachtungen und behält die Residuenquadratsumme ESS_r.

Schritt 3: Man berechnet die Chow-Statistik (F-Statistik)

$$F = \frac{[ESS_r - (ESS_{D=0} + ESS_{D=1})]/(K+1)}{(ESS_{D=0} + ESS_{D=1})/[N - 2(K+1)]}.$$

Schritt 4: Man gibt sich eine Irrtumswahrscheinlichkeit vor und sucht aus der Tabelle (siehe Anhang) den kritischen Wert F_{krit} der F-Verteilung mit $K+1$ Zähler- und $N-2(K+1)$ Nennerfreiheitsgraden.

Schritt 5: Die Nullhypothese wird abgelehnt, wenn $F > F_{krit}$.

Die Alternative zum Chow-Test liegt darin, ein vollkommen interagiertes Regressionsmodell zu schätzen

$$Y = \beta_0 + \beta_1 X_1 + \ldots \beta_K X_K + \gamma_0 D + \gamma_1 D \cdot X_1 + \ldots + \gamma_K D \cdot X_K + \varepsilon,$$

um dann mittels eines F-Tests die Nullhypothese H_0: $\gamma_0 = \gamma_1 = \gamma_2 = \ldots = \gamma_K = 0$ zu testen.

Übungsaufgaben

6.1 Die Schätzung einer keynesianischen Konsumfunktion mit Quartalsdaten ergab folgendes Ergebnis:

$$C_t = \underset{(5,2)}{22,6} - \underset{(0,205)}{0,893}\, Y_t + \underset{(0,038)}{0,050}\, Q1 - \underset{(0,017)}{0,032}\, Q2 - \underset{(0,015)}{0,028}\, Q3,$$

wobei C_t den privaten Konsum zum Zeitpunkt t und Y_t das verfügbare Einkommen zum Zeitpunkt t darstellt. $Q1$, $Q2$ und $Q3$ sind Dummy-Variablen für das erste, zweite und dritte Quartal. Die geschätzten Standardfehler sind in Klammern angegeben. Da t-Tests zeigen, dass die einzelnen Koeffizienten der Quartalsdummies nicht statistisch signifikant von Null verschieden sind, spielen Saisoneffekte bei dieser Schätzung keine Rolle. Nehmen Sie zu dieser Aussage Stellung.

6.2 Kann folgendes Modell geschätzt werden?

$$ln(w_i) = \beta_0 + \beta_1 S_i + \beta_2 S_i^2 + \beta_3 A_i + \beta_4 A_i^2 + \beta_5 F_i + \beta_6 F_i^2 + \varepsilon_i,$$

wobei

- w_i: Bruttostundenlohn von Individuum i.
- S_i: Jahre der Schulausbildung von Individuum i.
- A_i: Alter von Individuum i.
- F_i: Dummy-Variable, die den Wert 1 annimmt, wenn Individuum i weiblich ist, und den Wert 0 sonst.
- ε_i: Normalverteilter Fehlerterm mit Mittelwert 0 und Varianz σ^2.

Begründen Sie Ihre Antwort.

6.3 Zeigen Sie, dass die F-Statistik für die Hypothese, dass alle Koeffizienten mit Ausnahme der Konstante gleich Null sind, auch wie folgt geschrieben werden kann

$$F = \frac{R^2/q}{(1 - R^2)/(N - (K + 1))}.$$

6.4 Zur Ermittlung der Einflussfaktoren auf das Wachstum einer Volkswirtschaft wurde folgendes Regressionsmodell für eine Stichprobe von 110 Volkswirtschaften geschätzt

$$WR_i = \beta_0 + \beta_1 BSP_i + \beta_2 S_i + \beta_3 H_i$$
$$+ \beta_4 D_i + \beta_5 U_i + \beta_6 U_i^2 + \varepsilon_i.$$

Hierbei stellt WR_i die durchschnittliche Wachstumsrate des Bruttosozialprodukts pro Kopf der Volkswirtschaft i im Zeitraum 1950 bis 1995 dar (in Prozent). BSP_i bezeichnet das Bruttosozialprodukt der Volkswirtschaft i in

Preisen des Jahres 1950 (in Mrd. $), S_i den Anteil der staatlichen Ausgaben für Konsumgüter am Bruttosozialprodukt des Landes i (in Prozent), H_i ist der Anteil (in Prozent) der Bevölkerung des Landes i mit einem hohen Bildungsabschluss (Abitur, Fachhochschul- oder Hochschulabschluss). D_i ist eine Dummy-Variable, die den Wert Eins annimmt, wenn das Land i eine Demokratie ist und Null sonst. U_i ist ein Maß $(0 \leq U_i \leq 1)$ für die Einkommensungleichheit in Land i und ε ist der Störterm. Die β_k $(k = 0, .., 6)$ sind die zu schätzenden Koeffizienten.

Die Schätzergebnisse sind in folgender Tabelle zusammengefasst.

Koeffizient	Schätzwert	Standardfehler
Konstante	1,150	0,3601
BSP	-0,001	0,0004
Staat	-0,009	0,0032
Humankapital	0,118	0,0251
Demokratie	-0,655	0,5891
Ungleichheit	0,091	0,0442
Ungleichheit^2	0,0004	0,0021
R^2=0,37		$F-Test$= 2,9

a) Sind die geschätzten Koeffizienten statistisch signifikant von Null verschieden?

b) Interpretieren Sie die geschätzten Koeffizienten ökonomisch.

c) Interpretieren Sie die Angaben in der letzten Zeile der Tabelle.

d) Könnte man für jede Volkswirtschaft einen eigenen Achsenabschnitt (z.B. β_{i0} mit $i = 1, ..., 110$) schätzen?

6.5 Unter Verwendung von Daten des Sozio-oekonomischen Panels (SOEP) für das Jahr 2002 wurde folgende Lohngleichung geschätzt:

$$ln(w_i) = \beta_0 + \beta_1 S_i + \beta_2 B_i + \beta_3 B_i^2 + \beta_4 F_i + \beta_5 F_i \cdot S_i + \beta_6 R_i + \varepsilon_i,$$

wobei:

- S_i: Jahre der Schulausbildung von Individuum i.
- B_i: Jahre der Arbeitsmarkterfahrung von Individuum i.
- F_i: Dummy-Variable, die den Wert 1 annimmt, wenn Individuum i weiblich ist, und den Wert 0 sonst.
- R_i: Anzahl der Zigaretten, die Individuum i durchschnittlich pro Tag konsumiert.
- ϵ_i: normalverteilter Fehlerterm mit Mittelwert 0 und Varianz σ^2.

Die Schätzergebnisse werden in folgender Tabelle zusammengefasst.

Variable	Koeffizient	Standardfehler
Konstante	6,516	0,049
Jahre der Schulausbildung	0,084	0,002
Arbeitsmarkterfahrung	0,031	0,003
Arbeitsmarkterfahrung^2	-0,004	0,001
Frau	-0,201	0,015
Frau · Jahre der Schulausbildung	-0,015	0,005
Zigaretten pro Tag	-0,024	0,010
R^2	0,301	
Beobachtungen	3.159	

a) Interpretieren Sie die in der Tabelle dargestellten Ergebnisse ökonomisch (d.h. auch ihre quantitative Dimension). Sind die Koeffizienten statistisch signifikant von Null verschieden?

b) Wie würden Sie vorgehen, wenn Sie testen wollten, ob die Variablen B_i und $B_i{}^2$ gemeinsam einen statistisch signifikanten Einfluss auf $ln(w_i)$ haben?

c) Sie nehmen eine Gruppe von Dummy-Variablen in das obige Modell auf, die die Region beschreiben, in der ein Individuum arbeitet. Wie würden Sie vorgehen, um zu testen, ob diese Dummy-Variablen einen signifikanten Beitrag zur Erklärung von $ln(w_i)$ liefern. Beschreiben Sie mindestens zwei verschiedene Testverfahren.

6.6 In einer empirischen Untersuchung mit Hilfe von Daten des Sozio-oekonomischen Panels soll der Frage nachgegangen werden, wie hoch die Rendite eines zusätzlichen Jahres der Schulausbildung für junge Arbeitnehmer ist. Für das Jahr 1995 wurde folgendes Regressionsmodell für 8.357 vollzeitbeschäftigte Individuen im Alter von 15-35 Jahren geschätzt:

$$ln(w_i) = \beta_0 + \beta_1 S_i + \beta_2 I_i + \beta_3 F_i + \beta_4 M_i$$
$$+\beta_5 A_i + \beta_6 A^2{}_i + \beta_7 (I_i \cdot F_i) + \varepsilon_i. \tag{6.51}$$

Hierbei sei w_i der (Brutto-)Monatslohn des Individuums i in DM. S_i sind die Jahre der Schulausbildung und A_i ist das Alter des Individuums in Jahren. Die Variablen I_i, F_i und M_i sind Dummy-Variablen, die jeweils den Wert Eins annehmen, wenn ein Individuum nicht die deutsche Staatsbürgerschaft besitzt, eine Frau ist bzw. verheiratet ist, und jeweils den Wert Null sonst. $(I_i \cdot F_i)$ ist ein Interaktionsterm aus den Variablen I_i und F_i. ϵ_i ist die Störgröße und die $\beta_k (k = 0, ..., 7)$ sind die zu schätzenden Parameter. Die Schätzergebnisse sind in folgender Tabelle zusammengefasst:

Koeffizient	Schätzwert	Standardabweichung
Konstante	5,547	0,042
Schulausbildung	0,089	0,005
Ausländer	-0,154	0,017
Frau	-0,209	0,014
Verheiratet	0,067	0,035
Alter	0,043	0,007
$Alter^2$	-0,0001	0,00005
Ausländer · Frau	-0,073	0,037
$R^2=0{,}290$	$F_{7,8349}=5{,}45$	$p(F_{7,8349})=0{,}000$

a) Sind die Koeffizienten statistisch signifikant von Null verschieden?
b) Interpretieren Sie die Schätzwerte der einzelnen Koeffizienten ökonomisch, d.h. auch ihre quantitative Dimension.
c) Ein Experte vertritt die These, die Rendite eines zusätzlichen Jahres der Schulausbildung sei 10%. Stützen obige Ergebnisse diese These?
d) Interpretieren Sie die Angaben in der letzten Zeile der Tabelle.
e) Wie würden Sie vorgehen, wenn Sie überprüfen wollen, ob sich die Ausbildungsrenditen von Frauen und Männern unterscheiden?

6.7 Sie haben Jahresdaten für die Bundesrepublik Deutschland mit den folgenden Variablen:

- Y: Produktionspotential
- K: Kapitalbestand
- L: Erwerbsttätige.

Die Daten umfassen den Zeitraum vom 1960 bis 1990.

a) Unter Verwendung dieser Daten wollen Sie die Produktionselastizitäten des Faktors Arbeit (α) und des Faktors Kapital (β) einer Cobb-Douglas-Produktionsfunktion

$$Y = A \cdot L^{\alpha} \cdot K^{\beta} \qquad (6.52)$$

schätzen. Wie spezifizieren Sie Ihr Regressionsmodell?
b) Sie vermuten, dass die Ölpreiskrise im Jahr 1973 zu einer signifikanten Veränderung der beiden Produktionselastizitäten geführt hat. Beschreiben Sie Ihre Vorgehensweise, um diese Hypothese zu testen.

6.8 Im Land *Schmarrabeni* macht sich die Verbraucherministerin Sorgen um die Essgewohnheiten der Bevölkerung und führt daher zum 1. Januar 2004 einen erhöhten Mehrwertsteuersatz für Produkte der Discounter Oldi ein. Der Wissenschaftler *Zumsl* möchte den Effekt dieser Politik auf den Umsatz des Discounters untersuchen und sammelt im Juli 2004 Daten von 3.500 Supermärkten, um folgendes Regressionsmodell zu schätzen

$$ln(U_i) = \beta_0 + \beta_1 ln(F_i) + \beta_2 P_i + \beta_3 O_i + \varepsilon,$$

wobei

- U_i: Umsatz des Supermarktes i im Juni 2004 in €,
- F_i: Verkaufsfläche des Supermarktes i in m^2,
- P_i: Anzahl der Mitarbeiter im Supermarkt i,
- O_i: Dummy-Variable mit $O_i = 1$, wenn es sich um einen Oldi-Supermarkt handelt und $O_i = 0$ sonst.

Die folgende Tabelle fasst Ihre Schätzergebnisse zusammen.

Variable	Koeffizient	Standardfehler
Konstante	20,371	8,501
$ln(F_i)$	0,005	0,001
P_i	0,028	0,019
O_i	0,185	0,008
Beobachtungen	3.500	
R^2	0,078	

a) Erläutern Sie die Identifikationsstrategie des Wissenschaftlers *Zumsl* und nennen Sie die Probleme dieser Strategie im gegebenen Kontext.

b) Interpretieren Sie die Schätzergebnisse. Stimmen die Schätzergebnisse für die Variable O_i mit Ihren Erwartungen überein?

c) Wie würden Sie vorgehen, wenn Sie anhand eines LM-Tests testen wollen, ob die Variablen $ln(F_i)$ und P_i gemeinsam einen statistisch signifikanten Einfluss auf den Umsatz haben?

d) Nehmen Sie an, Sie hätten für dieselben 3.500 Supermärkte Informationen zu den Variablen U_i, F_i, P_i und O_i für Juli 2003. Welche Identifikationsstrategie würden Sie wählen, um den Effekt der MwSt-Erhöhung für Oldi zu evaluieren? Erläutern Sie Ihre Identifikationsannahme und Ihr Regressionsmodell. Diskutieren Sie die potenziellen Probleme Ihrer Identifikationsstrategie und nennen Sie für jedes Problem ein Beispiel.

6.9 In Region A des Landes U wurden zum 1.1.2000 im Rahmen eines Politikprogramms *Arbeitszeitreduzierung durch Arbeitszeitflexibilisierung* alle bezahlten Überstunden verboten.

a) Zur Abschätzung der Beschäftigungseffekte der Politikmaßnahme wurde unter Verwendung von Monatsdaten für den Zeitraum von Januar 1997 bis Dezember 2002 folgende Gleichung geschätzt:

$$ln(B_t) = \beta' X_t + \alpha D_t + \epsilon_t$$

mit

- B_t: Beschäftigung in Region A zum Zeitpunkt t,
- X_t: Vektor zeitabhängiger Charakteristika der Region A,

- D_t: Dummy-Variable, die den Wert 0 für den Zeitraum von Januar 1997 bis Dezember 1999 und den Wert 1 für den Zeitraum von Januar 2000 bis Dezember 2002 annimmt,
- ϵ_t: normalverteilter Fehlerterm.

Für α wird ein geschätzter Wert von 0,01 mit einem Standardfehler von 0,001 angegeben. Interpretieren Sie dieses Schätzergebnis. Welche Identifikationsannahme wird bei dem beschriebenen Evaluationsansatz getroffen? Diskutieren Sie kurz die potenziellen Probleme des Ansatzes in dem gegebenen Zusammenhang.

b) Nehmen Sie an, Region B des Landes U hätte auf ein Verbot bezahlter Überstunden verzichtet. Ihnen stehen weiterhin vergleichbare Daten für Region A und Region B für den Zeitraum von 1997 bis 2002 zur Verfügung. Welche im Vergleich zu Teilaufgabe a) alternative Evaluationsstrategie würden Sie wählen, um die Beschäftigungseffekte der Politikmaßnahme in Region A abzuschätzen? Erläutern Sie die von Ihnen getroffene Identifikationsannahme, die Schätzung des Evaluationsparameters sowie die potenziellen Probleme Ihres Ansatzes.

7. Heteroskedastizität und das verallgemeinerte Regressionsmodell (GLS)

„Die Breite an der Spitze ist dichter geworden."
(Hermann Neuberger)

Bei der Herleitung der OLS-Schätzer wurden vier zentrale Annahmen an den Fehlerterm des Modells gestellt, damit die mit diesen Modellen geschätzten Parameter beste unverzerrte lineare Schätzer sind. In diesem Kapitel werden nun die Folgen der Verletzung einer dieser vier Annahmen, der Annahme homoskedastischer Fehler, für die Ergebnisse des linearen Regressionsmodells diskutiert. Ist diese Annahme verletzt, spricht man von *Heteroskedastizität*. Es wird aufgezeigt, dass die OLS-Schätzer bei heteroskedastischen Fehlern zwar weiterhin unverzerrt, jedoch nicht mehr effizient sind. Es werden Testverfahren für das Vorliegen heteroskedastischer Fehler erläutert und Methoden vorgestellt, die die durch Heteroskedastizität entstehenden Probleme vermeiden.

7.1 Problemstellung

Eine der klassischen Annahmen des OLS-Regressionsmodells ist, dass die Störgrößen des Modells eine konstante Varianz aufweisen, d.h. $Var(\varepsilon_i) = \sigma^2$. In diesem Fall spricht man von *Homoskedastizität*. Man kann die Varianz der Störgrößen auch als Varianz der beobachteten abhängigen Variable Y um die Regressionsgerade interpretieren. Homoskedastizität bedeutet in diesem Fall, dass diese Varianz für alle Beobachtungen denselben Wert annimmt bzw. dass die Varianz des Fehlerterms nicht von den Regressoren abhängt.

Um diese Annahme zu verdeutlichen, wollen wir auf das im letzten Kapitel verwendete Beispiel des Einflusses des Wehrdienstes auf den Lohn zurückgreifen. In dem Regressionsmodell

$$w_i = \beta_0 + \beta_1 B_i + \varepsilon_i$$

bezeichnet B_i eine Dummy-Variable, die den Wert 1 für Männer, die Wehrdienst geleistet haben, annimmt und den Wert 0 sonst. Der Parameter β_1 zeigt uns die Differenz der Durchschnittslöhne von Männern, die Wehrdienst geleistet haben, und Männern, die keinen Wehrdienst geleistet haben. In diesem Beispiel liegt Homoskedastizität vor, wenn die Varianz des Fehlerterms für beide Gruppen von Männern denselben Wert annimmt bzw. wenn die Löhne der beiden Gruppen dieselbe Varianz aufweisen. Ist dies nicht der Fall, ist die Annahme homoskedastischer Fehler verletzt.

Insbesondere bei der Verwendung von Querschnittsdatensätzen ist die Homoskedastizitätsannahme in vielen Fällen verletzt, d.h. die Varianz des Störterms nimmt in diesem Fall für unterschiedliche Beobachtungen unterschiedliche Werte an. Ist $Var(\varepsilon_i) = \sigma_i^2$, spricht man von heteroskedastischen Störgrößen oder auch *Heteroskedastizität*. Bei Untersuchungen der Einkommenselastizität des Konsums von Haushalten kann man bspw. davon ausgehen, dass mit einer hohen Wahrscheinlichkeit Heteroskedastizität vorliegt. Haushalte mit einem geringen Einkommen haben eine vergleichsweise geringe Flexibilität hinsichtlich ihrer Konsumausgaben. Sie können sich über die Grundbedürfnisse eines Haushalts wie Miete, Nahrungsmittel und Kleidung nur relativ wenige zusätzliche Konsumgüter leisten. Die Konsumausgaben werden daher unter Haushalten mit einem geringen Einkommen nur sehr wenig variieren. Bei Haushalten mit einem hohen Einkommen dürfte hingegen eine höhere Varianz der Konsumausgaben vorliegen, da einige dieser Haushalte sehr viel für Konsumgüter ausgeben, andere wiederum nur das Notwendigste kaufen, dafür aber eine hohe Ersparnis aufweisen. Trägt man diesen Zusammenhang gemeinsam mit einer Regressionsgerade des Zusammenhangs zwischen dem Einkommen und den Konsumausgaben eines Haushalts in einer Punktwolke ab, erhält man ein Bild, wie es bereits in **Abbildung 5.6** dargestellt wurde.

Ein weiteres Beispiel ist die Analyse von Lohndifferenzen zwischen Männern und Frauen. Frauen nehmen nach wie vor mit einer wesentlich geringeren Wahrscheinlichkeit Führungspositionen ein als Männer.[1] Dieses Phänomen, das in der Fachliteratur als *Glass Ceiling* (d.h. eine unsichtbare und zugleich festgefügte Barriere, die Frauen den Zugang zu Führungspositionen versperrt) bezeichnet wird, führt dazu, dass die Lohnverteilung von Frauen eine geringere Varianz aufweist als die der Männer. Dies führt wiederum dazu, dass in Regressionsmodellen, in denen die Löhne von Frauen und Männern untersucht werden, der Fehlerterm heteroskedastisch ist.

Heteroskedastizität tritt auch häufig auf, wenn für die empirische Untersuchung Daten verwendet werden, die nur aggregiert für Regionen oder Industrien vorliegen. Will man bspw. untersuchen, inwieweit die Anzahl der Unternehmensgründungen in Städten von den für Wirtschaftsförderung zur Verfügung stehenden staatlichen Geldern abhängt, wird man ebenfalls fest-

---

[1] Eine Übersicht der empirischen Literatur zur *Diskriminierung* geben Altonji und Blank (1999).

stellen, dass die Anzahl der Unternehmensgründungen, und damit die Varianz der Störgröße, in großen Städten weit mehr variiert als in kleinen Städten.

Beispiel 7.1. Verkehrstote in der Bundesrepublik Deutschland

Die in **Abbildung 7.1** dargestellte Punktwolke setzt die im Jahr 2002 in 435 Landkreisen und kreisfreien Städten im Straßenverkehr getöteten Personen mit der Bevölkerung im Alter von über 18 Jahren in Beziehung.[2] Die Abbildung zeigt, dass die Varianz der Verkehrstoten mit zunehmender Bevölkerung stark ansteigt. Dies lässt vermuten, dass man bei einer Regression der Anzahl der im Straßenverkehr getöteten Personen auf die Bevölkerung im Alter von über 18 Jahren heteroskedastische Fehler erwarten kann.

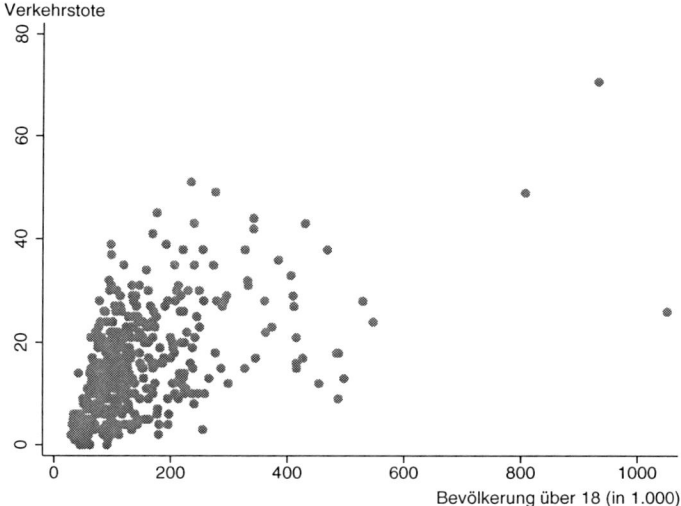

Abbildung 7.1. Heteroskedastizität – Verkehrstote und Bevölkerung über 18.

Schließlich tritt Heteroskedastizität automatisch auf, wenn *gruppierte Daten* verwendet werden. Nehmen Sie an, man möchte untersuchen, inwieweit Investitionen von Unternehmen in Forschung und Entwicklung (F&E) zu einer Verringerung des CO_2-Ausstoßes dieser Unternehmen führt. Nehmen Sie

---

[2] Die Daten wurden der CD-ROM „Statistik regional – Daten für die Kreise und kreisfreien Städte Deutschlands – 2005" entnommen, die über die Statistischen Ämter des Bundes und der Länder bezogen werden kann.

weiter an, dass Informationen zu F&E-Ausgaben und CO_2-Ausstoß nicht auf der Unternehmensebene, sondern nur als Durchschnittswerte auf Industrieebene zur Verfügung stehen. In diesem Fall würde das Regressionsmodell wie folgt lauten:

$$\overline{Y}_i = \beta_0 + \beta_1 \overline{X}_i + \overline{\varepsilon}_i,$$

wobei $\overline{Y}_i, \overline{X}_i$ und $\overline{\varepsilon}_i$ die jeweiligen Mittelwerte des CO_2-Ausstoßes, der F&E-Investitionen und der Störterme für die i-te Industrie angeben. Die Varianz des Störterms ist in diesem Fall $Var(\overline{\varepsilon}_i) = \sigma^2/M_i$, wobei M_i die Anzahl der Unternehmen der Industrie i bezeichnet. Da M_i für jede Industrie einen unterschiedlichen Wert annehmen wird, wird auch die Varianz des Fehlerterms für jede Industrie einen unterschiedlichen Wert annehmen. Es liegen damit automatisch heteroskedastische Fehler vor.

Kernbotschaften

Heteroskedastizität, d.h. die Verletzung der Annahme einer konstanten Varianz des Störterms, tritt in der Praxis häufig auf. Inbesondere ist bei der Verwendung von Querschnittsdaten, semi-aggregierten und gruppierten Daten mit dem Vorliegen von Heteroskedastizität zu rechnen.

7.2 Folgen für den OLS-Schätzer

Welche Folgen hat Heteroskedastizität für die Eigenschaften der Schätzer des OLS-ModellS? Für die Beweise, dass die OLS-Schätzer unverzerrt und konsistent sind, ist die Annahme homoskedastischer Fehler nicht notwendig (siehe Kapitel 5.5). Für diese Beweise benötigten wir nur die Annahmen, dass $E(\varepsilon) = 0$ und $E(X\varepsilon) = 0$, nicht jedoch die Annahme, dass $E(\varepsilon\varepsilon') = \sigma^2$. Für die folgende Darstellung der durch Heteroskedastizität hervorgerufenen Probleme ist es sinnvoll, wie in Anhang B von Kapitel 5 das Regressionsmodell in Abweichungen von den jeweiligen Mittelwerten zu formulieren:

$$y_i = \beta x_i + \eta_i, \tag{7.1}$$

mit $y_i = Y_i - \overline{Y}$, $x_i = X_i - \overline{X}$, und $\eta_i = \varepsilon_i - \overline{\varepsilon}$. Es sei angenommen, dass $Var(\eta_i) = \sigma_i^2 = \sigma^2 c_i$, wobei c_i eine Variable mit bekannten Werten darstellt. Wir nehmen also an, dass sich die Varianz des Störterms multiplikativ aus zwei Komponenten zusammensetzt: (i) einer konstanten Varianz σ^2 und (ii) einem Faktor c_i, der für jede Beobachtung einen unterschiedlichen Wert annehmen kann. Die geschätzten Koeffizienten $\hat{\beta}$ ergeben sich damit als

$$\hat{\beta} = \frac{\sum_{i=1}^N x_i y_i}{\sum_{i=1}^N x_i^2} = \frac{\sum_{i=1}^N x_i(\beta x_i + \eta_i)}{\sum_{i=1}^N x_i^2} = \beta + \frac{\sum_{i=1}^N x_i \eta_i}{\sum_{i=1}^N x_i^2} \tag{7.2}$$

mit

$$E(\hat{\beta}) = \beta + \frac{E(\sum_{i=1}^{N} x_i \eta_i)}{\sum_{i=1}^{N} x_i^2} = \beta, \tag{7.3}$$

da $E(\sum_{i=1}^{N} x_i \eta_i) = 0$. Nach Gleichung (7.3) liefert OLS trotz heteroskedastischer Fehler konsistente und unverzerrte Schätzer.

Die Annahme homoskedastischer Fehler wird jedoch für den Beweis der Effizienz des OLS-Schätzers benötigt.[3] Es kann daher vermutet werden, dass heteroskedastische Fehler zu Problemen mit dem Effizienzkriterium des OLS-Schätzers führen können. Aus Gleichung (7.2) ergibt sich die Varianz des Schätzers $\hat{\beta}$ als

$$Var(\hat{\beta}) = \frac{\sum_{i=1}^{N} x_i^2 Var(\eta_i)}{(\sum_{i=1}^{N} x_i^2)^2} = \frac{\sum_{i=1}^{N} x_i^2 \sigma_i^2}{(\sum_{i=1}^{N} x_i^2)^2} = \frac{\sigma^2 \sum_{i=1}^{N} x_i^2 c_i}{(\sum_{i=1}^{N} x_i^2)^2}. \tag{7.4}$$

Gleichung (7.4) zeigt, dass sich bei heteroskedastischen Fehlern die in Kapitel 5 abgeleitete Varianz des OLS-Schätzers von β (d.h. $Var(\hat{\beta}) = \sigma^2 / \sum_{i=1}^{N} x_i^2$) nur ergibt, wenn die Annahme $c_i = 1$ für alle $i = 1, \ldots, N$ erfüllt ist. Ist diese Annahme nicht gegeben, liefert das OLS-Modell bei heteroskedastischen Fehlern falsche Standardfehler für $\hat{\beta}$.

Auch in Matrixschreibweise lässt sich das Problem heteroskedastischer Fehlerterme einfach darstellen. Ausgangspunkt sei folgendes Modell

$$\boldsymbol{Y} = \boldsymbol{X}\boldsymbol{\beta} + \boldsymbol{\varepsilon}, \tag{7.5}$$

mit

$$V(\boldsymbol{\varepsilon}) = \sigma^2 \boldsymbol{\Omega} = \sigma^2 \begin{pmatrix} c_1 & 0 & \ldots & 0 \\ 0 & c_2 & \ldots & 0 \\ \vdots & \vdots & \ddots & \vdots \\ 0 & 0 & \ldots & c_N \end{pmatrix} = \begin{pmatrix} \sigma_1^2 & 0 & \ldots & 0 \\ 0 & \sigma_2^2 & \ldots & 0 \\ \vdots & \vdots & \ddots & \vdots \\ 0 & 0 & \ldots & \sigma_N^2 \end{pmatrix}. \tag{7.6}$$

Man kann auch hier zeigen, dass die OLS-Schätzer $\hat{\boldsymbol{\beta}}$ erwartungstreu und konsistent sind. Die Schätzer $\hat{\boldsymbol{\beta}}$ haben nun jedoch die Varianz-Kovarianz-Matrix

$$V(\hat{\boldsymbol{\beta}}) = \sigma^2 (\boldsymbol{X}'\boldsymbol{X})^{-1} \boldsymbol{X}' \boldsymbol{\Omega} \boldsymbol{X} (\boldsymbol{X}'\boldsymbol{X})^{-1}. \tag{7.7}$$

Die in Kapitel 5 als $Var(\hat{\boldsymbol{\beta}}) = \sigma^2 (\boldsymbol{X}'\boldsymbol{X})^{-1}$ abgeleitete Varianz der Schätzer $\hat{\boldsymbol{\beta}}$ ergibt sich demnach nur, wenn $\boldsymbol{\Omega} = \boldsymbol{I}$, d.h. wenn $c_i = 1$ für alle $i = 1, \ldots, N$.

---

[3] Siehe hierzu bspw. Greene (2008).

Mit dieser Diskussion sollte die Rolle der Annahme homoskedastischer Fehler deutlich geworden sein. Ignoriert man Heteroskedastizität, bekommt man mit der OLS-Methode weiterhin erwartungstreue und konsistente Schätzungen des Effekts der erklärenden Variablen auf die abhängige Variable. Jedoch sind diese Schätzungen zum einen nicht mehr effizient. Zum anderen kann man keine Aussagen über die Präzision des geschätzten Effekts treffen, da die geschätzte Varianz des Schätzers verzerrt ist. Die Verzerrung ist dabei umso gravierender, je stärker die c_i streuen. Erschwerend kommt hinzu, dass die Richtung dieser Verzerrung nicht angegeben werden kann. Verwendet man also trotz Heteroskedastizität den OLS-Schätzer und die Standardformel zur Berechnung der Varianz dieses Schätzers, liefern t-Tests und F-Tests irreführende Ergebnisse.

Kernbotschaften

Selbst wenn heteroskedastische Fehler vorliegen, liefert die OLS-Methode erwartungstreue und konsistente Schätzer. Jedoch sind diese Schätzer zum einen nicht mehr effizient. Zum anderen führen heteroskedastische Fehler zu einer Verzerrung der geschätzten Standardfehler. Damit können die üblichen Testverfahren zu falschen Ergebnissen führen.

7.3 Test auf Heteroskedastizität

Da das Vorliegen von Heteroskedastizität zu falschen Ergebnissen von t-Tests und F-Tests führen kann, würde man gerne testen, ob heteroskedastische Residuen vorliegen. In der Literatur wurden hierzu verschiedene statistische Tests vorgeschlagen.[4] Im Rahmen dieses Buches sollen jedoch nur zwei häufig verwendete Tests ausführlich vorgestellt werden, der *Breusch-Pagan-Test* (Breusch und Pagan, 1979) und der *White-Test* (White, 1980).

7.3.1 Breusch-Pagan-Test

Ausgangspunkt sei das lineare Regressionsmodell

$$Y = \beta_0 + \beta_1 X_1 + \ldots + \beta_K X_K + \varepsilon. \tag{7.8}$$

Wir gehen davon aus, dass die Annahme homoskedastischer Fehler erfüllt ist und wollen diese Annahme testen. Die Nullhypothese lautet

$$H_0 : Var(\varepsilon|\boldsymbol{X}) = \sigma^2.$$

---

[4] Greene (2008) liefert eine ausführliche Diskussion verschiedener Tests auf Heteroskedastizität.

Unter den klassischen Annahmen gehen wir davon aus, dass der bedingte Erwartungswert des Fehlerterms Null ist, d.h. $E(\varepsilon|\boldsymbol{X}) = 0$. Wir haben in Kapitel 5 weiterhin gezeigt, dass der bedingte und unbedingte Erwartungswert sowie die bedingte und unbedingte Varianz des Fehlerterms identisch sind, wenn die klassischen Annahmen erfüllt sind. Damit ist $Var(\varepsilon|\boldsymbol{X}) = E(\varepsilon^2|\boldsymbol{X}) = E(\varepsilon^2)$ und die Nullhypothese kann wie folgt geschrieben werden

$$H_0: \ E(\varepsilon^2|\boldsymbol{X}) = E(\varepsilon^2) = \sigma^2. \tag{7.9}$$

Mit anderen Worten, wir wollen testen, ob ε^2 mit einer oder mehreren der erklärenden Variablen korreliert ist. Das Problem hierbei liegt darin, dass die Beziehung zwischen ε^2 und den erklärenden Variablen X_k, $k = 1, \ldots, K$, jede beliebige funktionale Form annehmen kann, wenn Heteroskedastizität vorliegt. Um den Test durchführen zu können, muss man daher eine Annahme über die spezifische funktionale Beziehung zwischen ε^2 und den X_k treffen. Der Breusch-Pagan-Test geht von der Annahme aus, dass es sich hierbei um eine lineare Beziehung handelt:

$$\varepsilon^2 = \gamma_0 + \gamma_1 X_1 + \gamma_2 X_2 + \ldots + \gamma_K X_K + \nu, \tag{7.10}$$

wobei $E(\nu|\boldsymbol{X}) = 0$. Die Nullhypothese für das Vorliegen vom Homoskedastizität lautet

$$H_0: \ \gamma_1 = \gamma_2 = \ldots = \gamma_K = 0. \tag{7.11}$$

Diese Nullhypothese kann mit Hilfe eines F-Tests oder LM-Tests überprüft werden. Da der Fehlerterm aus Gleichung (7.8) und damit ε^2 nicht beobachtet werden kann, kann Gleichung (7.10) nicht geschätzt werden. Eine Lösung dieses Problems ist die Verwendung eines erwartungstreuen und konsistenten Schätzers von ε^2, den man durch eine OLS-Schätzung von Gleichung (7.8) erhält. Die quadrierten Residuen $\hat{\varepsilon}^2$ einer derartigen Schätzung können anstatt ε^2 in Gleichung (7.10) verwendet werden.

Die Durchführung des Breusch-Pagan-Tests erfordert damit in einem ersten Schritt die Schätzung von Gleichung (7.8). Das Quadrat der geschätzten Residuen aus dieser Schätzung wird in einem zweiten Schritt dazu verwendet, folgende Gleichung zu schätzen:

$$\hat{\varepsilon}^2 = \gamma_0 + \gamma_1 X_1 + \gamma_2 X_2 + \ldots + \gamma_K X_K + \nu. \tag{7.12}$$

Ein großes $R^2_{\hat{\varepsilon}^2}$ dieser Regression spricht gegen die Nullhypothese (7.11).

Auf Basis der Regression (7.12) kann man nun unter Verwendung eines F- oder LM-Tests auf die gemeinsame Signifikanz der Variablen $X_1, \ldots, X_K$ testen. Die F-Statistik für die Nullhypothese (7.11) berechnet sich als

$$F_{BP} = \frac{R^2_{\hat{\varepsilon}^2}/K}{(1 - R^2_{\hat{\varepsilon}^2})/(N - (K+1))}, \tag{7.13}$$

wobei $R^2_{\hat{\varepsilon}^2}$ das Bestimmtheitsmaß aus der Regression (7.12), N die Anzahl der Beobachtungen und K die Anzahl der Regressoren aus Gleichung (7.8) bezeichnet. Unter der Nullhypothese homoskedastischer Fehler ist diese F-Statistik asymptotisch $F_{K,N-(K+1)}$-verteilt. Die entsprechende LM-Statistik lautet

$$LM_{BP} = N \cdot R^2_{\hat{\varepsilon}^2}. \qquad (7.14)$$

Unter der Nullhypothese (7.11) ist diese Statistik asymptotisch χ^2_K-verteilt.

Beispiel 7.2. Verkehrstote in der Bundesrepublik Deutschland – Fortsetzung

Mit den bereits in **Beispiel 7.1** verwendeten regionalen Daten zur Anzahl der Verkehrstoten in der Bundesrepublik Deutschland wurde folgendes Regressionsmodell geschätzt

$$T = \beta_0 + \beta_1 B + \beta_2 MB + \beta_3 WB + \beta_4 D$$
$$+\beta_5 E + \beta_6 PKW + \beta_7 M + \varepsilon, \qquad (7.15)$$

wobei T die Anzahl der Verkehrstoten, B die Bevölkerung über 18 Jahren, MB den Anteil der männlichen und WB den Anteil der weiblichen Bevölkerung im Alter von 18 bis 25 Jahren an der Gesamtbevölkerung über 18 Jahren, D die Bevölkerungsdichte, PKW die Anzahl der zugelassenen PKW und M die Anzahl der zugelassenen Motorräder pro Straßenkilometer in einer Region bezeichnen. E ist eine Dummy-Variable, die den Wert 1 annimmt, wenn die betrachtete Region in den neuen Bundesländern liegt, und den Wert 0 sonst. **Tabelle 7.1** fasst die Schätzergebnisse zusammen.

Wir wollen testen, ob bei dieser Regression die Annahme homoskedastischer Fehler verletzt wird. Dazu wurden in einem zweiten Schritt die geschätzten Residuen quadriert und auf die oben beschriebenen erklärenden Variablen regressiert. Das $R^2_{\hat{\varepsilon}^2}$ dieser Regression wird ebenfalls in **Tabelle 7.1** ausgewiesen.

Aus diesem $R^2_{\hat{\varepsilon}^2}$ berechnet sich die Teststatistik des Breusch-Pagan-Tests bei 435 Beobachtungen und $K = 7$ als $F_{BP} = 6,63$. Der kritische Wert der F-Verteilung bei einer Irrtumswahrscheinlichkeit von 5%, 7 Zähler- und 427 Nennerfreiheitsgraden ist $F_{7,427} = 2,01$. Da F_{BP} größer ist als dieser kritische Wert, kann die Nullhypothese homoskedastischer Fehler bei einer Irrtumswahrscheinlichkeit von 5% abgelehnt werden.

Tabelle 7.1. Determinanten der Anzahl der Verkehrstoten

Variable	Koeffizient	Standard-fehler
Bevölkerung über 18	0,072	0,003
Anteil männl. Bevölkerung von 18 bis 25 (in %)	313,236	124,633
Anteil weibl. Bevölkerung von 18 bis 25 (in %)	-62,796	100,877
Bevölkerungsdichte	-0,585	0,135
Neue Bundesländer	-1,655	1,349
PKW pro km Straße	-0,176	0,043
Motorräder pro km Straße	0,845	0,451
Konstante	-1,102	3,647
R^2	0,6404	
F-Statistik	108,63	
$R^2_{\hat{\varepsilon}2}$	0,0981	
Beobachtungen	435	

Entsprechend kann man mit Hilfe des $R^2_{\hat{\varepsilon}2}$ eine LM-Statistik des Breusch-Pagan-Tests berechnen. Diese Teststatistik nimmt einen Wert von $LM_{BP} = 435 \cdot 0,0981 = 42,67$ an. Der kritische Wert der χ^2-Verteilung bei $K = 7$ Freiheitsgraden ist bei einer Irrtumswahrscheinlichkeit von 5% $\chi^2_7 = 14,07$. Da LM_{BP} größer ist als dieser kritische Wert, kann auch mit dem LM-Test die Nullhypothese homoskedastischer Fehler bei einer Irrtumswahrscheinlichkeit von 5% abgelehnt werden.

Kernbotschaften

Mit Hilfe des Breusch-Pagan-Tests kann man die Nullhypothese, dass homoskedastische Fehler vorliegen, gegen die Alternativhypothese, dass keine homoskedastischen Fehler vorliegen, testen. Die folgenden Schritte fassen die Vorgehensweise bei diesem Test zusammen:

Schritt 1: Man schätzt das Regressionsmodell

$$Y = \beta_0 + \beta_1 X_1 + \ldots + \beta_K X_K + \varepsilon,$$

für das man das Vorliegen homoskedastischer Fehler testen will, und behält die Residuen $\hat{\varepsilon}$.

Schritt 2: Man regressiert die quadrierten Residuen $\hat{\varepsilon}^2$ auf eine Konstante und die X_k für $k = 1, \ldots, K$ und berechnet das Bestimmtheitsmaß $R^2_{\hat{\varepsilon}^2}$ aus dieser Regression. Für den Test auf homoskedastische Fehler lautet die Nullhypothese, dass die Steigungsparameter dieser Regression gemeinsam Null sind, und die Alternativhypothese, dass mindestens ein Steigungsparameter signifikant von Null verschieden ist.

Schritt 3: Man berechnet die F-Statistik

$$F_{BP} = \frac{R^2_{\hat{\varepsilon}^2}/K}{(1 - R^2_{\hat{\varepsilon}^2})/(N - (K+1))}.$$

Schritt 4: Ist bei einer vorgegebenen Irrtumswahrscheinlichkeit F_{BP} größer als der kritische Wert der F-Verteilung mit K Zähler- und $N - (K+1)$ Nennerfreiheitsgraden, kann die Nullhypothese homoskedastischer Fehler verworfen werden.

Alternativ hierzu kann auch ein LM-Test durchgeführt werden. Hierzu werden die Schritte 3 und 4 des obigen F-Tests durch folgende Schritte ersetzt:

Schritt 3a: Man berechnet die LM-Statistik

$$LM_{BP} = N \cdot R^2_{\hat{\varepsilon}^2}.$$

Schritt 4a: Ist bei einer vorgegebenen Irrtumswahrscheinlichkeit LM_{BP} größer als der kritische Wert der χ^2-Verteilung mit K Freiheitsgraden, kann die Nullhypothese homoskedastischer Fehler verworfen werden.

Für den Breusch-Pagan-Test haben wir eine lineare Beziehung zwischen der Fehlervarianz und den Regressoren angenommen. Heteroskedastizität kann jedoch auch durch eine andere funktionale Beziehung zwischen der Fehlervarianz und den erklärenden Variablen hervorgerufen werden. Entsprechend finden sich in der Literatur auch alternative Tests für Heteroskedastizität, die sich im Prinzip vom Breusch-Pagan-Test nur dadurch unterscheiden, dass sie eine andere funktionale Beziehung zwischen der Fehlervarianz und den Regressoren unterstellen. Alternativ zu Gleichung (7.10) schlägt Glesjer (1969) bspw. folgende Beziehung vor

$$|\hat{\varepsilon}| = \gamma_0 + \gamma_1 X_1 + \gamma_2 X_2 + \ldots + \gamma_k X_k + \nu. \tag{7.16}$$

Harvey (1976) und Godfrey (1978) testen für multiplikative Heteroskedastizität, indem sie statt Gleichung (7.10) die Beziehung zwischen der Fehlervarianz und den Regressoren wie folgt spezifizieren

$$ln(\hat{\varepsilon}^2) = \gamma_0 + \gamma_1 X_1 + \gamma_2 X_2 + \ldots + \gamma_k X_k + \nu. \tag{7.17}$$

Alle diese Alternativen können analog zum Breusch-Pagan-Test durchgeführt werden, indem man Gleichung (7.10) mit der entsprechenden alternativen Annahme über den funktionalen Zusammenhang zwischen der Fehlervarianz und den Regressoren ersetzt (Engel, 1984).

Kernbotschaften

Alternative Tests auf homoskedastische Fehler unterscheiden sich vom Breusch-Pagan-Test hinsichtlich ihrer Annahmen über die funktionale Beziehung zwischen der Fehlervarianz und den erklärenden Variablen. Die Vorgehensweise bei diesen Tests unterscheidet sich damit nur in Schritt 2 der vorhergehenden Kernbotschaft:

- Beim Glesjer-Test wird der Betrag der geschätzten Residuen $\hat{\varepsilon}$ (und nicht die quadrierten geschätzten Residuen $\hat{\varepsilon}^2$) aus dem Regressionsmodell auf eine Konstante und alle X_k regressiert und das daraus resultierende Bestimmtheitsmaß $R_{\hat{\varepsilon}}^2$ für die weitere Testabfolge verwendet.

- Der Harvey-Godfrey-Test testet für multiplikative Heteroskedastizität, indem $ln(\hat{\varepsilon}^2)$ aus dem Regressionsmodell auf eine Konstante und alle X_k regressiert und das daraus resultierende Bestimmtheitsmaß $R_{ln(\hat{\varepsilon}^2)}$ für die weitere Testabfolge verwendet wird.

7.3.2 White-Test

Für die Durchführung des Breusch-Pagan-Tests und seine in der Literatur vorgeschlagenen Alternativen benötigt man Informationen über die funktionale Beziehung zwischen der Fehlervarianz und den Regressoren. Zusätzlich hat sich gezeigt, dass der Breusch-Pagan-Test sehr sensitiv auf eine Verletzung der Annahme normalverteilter Fehler reagiert. White (1980) hat einen Test vorgeschlagen, der dem Breusch-Pagan-Test sehr ähnlich ist, für den jedoch keinerlei *a-priori*-Informationen über die Beziehung zwischen der Fehlervarianz und den für die Heteroskedastizität verantwortlichen Regressoren notwendig sind und der nicht von der Annahme normalverteilter Fehler abhängt. Dies wird insbesondere dadurch erreicht, dass eine im Vergleich zum Breusch-Pagan-Test sehr flexible funktionale Beziehung zwischen der Fehlervarianz und den Regressoren spezifiziert wird.

Der White-Test soll für ein Regressionsmodell mit drei erklärenden Variablen erläutert werden, wobei die Erweiterung auf Modelle mit mehr als drei Regressoren offensichtlich sein sollte. Das Ausgangsmodell sei

$$Y = \beta_0 + \beta_1 X_1 + \beta_2 X_2 + \beta_2 X_3 + \varepsilon. \tag{7.18}$$

White (1980) schlägt vor, neben den einfachen Regressoren wie im Breusch-Pagan-Test, auch deren Quadrat und Kreuzprodukte in Gleichung (7.10) aufzunehmen, d.h. den Test auf Heteroskedastizität auf die folgende Regression zu beziehen:

$$\hat{\varepsilon}^2 = \gamma_0 + \gamma_1 X_1 + \gamma_2 X_2 + \gamma_3 X_3 + \gamma_4 X_1^2 + \gamma_5 X_2^2 + \gamma_6 X_3^2$$
$$+ \gamma_7 X_1 X_2 + \gamma_8 X_1 X_3 + \gamma_9 X_2 X_3 + \nu. \tag{7.19}$$

Ähnlich zum Breusch-Pagan-Test kann nach einer Schätzung dieser Gleichung mit Hilfe eines F- oder LM-Tests die Hypothese getestet werden, dass alle Regressoren mit Ausnahme der Konstante gleichzeitig Null sind. Verglichen mit der entsprechenden Gleichung im Breusch-Pagan-Test hat diese Gleichung jedoch sechs zusätzliche Regressoren. Damit benötigt der White-Test eine vergleichsweise hohe Anzahl von Freiheitsgraden. Beinhaltet das ursprüngliche Modell bspw. 10 erklärende Variablen, werden für den White-Test in Gleichung (7.19) 65 Regressoren benötigt.[5] Erhöht sich also nicht gleichzeitig der Stichprobenumfang, verliert der White-Test an Macht.

Um dieses Problem zu umgehen, schlägt Wooldridge (2002) vor, statt Gleichung (7.19) die folgende Gleichung für den White-Test zu verwenden

$$\hat{\varepsilon}^2 = \gamma_0 + \gamma_1 \hat{Y} + \gamma_2 \hat{Y}^2 + \nu, \tag{7.20}$$

---

[5] Hat das ursprüngliche Modell K Regressoren $X_1, \ldots, X_K$, werden für die für den White-Test notwendige Regression (7.19) $r = K + [0,5K(K+1)]$ Regressoren benötigt.

wobei $\hat{Y}$ die vorgesagten Werte aus einer Schätzung von Gleichung (7.18) bezeichnet. Um zu verstehen, dass diese Gleichung äquivalent zu Gleichung (7.19) ist, muss man sich nur vergegenwärtigen, dass $\hat{Y}$ eine lineare Funktion der abhängigen Variablen darstellt und entsprechend $\hat{Y}^2$ eine Funktion aller Quadrate und Kreuzprodukte der abhängigen Variablen. Gleichung (7.20) hat gegenüber Gleichung (7.19) den entscheidenden Vorteil, dass sie eine wesentlich geringere Anzahl von Freiheitsgraden benötigt.

Beispiel 7.3. Engel-Kurve für Mietausgaben – Fortsetzung

In **Beispiel 6.5** wurde unter Verwendung von Daten des Mikrozensus für das Jahr 1998 ein Engel-Kurve für die Mietausgaben von Haushalten vorgestellt. Das Regressionsmodell lautete

$$M_i = \beta_0 + \beta_1 I_i^{-1} + \varepsilon_i,$$

wobei M_i die Kaltmiete je Haushaltsmitglied in 1.000 € und I_i^{-1} die Inverse des Nettohaushaltseinkommens je Haushaltsmitglied in 1.000 € von Haushalt i bezeichnete. Für die Schätzung wurden 8.570 Beobachtungen verwendet.

Bei einer derartigen Schätzung muss man von heteroskedastischen Störtermen ausgehen, da die Varianz der Mieten mit zunehmenden Haushaltseinkommen zunehmen dürfte. Führt man für diese Schätzung einen White-Test durch, erhält man eine F-Statistik von $178,08$. Der kritische Wert der F-Verteilung bei $K = 1$ Zähler- und $N - (K + 1) = 8.568$ Nennerfreiheitsgraden ist bei einer Irrtumswahrscheinlichkeit von 5% ungefähr $3,00$. Damit kann die Nullhypothese homoskedastischer Fehler abgelehnt werden.

Beispiel 7.4. Verkehrstote in der Bundesrepublik Deutschland – Fortsetzung

Ausgehend von der in **Beispiel 7.2** durchgeführten Regression möchten wir anhand des White-Tests die Nullhypothese homoskedastischer Fehler überprüfen. Hierzu verwendet man die aus der Schätzung des Regressionsmodells (7.15) resultierenden Residuen $\hat{\varepsilon}$, um Gleichung (7.20) zu schätzen. Mit Hilfe der aus dieser Regression resultierenden F-Statistik kann die Nullhypothese, dass homoskedastische Fehler vorliegen, getestet werden. Bei einer vorgegebenen Irrtumswahrscheinlichkeit von 5% beträgt der kritische F-Wert für 7 Zähler- und 427 Nennerfreiheitsgrade $F_{7,427} = 2,01$. Die ermittelte F-Statistik liegt mit einem Wert von 17,25 deutlich über diesem kritischen Wert. Somit kann mit einer Irrtumswahrscheinlichkeit von 5% die Nullhypothese abgelehnt werden.

Kernbotschaften

Der White-Test vermeidet zwei Probleme des Breusch-Pagan-Tests:

(i) Er benötigt keinerlei *a-priori*-Informationen über die potenzielle Ursache der Heteroskedastizität.
(ii) Er reagiert nicht sensitiv auf eine Verletzung der Annahme normalverteilter Fehler.

Die Vorgehensweise beim White-Test ist wie folgt:

Schritt 1: Man schätzt das Regressionsmodell

$$Y = \beta_0 + \beta_1 X_1 + \ldots + \beta_K X_K + \varepsilon,$$

für das man das Vorliegen homoskedastischer Fehler testen will, und behält die Residuen $\hat{\varepsilon}$.

Schritt 2: Man regressiert die quadrierten Residuen $\hat{\varepsilon}^2$ auf eine Konstante und $\hat{Y}$ und $\hat{Y}^2$, wobei Letztere die vorgesagten Werte der abhängigen Variable des Regressionsmodells in Schritt 1 darstellen. Aus dieser Regression behält man das Bestimmtheitsmaß R_W^2.

Schritt 3: Analog zum Breusch-Pagan-Test verwendet man R_W^2 zur Konstruktion eines F- oder LM-Tests.

7.4 Robuste Standardfehler

Heteroskedastische Störgrößen führen dazu, dass die OLS-Methode zwar erwartungstreue und konsistente, nicht jedoch effiziente Schätzer liefert. Dies wiederum führt dazu, dass die Fehlerwahrscheinlichkeiten von statistischen Tests, wie dem t-Test und dem F-Test, verfälscht sind und es zu Fehlinterpretationen der Schätzergebnisse kommen kann. Es gibt verschiedene Möglichkeiten, diese Probleme zu vermeiden. Zum einen kann man versuchen, die korrekten Varianzen entsprechend Gleichung (7.7) zu schätzen. Dieses Vorgehen soll in diesem Abschnitt diskutiert werden. Zum Zweiten kann man eine effizientere Schätzmethode verwenden, die im Fall der Heteroskedastizität darin besteht, das Modell derart zu transformieren, dass die Störgrößen des transformierten Modells homoskedastisch sind. Diese Lösungsmöglichkeit wird im nächsten Abschnitt dargestellt.

In Abschnitt 7.2 wurde gezeigt, dass die Varianz der Koeffizienten eines bivariaten Regressionsmodells bei Heteroskedastizität durch

$$Var(\hat{\beta}) = \frac{\sum_{i=1}^{N}(X_i - \bar{X})^2 \sigma_i^2}{\left[\sum_{i=1}^{N}(X_i - \bar{X})^2\right]^2} = \frac{\sum_{i=1}^{N} x_i^2 \sigma_i^2}{(\sum_{i=1}^{N} x_i^2)^2} \qquad (7.21)$$

gegeben ist. White (1980) hat gezeigt, dass (7.21) geschätzt werden kann, indem man σ_i^2 in Gleichung (7.21) durch die quadrierten Residuen aus der OLS-Regression der ursprünglichen Gleichung ($\hat{\varepsilon}_i^2$) ersetzt. Mit anderen Worten, (7.21) wird durch

$$Var(\hat{\beta}) = \frac{\sum_{i=1}^{N}(X_i - \bar{X})^2 \hat{\varepsilon}_i^2}{(\sum_{i=1}^{N} X_i^2)^2} \qquad (7.22)$$

angenähert. In einem multivariaten linearen Regressionsmodell wird in der Varianz-Kovarianz-Matrix der Faktor

$$\sigma^2 \boldsymbol{X}' \boldsymbol{\Omega} \boldsymbol{X} = \sigma^2 \sum_{i=1}^{N} c_i \boldsymbol{x}_i \boldsymbol{x}_i' = \sum_{i=1}^{N} \sigma_i^2 \boldsymbol{x}_i \boldsymbol{x}_i'$$

entsprechend durch $\sum_{i=1}^{N} \hat{\varepsilon}_i^2 \boldsymbol{x}_i \boldsymbol{x}_i'$ ersetzt, so dass man folgende geschätzte robuste Varianz-Kovarianz-Matrix erhält

$$\boldsymbol{V}(\hat{\beta}) = (\boldsymbol{X}'\boldsymbol{X})^{-1} \left(\sum_{i=1}^{N} \hat{\varepsilon}_i^2 \boldsymbol{x}_i \boldsymbol{x}_i'\right) (\boldsymbol{X}'\boldsymbol{X})^{-1}. \qquad (7.23)$$

Diese Größe kann nach der OLS-Schätzung des zugrunde liegenden Modells leicht berechnet werden. Die beschriebene Anpassung der Standardfehler ist sehr hilfreich, da man unabhängig von der aktuellen Form der Heteroskedastizität so genannte *heteroskedasticity-consistent* oder auch *White-Standardfehler* (die wir im Folgenden einfach als *robuste Standardfehler* bezeichnen werden) berechnen kann.[6] Man benötigt also keine Annahme über die Beziehung zwischen der Fehlervarianz und den Regressoren.

Da sich robuste Standardfehler relativ einfach berechnen lassen, stellt sich die berechtigte Frage, warum man nicht einfach immer robuste Standardfehler angibt. Man kann hier je nach Lehrbuch und Autor sehr unterschiedliche Empfehlungen finden. Die Tendenz geht jedoch dazu, dass man in der überwiegenden Anzahl der Fälle in der praktischen Anwendung keinen großen

---

[6] Da schon von Huber (1967) auf die Möglichkeit der Berechnung robuster Standardfehler hingewiesen wurde, werden diese Standardfehler auch häufig als Huber-Standardfehler oder auch Huber-White-Standardfehler bezeichnet.

Fehler macht, wenn man automatisch robuste Standardfehler ausweist. Eine Ausnahme hiervon sollte man jedoch bei kleinen Stichproben machen, da bei kleinen Stichproben die Verteilung einer robusten t-Statistik nicht notwendigerweise einer t-Verteilung folgt.

Beispiel 7.5. Verkehrstote in der Bundesrepublik Deutschland – Fortsetzung

Die folgende Tabelle zeigt noch einmal die Schätzergebnisse aus **Beispiel 7.2**, wobei nun neben den normalen Standardfehlern auch robuste Standardfehler ausgewiesen werden. Die Ergebnisse zeigen zum einen, dass – obwohl heteroskedastische Fehler vorliegen, wie die Tests in den letzten Beispielen gezeigt haben – sich die robusten Standardfehler in diesem Beispiel nicht nennenswert von den normalen Standardfehlern unterscheiden. Damit kommt es auch zu keinen Veränderungen in der Interpretation der Präzision der geschätzten Koeffizienten. Obwohl man in vielen praktischen Anwendungen ein ähnliches Ergebnis finden wird, sollte man sich nicht darauf verlassen und bei heteroskedastischen Fehlern immer robuste Standardfehler angeben.

Tabelle 7.2. Determinanten der Anzahl der Verkehrstoten: normale und robuste Standardfehler

Variable	Koeffizient	normaler Standard- fehler	robuster Standard- fehler
Bevölkerung über 18	0,072	0,003	0,004
Anteil männl. Bev. von 18 bis 25 (in %)	313,236	124,633	126,426
Anteil weibl. Bev. von 18 bis 25 (in %)	-62,796	100,877	84,242
Bevölkerungsdichte	-0,585	0,135	0,151
Neue Bundesländer	-1,655	1,349	1,493
PKW pro km Straße	-0,176	0,043	0,042
Motorräder pro km Straße	0,845	0,451	0,443
Konstante	-1,102	3,647	3,911
R^2		0,640	
F-Statistik		91,83	
Beobachtungen		435	

Zum Zweiten lässt sich aus der Tabelle erkennen, dass es keine erkennbare Struktur der Differenz zwischen den normalen und robusten Standardfehlern gibt. Bei einigen Koeffizienten ist der robuste Standardfehler kleiner, bei anderen Koeffizienten wiederum größer als der normale Standardfehler. Dieses Ergebnis ist nicht weiter überraschend, da wir die Richtung der Verzerrung der Standardfehler bei Vorliegen heteroskedastischer Fehler üblicherweise nicht angeben können.

Kernbotschaften

Das Problem falscher Standardfehler bei heteroskedastischen Fehlern kann durch eine entsprechende Korrektur behoben werden. Hierzu berechnet man robuste Standardfehler, die von der aktuellen Form der vorliegenden Heteroskedastizität unabhängig sind.

7.5 Das verallgemeinerte lineare Regressionsmodell

Im letzten Abschnitt wurde gezeigt, dass eine Lösung des Problems heteroskedastischer Fehler in der Berechnung robuster Standardfehler liegt. Eine Alternative hierzu ist, heteroskedastische Fehler explizit zu modellieren um darüber einen effizienten Schätzer der Modellparameter zu erhalten. Wie wir in diesem Abschnitt sehen werden, wird dies dadurch erreicht, dass man die Variablen des Regressionsmodells derart transformiert, dass die Störgrößen des transformierten Modells homoskedastisch sind. Eine notwendige Voraussetzung für diese Vorgehensweise ist, dass man eine Vorstellung über die funktionale Form der Varianz des Residuums besitzt.

7.5.1 Heteroskedastizität mit einem bekannten Proportionalitätsfaktor

In einem ersten Schritt soll vereinfachend angenommen werden, dass Informationen über die funktionale Form der Heteroskedastizität vorliegen. Man kann diese Information verwenden, um das Regressionsmodell so zu transformieren, dass man homoskedastische Störgrößen erhält. Ausgehend von dem Regressionsmodell

$$Y_i = \beta_0 + \beta_1 X_{i1} + \beta_2 X_{i2} + \varepsilon_i \qquad (7.24)$$

sei angenommen, dass die Varianz bzw. der Standardfehler des Störterms die spezifische Form

$$Var(\varepsilon_i) = \sigma_i^2 = \sigma^2 c_i \quad \text{bzw.} \quad \sigma_i = \sigma\sqrt{c_i} \qquad (7.25)$$

annimmt, wobei c_i für alle Beobachtungen i bekannt sei. Nach Gleichung (7.25) ist die Standardabweichung der Störgröße proportional zu einem bekannten Faktor c_i. Mit Ausnahme dieser einfachen Modifikation soll ε_i alle anderen Annahmen des OLS-Regressionsmodells erfüllen.

Dividiert man alle Variablen in dem Regressionsmodell (7.24) durch $\sqrt{c_i}$, erhält man

$$\frac{Y_i}{\sqrt{c_i}} = \beta_0 \frac{1}{\sqrt{c_i}} + \beta_1 \frac{X_{i1}}{\sqrt{c_i}} + \beta_2 \frac{X_{i2}}{\sqrt{c_i}} + \frac{\varepsilon_i}{\sqrt{c_i}} \tag{7.26}$$

bzw.

$$Y_i^* = \beta_0 \frac{1}{\sqrt{c_i}} + \beta_1 X_{i1}^* + \beta_2 X_{i2}^* + \varepsilon_i^*. \tag{7.27}$$

Für dieses transformierte Regressionsmodell berechnet sich die Varianz des Störterms als

$$Var(\varepsilon_i^*) = Var\left(\frac{\varepsilon_i}{\sqrt{c_i}}\right) = \frac{Var(\varepsilon_i)}{c_i} = \sigma^2, \tag{7.28}$$

d.h. die Fehler des transformierten Modells sind homoskedastisch. Schätzt man also das transformierte Regressionsmodell (7.27), erhält man – mit Ausnahme der Konstanten – konsistente, unverzerrte und insbesondere effiziente Schätzer.

Die beschriebene Transformation ist ein Spezialfall des verallgemeinerten linearen Regressionsmodells (oder auch *Generalized Least Squares* bzw. *GLS*). Im Allgemeinen wird diese Transformation als Methode der gewichteten Kleinstquadratschätzung (oder auch *Weighted Least Squares* bzw. *WLS*) bezeichnet. Definiert man das Gewicht w_i als $w_i = 1/\sqrt{c_i}$, kann man Gleichung (7.26) auch wie folgt schreiben:

$$w_i Y_i = \beta_0 w_i + \beta_1 (w_i X_{i1}) + \beta_2 (w_i X_{i2}) + (w_i \varepsilon_i). \tag{7.29}$$

Diese Gleichung zeigt, dass die Minimierung der Summe der quadrierten Residuen ε_i^* äquivalent ist zur Minimierung der gewichteten Summe der quadrierten Residuen ε_i:

$$\sum_{i=1}^{N}(\varepsilon_i^*)^2 = \sum_{i=1}^{N}\left(\frac{1}{\sqrt{c_i}}\varepsilon_i\right)^2 = \sum_{i=1}^{N}(w_i \varepsilon_i)^2 =$$

$$= \sum_{i=1}^{N}(w_i Y_i - \beta_0 w_i - \beta_1 w_i X_{i1} - \beta_2 w_i X_{i2})^2. \tag{7.30}$$

Dies bedeutet, dass jede Beobachtung für jede Variable und die Konstante mit w_i gewichtet wird, wobei das Gewicht invers proportional zu $\sqrt{c_i}$ ist. Damit wird jeder Beobachtung mit einem hohen σ_i ein relativ kleines Gewicht und jeder Beobachtung mit einem kleinen σ_i ein relativ großes Gewicht gegeben. Bezogen auf **Abbildung 5.6** bedeutet dies, dass Beobachtungen, die sehr weit von der Regressionsgerade entfernt sind, näher zur Regressionsgerade „gezogen" werden, während Beobachtungen, die sehr nahe an der Regressionsgeraden liegen, von der Regressionsgeraden „weggedrückt" werden.

Für den allgemeinen Fall ist das Ω aus Gleichung (7.6)

$$\Omega = \begin{pmatrix} c_1 & 0 & \dots & 0 \\ 0 & c_2 & \dots & 0 \\ \vdots & \vdots & \ddots & \vdots \\ 0 & 0 & \dots & c_N \end{pmatrix}. \tag{7.31}$$

Damit ergibt sich in Matrixschreibweise folgender Generalized-Least-Squares (GLS) Schätzer[7]:

$$\hat{\beta} = \left[(X'\Omega^{-1}X) \right]^{-1} (X'\Omega^{-1}Y). \tag{7.32}$$

In der Praxis wird die WLS-Methode nur sehr selten verwendet, um die aus heteroskedastischen Störtermen entstehenden Probleme zu lösen. Der Grund hierfür liegt darin, dass nur in den seltensten Fällen Informationen zur funktionalen Form bzw. zur Ursache der Heteroskedastizität vorliegen.

Beispiel 7.6. Verkehrstote in der Bundesrepublik Deutschland – Fortsetzung

Tabelle 7.3 vergleicht die Schätzergebnisse der Regression aus **Beispiel 7.6** für OLS mit normalen und robusten Standardfehlern mit einer WLS-Schätzung, wobei die Bevölkerung über 18 Jahre in einem Kreis als Gewicht verwendet wurde. Dabei zeigt sich, dass sich die WLS-Ergebnisse mit Ausnahme des geschätzten Koeffizienten für den Anteil der weiblichen Bevölkerung im Alter von 18 bis 25 Jahren und der Konstanten nicht sehr stark von den OLS-Ergebnissen unterscheiden. Hierzu ist anzumerken, dass der Standardfehler des geschätzten Koeffizienten für den Anteil der weiblichen Bevölkerung im Alter von 18 bis 25 Jahren und der Konstanten sehr hoch und damit die dazugehörigen t-Werte sehr klein sind. Bei insignifikanten Schätzwerten kommt es häufig zu größeren Abweichungen der WLS- von den OLS-Schätzungen.

---

[7] Siehe Greene (2008) für eine detaillierte Herleitung des Schätzers.

Tabelle 7.3. Determinanten der Anzahl der Verkehrstoten: WLS-Regression mit transformierten Variablen

Variable	OLS	WLS
Bevölkerung über 18	0,072 (0,003) [0,004]	0,082 (0,004)
Anteil männl. Bev. von 18 bis 25 (in %)	313,236 (124,633) [126,426]	347,295 (105,754)
Anteil weibl. Bev. von 18 bis 25 (in %)	-62,796 (100,877) [84,242]	-122,059 (88,434)
Bevölkerungsdichte	-0,585 (0,135) [0,151]	-0,472 (0,140)
Neue Bundesländer	-1,655 (1,349) [1,493]	-0,999 (1,157)
PKW pro km Straße	-0,176 (0,043) [0,042]	-0,196 (0,038)
Motorräder pro km Straße	0,845 (0,451) [0,443]	1,348 (0,395)
Konstante	-1,102 (3,647) [3,911]	-2,690 (3,059)
R^2	0,640	0,874
F-Statistik	91,83	371,50
Beobachtungen	435	435

Anmerkung: (·): Standardfehler, [·]: Robuste Standardfehler.

Die R^2 der beiden Schätzungen können nicht miteinander verglichen werden. Jedoch zeigen die F-Statistiken, dass in beiden Fällen die Steigungsparamter bei einer Irrtumswahrscheinlichkeit von 5% gemeinsam statistisch signifikant von Null verschieden sind.

Kernbotschaften

Ist die funktionale Form der Heteroskedastizität bekannt, liefert eine gewichtete Kleinstquadratschätzung (Weighted Least Squares bzw. WLS) unverzerrte, konsistente und effiziente Schätzer.

Bei der gewichteten Kleinstquadratschätzung werden alle Variablen des Modells unter Verwendung der Information über die funktionale Form der Heteroskedastizität derart transformiert, dass das transformierte Modell homoskedastische Fehler aufweist.

Kann die Varianz des Störterms bspw. als $V(\varepsilon_i) = \sigma^2 \cdot c_i$ geschrieben werden, definiert man den Gewichtungsfaktor w_i als $w_i = 1/\sqrt{c_i}$ und schätzt das transformierte Modell

$$w_i Y_i = \beta_0 w_i + \beta_1 (w_i X_{i1}) + \beta_2 (w_i X_{i2}) + \ldots + \beta_K (w_i X_{iK}) + (w_i \varepsilon_i).$$

7.5.2 Feasible Generalized Least Squares - FGLS

Um den im letzten Abschnitt dargestellten GLS-Schätzer anwenden zu können, benötigt man Informationen über σ_i bzw. c_i. Nur wenn derartige Informationen vorliegen, kann man das Ausgangsmodell mit heteroskedastischen Fehlern derart transformieren, dass das transformierte Modell homoskedastische Fehler aufweist. Meistens hat man jedoch keinerlei Informationen über σ_i bzw. c_i. In diesen Fällen muss man σ_i bzw. c_i schätzen, bevor man die oben beschriebene Methode anwenden kann. Diese Vorgehensweise wird im Allgemeinen als *Feasible Generalized Least Squares* (FGLS) bezeichnet (Harvey, 1976). Es gibt verschiedene Möglichkeiten, den FGLS-Schätzer zu implementieren. Ähnlich zu den besprochenen Tests auf Heteroskedastizität unterscheiden sich diese Methoden hauptsächlich hinsichtlich der jeweils angenommenen funktionalen Beziehung zwischen der Fehlervarianz und den erklärenden Variablen.

In der Praxis kann der FGLS-Schätzer wie folgt implementiert werden. In einem ersten Schritt schätzt man das Ausgangsmodell

$$Y = \beta_0 + \beta_1 X_1 + \ldots + \beta_K X_K + \varepsilon \tag{7.33}$$

und berechnet die Residuen $\hat{\varepsilon}$. Wie bereits erwähnt, muss man nun eine Annahme über die funktionale Beziehung zwischen ε und den erklärenden Variablen X_K treffen. Geht man bspw. äquivalent zum Breusch-Pagan-Test von einer linearen Beziehung zwischen den quadrierten Residuen und den erklärenden Variablen aus, schätzt man in einem zweiten Schritt die Gleichung

$$\hat{\varepsilon}^2 = \gamma_0 + \gamma_1 X_1 + \gamma_2 X_2 + \ldots + \gamma_K X_K + \nu. \tag{7.34}$$

Die Prognosen aus dieser Schätzung liefern dann Schätzungen von $\hat{\sigma}_i^2$. Diese geschätzte Fehlervarianz kann dann verwendet werden, um die Ausgangsglei-chung entsprechend der im letzten Abschnitt dargestellten WLS-Methode zu transformieren, wobei die Gewichte $w_i = 1/\sqrt{\hat{\sigma}_i^2}$ verwendet werden. Ein Nachteil dieser spezifischen Methode ist, dass nicht garantiert werden kann, dass die $\hat{\sigma}_i^2$ für alle Beobachtungen positive Werte annehmen bzw. nicht Null sind. In diesen Fällen kann keine Wurzel gezogen werden und das Gewicht ist nicht definiert.

In Anlehnung an den Harvey-Godfrey-Test kann Gleichung (7.34) durch folgende Beziehung zwischen den quadrierten Residuen und den erkärenden Variablen ersetzt werden

$$ln(\hat{\varepsilon}^2) = \gamma_0 + \gamma_1 X_1 + \gamma_2 X_2 + \ldots + \gamma_K X_K + \nu. \tag{7.35}$$

Diese Beziehung erweist sich als wesentlich flexibler als die Annahme, die hinter (7.34) steht, und vermeidet das Problem, dass die Schätzungen von σ_i^2 Null sein bzw. negative Werte annehmen können.

Beispiel 7.7. Verkehrstote in der Bundesrepublik Deutschland – Fortsetzung

Tabelle 7.4 vergleicht die Ergebnisse aus **Beispiel 7.5** mit FGLS-Schätzungen. Es fällt insbesondere auf, dass die Ergebnisse aus der FGLS-Schätzung den OLS-Ergebnissen (mit robusten Standardfeh-lern) ähnlicher sind als die Ergebnisse der gewichteten Kleinstqua-dratschätzung.

Tabelle 7.4. FGLS-Regression mit transformierten Variablen

Variable	OLS	WLS	FGLS
Bevölkerung über 18	0,072	0,082	0,072
	(0,004)	(0,004)	(0,003)
Anteil männl. Bev. von 18 bis 25 (in %)	313,236	347,295	311,777
	(126,426)	(105,754)	(123,894)
Anteil weibl. Bev. von 18 bis 25 (in %)	-62,796	-122,059	-61,966
	(84,242)	(88,434)	(99,342)
Bevölkerungsdichte	-0,585	-0,472	-0,602
	(0,151)	(0,140)	(0,130)
Neue Bundesländer	-1,655	-0,999	-1,678
	(1,493)	(1,157)	(1,347)
PKW pro km Straße	-0,176	-0,196	-0,173
	(0,042)	(0,038)	(0,043)
Motorräder pro km Straße	0,845	1,348	0,856
	(0,443)	(0,395)	(0,442)
Konstante	-1,102	-2,690	-1,020
	(3,911)	(3,059)	(3,612)
R^2	0,640	0,874	0,892
F-Statistik	91,83	371,50	440,31
Beobachtungen	435	435	435

Anmerkung: Geschätzte Standardfehler in Klammern.

Kernbotschaften

Hat man keine Information über die funktionale Form der Heteroskedastizität, kann die Methode des *Feasible Generalized Least Squares* für heteroskedastische Fehler korrigieren. Bei dieser Methode, bei der die Gewichtungsfaktoren zur Transformation des Ausgangsmodells geschätzt werden, geht man in folgenden Schritten vor:

Schritt 1: Man schätzt das Regressionsmodell

$$Y_i = \beta_0 + \beta_1 X_{i1} + \beta_2 X_{i2} + \ldots + \beta_K X_{iK} + \varepsilon_i$$

und behält die Residuen $\hat{\varepsilon}$.

Schritt 2: Man verwendet diese Residuen, um folgendes Modell zu schätzten

$$ln(\hat{\varepsilon}^2) = \gamma_0 + \gamma_1 X_{i1} + \gamma_2 X_{i2} + \ldots + \gamma_K X_{iK} + \nu_i.$$

Aus dieser Regression berechnet man die Vorhersagen der abhängigen Variable $ln(\hat{\varepsilon}^2)$, die eine Schätzung von $ln(\hat{\sigma}^2)$ darstellen und aus denen man wiederum $\hat{\sigma}^2$ berechnen kann.

Schritt 3: Man bildet den Gewichtungsfaktor $w_i = 1/\sqrt{\hat{\sigma}_i^2}$ und schätzt unter Verwendung dieses Gewichtungsfaktors das Ausgangsmodell mit WLS.

Übungsaufgaben

7.1 Beschreiben Sie Ihre Vorgehensweise, wenn Sie testen wollen, ob die OLS-Annahme $Var(\varepsilon_i|X) = \sigma^2$ erfüllt ist, wobei ϵ_i die normalverteilten Residuen einer Regression bezeichnen.

7.2 Gegeben sei folgendes Regressionsmodell, mit dessen Hilfe die Determinanten des Bierkonsums bestimmt werden sollen:

$$ln(B) = \beta_0 + \beta_1 ln(E) + \beta_2 S + \beta_3 A + \varepsilon,$$

wobei B den durchschnittlichen täglichen Bierkonsum in Litern, E das Einkommen, S die Jahre der Schulausbildung und A das Alter bezeichnet.

a) Warum ist zu vermuten, dass die Störterme dieses Modells nicht homoskedastisch sind? Wie würden Sie diese Vermutung testen?

b) Nehmen Sie an, dass $E(\varepsilon|E,S,A) = 0$ und $Var(\varepsilon|E,S,A) = \sigma^2 E^2$. Transformieren Sie mit Hilfe dieser Informationen obiges Regressionsmodell derart, dass sich homoskedastische Fehler ergeben.

c) Wie würde die Transformation aus Teilaufgabe b) aussehen, wenn $Var(\varepsilon|E,S,A) = \sigma^2 E^{-2}$?

d) Wie würde die Transformation aus Teilaufgabe b) aussehen, wenn $Var(\varepsilon|E,S,A) = \sigma^2 E$?

7.3 Die Variable „Zigaretten" gibt die Anzahl der täglich gerauchten Zigaretten von Person i an. Unter Verwendung eines Individualdatensatzes mit 568 Beobachtungen wurde folgendes Regressionsmodell geschätzt:

Variable	Koeffizient	Standardfehler	Robuste Standardfehler
log(Zigarettenpreis)	-0,069	0,204	0,207
log(Einkommen)	0,012	0,026	0,026
Schuljahre	-0,029	0,006	0,006
Alter	0,020	0,006	0,005
Alter^2	-0,00026	0,00006	0,00006
Frau	-0,026	0,052	0,050
Konstante	0,656	0,855	0,856
R^2	0,062		

a) Interpretieren Sie die Schätzergebnisse. Ab welchem Alter reduziert ein zusätzliches Jahr die Anzahl der gerauchten Zigaretten?

b) Betrachten Sie eine Person mit den folgenden Eigenschaften:
   - log(Zigarettenpreis) = 67,44
   - log(Einkommen) = 6.500
   - Schuljahre = 16
   - Alter = 77
   - Frau = 1

   Berechnen Sie die aus obiger Regression vorhergesagte Anzahl der gerauchten Zigaretten pro Tag.

c) Warum werden zwei verschiedene Standardfehler angegeben? Wie würden Sie testen, welchem der beiden Standardfehler Sie mehr Vertrauen schenken? Gibt es wichtige Unterschiede in den beiden angegebenen Standardfehlern?

d) Wie würden Sie vorgehen, um zu testen, ob die Variablen Alter und Alter^2 gemeinsam statistisch signifikant von Null verschieden sind?

e) Es wird die Hypothese geäußert, dass der Effekt der Schuljahre auf das Rauchverhalten für Frauen und Männer verschieden ist. Wie würde Sie diese Hypothese testen?

7.4 Unter Verwendung von Daten für das Jahr 2005 schätzen Sie folgendes Regressionsmodell

$$U_i = \beta_0 + \beta_1 W_i + \varepsilon_i,$$

wobei U_i den durchschnittlichen Umsatz und W_i das durchschnittliche Budget für Werbung aller Unternehmen in Industrie $i = 1, \ldots, N$ bezeichnen. Ihnen ist die Anzahl N der Unternehmen in jeder der 120 Industrien in Ihrem Datensatz bekannt.

a) Warum müssen Sie in dieser Regression mit heteroskedastischen Fehlern rechnen? Können Sie die Form der Heteroskedastizität angeben?

b) Beschreiben Sie Ihr Vorgehen, wenn Sie mit Hilfe eines Glesjer-Tests testen wollen, ob heteroskedastische Fehler vorliegen.

c) Sie führen darüber hinaus einen White-Test durch. Beschreiben Sie diesen Test. Nehmen Sie an, das R^2 der für diesen Test notwendigen Hilfsregression betrage 0,475. Können Sie die Nullhypothese homoskedastischer Fehler ablehnen?

d) Wie würden Sie vorgehen, um das Modell mittels GLS zu schätzen?

7.5 Sie verwenden Daten eines jährlichen Rankings von 106 zufällig ausgewählten Universitäten zwischen 2000 und 2001 und untersuchen die Determinanten der Höhe der jährlichen Studiengebühren. Sie erhalten folgende Regressionsergebnisse:

Variable	Koeffizient	Huber-White-Standardfehler
Konstante	7.311,17	2.058,63
Reputation	3.985,20	664,58
Größe	- 0,20	0,13
Privat	8.406,79	2.154,85
Fachhochschule	- 416,38	1.121,92
neue Bundesländer	- 2.376,51	1.007,86
R^2	0.72	

wobei die jährlichen Studiengebühren in € als abhängige Variable verwendet wurde. *Reputation* ist ein Index für die Reputation einer Universität, der Werte von 1 (niedrig) bis 5 (hoch) annimmt; *Größe* repräsentiert die Anzahl der Studenten im Grundstudium. *Privat, Fachhochschule* sowie *neue Bundesländer* sind Indikatorvariablen, die anzeigen, ob die Universität privat ist, ob es sich um eine Fachhochschule handelt bzw. ob die Universität in den neuen Bundesländern liegt. In der Tabelle werden heteroskedastisch-robuste Standardfehler ausgewiesen.

a) Interpretieren Sie die Ergebnisse und geben Sie an, ob die Koeffizienten signifikant von Null verschieden sind.

b) Wie hoch sind die vorhergesagten Kosten für eine private Universität (ohne Fachhochschulen) in den alten Bundesländern mit einer Größe von 1.500 Studenten im Grundstudium und einem Reputationsniveau von 4,5?

c) Sie wollen die Hypothesen testen, dass die geschätzten Koeffizienten der Variablen Größe und Fachhochschule gleichzeitig Null sind und erhalten eine F-Statistik von 1,23. Wie wird diese F-Statistik berechnet? Können Sie die Nullhypothese zurückweisen?

d) Sie schätzen obiges Regressionsmodell noch einmal, nehmen jedoch jetzt an, dass die Störterme homoskedastisch sind. Dies führt zu folgenden Ergebnissen:

Variable	Koeffizient	Standardfehler
Konstante	7.311,17	1.985,17
Reputation	3.985,20	593,65
Größe	- 0,20	0,07
Privat	8.406,79	1.423,59
Fachhochschule	- 416,38	1.096,49
neue Bundesländer	- 2.376,51	989,23
R^2	0,72	

Berechnen Sie die t-Statistik für den Koeffizienten von *Größe* und testen Sie, ob dieser Koeffizient Null ist. Ist dieses Ergebnis zuverlässig? Geben Sie eine Erläuterung.

8. Ausgelassene Variablen und unbeobachtete Heterogenität

„Das Unmögliche möglich zu machen wird ein Ding der Unmöglich-keit."
(Andreas Brehme)

In der Praxis besteht zumeist keine Möglichkeit, in einem Regressionsmodell für alle potenziellen Einflussfaktoren der abhängigen Variable zu kontrollieren. Auf Basis theoretischer Modelle können zwar wichtige Einflussfaktoren abgeleitet werden. Man kann jedoch in den wenigsten Fällen ausschließen, dass weitere Variablen existieren, die einen Einfluss auf die abhängige Variable haben, da in den zur Verfügung stehenden Daten nicht alle relevanten Informationen vorhanden sind oder diese mit einem Fehler gemessen werden.

In diesem Kapitel wird gezeigt, dass die Nicht-Berücksichtigung von erklärenden Variablen für die Identifikation kausaler Effekte kein Problem darstellt, wenn diese Variablen zur Erklärung der abhängigen Variablen keinen Beitrag liefern oder nicht mit den im Modell berücksichtigten Faktoren korreliert sind. Üblicherweise muss man jedoch davon ausgehen, dass eine ausgelassene Variable existiert, die sowohl mit der abhängigen Variablen als auch mit den berücksichtigten Regressoren korreliert ist. In diesem Fall liefert das lineare Regressionsmodell verzerrte Schätzwerte. Diese Verzerrung wird in der Literatur als *Verzerrung aufgrund ausgelassener Variablen* bzw. *omitted variable bias* bezeichnet.

Werden wichtige Variablen in einem Regressionsmodell nicht berücksichtigt, wird die Annahme des linearen Regressionsmodells, dass keine Korrelation zwischen einer der erklärenden Variablen und dem Fehlerterm ε existiert, verletzt. Dies hat insbesondere zur Folge, dass die geschätzten Koeffizienten nicht den kausalen Effekt der erklärenden Variablen X auf die abhängige Variable Y angeben. Vielmehr sind diese geschätzten Koeffizienten eine Mischung des kausalen Effekts der im Modell berücksichtigten Variablen und der mit diesen Variablen korrelierten unberücksichtigten Faktoren, die im Fehlerterm enthalten sind. Ist die Annahme $E(X\varepsilon) = 0$ verletzt, bezeichnet man die erklärende Variable X auch als *endogene erklärende Variable*.

Die überzeugendste Strategie, eine Verzerrung der geschätzten Koeffizienten aufgrund ausgelassener Variablen zu vermeiden, wäre die Durchführung eines randomisierten Experiments. Die vollkommen zufällige Zuordnung von Beobachtungseinheiten, wie etwa von Personen oder Unternehmen, in eine Maßnahme würde garantieren, dass keine der unbeobachtbaren Faktoren systematisch mit derjenigen Variable korreliert sind, die die Teilnahme an der Maßnahme anzeigt (D_i in unserer Notation in Kapitel 4). Derartige Experimente können jedoch gerade in den Sozial- und Wirtschaftswissenschaften zumeist nicht durchgeführt werden. In diesem Kapitel werden verschiedene Möglichkeiten vorgestellt, die es dem empirischen Wissenschaftler dennoch ermöglichen, kausale Effekte zu identifizieren.

8.1 Ausgelassene Variablen

Um die Verzerrung der geschätzten Koeffizienten eines Regressionsmodells aufgrund ausgelassener Variablen aufzuzeigen, soll davon ausgegangen werden, dass das wahre Modell

$$Y = \beta_0 + \beta_1 X_1 + \beta_2 X_2 + \varepsilon \tag{8.1}$$

lautet. In dem zur Verfügung stehenden Datensatz sei jedoch keine Information zur Variablen X_2 vorhanden. Man ist deshalb gezwungen, folgendes Modell zu schätzen:

$$Y = \beta_0 + \beta_1 X_1 + \nu. \tag{8.2}$$

Im Modell (8.2) ist die nicht zu beobachtende Variable X_2 nun Teil des Fehlerterms, d.h. $\nu = \beta_2 X_2 + \varepsilon$. Der Erwartungswert dieses Fehlerterms ist $E(\nu) = E(\beta_2 X_2 + \varepsilon) = E(\beta_2 X_2) + E(\varepsilon) = E(\beta_2 X_2) = \beta_2 X_2 \neq 0$. Somit ist die klassische Annahme 3 des linearen Regressionsmodells verletzt. Darüber hinaus gilt:

$$\begin{aligned} Cov(X_1, \nu) = Cov(X_1, \beta_2 X_2 + \varepsilon) &= \beta_2 Cov(X_1, X_2) + Cov(X_1, \varepsilon) \\ &= \beta_2 Cov(X_1, X_2), \end{aligned} \tag{8.3}$$

d.h. solange X_1 und die ausgelassene Variable X_2 miteinander korreliert sind und $\beta_2 \neq 0$ ist, ist die Annahme $E(X_1\nu) = 0$ verletzt. Da die Eigenschaften der Unverzerrtheit und Konsistenz von OLS-Schätzern von diesen Annahmen abhängen (vgl. Kapitel 5.5), führt die Nichtbeachtung einer relevanten Variable ($\beta_2 \neq 0$) potenziell zu verzerrten und inkonsistenten Schätzern.

8.1.1 Verzerrung der Koeffizienten

Der geschätzte Steigungsparameter $\hat{\beta}_1$ aus Modell (8.2) ist (siehe auch Gleichung (5.57))

$$\hat{\beta}_1 = \frac{\sum \left(X_1 - \bar{X}_1\right) Y}{\sum \left(X_1 - \bar{X}_1\right)^2}. \tag{8.4}$$

Um die Verzerrung des geschätzten Koeffizienten der Variable X_1 analysieren zu können, muss der Erwartungswert von $\hat{\beta}_1$ bestimmt werden. Da X_1 keine Zufallsvariable ist und damit $\sum(X_1-\bar{X}_1)^2$ eine Konstante darstellt, kann man sich dabei auf den Zähler von Gleichung (8.4) konzentrieren. Ersetzt man Y durch das wahre Modell (8.1), ergibt sich für den Zähler von Gleichung (8.4)

$$\sum(X_1 - \bar{X}_1)Y = \sum(X_1 - \bar{X}_1)(\beta_0 + \beta_1 X_1 + \beta_2 X_2 + \varepsilon)$$
$$= \beta_0 \sum(X_1 - \bar{X}_1) + \beta_1 \sum(X_1 - \bar{X}_1)X_1$$
$$+ \beta_2 \sum(X_1 - \bar{X}_1)X_2 + \sum(X_1 - \bar{X}_1)\varepsilon. \tag{8.5}$$

Der erste Term auf der rechten Seite von Gleichung (8.5) ist gleich Null, da $\sum(X_1 - \bar{X}_1) = 0$. Darüber hinaus gilt, dass

$$\sum(X_1 - \bar{X}_1)X_1 = \sum(X_1 - \bar{X}_1)^2$$

und

$$\sum(X_1 - \bar{X}_1)X_2 = \sum(X_1 - \bar{X}_1)(X_2 - \bar{X}_2)$$

sowie dass

$$plim\left[\frac{1}{N}\sum(X_1 - \bar{X}_1)^2\right] = Var(X_1) \tag{8.6}$$

und

$$plim\left[\frac{1}{N}\sum(X_1 - \bar{X}_1)(X_2 - \bar{X}_2)\right] = Cov(X_1, X_2). \tag{8.7}$$

Da X_1 und X_2 keine Zufallsvariablen darstellen und annahmegemäß nicht mit ε korreliert sind sowie $E(\varepsilon) = 0$ gilt, ergibt sich unter Verwendung von (8.6) und (8.7) für den Erwartungswert von $\hat{\beta}_1$:

$$E(\hat{\beta}_1) = \beta_1 + \beta_2 \frac{Cov(X_1, X_2)}{Var(X_1)}$$
$$= \beta_1 + \beta_2 \cdot \delta_1, \tag{8.8}$$

wobei $\delta_1 = Cov(X_1, X_2)/Var(X_1)$ als Steigungskoeffizient einer Regression von X_2 auf X_1 (d.h. $X_2 = \delta_0 + \delta_1 X_1 + \omega$) interpretiert werden.

Gleichung (8.8) zeigt, dass im Allgemeinen $E(\hat{\beta}_1) \neq \beta_1$, d.h. $\hat{\beta}_1$ ist ein verzerrter Schätzer für den wahren Populationsparameter β_1. Intuitiv übernimmt der geschätzte Koeffizient $\hat{\beta}_1$ den mit der normierten Kovarianz (δ_1) zwischen X_1 und X_2 gewichteten Einfluss von X_2 auf Y (β_2). Ist man an dem Einfluss von X_1 auf Y interessiert und schätzt Gleichung (8.2), ohne die Variable X_2 zu berücksichtigen, gibt der geschätzte Koeffizient $\hat{\beta}_1$ damit nicht den kausalen Effekt von X_1 auf Y an, sondern eine Mischung des Effekts von X_1 und dem unbeobachteten X_2 auf Y. Für die empirische Wirtschaftsforschung ist die Erkenntnis, dass die geschätzten Koeffizienten aufgrund ausgelassener Variablen verzerrt sein können, eine denkbar schlechte Nachricht. Dies bedeutet, dass man nie sicher sein kann, dass die geschätzten Koeffizienten wirklich als kausaler Effekt interpretiert werden können, da man in der empirischen Praxis niemals alle potenziellen Einflussfaktoren berücksichtigen kann.

Mit Hilfe von Gleichung (8.8) kann man die Richtung einer potenziellen Verzerrung der geschätzten Parameter bestimmen, wenn Informationen über die Vorzeichen von β_2 und δ_1 zur Verfügung stehen. **Tabelle 8.1** zeigt die verschiedenen Möglichkeiten, die sich für den dargestellten einfachen Fall ergeben. Daraus geht hervor, dass man sich in zwei Fällen keine Sorgen über eine mögliche Verzerrung aufgrund ausgelassener Variablen machen muss. Erstens, falls die ausgelassene Variable keinen Einfluss auf die abhängige Variable hat, d.h. $\beta_2 = 0$. Mit anderen Worten: *Irrelevante Variablen* können ohne die Gefahr von Verzerrungen ignoriert werden. Zweitens, falls keine Korrelation zwischen den Variablen X_1 und X_2 vorliegt, d.h. $Cov(X_1, X_2) = 0$ und damit $\delta_1 = 0$. In diesem Fall kann der OLS-Schätzer den Einfluss von X_2 auf Y nicht auf den Einfluss von X_1 auf Y „überwälzen".

Tabelle 8.1. Verzerrung aufgrund einer fehlenden Variable X_2

	$\delta_1 > 0$	$\delta_1 = 0$	$\delta_1 < 0$
$\beta_2 > 0$	$E(\hat{\beta}_1) > \beta_1$	$E(\hat{\beta}_1) = \beta_1$	$E(\hat{\beta}_1) < \beta_1$
$\beta_2 = 0$	$E(\hat{\beta}_1) = \beta_1$	$E(\hat{\beta}_1) = \beta_1$	$E(\hat{\beta}_1) = \beta_1$
$\beta_2 < 0$	$E(\hat{\beta}_1) < \beta_1$	$E(\hat{\beta}_1) = \beta_1$	$E(\hat{\beta}_1) > \beta_1$

In den Fällen, in denen aber eine Korrelation zwischen X_1 und X_2 vorliegt ($\delta_1 \neq 0$) *und* die ausgelassene Variable mit der abhängigen Variablen korreliert ist ($\beta_2 \neq 0$), ist der geschätzte Koeffizient $\hat{\beta}_1$ verzerrt. Die Richtung der Verzerrung wird dabei von der Korrelation zwischen X_2 und Y (bzw. β_2) und der Korrelation zwischen X_1 und X_2 (bzw. δ_1) bestimmt. Hat man Informationen über das Vorzeichen dieser Korrelationen, kann man zumindest die Richtung der Verzerrung bestimmen. Sind die erklärende Variable X_1 und die ausgelassene Variable X_2 positiv miteinander korreliert ($Cov(X_1, X_2) > 0$ und damit $\delta_1 > 0$) und besteht zwischen der ausgelassenen und der abhängigen Variable ebenfalls eine positive Korrelation ($Cov(Y, X_2) > 0$ und damit $\beta_2 > 0$), ist $\hat{\beta}_1$ *nach oben verzerrt* ($E(\hat{\beta}_1) > \beta_1$). Dasselbe gilt, wenn eine negative Korrelation zwischen der erklärenden und der ausgelassenen Variable ($Cov(X_1, X_2) < 0$ bzw. $\delta_1 < 0$) sowie der ausgelassenen und der abhängigen Variable ($Cov(Y, X_2) < 0$ bzw. $\beta_2 < 0$) vorliegt. Haben β_2 und δ_1 hingegen unterschiedliche Vorzeichen, ist der geschätzte Koeffizient $\hat{\beta}_1$ *nach unten verzerrt*.

Kernbotschaften

Werden Variablen in einem Regressionsmodell nicht berücksichtigt, erhält man verzerrte Schätzungen, wenn

- die im Modell berücksichtigten erklärenden Variablen mit der fehlenden Variable korreliert sind und
- die fehlende Variable mit der abhängigen Variable des Modells korreliert ist.

Der Erwartungswert des Steigungskoeffizienten in einem bivariaten Regressionsmodell $Y = \beta_0 + \beta_1 X_1 + \varepsilon$ mit der ausgelassenen Variable X_2 ist

$$E(\hat{\beta}_1) = \beta_1 + \beta_2 \frac{Cov(X_1, X_2)}{Var(X_1)} = \beta_1 + \beta_2 \cdot \delta_1.$$

Dementsprechend ist der Schätzer $\hat{\beta}_1$ im Allgemeinen verzerrt. Die Richtung der Verzerrung lässt sich bestimmen, wenn Informationen über die Korrelation zwischen der erklärenden Variable X_1 und der ausgelassenen Variable X_2 (δ_1) und die Korrelation zwischen der ausgelassenen Variable X_2 und der zu erklärenden Variable Y (β_2) vorliegen.

Beispiel 8.1. Rendite aus Schulausbildung und kognitives Talent

Mit Bezug auf das Beispiel der Bestimmung der Rendite von Schulausbildung kann man sich vorstellen, dass das folgende Modell spezifiziert werden müsste:

$$ln(w) = \beta_0 + \beta_1 S + \beta_2 A + \varepsilon,$$

wobei w den Lohn, S die Jahre der Schulausbildung bezeichnet und A ein Maß für das kognitive Talent eines Individuums ist. Aus Gründen der Vereinfachung wird angenommen, dass keine weiteren Faktoren einen Einfluss auf den Lohn w haben. Da die angeborenen Fähigkeiten eines Individuums A nicht beobachtet werden können, wird das folgende Modell geschätzt

$$ln(w) = \beta_0 + \beta_1 S + \nu.$$

Aufgrund der fehlenden Berücksichtigung des kognitiven Talents der Individuen wird der Erwartungswert von $\hat{\beta}_1$ nicht mit der wahren Rendite aus der Schulbildung β_1 übereinstimmen, d.h. der geschätzte Koeffizient $\hat{\beta}_1$ gibt nicht den kausalen Effekt eines zusätzlichen Jahres der Schulausbildung auf den Lohn an. Es ist zu vermuten, dass $\hat{\beta}_1$ nach oben verzerrt ist, da Individuen mit einem höheren kognitiven Talent unabhängig von ihrer Schulbildung im Durchschnitt einen höheren Lohn bekommen sollten ($\beta_2 > 0$) und Personen mit einem höheren kognitiven Talent im Durchschnitt auch mehr Schulausbildung bekommen werden ($Cov(A, S) > 0$).

Für den allgemeinen Fall vieler erklärender Variablen sowie mehrerer ausgelassener Variablen ist das Vorzeichen der Verzerrung aufgrund fehlender Variablen ungleich schwerer zu bestimmen, da alle paarweisen Korrelationen zwischen den im Modell berücksichtigten erklärenden Variablen als auch die paarweisen Korrelationen zwischen diesen und den fehlenden Variablen berücksichtigt werden müssen. Angenommen, das korrekt spezifizierte Modell ist gegeben durch:

$$Y = X\beta + Z\gamma + \varepsilon. \tag{8.9}$$

Wird stattdessen ein Modell ohne die in der Matrix Z enthaltenen Variablen geschätzt,

$$Y = X\beta + \nu, \tag{8.10}$$

ergibt sich die Verzerrung aufgrund der fehlenden Variablen Z durch (Greene, 2008, S. 148)

$$E(\hat{\beta}) - \beta = (X'X)^{-1}X'Z\gamma = P\gamma. \tag{8.11}$$

Dabei beschreibt $P = (X'X)^{-1}X'Z$ die jeweilige Regression der in der Matrix Z enthaltenen Variablen auf die in der Matrix X enthaltenen Variablen. Selbst wenn eine in Z enthaltene ausgelassene Variable nicht mit allen in X enthaltenen Variablen korreliert sein sollte, wird im Allgemeinen $Z \neq 0$ sein und somit $E(\hat{\beta} \neq \beta)$. Kurzum: Die Verzerrtheit des Schätzers $\hat{\beta}$ ist eher die Regel als die Ausnahme.

Kernbotschaft

In einem multivariaten Regressionsmodell führt eine fehlende Variable im Allgemeinen zu einer Verzerrung aller Koeffizienten des Modells, selbst wenn einzelne erklärende Variablen nicht mit der fehlenden Variable korreliert sind.

Beispiel 8.2. Rendite aus Schulausbildung und kognitives Talent – Fortsetzung

Nimmt man die Arbeitsmarkterfahrung E und die quadrierte Arbeitsmarkterfahrung E^2 eines Individuums in das Regressionsmodell aus **Beispiel 8.1** auf, lautet das so erweiterte Modell:

$$ln(w) = \beta_0 + \beta_1 S + \beta_2 A + \beta_3 E + \beta_4 E^2 + \varepsilon.$$

Können aufgrund fehlender Informationen die angeborenen Fähigkeiten eines Individuums A nicht berücksichtigt werden und schätzt man das Modell

$$ln(w) = \beta_0 + \beta_1 S + \beta_3 E + \beta_4 E^2 + \nu,$$

sind im Allgemeinen alle geschätzten Steigungskoeffizienten $\hat{\beta}_1$, $\hat{\beta}_3$ und $\hat{\beta}_4$ verzerrt, selbst wenn die Arbeitsmarkterfahrung und das kognitive Talent nicht miteinander korreliert sind. Darüber hinaus kann man in diesem Fall Gleichung (8.8) nicht verwenden, um die Richtung der Verzerrung in den Koeffizienten abzuschätzen. In diesem einfachen Beispiel würde man für die Bestimmung der Richtung der Verzerrung des Koeffizienten für die Jahre der Schulausbildung nicht das Vorzeichen einer einfachen Korrelation zwischen S und A, sondern die partielle Korrelation zwischen S und A (d.h. die Korrelation zwischen S und A, nachdem für den Effekt von E und E^2 kontrolliert wurde) benötigen.

8.1.2 Der RESET-Test

Die richtige Wahl der funktionalen Form eines Regressionsmodells ist sehr wichtig, da eine falsche funktionale Form zu verzerrten Schätzern führen kann. Spezifiziert man bspw. einen linearen Zusammenhang der Form

$$Y = \beta_0 + \beta_1 X_1 + \varepsilon,$$

während der wahre Zusammenhang quadratisch ist,

$$Y = \beta_0 + \beta_1 X_1 + \beta_2 X_1^2 + \varepsilon,$$

stellt X_1^2 eine ausgelassenen Variable dar. Dies hat zur Folge, dass $\hat{\beta}_1$ ein verzerrter Schätzer des wahren Parameters β_1 ist. Zu ähnlichen Problemen führen andere Fehlspezifikationen eines Modells, wie z.B. die mangelnde Berücksichtigung von wichtigen Interaktionsvariablen (siehe Abschnitt 6.3.3) oder die Nichtberücksichtigung eines Strukturbruchs (siehe Abschnitt 6.4.3).

Aus diesen Gründen würde man gerne testen, ob ein Regressionsmodell falsch spezifiziert wurde. Als hilfreich hat sich dabei der *Regression Specification Error Test* (RESET) erwiesen, der auf Ramsey (1969) zurückgeführt werden kann. Erfüllt das Modell

$$Y = \beta_0 + \beta_1 X_1 + \ldots + \beta_K X_K + \varepsilon \tag{8.12}$$

die Annahme, dass $E(\boldsymbol{X}\varepsilon) = 0$, sollten keine nichtlinearen Funktionen der unabhängigen Variablen X_k für $k = 1, \ldots, K$ einen signifikanten Effekt auf die abhängige Variable Y haben, wenn sie in das Modell aufgenommen werden. Der RESET-Test nimmt nun Polynome der aus der Regression resultierenden Prognose von Y, $\hat{Y}$, in das Modell (8.12) auf, um eine mögliche Fehlspezifikation des Modells zu testen, d.h. man schätzt das Modell

$$\begin{aligned} Y = {} & \beta_0 + \beta_1 X_1 + \ldots + \beta_K X_K \\ & + \gamma_2 \hat{Y}^2 + \gamma_3 \hat{Y}^3 + \ldots + \gamma_L \hat{Y}^L + \epsilon. \end{aligned} \tag{8.13}$$

Dabei sollte man sich vergegenwärtigen, dass die $\hat{Y}^l$ für $l = 2, \ldots, L$ nichts anderes darstellen als nicht-lineare Funktionen der X_k. Der RESET-Test überprüft die Nullhypothese H_0: $\gamma_2 = \gamma_3 = \ldots = \gamma_L = 0$. Dieser Hypothese kann mittels eines t-Tests überprüft werden, falls nur $\hat{Y}^2$ in das Modell (8.13) aufgenommen wurde. Werden auch höhere Potenzen von $\hat{Y}$ aufgenommen, benötigt man einen F-Test auf gemeinsame Signifikanz der Parameter $\gamma_1, \ldots, \gamma_L$.

Der RESET-Test stellt einen allgemeinen und unspezifischen Test dar. Er kann nur aufzeigen, ob eine Fehlspezifikation vorliegt, er gibt aber keinen Aufschluss über die Ursache dieser Fehlspezifikation. Weist der RESET-Test auf eine falsche Spezifikation des Modells hin, kann die Ursache hierfür eine fehlende Variable sein. Die Ursache könnte jedoch auch in einer Verletzung anderer Annahmen des OLS-Modells liegen, wie z.B. dem Vorliegen heteroskedastischer Fehlerterme.

Kernbotschaften

Der RESET-Test ist ein allgemeiner und unspezifischer Test, der aufzeigt, ob eine Fehlspezifikation des Regressionsmodells vorliegt. Der Test gibt jedoch keinen Hinweis auf die Ursache der Fehlspezifikation.

Der Test beinhaltet folgende Schritte:

Schritt 1: Man schätzt das Modell

$$Y = \beta_0 + \beta_1 X_1 + \ldots + \beta_K X_K + \varepsilon$$

und berechnet die aus dieser Schätzung resultierenden Prognosen $\hat{Y}$ der abhängigen Variablen.

Schritt 2: Man schätzt eine um Potenzen von $\hat{Y}$ erweiterte Spezifikation des ursprünglichen Modells:

$$Y = \beta_0 + \beta_1 X_1 + \ldots + \beta_K X_K + \gamma_2 \hat{Y}^2 + \gamma_3 \hat{Y}^3 + \ldots + \gamma_L \hat{Y}^L + \varepsilon.$$

Schritt 3: Man testet die Nullhypothese $H_0 : \gamma_2 = \gamma_3 = \ldots = \gamma_L = 0$ mit Hilfe eines F-Tests. Wird die Nullhypothese zu einem vorgegebenen Signifikanzniveau abgelehnt, liegt eine Fehlspezifikation des Modells vor.

Beispiel 8.3. Hedonische Preise für Mobiltelefone in Deutschland – Fortsetzung

Zur Bestimmung der Determinanten der Preise von Mobiltelefonen wurde folgende Regression geschätzt:

$$ln(P) = \beta_0 + \beta_1 G + \beta_2 R + \varepsilon,$$

wobei $ln(P)$ den logarithmierten Preis eines Mobiltelefons ohne Anbietervertrag darstellt, G das Gewicht des Mobiltelefons in Gramm und R die Anzahl der Ruftöne des Mobiltelefons bezeichnen. Wird der RESET-Test nur mit der quadratischen Prognose $[ln(\hat{P})]^2$ in der erweiterten Gleichung (8.13) durchgeführt, ergibt sich für den Koeffizienten dieser Variablen ein absoluter t-Wert von 3,15. Da dieser t-Wert bei einer Irrtumswahrscheinlichkeit von 5% größer ist als der kritische Wert der t-Verteilung, weist der RESET-Test auf Probleme der verwendeten Spezifikation der Preisgleichung hin.

Nimmt man nun das Quadrat des Gewichts des Mobiltelefons in obige Spezifikation auf und schätzt das Modell

$$ln(P) = \beta_0 + \beta_1 G + \beta_2 G^2 + \beta_3 R + \varepsilon,$$

ergibt der entsprechende RESET-Test für den Koeffizienten der Variablen $[ln(\hat{P})]^2$ einen absoluten t-Wert von 1,58. Bei einer Irrtumswahrscheinlichkeit von 5% ist dieser t-Wert kleiner als der kritische Wert der t-Verteilung. Man kann nun nicht mehr ablehnen, dass das Modell korrekt spezifiziert wurde.

8.2 Proxy-Variablen

Eine mögliche Strategie zur Vermeidung einer Verzerrung durch fehlende Variablen ist die Verwendung einer *Proxy-Variablen*. Darunter versteht man eine Variable, die mit derjenigen Variable korreliert ist, für die man im Regressionsmodell kontrollieren möchte, die jedoch nicht beobachtet werden kann.

8.2.1 Identifikationsstrategie und -annahmen

Um die Idee der Verwendung von Proxy-Variablen zu verdeutlichen, wird wiederum unterstellt, dass das wahre Regressionsmodell durch

$$Y = \beta_0 + \beta_1 X_1 + \beta_2 X_2 + \varepsilon \qquad (8.14)$$

beschrieben werden kann, in dem die Variable X_2 nicht beobachtbar sei. Der Datensatz enthalte jedoch Informationen zu einer Proxy-Variable $\tilde{X}_2$ für X_2, wobei zwischen den beiden Variablen folgende Beziehung besteht:

$$X_2 = \alpha_0 + \alpha_1 \tilde{X}_2 + \eta. \qquad (8.15)$$

Dabei ist es für die Identifikationsstrategie unerheblich, ob $\alpha_1 > 0$ oder $\alpha_1 < 0$, d.h. ob X_2 und $\tilde{X}_2$ positiv oder negativ miteinander korreliert sind. Der Fehlerterm η zeigt, dass keine exakte Beziehung zwischen X_2 und $\tilde{X}_2$ existiert: Falls $\eta = 0$ und α_0 und α_1 bekannt wären, könnte man X_2 aus den Beobachtungen für $\tilde{X}_2$ berechnen.

Setzt man Gleichung (8.15) in das wahre Modell (8.14) ein, erhält man

$$\begin{aligned} Y &= \beta_0 + \beta_1 X_1 + \beta_2(\alpha_0 + \alpha_1)\tilde{X}_2 + \varepsilon + \beta_2 \eta \\ &= \delta_0 + \beta_1 X_1 + \delta_2 \tilde{X}_2 + \nu, \end{aligned} \qquad (8.16)$$

mit $\delta_0 = \beta_0 + \beta_2 \alpha_0$, $\delta_2 = \beta_2 \alpha_1$ und $\nu = \varepsilon + \beta_2 \eta$. Gleichung (8.16) zeigt, dass man unverzerrte Schätzwerte für den Parameter β_1 erhält, wenn man die Proxy-Variablen $\tilde{X}_2$ anstatt der nicht zu beobachtenden Variable X_2 im Regressionsmodell berücksichtigt. Die Konstante β_0 und der Koeffizient β_2 der fehlenden Variable X_2 können jedoch nicht identifiziert werden. Letzteres ist nicht weiter tragisch, wenn man an dem Effekt der fehlenden Variable X_2 und an der Konstanten nicht interessiert ist. Die Konstante interessiert in empirischen Untersuchungen nur in den wenigsten Fällen. Ist man jedoch an dem kausalen Effekt von X_2 auf Y interessiert, stellt der Proxy-Variablen-Ansatz keine Lösung dar, da man mit dieser Identifikationsstrategie den kausalen Effekt von X_2 auf Y (d.h. β_2) nicht identifizieren kann. Kennt man jedoch die Richtung der Beziehung zwischen X_2 und der Proxy-Variablen $\tilde{X}_2$, d.h. hat man Informationen über das Vorzeichen von α_1, kann man zumindest das Vorzeichen des kausalen Effekts von X_2 auf Y bestimmen.

Beispiel 8.4. Rendite aus Schulausbildung und kognitives Talent – Fortsetzung

Das wahre Modell zur Bestimmung der Rendite aus der Schulbildung laute:

$$ln(w) = \beta_0 + \beta_1 S + \beta_2 A + \beta_3 E + \beta_4 E^2 + \varepsilon.$$

Für die nicht zu beobachtende Variable A verwendet man nun als Proxy-Variable das Ergebnis eines Intelligenztests, IQ, und schätzt

$$ln(w) = \delta_0 + \beta_1 S + \delta_2 IQ + \beta_3 E + \beta_4 E^2 + \nu.$$

Ist die Variable IQ eine gute Proxy-Variable für die unbeobachteten kognitiven Fähigkeiten A, führt dieses Modell zu unverzerrten Schätzkoeffizienten für β_1, β_3 und β_4. Geht man davon aus, dass ein positiver Zusammenhang zwischen IQ und A existiert, würde ein positiver geschätzter Koeffizient $\hat{\delta}_2$ darauf hinweisen, dass bessere kognitive Fähigkeiten höhere Löhne zur Folge haben.

Damit die Verwendung von Proxy-Variablen zu unverzerrten Schätzparametern führt, müssen zwei Identifikationsannahmen erfüllt sein (Wooldridge, 2002). Zum einen muss die Proxy-Variable $\tilde{X}_2$ redundant für das Modell (8.14) sein, d.h.

$$E(Y|X_1, X_2, \tilde{X}_2) = E(Y|X_1, X_2). \tag{8.17}$$

Mit anderen Worten, die Proxy-Variable darf auf die abhängige Variable Y keinen signifikanten Einfluss zeigen, sobald für X_1 und X_2 kontrolliert wurde. Die Proxy-Variable $\tilde{X}_2$ darf also nur über ihre Beziehung zur unbeobachteten Variable X_2 einen Einfluss auf Y haben, sie sollte Y jedoch nicht direkt beeinflussen. Wäre dies der Fall, wäre $\tilde{X}_2$ eine fehlende Variable und müsste damit auf jeden Fall in das Regressionsmodell aufgenommen werden. Annahme (8.17) impliziert darüber hinaus, dass $\tilde{X}_2$ mit dem Fehlerterm aus Gleichung (8.14) unkorreliert sein muss: $Cov(\tilde{X}_2, \varepsilon) = 0$.

Zweitens muss es sich bei der Proxy-Variable $\tilde{X}_2$ um eine *gute* Proxy-Variable handeln. Darunter versteht man, dass zwischen der fehlenden Variable X_2 und den anderen erklärenden Variablen keine Korrelation (mehr) vorliegt, sobald für $\tilde{X}_2$ kontrolliert wurde:

$$E(X_2|X_1, \tilde{X}_2) = E(X_2|\tilde{X}_2) = \alpha_0 + \alpha_1 \tilde{X}_2. \qquad (8.18)$$

Diese Annahme impliziert auch, dass $Cov(X_1, \eta) = 0$. Wird diese Annahme verletzt, erhält man bei Verwendung einer Proxy-Variablen verzerrte Koeffizienten für die erklärende Variable X_1. Man kann dies vergleichsweise einfach zeigen, indem man annimmt, dass

$$E(X_2|X_1, \tilde{X}_2) = \alpha_0 + \delta_1 X_1 + \alpha_1 \tilde{X}_2,$$

und diese Beziehung für X_2 in Gleichung (8.14) einsetzt. Man sieht dann, dass $E(\hat{\beta}_1) = \beta_1 + \beta_2 \delta_1$, d.h. man erhält keine unverzerrten Schätzer für den Koeffizienten β_1 (siehe hierzu auch Übungsaufgabe 8.2).

Beispiel 8.5. Lohneffekte der Verwendung eines PCs bei der Arbeit

Eine wichtige Frage im Bereich der Arbeitsmarktökonomik ist, inwieweit technischer Fortschritt – insbesondere der Fortschritt in der Kommunikations- und Informationstechnologie – einen Beitrag zur Erklärung der in vielen entwickelten Volkswirtschaften beobachteten ansteigenden Einkommensungleichheit liefern kann. Ein Reihe von Untersuchungen versucht, den Zusammenhang zwischen neuen Technologien und Arbeitseinkommen über eine Regression des Lohns eines Individuums auf die Verwendung eines PCs bei der Arbeit zu testen.[1] Die Autoren dieser Studien schätzen dabei folgendes Regressionsmodell

$$ln(w) = \boldsymbol{X}\boldsymbol{\beta} + \delta_1 PCW + \varepsilon,$$

wobei $\boldsymbol{X}$ einen Vektor sozioökonomischer Charakteristika und PCW

---

[1] Siehe u.a. Krueger (1993), Entorf und Kramarz (1997) und DiNardo und Pischke (1997).

eine Dummy-Variable darstellt, die den Wert 1 annimmt, wenn die betrachtete Person bei der Arbeit einen PC verwendet, und den Wert 0 sonst.

Die geschätzte Rendite der Verwendung eines PCs bei der Arbeit, $\hat{\delta}_1$, kann in diesem Modell nach oben verzerrt sein, wenn unbeobachtete technische Fähigkeiten oder ein hohes technisches Interesse sowohl mit der Verwendung eines PCs bei der Arbeit als auch mit dem Lohn w positiv korreliert ist. Aus diesem Grund wird in vielen Studien eine Dummy-Variable PCH in obige Spezifikation aufgenommen, die den Wert 1 annimmt, wenn eine Person zu Hause einen PC verwendet, und den Wert 0 sonst:

$$ln(w) = \boldsymbol{X\beta} + \delta_1 PCW + \delta_2 PCH + \eta.$$

Die private Verwendung eines PCs zu Hause wird dabei als Proxy-Variable für technische Fähigkeiten bzw. technisches Interesse interpretiert.

Tabelle 8.2. PC-Verwendung und Löhne in Deutschland, 1984-1997

Variable	(1)	(2)	(3)
PCW	0,072	-	0,057
	(4,889)		(3,663)
PCH	-	0,062	0,045
		(4,440)	(3,044)
R^2	0,511	0,510	0,513
Beobachtungen	1.855	1.855	1.855

Anmerkung: Absolute t-Werte in Klammern.

Quelle: Haisken-DeNew und Schmidt (1999), Tabelle 2.

Haisken-DeNew und Schmidt (1999) haben unter Verwendung von Daten des Sozio-oekonomischen Panels (SOEP) für die Jahre 1984 bis 1997 die Lohneffekte der Nutzung von Computern bei der Arbeit und zu Hause für Deutschland untersucht. **Tabelle 8.2** fasst die Ergebnisse ihrer Querschnittsanalyse zusammen. Die Resultate zeigen, dass die Verwendung eines PCs bei der Arbeit den Bruttostundenlohn um 7,2% (siehe Spalte 1) und die Verwendung eines PCs zu Hause den Bruttostundenlohn um 6,2% (siehe Spalte 2) erhöht. Wenn beide Dummy-Variablen in das Modell aufgenommen werden, sinkt der Lohnzuschlag für die Nutzung eines PCs bei der Arbeit auf 5,7%.

Diese Reduktion würde man bei der Aufnahme der Proxy-Variablen *PCH* erwarten, wenn die in Spalte (1) geschätzte Rendite aus der Nutzung eines PCs bei der Arbeit aufgrund unbeobachtbarer technischer Fähigkeiten nach oben verzerrt ist. Da die Variable *PCH* nur eine Proxy-Variable für unbeobachtbare technische Fähigkeiten darstellt, ist die geschätzte Rendite aus der Nutzung eines PC zu Hause ein verzerrter Schätzer der Lohneffekte unbeobachtbarer technischer Fähigkeiten. Geht man jedoch von der Annahme aus, dass die Verwendung eines PCs zu Hause und die technischen Fähigkeiten einer Person positiv miteinander korreliert sind, implizieren die in **Tabelle 8.2** dargestellten Ergebnisse einen positiven Effekt der unbeobachteten technischen Fähigkeiten auf den Lohn.

Kernbotschaften

Eine Strategie zur Lösung des Problems verzerrter Schätzer aufgrund fehlender Variablen ist die Verwendung geeigneter Proxy-Variablen, die mit der ausgelassenen Variable korreliert sind. Eine Proxy-Variable muss dabei zwei Identifikationsannahmen erfüllen:

1. Die Proxy-Variable muss für das Modell redundant sein, d.h. sie darf auf die abhängige Variable keinen signifikanten Einfluss zeigen, sobald für alle Determinanten von *Y* (inklusive der ausgelassenen Variable) kontrolliert wurde.
2. Es muss sich um eine *gute* Proxy-Variable handeln, d.h. zwischen der fehlenden Variable und den anderen erklärenden Variablen darf keine Korrelation vorliegen, sobald für die Proxy-Variable kontrolliert wurde.

8.2.2 Anwendungsbeispiel: Superstars in der Popmusik

In der allgemeinen Diskussion über den Markt für Popmusik sind zwei unterschiedliche Hypothesen hinsichtlich der Rolle der Qualität der Sänger bzw. Musikgruppen vorherrschend. Zum einen wird oft die Ansicht geäußert, dass die Qualität oder auch Fähigkeit zu singen für die Kaufentscheidungen der Konsumenten von Popmusik keine zentrale Rolle spielt (ein in diesem Zusammenhang häufig genanntes Beispiel ist die Sendung *Deutschland sucht den Superstar*). Eine dazu entgegengesetzte Hypothese ist, dass gerade dieser Markt ein gutes Beispiel für das Superstar-Phänomen in dem Sinne darstellt, dass kleine Unterschiede in der Fähigkeit zu singen zu einem überproportionalen Erfolg führen können (Rosen, 1981).

Um diese Aussagen zu testen, benötigt man eine Variable für die Qualität der Stimme bzw. die Fähigkeit eines Popstars zu singen. Eine derartige Variable ist üblicherweise nicht zu beobachten. Hamlen (1991) verwendet daher eine Proxy-Variable, die auf einer harmonischen Spektralanalyse der Stimme von mehr als 100 Sängern basiert und die mit der unbeobachteten Fähigkeit zu singen positiv korreliert ist. Basierend auf wissenschaftlichen Erkenntnissen werden dabei die harmonischen Amplituden der ersten Harmonien eines Sängers gemessen, wobei nur Hochfrequenzharmonien über 1,9kHz verwendet werden. Der Logarithmus der mittleren harmonischen Amplitude dieser Hochfrequenzharmonien, $ln(H)$, wird dann als Maß für die Qualität bzw. Fähigkeit eines Sängers verwendet. Um die Vergleichbarkeit der Messung zwischen den Sängern zu garantieren, verwendet der Autor nur Messungen für das Wort *love*, da dieses Wort in Liedern dieses Genre häufig verwendet wird.

Um die obigen Hypothesen zu testen, schätzt Hamlen (1991) folgendes Regressionsmodell:

$$ln(R) = \beta_0 + \delta ln(H) + \boldsymbol{X}\boldsymbol{\beta} + \varepsilon,$$

wobei $ln(R)$ den logarithmierten Wert der verkauften Platten in Mill. U.S. $ und $\boldsymbol{X}$ einen Vektor weiterer Kontrollvariablen bezeichnet. Für den Koeffizient δ erhält der Autor einen Schätzwert von $\hat{\delta} = 0,142$ mit einem t-Wert von 2,826. Dieses Ergebnis impliziert, dass für die Kaufentscheidung von Konsumenten von Popmusik die Qualität der Sänger durchaus eine Rolle spielt. Darüber hinaus ist der Koeffizient signifikant kleiner als 1. Dies spricht gegen die Hypothese, dass der Markt für Popmusik ein gutes Beispiel für das Superstar-Phänomen im Sinne von Rosen (1981) ist.

Bei dieser Interpretation muss berücksichtigt werden, dass $ln(H)$ lediglich eine Proxy-Variable für die unbeobachtbare Qualität eines Sängers darstellt. Daher kann der kausale Effekt der Qualität der Stimme auf den Erfolg eines Sängers nicht identifiziert werden. Die Interpretation, dass das obige Ergebnis eines positiven Effekts der Qualität eines Sängers auf den Wert der verkauften Platten hinweist, ist nur dann korrekt, wenn die Variable $ln(H)$ positiv mit der Qualität eines Sängers korreliert ist. Davon kann man auf Basis der vorliegenden Forschung im Bereich der harmonischen Spektralanalyse ausgehen. Die Schlussfolgerung, dass der geschätzte Koeffizient von $\hat{\delta} = 0,142$ gegen die Superstar-Hypothese spricht, weil er signifikant kleiner als 1 ist, ist jedoch problematisch. Ein derartiger Test würde nur aussagekräftig sein, wenn der geschätzte Steigungskoeffizient einer Regression der Qualität eines Sängers auf $ln(H)$ – α_1 in Gleichung (8.16) – den Wert 1 annehmen würde.

8.3 Instrumentvariablen

Eine weitere Strategie zur Vermeidung der Verzerrung von Schätzparametern ist die Verwendung des Instrumentvariablenansatzes, der bereits bei der Einführung in die Kausalanalyse in Kapitel 4.5.5 kurz vorgestellt wurde und in diesem Abschnitt im Detail diskutiert wird. Dem vorherigen Abschnitt folgend, soll dieser Ansatz zuerst anhand des einfachen bivariaten Modells erläutert werden, bevor eine allgemeine Darstellung erfolgt.[2]

Im Gegensatz zur Verwendung von Proxy-Variablen und den im folgenden Abschnitt dargestellten Paneldaten-Modellen wird beim Instrumentvariablenansatz nicht versucht, für die fehlende Variable zu kontrollieren. Die Idee dieser Identifikationsstrategie liegt vielmehr darin, den kausalen Effekt der endogenen erklärenden Variablen X auf die abhängige Variable Y über die „exogene Variation" von X zu schätzen, d.h. nur diejenige Variation von X zu verwenden, die von der im Fehlerterm enthaltenen fehlenden Variable unabhängig ist.

Um diesen Ansatz zu verstehen, ist es hilfreich anzunehmen, dass die endogene erklärende Variable aus zwei Komponenten besteht: (i) einer Komponente, die mit dem Fehlerterm korreliert ist; und (ii) einer Komponente, die vom Fehlerterm unabhängig ist. Beim Instrumentvariablenansatz versucht man unter Verwendung zusätzlicher Informationen in Form einer Variablen Z, die als *Instrumentvariable* für X bezeichnet wird, diejenige Komponente von X zu isolieren, die mit dem Fehlerterm unkorreliert ist. Mit anderen Worten: Der Instrumentvariablenansatz versucht das Problem fehlender Variablen dadurch zu lösen, dass man den kausalen Effekt der endogenen erklärenden Variablen X auf die zu erklärende Variable Y schätzt, indem man nur einen bestimmten Teil der Variation von X verwendet, und zwar denjenigen Teil der Variation von X, der nicht mit der fehlenden Variable korreliert ist.

Es sei an dieser Stelle angemerkt, dass der Instrumentvariablenansatz nicht nur geeignet ist, Verzerrungen der geschätzten Parameter aufgrund fehlender Variablen, sondern auch – wie in Abschnitt 8.4 noch aufgezeigt wird – Verzerrungen der geschätzten Parameter aufgrund von Messfehlern zu vermeiden. Dieser Ansatz kann schließlich verwendet werden, um Verzerrungen aufgrund einer zweiseitigen Kausalität zu vermeiden. Von zweiseitiger Kausalität spricht man, wenn X auf Y wirkt *und* gleichzeitig Y einen Einfluss auf X hat. Wie in Anhang A zu diesem Kapitel gezeigt wird, hat diese zweiseitige Kausalität zur Folge, dass die erklärende Variable X mit dem Fehlerterm des Regressionsmodells korreliert ist. Der Instrumentvariablenansatz ist eine Möglichkeit, diese Korrelation zu vermeiden.

---

[2] Eine leicht verständliche verbale Einführung dieses Ansatzes und seiner Probleme geben Angrist und Krueger (2001). Zur Geschichte des Instrumentvariablenschätzers siehe Stock und Trebbi (2003).

8.3.1 Identifikationsannahmen

Ausgangspunkt sei Gleichung (8.2), die in diesem Zusammenhang häufig auch als *strukturelle Gleichung* bezeichnet wird:

$$Y = \beta_0 + \beta_1 X_1 + \nu,$$

wobei aufgrund der fehlenden Variablen X_2 die Annahme $E(X_1\nu) = 0$ verletzt ist. Um den Instrumentvariablenschätzer anwenden zu können, benötigt man eine zusätzliche Variable Z, die als Instrument für X_1 bezeichnet wird und die beiden folgenden Annahmen erfüllen muss:

1. Z ist exogen, d.h.

$$Cov(Z, \nu) = 0. \tag{8.19}$$

Diese Annahme erfordert, dass Z nicht mit den im Fehlerterm ν enthaltenen unbeobachteten Variablen korreliert sein darf. Sie darf also keinen partiellen Effekt auf die abhängige Variable Y haben (d.h. keinen Effekt auf Y sobald für X_1 und die unbeobachteten Variablen in ν kontrolliert wurde) und

2. Z ist mit X_1 korreliert bzw. Z ist relevant, d.h.

$$Cov(Z, X_1) \neq 0. \tag{8.20}$$

Annahme (8.20) garantiert, dass eine Beziehung zwischen dem Instrument Z und X_1 existiert bzw. dass das Instrument Z einen Teil der Variation von X_1 erklären kann.

Sind die beiden Annahmen (8.19) und (8.20) erfüllt, bildet das Instrument Z diejenige Variation von X_1 ab, die exogen ist und kann somit zur Identifikation des kausalen Effekts der Variable X_1 auf Y verwendet werden.

Die Annahmen (8.19) und (8.20) sind Identifikationsannahmen, wobei Annahme (8.20) getestet werden kann. Hierzu schätzt man die Hilfsgleichung

$$X_1 = \delta_0 + \delta_1 Z + \eta, \tag{8.21}$$

die die endogene erklärende Variable X_1 in zwei Komponenten unterteilt: (i) die Komponente η, die mit dem Fehler in Gleichung (8.2) korreliert ist; und (ii) die Komponente $\delta_0 + \delta_1 Z$ die – sofern Annahme (8.19) erfüllt ist – von dem Fehlerterm der Gleichung (8.2) unabhängig ist. Da $\delta_1 = Cov(Z, X_1)/Var(Z)$, ist Annahme (8.20) erfüllt, wenn $\delta_1 \neq 0$. Schätzt man also Gleichung (8.21), kann man einen t-Test auf die Nullhypothese $H_0 : \delta_1 = 0$ durchführen. Ist $\hat{\delta}_1$ statistisch signifikant von Null verschieden, kann man davon ausgehen, dass Annahme (8.20) erfüllt ist. Die Identifikationsannahme (8.19) kann hingegen nicht getestet werden. Zur Verteidigung dieser Annahme muss daher auf Plausibilitätsüberlegungen zurückgegriffen werden.

Kernbotschaften

Beim Instrumentvariablenansatz versucht man über eine Variable Z (das Instrument) diejenige Variation der endogenen erklärenden Variable X zu isolieren, die nicht mit der ausgelassenen Variable korreliert ist. Hierzu muss die Instrumentvariable zwei Identifikationsannahmen erfüllen:

1. Die Instrumentvariable Z darf keinen partiellen Effekt auf die abhängige Variable Y haben und nicht mit dem Fehlerterm der strukturellen Gleichung korreliert sein, d.h. $Cov(Z, \nu) = 0$.
2. Die Instrumentvariable Z muss mit der endogenen erklärenden Variable korreliert sein, d.h. $Cov(Z, X) \neq 0$.

Die erste Identifikationsannahme kann nicht getestet werden. Die zweite Identifikationsannahme ist erfüllt, wenn bei einer Regression der endogenen erklärenden Variable X auf die Instrumentvariable Z der geschätzte Koeffizient von Z signifikant von Null verschieden ist.

8.3.2 Der zweistufige Kleinstquadratschätzer (TSLS)

Vorgehensweise. Der Instrumentvariablenansatz wird üblicherweise durch einen *zweistufigen Kleinstquadratschätzer* implementiert, der in der Fachliteratur auch mit *Two Stage Least Squares (TSLS)* bezeichnet wird. Hierzu wird in einem ersten Schritt Gleichung (8.21) geschätzt. Auf Basis dieser Schätzung werden dann die Vorhersagen (Prognosen) der endogenen erklärenden Variable $\hat{X}_1$ berechnet. Schließlich werden diese Vorhersagen, die bei Gültigkeit der diskutierten Identifikationsannahmen vom Fehlerterm ν unabhängig sind, anstatt der beobachteten Werte X_1 in dem strukturellen Modell (8.2) berücksichtigt, d.h. man schätzt das Modell

$$Y = \beta_0 + \beta_1 \hat{X}_1 + \nu \qquad (8.22)$$

mit der OLS-Methode.

Der TSLS-Schätzer von β_1 ergibt sich als (eine formale Herleitung wird in Anhang B dieses Kapitels gegeben)

$$\hat{\beta}_1^{IV} = \frac{\hat{\sigma}_{ZY}}{\hat{\sigma}_{ZX_1}} = \frac{\sum (Z - \bar{Z})(Y - \bar{Y})}{\sum (Z - \bar{Z})(X_1 - \bar{X}_1)}. \qquad (8.23)$$

Gleichung (8.23) zeigt, dass man für den Fall $Z = X_1$ den herkömmlichen OLS-Schätzer erhält. Ist X_1 also exogen, kann X_1 als sein eigenes Instrument verwendet werden.

Die Stichprobenkovarianzen $\hat{\sigma}_{ZY}$ bzw. $\hat{\sigma}_{ZX_1}$ sind konsistente Schätzer der jeweiligen Kovarianzen $Cov(Z, Y)$ bzw. $Cov(Z, X_1)$ in der zugrunde liegenden Population. Ersetzt man mit Hilfe der strukturellen Gleichung Y durch $\beta_0 + \beta_1 X_1 + \nu$, ergibt sich unter Verwendung der Rechenregeln für Kovarianzen (siehe Kapitel 1.3.2):

$$
\begin{aligned}
plim\ \hat{\beta}_1^{IV} &= \frac{Cov(Z, Y)}{Cov(Z, X_1)} = \frac{Cov(Z, \beta_0 + \beta_1 X_1 + \nu)}{Cov(Z, X_1)} \\
&= \frac{\beta_1 Cov(Z, X_1) + Cov(Z, \nu)}{Cov(Z, X_1)} \\
&= \beta_1 + \frac{Cov(Z, \nu)}{Cov(Z, X_1)} = \beta_1,
\end{aligned}
\tag{8.24}
$$

da gemäß Annahme (8.19) $Cov(Z, \nu) = 0$. Unter den Annahmen (8.19) und (8.20) ist $\hat{\beta}_1^{IV}$ damit ein konsistenter Schätzer für den kausalen Effekt von X_1 auf Y, d.h. $\hat{\beta}_1^{IV}$ konvergiert in Wahrscheinlichkeit gegen den Parameter β_1. Ist Annahme (8.19) hingegen verletzt, ist der TSLS-Schätzer inkonsistent. Gleichung (8.24) zeigt, dass es in diesem Fall selbst bei einer sehr geringen Korrelation zwischen dem Instrument und dem Fehlerterm ν zu einer hohen Verzerrung des TSLS-Schätzers kommen kann, wenn gleichzeitig eine sehr geringe Korrelation zwischen dem Instrument Z und der endogenen erklärenden Variablen X_1 vorliegt.

Beispiel 8.6. Armut, Kriminalität und der Bierpreis

Unter Verwendung von Daten aus dem 18. Jahrhundert für verschiedene bayerische Regionen untersuchen Mehlum, Miguel, und Torvik (2006) den Einfluss von Armut auf Kriminalität. Hierzu schätzen die Autoren die Reaktion verschiedener Kriminalitätsraten auf Variationen im Roggenpreis. Der Preis für Roggen kann als ein gutes Armutsmaß angesehen werden, da Roggen in der betrachteten Zeitperiode eines der wichtigsten Nahrungsmittel war und somit der Preis für Roggen für viele Menschen eine zentrale Determinante des Lebensstandards darstellte.

Die Identifikationsstrategie der Autoren kann formal wie folgt dargestellt werden. Die strukturelle Gleichung ihres Regressionsmodells lautet:

$$
ln(C_t) = \beta_0 + \boldsymbol{X_t}\beta + \delta ln(P_t) + \varepsilon_t,
$$

wobei $ln(C_t)$ den Logarithmus verschiedener Maße für die Kriminalität im Jahr t, $\boldsymbol{X_t}$ einen Vektor von Periodendummies und $ln(P_t)$ den logarithmierten Preis von Roggen bezeichnen. Um eventuelle Verzerrungen des Parameters δ aufgrund einer potenziellen zweiseitigen Kausalität oder fehlender Variablen zu vermeiden, verwenden die Autoren einen TSLS-Schätzer, wobei sie verzögerte Werte der jährlichen Niederschlagsmenge in Bayern als Instrument für den Roggenpreis verwenden. Die Autoren schätzen also in der ersten Stufe des TSLS-Schätzers das Modell

$$ln(P_t) = \gamma_0 + \gamma_1 R_{t-1} + \eta_t,$$

wobei R_t die jährliche Niederschlagsmenge in Kubikmetern angibt. Aus dieser ersten Stufe des TSLS-Schätzers werden dann die vorhergesagten Werte des logarithmierten Roggenpreises $ln(\hat{P}_t)$ berechnet und anstatt des beobachteten Roggenpreises in der strukturellen Gleichung verwendet.

Die Schätzung der ersten Stufe des Modells zeigt, dass die Niederschlagsmenge in der Vorperiode einen statistisch signifikanten Einfluss auf den Roggenpreis hat. Für den Koeffizienten γ_1 erhalten die Autoren einen geschätzten Wert von 1,95 mit einem geschätzten Standardfehler von 0,82. Damit wäre die erste Annahme des Instrumentvariablenschätzers erfüllt. Daneben darf die Niederschlagsmenge über ihren Einfluss auf den Roggenpreis hinaus keinen direkten Einfluss auf die Kriminalität haben. Ansonsten wäre die zweite Identifikationsannahme des Instrumentvariablenschätzers verletzt. Es gibt in der Tat verschiedene Gründe, warum eine hohe Niederschlagsmenge mit der Kriminalitätsrate korreliert sein könnte. Heftiger Regen macht es für die Polizei schwerer, Verbrecher zu verfolgen. Auch kann eine hohe Niederschlagsmenge die Stimmung der Bevölkerung derart beeinflussen, dass sie eher bereit ist, kriminelle Handlungen zu begehen. Die Verwendung verzögerter Niederschlagsmengen schließt derartige Argumente für eine Korrelation zwischen der Niederschlagsmenge und der Kriminalität jedoch aus.

Die Autoren finden in ihren Schätzungen das Ergebnis, dass eine Erhöhung des Roggenpreises um 1% zu einer Erhöhung von Eigentumsdelikten in Höhe von 0,41% führt, wenn die strukturelle Gleichung mit der OLS-Methode geschätzt wird. Wird der Roggenpreis aber wie beschrieben instrumentiert, sinkt diese Elastizität auf einen statistisch signifikanten Wert von 0,2%. Wird die logarithmierte Anzahl der Gewaltverbrechen pro 100.000 Einwohner als abhängige Variable verwendet, erhalten die Autoren für den Koeffizienten δ einen statistisch signifikanten Wert von -0,48 mit der OLS-Methode und einen Wert von -0,42 mit der TSLS-Methode. Die negative Elastizität zwischen Roggenpreis und Gewaltverbrechen erscheint im ersten Augenblick nicht mit den Erwartungen vereinbar, dass gestiegene Armut zu mehr Kriminalität führt. Die Autoren erklären dieses Ergebnis mit dem Einfluss, der vom Preis für Roggen auf den Bierpreis ausgeht. Da aus Roggen Malz für die Herstellung von Bier gewonnen wird, ist der Preis für Roggen mit dem Bierpreis positiv korreliert. Eine Erhöhung des Bierpreises[3] führt jedoch gerade in Bayern zu einem geringeren Konsum von Alkohol, was wiederum eine Verringerung der Gewaltverbrechen zur Folge hat.[4]

Schwache Instrumente. In der zweiten Stufe des TSLS-Schätzers werden die mit Hilfe der ersten Stufe prognostizierten Werte $\hat{X}_1$ statt der beobachteten Werte X_1 verwendet. Dies hat Konsequenzen für die Standardfehler des TSLS-Schätzers, da wir mit $\hat{X}_1$ eine geschätzte Variable und damit eine Zufallsvariable als erklärende Variable verwenden. Dies wiederum hat zur Folge, dass die Standardfehler des TSLS-Schätzers korrigiert werden müssen, um zu berücksichtigen, dass $\hat{X}_1$ eine Zufallsvariable darstellt.

Es kann gezeigt werden (Greene, 2008), dass der TSLS-Schätzer $\hat{\beta}_1^{IV}$ in großen Stichproben approximativ normalverteilt ist, d.h. $\hat{\beta}_1^{IV} \sim N(\beta_1, \sigma_{\hat{\beta}_1^{IV}}^2)$. Der asymptotische Standardfehler von $\hat{\beta}_1^{IV}$ ist (Wooldridge, 2006)

$$\sigma_{\hat{\beta}_1^{IV}}^{IV} = \sqrt{\frac{\hat{\sigma}^2}{\sum_{i=1}^N (X_1 - \bar{X}_1)^2 R_{X_1,Z}^2}}, \tag{8.25}$$

wobei $\hat{\sigma}^2$ die geschätzte Varianz des Fehlers ν der strukturellen Gleichung ist. $R_{X_1,Z}^2$ ist das Bestimmtheitsmaß einer Regression von X_1 auf Z und damit ein Maß der Stärke der Korrelation zwischen der endogenen erklärenden Variable X_1 und dem Instrument Z. Vom Standardfehler des normalen Regressionsmodells (vgl. Kapitel 5.5) unterscheidet sich der in Gleichung (8.25) dargestellte Standardfehler des TSLS-Schätzers nur durch das $R_{X_1,Z}^2$ im Nenner. Da $0 \leq R_{X_1,Z}^2 \leq 1$, ist der Standardfehler der Koeffizienten im TSLS im Regelfall größer als der entsprechende Standardfehler der OLS-Schätzung. Ist die Korrelation zwischen X_1 und Z sehr klein, ist $R_{X_1,Z}^2$ nahe bei Null und die geschätzten Standardfehler im TSLS werden sehr hoch. Man spricht in diesem Fall auch von *schwachen Instrumenten*. Für den Fall einer hohen Korrelation zwischen Z und X_1 ist $R_{X_1,Z}^2$ nahe bei 1 und der geschätzte Standardfehler des IV-Schätzers nähert sich dem Standardfehler des OLS-Schätzers an. Für den Fall $Z = X_1$ ist $R_{X_1,Z}^2 = 1$ und wir erhalten die OLS-Standardfehler.

Schwache Instrumente stellen für den Instrumentvariablenansatz ein erhebliches Problem dar, da im diesen Falle die Stichprobenverteilung der

---

[3] Die Autoren dieses Buches sind sich einig, dass das eigentliche Verbrechen in der Erhöhung des Bierpreises liegt.
[4] Siehe hierzu auch Levitt (2004).

TSLS-Schätzer $\hat{\beta}_1^{IV}$ selbst bei großen Stichproben nicht durch eine Normal-verteilung approximiert werden kann. Damit kann man in diesem Fall den üblichen t- und F-Tests nicht vertrauen. So zeigt Gleichung (8.23), dass im Falle eines irrelevanten Instruments, d.h. wenn $Cov(Z, X_1) = 0$, der Nenner des TSLS-Schätzers $\hat{\beta}_1^{IV}$ gegen Null tendiert. In diesem Fall ist der TSLS-Schätzer nicht konsistent. Um mit dem Instrumentvariablenansatz konsisten-te Schätzer zu erhalten, reicht es demnach nicht, wenn Z und X_1 nur mit-einander korreliert sind. Die Korrelation zwischen dem Instrument und der endogenen Variable muss vielmehr sehr stark sein. Darüber hinaus entsteht das Problem, dass der TSLS-Schätzer bei schwachen Instrumenten selbst in großen Stichproben verzerrt ist (siehe Murray (2006) für eine intuitive Erläu-terung).

Es stellt sich umgehend die Frage, wann ein Instrument geeignet ist. Die exakte Antwort auf diese Frage ist kompliziert. In der neueren Literatur wur-den hierzu einige Tests entwickelt (Murray, 2006). Eine inzwischen weit ver-breitete Faustregel besagt, dass man sich über schwache Instrumente keine Sorgen machen muss, wenn ein F-Test auf gemeinsame statistische Signifi-kanz der Instrumente in der ersten Stufe einen Wert über 10 annimmt.[5]

Mehrere erklärende Variablen. Die Erweiterung des TSLS-Schätzers auf mehrere erklärende Variablen beinhaltet keine größeren Probleme. Üblicher-weise hat man exogene Variablen W, die nicht mit dem Fehlerterm korreliert sind, und endogene erklärende Variablen X, die man instrumentieren muss. Für den Fall einer einzigen endogenen erklärenden Variable X_1 und K exo-genen erklärenden Variablen W_j für $j = 1, \ldots, K$ lautet das strukturelle Modell:

$$Y = \beta_0 + \beta_1 X_1 + \gamma_1 W_1 + \gamma_2 W_2 + \ldots + \gamma_K W_K + \nu. \qquad (8.26)$$

Die Implementierung des TSLS-Schätzers erfordert nun in einem ersten Schritt die Schätzung der Hilfsregression, die auch als *erste Stufe* des TSLS-Schätzers bezeichnet wird:

$$X_1 = \delta_0 + \delta_1 Z + \tau_1 W_1 + \tau_2 W_2 + \ldots + \tau_K W_K + \eta. \qquad (8.27)$$

Dabei werden alle exogenen erklärenden Variablen W_j berücksichtigt. Aus Gleichung (8.27) berechnet man die Vorhersage $\hat{X}_1$ und setzt diese Vorher-sage statt der endogenen erklärenden Variable X_1 in das strukturelle Modell (8.26) ein.

---

[5] Eine detaillierte Diskussion schwacher Instrumente und der daraus entstehenden Probleme geben Bound, Jaeger, und Baker (1995) und Staiger und Stock (1997). Eine Übersicht der neueren Diskussion gibt Murray (2006).

Hat man mehr als eine endogene erklärende Variable, benötigt man mindestens genauso viele Instrumente wie endogene erklärende Variablen. Ansonsten kann das TSLS-Modell nicht konsistent geschätzt werden. Hat man bspw. M endogene erklärende Variablen X_l mit $l = 1, \ldots, M$, benötigt man M Hilfsregressionen, wobei in jeder Hilfsregression alle M Instrumente Z_l zusammen mit den K exogenen Variablen W_j berücksichtigt werden:

$$X_l = \delta_0 + \delta_1 Z_1 + \ldots \delta_M Z_M + \tau_1 W_1 + \tau_2 W_2 + \ldots + \tau_K W_K + \eta_l. \tag{8.28}$$

Die Vorhersagen $\hat{X}_l$ aus diesen Hilfsregressionen werden dann wieder im strukturellen Modell statt der beobachteten X_l verwendet.

In Matrixschreibweise kann der TSLS-Schätzer wie folgt dargestellt werden. Das zu schätzende Modell sei

$$\boldsymbol{Y} = \boldsymbol{X}\boldsymbol{\beta} + \boldsymbol{\nu}, \tag{8.29}$$

wobei die Annahme $E(\boldsymbol{X}'\boldsymbol{\nu}) = 0$ verletzt ist, d.h. mindestens eine der in der $N \times M$ Matrix $\boldsymbol{X}$ enthaltenen Variablen ist mit dem Fehlerterm korreliert. Angenommen, man hätte eine $N \times M$ Matrix von Instrumenten $\boldsymbol{Z}$, die die Annahmen an valide Instrumente erfüllen. Multipliziert man Gleichung (8.29) mit $\boldsymbol{Z}$, erhält man

$$\boldsymbol{Z}'\boldsymbol{Y} = \boldsymbol{Z}'\boldsymbol{X}\boldsymbol{\beta} + \boldsymbol{Z}'\boldsymbol{\nu}. \tag{8.30}$$

Daraus ergibt sich der TSLS-Schätzer lautet:

$$\hat{\boldsymbol{\beta}}^{IV} = (\boldsymbol{Z}'\boldsymbol{X})^{-1}\boldsymbol{Z}'\boldsymbol{Y}. \tag{8.31}$$

Die Varianz-Kovarianz-Matrix des TSLS-Schätzers ergibt sich als:[6]

$$\boldsymbol{V}(\hat{\boldsymbol{\beta}}^{IV}) = \hat{\sigma}^2 (\boldsymbol{Z}'\boldsymbol{X})^{-1}(\boldsymbol{Z}'\boldsymbol{Z})(\boldsymbol{X}'\boldsymbol{Z})^{-1}. \tag{8.32}$$

Beispiel 8.7. Rendite aus Schulausbildung und kognitives Talent – Fortsetzung

In einer viel beachteten Studie versucht Card (1995) einen unverzerrten Schätzer für die Rendite aus der Schulausbildung zu erhalten, indem er die Jahre der Schulausbildung mit einer Indikatorvariablen instrumentiert, die anzeigt, ob eine Person in der Nähe eines College aufgewachsen ist. Die Idee dieses Instruments liegt darin, dass Personen, die in der Nähe eines College aufwachsen, geringere Kosten

---

[6] Siehe bspw. (Greene, 2008).

der Universitätsausbildung haben als Personen, die nicht in der Nähe eines College aufwachsen, da Letztere nicht die Option haben, während der Ausbildung bei den Eltern zu wohnen. Aus diesem Grund existiert eine positive Korrelation zwischen dem Aufwachsen in der Nähe eines College und der Wahrscheinlichkeit, eine Universitätsausbildung abzuschließen. Andererseits gibt es keine naheliegenden Gründe, warum das Aufwachsen in der Nähe eines College mit den angeborenen Fähigkeiten einer Person korreliert sein sollte.

OLS-Regressionen einer Mincer'schen Lohnfunktion unter Verwendung von Daten des National Longitudinal Survey of Young Men (NLSYM) ergaben eine Rendite aus der Schulbildung von 7,3%. Instrumentiert man die Jahre der Schulausbildung mit der beschriebenen Indikatorvariablen, erhält man eine Rendite aus der Schulausbildung von 13,2% (siehe Card 1995, Tabelle 4). Dieses Ergebnis stimmt nicht mit den Erwartungen überein, da man davon ausgehen würde, dass der OLS-Schätzer der Rendite aus der Schulausbildung nach oben verzerrt ist, d.h. dass die Rendite bei Verwendung des Instrumentenvariablenschätzers relativ zum OLS-Schätzer abnehmen sollte. Eine Erklärung dieses Phänomens wird weiter unten im Abschnitt über heterogene Maßnahmeneffekte gegeben.

Kernbotschaften

- Der Instrumentvariablenansatz kann mit Hilfe einer zweistufigen Kleinstquadratschätzung implementiert werden. Hierzu geht man in zwei Schritten vor:

  1. Die endogene erklärende Variable X wird in der ersten Stufe auf das Instrument Z und alle exogenen erklärenden Variablen $W_1, \ldots, W_K$ geschätzt:

  $$X = \delta_0 + \delta_1 Z + \theta_1 W_1 + \ldots + \theta_K W_K + \eta.$$

  2. In der zweiten Stufe werden die vorhergesagten Werte der endogenen erklärenden Variable aus der ersten Stufe, $\hat{X}$, anstatt des zu beobachtenden X in der strukturellen Gleichung verwendet, d.h. es wird das folgende strukturelle Modell geschätzt:

  $$Y = \beta_0 + \beta_1 \hat{X} + \gamma_1 W_1 + \ldots + \gamma_K W_K + \nu.$$

- Die Standardfehler sind im Normalfall beim TSLS-Schätzer größer als beim OLS-Schätzer. Dabei sind die Standardfehler umso höher, je geringer die Korrelation zwischen der endogenen erklärenden Variablen X und dem Instrument Z ist.

- Liegt ein schwaches Instrument vor, d.h. ist die Korrelation zwischen der endogenen erklärenden Variablen X und dem Instrument Z nur sehr gering, führt der TSLS-Schätzer zu inkonsistenten Parameterschätzungen. Instrumente gelten als schwach, wenn ein F-Test auf gemeinsame statistische Signifikanz der Instrumente in der ersten Stufe des TSLS-Schätzers einen Wert unter 10 annimmt.

8.3.3 Test auf Endogenität

Die geschätzten Standardfehler im TSLS-Modell sind im Allgemeinen größer als die des OLS-Modells. Damit ist der TSLS-Schätzer nicht effizient, wenn die erklärenden Variablen exogen sind, d.h. wenn in unserem Beispiel $E(X_1 \nu) = 0$ gilt. Wir würden daher gerne testen, ob es sich bei X_1 wirklich um eine endogene erklärende Variable handelt. Die Idee dabei ist zu testen, ob die OLS-Schätzungen statistisch signifikant von den TSLS-Schätzungen abweichen (Hausman, 1978). Ist die Differenz zwischen den beiden Schätzern signifikant, geht man davon aus, dass es sich bei X_1 um eine endogene erklärende Variable handelt.

Für den Test benötigt man eine Instrumentvariable Z, die insbesondere nicht mit dem Fehler ν des strukturellen Modells (8.2) korreliert ist. Ist X_1

eine endogene erklärende Variable, würde man erwarten, dass der Fehler η der ersten Stufe des TSLS-Ansatzes (8.21) mit dem Fehler ν des strukturellen Modells (8.2) korreliert ist. Diese Eigenschaft nutzt man für einen Test aus. Hierzu schätzt man in einem ersten Schritt die Hilfregression (8.21) und behält die geschätzten Residuen $\hat{\eta}$. Diese geschätzten Residuen $\hat{\eta}$ werden in einem zweiten Schritt als zusätzliche erklärende Variable in das strukturelle Modell (8.2) aufgenommen:

$$Y = \beta_0 + \beta_1 X_1 + \gamma \hat{\eta} + \nu, \tag{8.33}$$

wobei hier nicht die prognostizierten Werte von X_1 aus der ersten Stufe des TSLS-Schätzers, sondern die beobachteten Werte von X_1 verwendet werden. Die Nullhypothese lautet $H_0 : \gamma = 0$ und die Alternativhypothese $H_1 : \gamma \neq 0$. Dieser Test kann mit einem einfachen t-Test durchgeführt werden. Wird bei einer vorgegebenen Irrtumswahrscheinlichkeit die Nullhypothese abgelehnt, geht man davon aus, dass es sich bei X_1 um eine endogene erklärende Variable handelt, da in diesem Fall η und ν miteinander korreliert sind.

Die Erweiterung dieses Tests auf mehrere exogene und endogene erklärende Variablen stellt kein größeres Problem dar. Dabei schätzt man für jede endogene erklärende Variable die jeweilige erste Stufe (8.28) und behält die aus diesen Schätzungen resultierenden Residuen $\hat{\eta}_l$. Diese werden als zusätzliche erklärende Variablen in das strukturelle Modell aufgenommen. In einem zweiten Schritt schätzt man dieses erweiterte strukturelle Modell und verwendet einen F-Test, um auf die gemeinsame Signifikanz der geschätzten Koeffizienten $\hat{\gamma}_l$ zu testen. Wird die Nullhypothese abgelehnt, ist zumindest eine der erklärenden Variablen endogen.

Kernbotschaften

Möchte man testen, ob die Variable X_1 endogen ist, geht man wie folgt vor:

1. Man schätzt die erste Stufe des TSLS-Modells und behält die geschätzten Residuen $\hat{\eta}$.
2. Man schätzt das Regressionsmodell

$$Y = \beta_0 + \beta_1 X_1 + \gamma \hat{\eta} + \nu.$$

Ist X_1 exogen, sollte $\gamma = 0$ sein.
3. Man führt einen t-Test für die Nullhypothese $H_0 : \gamma = 0$ durch. Ist bei einer vorgegebenen Irrtumswahrscheinlichkeit die t-Statistik größer als der kritische Wert der t-Verteilung, kann die Nullhypothese, dass X_1 exogen ist, abgelehnt werden.

8.3.4 Test auf Überidentifikationsrestriktionen

Bisher wurde nur der Fall für genau ein Instrument für eine endogene erklärende Variable besprochen. Man spricht in diesem Fall davon, dass die
Koeffizienten des TSLS-Schätzers *exakt identifiziert* sind. Hat man mehr als
ein Instrument für eine endogene erklärende Variable zur Verfügung, bezeichnet man die Koeffizienten des TSLS-Schätzers als *überidentifiziert.*

Sind die Koeffizienten des TSLS-Schätzers überidentifiziert, kann zumindest für einen Teil der Instrumente getestet werden, ob die Identifikationsannahme (8.19) erfüllt ist. Um die Idee dieses Tests zu verdeutlichen, nehmen
wir vereinfachend an, dass für eine endogene erklärende Variable X zwei Instrumente Z_1 und Z_2 zur Verfügung stehen. Bei beiden Instrumenten sei die
zweite Identifikationsannahme einer ausreichend hohen Korrelation zwischen
den Instrumenten und der endogenen erklärenden Variable X erfüllt. Man
kann dann zwei verschiedene TSLS-Schätzer berechnen, einen mit dem Instrument Z_1 und einen mit dem Instrument Z_2. Erfüllen beide Instrumente
die erste Identifikationsannahme des Instrumentvariablenschätzers, werden
die Koeffizienten der aus diesen beiden Schätzungen resultierenden TSLS-
Schätzer nicht sehr stark voneinander abweichen. Erhält man jedoch zwei
stark unterschiedliche TSLS-Schätzer, wird man vermuten, dass zumindest
eines der beiden Instrumente nicht valide ist.

Stehen nun M Instrumente zur Verfügung, ist dieses Vorgehen eindeutig
zu umständlich, da wir M TSLS-Schätzer berechnen und diese Schätzer miteinander vergleichen müssten. Daher verwendet man beim Test auf Überiden-
tifikationsrestriktionen üblicherweise die Annahme, dass alle Instrumente mit
dem Fehlerterm ν der strukturellen Gleichung unkorreliert sein sollten. Man
geht bei diesem Test, der in der Literatur auch als *Hansens' J-Test* oder auch
einfach *J-Test* bezeichnet wird, wie folgt vor. Man schätzt in einem ersten
Schritt den TSLS-Schätzer mit allen zur Verfügung stehenden Instrumenten
Z_l für $l = 1, \ldots, M$ und behält die geschätzten Residuen $\hat{\nu}$. In einem zweiten Schritt regressiert man diese $\hat{\nu}$ auf alle Instrumente und alle exogenen
Variablen des strukturellen Modells. Sind die Instrumente exogen, sollten die
Koeffizienten der Instrumente Z_l in dieser Hilfsregression alle den Wert Null
annehmen. Man berechnet daher die F-Statistik für die Nullhypothese, dass
die geschätzten Koeffizienten der Instrumente in der Hilfsregression gleichzeitig Null sind und bildet daraus die J-Statistik $J = M \cdot F$. Die J-Statistik ist
asymptotisch χ^2_{M-q}-verteilt, wobei q die Anzahl der endogenen erklärenden
Variablen angibt.

Alternativ zur J-Statistik kann auch eine Art LM-Test durchgeführt werden (Wooldridge, 2002). Hierzu geht man genau wie beim J-Test vor, nur dass
man statt der J-Statistik die LM-Statistik $N \cdot R^2_{\hat{\nu}}$ bildet, wobei $R^2_{\hat{\nu}}$ das R^2 aus
der Regression von $\hat{\nu}$ auf alle Instrumente und alle exogenen Variablen des

strukturellen Modells darstellt. Die LM-Statistik ist ebenfalls asymptotisch χ^2_{M-q}-verteilt, wobei q wiederum die Anzahl der endogenen erklärenden Variablen angibt.

Der J-Test besitzt nur $M - q$ Freiheitsgrade, obwohl wir eigentlich M Restriktionen testen. Der Grund hierfür liegt darin, dass wir nur die überidentifizierenden Restriktionen testen können. Liegen bspw. zwei Instrumente für eine endogene erklärende Variable vor, können wir nur eine überidentifizierende Restriktion testen. Liegen fünf Instrumente für eine endogene erklärende Variable vor, kann man vier überidentifizierende Restriktionen testen. Dies bedeutet aber auch, dass für mindestens ein Instrument die erste Identifikationsannahme des Instrumentvariablenansatzes nicht getestet werden kann, d.h. man kann niemals testen, ob *alle* Instrumente diese Identifikationsannahme gleichzeitig erfüllen. Der J-Test gibt somit letztendlich keine absolute Gewissheit darüber, ob die erste Identifikationsannahme des Instrumentvariablenansatzes für alle verwendeten Instrumente gegeben ist.

Kernbotschaften

Hat man mehr Instrumente als endogene erklärende Variablen, d.h. sind die Koeffizienten des TSLS-Schätzers überidentifiziert, kann man die erste Identifikationsannahme des Instrumentvariablenansatzes für alle bis auf ein Instrument testen. Hierzu geht man wie folgt vor:

1. Man schätzt das TSLS-Modell mit allen zur Verfügung stehenden Instrumenten und behält die geschätzten Residuen $\hat{\nu}$.
2. Man schätzt das Regressionsmodell

$$\hat{\nu} = \delta_0 + \delta_1 Z_1 + \ldots \delta_M Z_M + \theta_1 W_1 + \ldots + \theta_K W_K + \xi.$$

   Ist die erste Identifikationsannahme des Instrumentvariablenansatzes, $Cov(Z_l, \nu) = 0$, erfüllt, sollten alle $\delta_1, \ldots, \delta_M$ gleich Null sein.
3. Man bildet die F-Statistik F für die Nullhypothese $H_0 : \delta_1, \ldots, \delta_M = 0$ und berechnet die J-Statistik $J = M \cdot F$. Die J-Statistik ist asymptotisch χ^2_{M-q}-verteilt, wobei M die Anzahl der Instrumente und q die Anzahl der endogenen erklärenden Variablen bezeichnet.
4. Ist bei einer vorgegebenen Irrtumswahrscheinlichkeit die J-Statistik größer als der kritische Wert der χ^2_{M-q}-Verteilung, kann die Nullhypothese, dass alle Instrumente exogen sind, abgelehnt werden.

8.3.5 Wie findet man ein valides Instrument?

Die TSLS-Methode ist einfach zu implementieren und bereitet mit den zur Verfügung stehenden Softwarepaketen technisch keinerlei größere Schwierigkeiten. Das größte Problem bei dieser Methode ist, eine Instrumentvariable zu finden, die die oben beschriebenen Identifikationsannahmen erfüllt. Erstens muss das Instrument mit der endogenen erklärenden Variablen korreliert sein. Darüber hinaus muss das Instrument redundant für die strukturelle Gleichung (8.2) sein, d.h. es darf keinen partiellen Effekt auf die abhängige Variable ausüben. Ähnliches gilt auch für eine Proxy-Variable. Schließlich darf das Instrument nicht mit unbeobachteten Faktoren im Fehlerterm der strukturellen Gleichung korreliert sein. Diese Annahme unterscheidet Instrumentvariablen von Proxy-Variablen. Proxy-Variablen sollen ja gerade die Eigenschaft besitzen, dass sie mit einer unbeobachteten Variable im Fehlerterm korreliert sind. Daher sind gute Instrumentvariablen immer schlechte Proxy-Variablen und umgekehrt.

Kernbotschaften

Eine gute Instrumentvariable ist immer eine schlechte Proxy-Variable und umgekehrt.

Beispiel 8.8. Rendite aus Schulausbildung und Ausbildung der Eltern

Man könnte daran denken, die Ausbildung des Vaters oder der Mutter einer Person als Instrument für die Jahre der Schulausbildung dieser Person zu verwenden. Die Annahme, dass die Ausbildung des Vaters oder der Mutter mit den Jahren der Schulausbildung des jeweils betrachteten Individuums korreliert ist, ist mit hoher Wahrscheinlichkeit erfüllt. Darüber hinaus muss dieses Instrument jedoch mit allen im Fehlerterm der Lohngleichung enthaltenen unbeobachteten Variablen, wie bspw. den kognitiven Fähigkeiten der Person oder dem familiären Hintergrund, unkorreliert sein. Diese Annahme an ein Instrument ist in diesem Fall mit hoher Wahrscheinlichkeit verletzt. Daher ist die Schulausbildung der Eltern kein valides Instrument für die Schulausbildung einer Person.

Es gibt im Prinzip drei wichtige Ansätze valide Instrumente zu finden. Der erste Ansatz ist die bedachte Generierung eines Instruments im Rahmen eines sozialen Experiments. Werden die Teilnehmer an einer Maßnahme vollkommen zufällig ausgewählt, ist sichergestellt, dass die Teilnahme an der

Maßnahme nicht mit fehlenden Variablen wie bspw. den angeborenen Fähigkeiten oder der Motivation eines Individuums korreliert ist. Damit könnte das Problem einer Verzerrung der geschätzten Parameter aufgrund fehlender Variablen vermieden werden (Heckman, 1996).

Nimmt man bspw. an, die Teilnehmer an einer arbeitsmarktpolitischen Maßnahme würden durch das Werfen einer Münze bestimmt, wobei diejenigen an der Maßnahme teilnehmen dürfen, für die die Münze "Kopf" anzeigt. Dann wäre eine Dummy-Variable, die den Wert 1 annimmt, wenn die Münze "Kopf" anzeigt, und den Wert 0, wenn die Münze "Zahl" anzeigt, ein valides Instrument für die Maßnahmenteilnahme. In Termini von Kapitel 4 würde diese Variable mit $R = 1$ für die Zuweisung in die Maßnahme und $R = 0$ für die Zuweisung in die Kontrollgruppe bezeichnet werden (siehe Kapitel 4.4). Wie jedoch bereits in Kapitel 4 diskutiert wurde, ist die Konstruktion einer Instrumentenvariablen über ein soziales Experiment häufig nicht möglich. So dürfte es in einer Demokratie unmöglich sein, eine zufällig ausgewählte Person dazu zu zwingen, ein Jahr länger zur Schule zu gehen.

Aus diesem Grund sucht man häufig nach einer Variablen, die – ähnlich zur zufälligen Auswahl der Teilnehmer in einem sozialen Experiment – eine Quasi-Randomisierung der Teilnehmer hervorruft. Wie in Kapitel 4 bereits angemerkt, werden derartige Variablen häufig aus so genannten *natürlichen Experimenten* gewonnen, wobei wir ein natürliches Experiment als die Eigenschaft einer Maßnahme oder einer Begebenheit definiert haben, die zu einer unabhängigen Variation in der endogenen erklärenden Variablen führt.[7]

Beispiel 8.9. Natürliches Experiment - Quartal der Geburt

Ein häufig zitiertes Beispiel für ein natürliches Experiment ist der Vorschlag von Angrist und Krueger (1991), das Quartal der Geburt als Instrument für die Jahre der Schulausbildung in einer Lohnregression zu verwenden. Das Quartal der Geburt ist mit hoher Wahrscheinlichkeit unabhängig von den kognitiven Fähigkeiten einer Person und nicht partiell korreliert mit dem Lohn. Personen, die in demselben Jahr geboren wurden, werden in den USA üblicherweise auch im gleichen Jahr eingeschult. Personen, die nun am Anfang eines Jahres geboren wurden, erreichen das Mindestalter, zu dem man die Schule verlassen kann, in einer niedrigeren Schulklasse als Personen, die am Ende eines Jahres geboren wurden. Aufgrund des gesetzlichen

---

[7] Eine detaillierte Diskussion der Verwendung von natürlichen Experimenten in der empirischen Wirtschaftsforschung geben Meyer (1995), Rosenzweig und Wolpin (2000) und Angrist und Krueger (2001).

Mindestalters, zu dem man die Schule frühestens verlassen darf, haben Personen, die am Anfang des Jahres geboren wurden, daher im Durchschnitt eine niedrigere Anzahl an Jahren der Schulausbildung. Somit liegt die für ein valides Instrument notwendige Korrelation zwischen dem Quartal der Geburt und den Jahren der Schulausbildung vor. Eine zu Angrist und Krueger (1991) ähnliche Strategie zur Bestimmung der Rendite aus der Schulbildung für Österreich und Deutschland verfolgen Ichino und Winter-Ebmer (2004).

Bound, Jaeger, und Baker (1995) bezweifeln jedoch aus verschiedensten Gründen, dass das Quartal der Geburt ein valides Instrument darstellt. Insbesondere zeigen sie, dass das Quartal der Geburt ein schwaches Instrument ist und somit den Ergebnissen von Angrist und Krueger (1991) nicht vertraut werden kann.

Schließlich können valide Instrumente auch aus formalen theoretischen Modellen abgeleitet werden. Derartige Modelle ergeben häufig, dass vergangene Werte einer endogenen erklärenden Variablen als Instrumente für die gegenwärtigen Werte dieser Variablen verwendet werden können. Bei der Evaluation wirtschaftspolitischer Maßnahmen werden im Rahmen dieses Ansatzes auch häufig Variablen verwendet, die die Partizipation an einer wirtschaftspolitischen Maßnahme beeinflussen, nicht jedoch das Ergebnis der Maßnahme. Wie bereits in Kapitel 4 erwähnt, können als valide Instrumente die Determinanten der Kosten der Teilnahme an einer Maßnahme verwendet werden, wie z.B. die Distanz zu einem Schulungszentrum. Ein gutes Beispiel hierfür ist die oben besprochene Arbeit von Card (1995), in der die Nähe zu einem College als Instrument für die Wahrscheinlichkeit eines Hochschulabschlusses verwendet wird.

Ähnlich zur Diskussion der internen und externen Validität von Experimenten sollte man auch bei natürlichen oder Quasi-Experimenten deren interne und externe Validität nicht aus dem Auge verlieren. Ein Problem bei der praktischen Durchführung von Experimenten ist die Möglichkeit einer unvollständigen Randomisierung der Maßnahmenteilnehmer. Das Gegenstück der vollständigen Randomisierung in einem Experiment ist bei der Instrumentvariablenschätzung die Annahme, dass $Cov(Z, \nu) = 0$. Ist diese Annahme verletzt, isoliert die Instrumentvariable nicht diejenige Variation in der endogenen Variablen, die vom Fehlerterm unabhängig ist. Ein zweites praktisches Problem bei der Durchführung eines Experiments ist die unvollständige Maßnahmenteilnahme. Bei einem natürlichen Experiment würde dieses Problem vorliegen, wenn die natürliche Randomisierung die Maßnahmenteilnahme beeinflusst, nicht aber determiniert. Wie wir gesehen haben, ist dies für den Instrumentvariablenansatz kein Problem, solange eine ausreichend hohe Korrelation zwischen dem Instrument und der endogenen Variablen vorliegt.

Schließlich kann man davon ausgehen, dass bei einem natürlichem Experiment der Hawthorne-Effekt keine Rolle spielt, da den Personen üblicherweise nicht bewusst ist, dass sie Teilnehmer an einem Experiment sind.

Die praktischen Probleme von Experimenten hinsichtlich ihrer externen Validität können im Prinzip auch auf natürliche Experimente übertragen werden. Ein spezielles Problem des Instrumentvariablenansatzes liegt darin, dass dieser Ansatz in vielen Fällen keinen *mean effect of treatment on the treated* identifiziert, sondern einen so genannten *local average treatment effect*, der im folgenden Abschnitt genauer diskutiert wird.

Kernbotschaften

Es gibt drei wichtige Ansätze valide Instrumente zu finden:

1. Die bedachte Konstruktion eines Instruments im Rahmen eines kontrollierten Experiments,
2. die Verwendung der Eigenschaften eines natürlichen Experiments,
3. die Ableitung eines Instruments aus einem theoretischen Modell.

8.3.6 Heterogene Maßnahmeeffekte

Die bisherigen Ausführungen haben sich auf einen Evaluationsparameter, den *mean effect of treatment on the treated* bzw. *durchschnittlichen Maßnahmeeffekt* (siehe Kapitel 4.3) konzentriert. Die ausschließliche Betrachtung dieses Evaluationsparameters ist insbesondere dann kein Problem, wenn der Maßnahmeeffekt für alle Personen gleich ist, d.h. wenn man von so genannten *homogenen Maßnahmeeffekten* ausgehen kann. Bisher wurde implizit immer von homogenen Maßnahmeeffekten ausgegangen, da Modelle der Form

$$Y_i = \beta_0 + \beta_1 X_i + \varepsilon_i \tag{8.34}$$

betrachtet wurden. Diese Modelle erlauben für alle Individuen in einer Stichprobe nur einen, für alle Personen i konstanten kausalen Effekt β_1 von X_i auf die Erfolgsgröße Y_i.

Die Annahme homogener Maßnahmeeffekte ist jedoch unrealistisch. Man muss vielmehr davon ausgehen, dass eine Maßnahme für jeden Teilnehmer unterschiedlichen Effekte hat, d.h. dass so genannte *heterogene Maßnahmeeffekte* vorliegen. Bei heterogenen Maßnahmeeffekten müsste man eigentlich Modelle der Form

$$Y_i = \beta_0 + \beta_{1i} X_i + \varepsilon_i \tag{8.35}$$

betrachten, in denen für alle Personen i ein unterschiedlicher Maßnahmeeffekt β_{1i} zugelassen wird. Folgt man dem in Kapitel 4 verwendeten Beispiel einer Weiterbildungsmaßnahme, so wird eine Schulung in der Verwendung des Internets für Personen, die schon Erfahrung mit dem Internet gesammelt haben, keinen (oder nur einen kleinen) Effekt haben, während die Schulung für Personen, die das Internet noch nie verwendet haben, einen sehr großen Effekt haben dürfte.

Bei der Evaluation wirtschaftspolitischer Maßnahmen ist man letztendlich daran interessiert, denjenigen Effekt einer Maßnahme zu messen, den man erwarten könnte, wenn aus einer gegebenen Bevölkerung zufällig eine Person ausgewählt wird, d.h. man ist an dem Erwartungswert von β_{1i}, $E(\beta_{1i})$, interessiert. Die Frage, die sich unmittelbar anschließt, ist, ob die bisher diskutierten Schätzer von β_1 erwartungstreue und konsistente Schätzer von $E(\beta_{1i})$ darstellen.

Für ein perfekt randomisiertes Experiment kann sehr leicht gezeigt werden, dass der OLS-Schätzer $\hat{\beta}_1$ ein erwartungstreuer Schätzer des durchschnittlichen Maßnahmeeffekts darstellt (siehe Anhang C dieses Kapitels). Dies gilt im Allgemeinen jedoch nicht für den Instrumentvariablenschätzer. Wie bereits angeführt, wird bei diesem Ansatz mit Hilfe des Instruments die Variation der endogenen erklärenden Variable in zwei Komponenten unterteilt: (i) den exogenen Teil der Variation der endogenen erklärenden Variablen, der nicht mit dem Fehlerterm in der strukturellen Gleichung korreliert ist, und (ii) den endogenen Teil der Variation der endogenen erklärenden Variablen, der mit dem Fehlerterm in der strukturellen Gleichung korreliert ist. Die Identifikation des kausalen Effekts, an dem man interessiert ist, erfolgt dann nur über die exogene Variation der endogenen erklärenden Variable. Letzteres kann auch dahingehend interpretiert werden, dass nur eine ganz bestimmte Gruppe in der Bevölkerung zur Identifikation des kausalen Effekts verwendet wird.

Spezifisch erfolgt beim Instrumentvariablenansatz die Identifikation des kausalen Effekts nur über diejenigen Personen, deren Verhalten durch das Instrument verändert wird. Nur wenn diese Personengruppe repräsentativ für die Bevölkerung ist, erhalten wir mit dem Instrumentvariablenansatz einen erwartungstreuen Schätzer des durchschnittlichen Maßnahmeeffekts. Im Allgemeinen kann man jedoch davon ausgehen, dass die Bevölkerungsgruppe, deren Verhalten durch das Instrument verändert wird, nicht repräsentativ für die gesamte Bevölkerung ist. In diesem Fall liefert uns der Instrumentvariablenschätzer nur den Maßnahmeeffekt für die Bevölkerungsgruppe, deren Verhalten über das Instrument verändert wurde. Dieser Maßnahmeeffekt wird in der Literatur als *local average treatment effect (LATE)* bzw. *lokaler Maßnahmeeffekt* bezeichnet (Imbens und Angrist, 1994).

Formal lässt sich dieses Problem wie folgt zeigen.[8] Ausgangspunkt sei die Variable X_i im Modell (8.35), die eine endogene erklärende Variable darstellt, also mit dem Fehlerterm ε_i korreliert ist. Weiterhin wird davon ausgegangen, dass eine Instrumentvariable Z_i zur Verfügung steht, die die Annahmen an ein valides Instrument erfüllt. Diese Instrumentvariable habe keinen konstanten linearen Effekt auf die Variable X_i, sondern variiere für verschiedene Personen, d.h. die Beziehung zwischen X_i und Z_i sei

$$X_i = \delta_0 + \delta_{1i} Z_i + \mu_i. \tag{8.36}$$

Gleichung (8.36) entspricht der ersten Stufe des TSLS-Schätzers, mit der Modifikation, dass nun ein heterogener Effekt von Z_i auf X_i zugelassen wird.

Wie in Anhang D zu diesem Kapitel gezeigt wird, konvergiert der Instrumentvariablenschätzer $\hat{\beta}_1^{IV}$ in dieser Situation gegen

$$plim \; \hat{\beta}_1^{IV} = \frac{E(\beta_{1i}\delta_{1i})}{E(\delta_{1i})}, \tag{8.37}$$

d.h. der Instrumentvariablenschätzer ist ein gewichtetes Mittel der individuellen Maßnahmeeffekte β_{1i}, wobei als Gewicht der individuelle Einfluss δ_{1i} des Instruments Z_i auf die Wahrscheinlichkeit, dass Person i an der Maßnahme teilnimmt, verwendet wird. Damit erhalten diejenigen Personen ein hohes Gewicht, für die das Instrument den höchsten Einfluss auf die Maßnahmenteilnahme hat.

Eine genauere Analyse von Gleichung (8.37) macht dies deutlich. Liegen homogene Maßnahmeeffekte vor, gilt $\beta_{1i} = \beta_1$ für alle i und die rechte Seite von Gleichung (8.37) reduziert sich zu

$$\frac{E(\beta_{1i}\delta_{1i})}{E(\delta_{1i})} = \beta_1 \frac{E(\delta_{1i})}{E(\delta_{1i})} = \beta_1,$$

d.h. der Instrumentvariablenschätzer ist selbst im Falle eines heterogenen Einflusses des Instruments Z_i auf die Variable X_i ein konsistenter Schätzer des durchschnittlichen Maßnahmeeffekts. Dasselbe Ergebnis erhält man, wenn der Einfluss des Instruments Z_i auf X_i homogen ist, also $\delta_{1i} = \delta_1$ gilt. In diesem Fall ergibt sich für die rechte Seite von Gleichung (8.37)

$$\frac{E(\beta_{1i}\delta_{1i})}{E(\delta_{1i})} = \delta_1 \frac{E(\beta_{1i})}{\delta_1} = E(\beta_{1i}),$$

d.h. der Instrumentvariablenschätzer ist ein konsistenter Schätzer des durchschnittlichen Maßnahmeeffekts. Nimmt man schließlich an, dass Z_i eine Indikatorvariable darstellt und dass nur die Hälfte der Bevölkerung von dem

---

[8] Siehe hierzu auch Angrist und Krueger (1999) oder Stock und Watson (2007).

Instrument beeinflusst wird ($\delta_{1i} = 1$), während das Instrument auf die andere Hälfte des Bevölkerung keinen Einfluss hat ($\delta_{1i} = 0$), identifiziert der Instrumentvariablenschätzer den durchschnittlichen Maßnahmeeffekt für diejenigen Personen, für die $\delta_{1i} = 1$ gilt.

Die Diskussion über heterogene Maßnahmeeffekte wirft natürlich die Frage auf, ob die Identifikationsstrategie des Instrumentvariablenschätzers überhaupt hilfreich ist, wirtschaftspolitische Interventionen zu evaluieren. Immerhin werden zwei Wissenschaftler bei der Evaluation einer wirtschaftspolitischen Maßnahme auf Basis des Instrumentvariablenschätzers unterschiedliche kausale Effekte identifizieren und damit zu einer unterschiedlichen Einschätzung der Effektivität der wirtschaftspolitischen Maßnahme gelangen, wenn sie unterschiedliche Instrumente verwenden. Beide Wissenschaftler werden zwar einen kausalen Effekt identifizieren, jedoch für unterschiedliche Gruppen der zugrunde liegenden Bevölkerung.

Die Antwort auf diese Frage ist ein klares Ja. Das Wissen über heterogene Maßnahmeeffekte und deren Einfluss auf den Instrumentvariablenschätzer eröffnet die Möglichkeit, zumindest für eine wohldefinierte Gruppe (die Personen, die von dem Instrument beeinflusst werden) trotz potenziell fehlender Variablen einen kausalen Effekt zu identifizieren. Die Kenntnis der Gruppe, für die dieser kausale Effekt identifiziert wird, kann uns Aufschluss darüber geben, ob der durchschnittliche Effekt in der Bevölkerung größer oder kleiner als der auf Basis des Instrumentvariablenschätzers gemessene Effekt ist. Bei einer geschickten Wahl verschiedener Instrumente ist es sogar möglich, Ober- und Untergrenzen des durchschnittlichen Effekts in der Bevölkerung anzugeben.[9] Schließlich ist der LATE oft gerade derjenige Effekt, der im Zentrum des wirtschaftspolitischen Interesses steht. So liefert die in den **Beispielen 8.9** und **8.10** diskutierte Studie von Angrist und Krueger (1991) bspw. Aufschlüsse über die ökonomischen Erträge einer Erhöhung des Mindestalters, in dem man die Schule verlassen kann, da man mit dem von diesen Autoren gewählten Instrument den kausalen Effekt der Schulbildung auf den Lohn derjenigen Personen identifiziert, die von einer derartigen Maßnahme beeinflusst werden würden.

Beispiel 8.10. Natürliches Experiment - Quartal der Geburt

In **Beispiel 8.9** haben wir Studien vorgestellt, die das Quartal der Geburt als Instrument für die Jahre der Schulausbildung verwenden. Auch in diesem Beispiel wird durch den Instrumentvariablenschätzer nicht der durchschnittliche Maßnahmeeffekt, sondern ein lokaler

---

[9] Siehe hierzu bspw. Ichino und Winter-Ebmer (1999).

Maßnahmeeffekt identifiziert. Der Grund hierfür liegt darin, dass das Instrument (das Quartal der Geburt) nur für diejenigen Schüler relevant sein dürfte, die eine hohe Wahrscheinlichkeit aufweisen, möglichst früh die Schule zu verlassen. Auf Personen, die von vornherein einen höheren Schulabschluss anstreben, wird das Quartal der Geburt keinen Einfluss auf die Entscheidung haben, die Schulausbildung über das Mindestalter hinaus fortzusetzen. Damit repräsentieren die in diesen Studien gefundenen Erträge aus der Schulbildung nur die Erträge für Personen, die einen relativ geringen Schulabschluss angestrebt haben. Je nachdem, ob diese Personen einen höheren oder niedrigeren Ertrag aus einem zusätzlichen Jahr der Schulausbildung haben als der Durchschnitt der Bevölkerung, sind die von diesen Studien geschätzten Erträge höher oder niedriger als der durchschnittliche Ertrag in der Bevölkerung. Die vorliegenden Ergebnisse weisen darauf hin, dass Personen, die einen frühen Schulaustritt anstreben, einen überdurchschnittlichen Ertrag aus einem zusätzlichem Jahr der Schulbildung aufweisen.

Kernbotschaften

1. Der Instrumentvariablenschätzer identifiziert im Allgemeinen nicht den durchschnittlichen Maßnahmeeffekt, sondern einen lokalen Maßnahmeeffekt bzw. *local average treatment effect* (LATE), der nur in bestimmten Fällen mit dem durchschnittlichen Maßnahmeeffekt übereinstimmt.
2. Der LATE ist der kausale Effekt für diejenige Personengruppe, deren Verhalten durch das Instrument beeinflusst wird.
3. Trotz dieser Einschränkung ist der Instrumentvariablenschätzer für die Evaluation wirtschaftspolitischer Maßnahmen hilfreich, da mit dieser Identifikationsstrategie der kausale Effekt einer Maßnahme für eine wohldefinierte Personengruppe identifiziert und damit eine Abgrenzung des durchschnittlichen Maßnahmeeffekts in der Bevölkerung vorgenommen werden kann. Darüber hinaus ist der LATE in vielen Fällen gerade derjenige Maßnahmeeffekt, der im Zentrum des wirtschaftspolitischen Interesses steht.

8.4 Exkurs: Messfehler

In den bisherigen Ausführungen wurde implizit angenommen, dass die jeweiligen Variablen ohne Fehler gemessen wurden. Aufgrund verschiedenster Ursachen ist dies in der Praxis jedoch oft nicht der Fall. So kann die Definition der in den Daten zur Verfügung stehenden Variablen nicht mit der entsprechenden theoretischen Definition übereinstimmen. Beispiele hierfür sind die Arbeitslosigkeit oder auch Abschreibungen. Manche Variablen können gar nicht (wie bspw. die angeborene Intelligenz oder der subjektive Zinssatz) oder nur unzureichend (z.B. das permanente Einkommen) gemessen werden. Insbesondere bei aggregierten Daten, wie z.b. dem Bruttoinlandsprodukt oder den Exporten, treten bei der Messung Ungenauigkeiten auf. Aus diesem Grund werden derartige Daten vom Statistischen Bundesamt im Nachhinein häufig korrigiert. Erhebliche Unterschiede in Einkommens- und Wachstumszahlen zeigen sich auch, wenn versucht wird, derartige Daten international vergleichbar zu machen. Hierzu muss man sich nur einmal die Mühe machen, die entsprechenden Daten des Internationalen Währungsfonds, der Weltbank oder der von der University of Pennsylvania veröffentlichten *Penn World Tables* zu vergleichen. Neuere Studien zeigen in diesem Zusammenhang, dass man bei empirischen Analysen der Determinanten des wirtschaftlichen Wachstums sehr unterschiedliche Ergebnisse erhält, wenn man verschiedene Datenquellen verwendet.[10]

Bei Befragungen von Individuen oder Unternehmen werden manche Fragen entweder gar nicht, nur teilweise oder (wissentlich oder unwissentlich) falsch beantwortet. Dies ist häufig bei Fragen zum Einkommen oder Vermögen bei Individuen oder zum Umsatz, den Investitionen oder dem Gewinn bei Unternehmen zu beobachten. Bei Befragungen spielen die Art der Befragung (schriftliche Befragung vs. telefonisches Interview vs. persönliches Interview) und die Person des Interviewers eine zentrale Rolle. Kommunikationsprobleme zwischen dem Interviewer und der befragten Person, bspw. aufgrund von ungeeigneten oder unpräzisen Definitionen der Merkmale oder missverständlich bzw. suggestiv gestellten Fragen, können zu falsch beurteilten Antworten durch den Interviewer führen. Schließlich können bei Befragungen Übertragungsfehler nie vollkommen ausgeschlossen werden.

In diesem Exkurs wird gezeigt, dass Messfehler in den Variablen zu einer Verzerrung der geschätzten Parameter führen können, die der Verzerrung aufgrund unbeobachtbarer Variablen sehr ähnlich ist. Darüber hinaus führen Messfehler, die eine zusätzliche Zufallsgröße darstellen, zu einem Anstieg der Varianz der geschätzten Parameter. Dies hat zur Folge, dass in statistischen Tests die Nullhypothese weniger häufig abgelehnt wird.

---

[10] Siehe hierzu bspw. Hanousek, Hajkova, und Filer (2007) oder Ciccone und Jarocinski (2007).

8.4.1 Messfehler in der abhängigen Variablen

Ausgangspunkt sei das folgende, wahre Modell

$$Y = \beta_0 + \beta_1 X + \varepsilon, \tag{8.38}$$

wobei ε die üblichen Annahmen an einen Fehlerterm erfülle. Die abhängige Variable Y wird jedoch mit einem Fehler gemessen, d.h. in den Daten stehen nur Informationen zu $\tilde{Y}$ zur Verfügung, wobei

$$\tilde{Y} = Y + \eta.$$

Aus diesem Grund kann nicht das Modell (8.38), sondern nur das Modell

$$\begin{aligned} \tilde{Y} &= \beta_0 + \beta_1 X + \eta + \varepsilon \\ &= \beta_0 + \beta_1 X + \nu \end{aligned} \tag{8.39}$$

geschätzt werden.

Von zentralem Interesse ist nun, ob das Modell (8.39) konsistente Schätzer der Parameter β_0 und β_1 liefert. Nehmen wir an, dass ε die klassischen OLS-Annahmen erfüllt, dass $E(\eta) = 0$ und dass der Messfehler der abhängigen Variable η nicht mit den erklärenden Variablen des Modells korreliert ist, d.h. dass $E(X\eta) = 0$. Sind diese Annahmen erfüllt, liefert das Modell (8.39) konsistente Schätzer der Parameter β_0 und β_1. Die Annahme $E(\eta) = 0$ ist nicht weiter problematisch. Wird diese Annahme verletzt, erhält man lediglich verzerrte Schätzer der Konstanten β_0 (an der man in den wenigsten Fällen wirklich interessiert ist). Der Steigungsparameter β_1 ist jedoch unverzerrt. Wichtiger ist die Annahme, dass $E(X\eta) = 0$. Wird diese Annahme verletzt, d.h. ist der Messfehler η in Y mit der erklärenden Variable X korreliert und damit $E(X\eta) \neq 0$, liefert der OLS-Schätzer wie im Fall ausgelassener Variablen verzerrte Schätzer des Steigungsparameters β_1, da in diesem Fall $E(X\nu) \neq 0$. Die ausgelassene Variable wäre in diesem Fall der Messfehler η.

Ein Messfehler in der abhängigen Variablen führt jedoch in jedem Fall zu einer höheren Varianz des Residuums. Nimmt man vereinfachend an, dass der Messfehler η und der Fehlerterm ε nicht miteinander korreliert sind, ist $Var(\nu) = Var(\eta + \varepsilon) > Var(\varepsilon)$. Diese höhere Varianz des Residuums pflanzt sich in die Standardfehler der geschätzten Koeffizienten und damit in alle statistischen Tests fort. Damit wird in statistischen Tests die Nullhypothese weniger häufig abgelehnt als in einer Situation ohne Messfehler.

8.4.2 Messfehler in den erklärenden Variablen

Um die Probleme bei Messfehlern in den erklärenden Variablen zu verdeutlichen, wird zunächst wieder der Fall eines einfachen bivariaten Regressionsmodells dargestellt. Das wahre Regressionmodell sei wiederum durch Gleichung

(8.38) gegeben. Der wahre Wert X könne jedoch nur mit einem Fehler η gemessen werden, d.h man beobachtet die Variable $\tilde{X}$ mit $\tilde{X} = X + \eta$. Es wird weiterhin angenommen, dass der Messfehler η einer Normalverteilung mit Mittelwert 0 und Varianz $\sigma_\eta{}^2$ folgt und von dem Fehlerterm im wahren Regressionsmodell und der wahren erklärenden Variable X unabhängig ist, d.h. $Cov(\eta, \varepsilon) = 0$ und $Cov(\eta, X) = 0$.

Das geschätzte Regressionsmodell lautet damit

$$\begin{aligned} Y &= \beta_0 + \beta_1 \tilde{X} - \beta_1 \eta + \varepsilon \\ &= \beta_0 + \beta_1 \tilde{X} + \nu, \end{aligned} \tag{8.40}$$

mit $\nu = -\beta_1 \eta + \varepsilon$. Selbst unter den obigen Annahmen ergibt sich das Problem, dass die Kovarianz zwischen dem Fehlerterm ν im Modell (8.40) und der erklärenden Variablen $\tilde{X}$ nicht Null ist, da

$$Cov(\tilde{X}, \eta) = E(\tilde{X}\eta) = E[(X + \eta)\eta] = E(X\eta) + E(\eta^2) = \sigma_\eta{}^2$$

und damit

$$Cov(\tilde{X}, \nu) = Cov(\tilde{X}, \varepsilon - \beta_1 \eta) = Cov(\tilde{X}, \varepsilon) - \beta_1 Cov(\tilde{X}, \eta) = -\beta_1 \sigma_\eta{}^2,$$

da annahmegemäß $Cov(\tilde{X}, \varepsilon) = 0$. Eine OLS-Schätzung des Modells (8.40) wird daher zu verzerrten und inkonsistenten Parameterschätzungen führen. Da $Var(\tilde{X}) = Var(X) + Var(\eta) = \sigma_X^2 + \sigma_\eta^2$, konvergiert die Wahrscheinlichkeit der Zufallsvariablen $\hat{\beta}_1$ gegen

$$\begin{aligned} plim\ \hat{\beta}_1 &= \beta_1 + \frac{Cov(\tilde{X}, \nu)}{Var(\tilde{X})} = \beta_1 - \frac{\beta_1 \sigma_\eta{}^2}{\sigma_X^2 + \sigma_\eta^2} \\ &= \beta_1 \left(\frac{\sigma_X^2}{\sigma_X^2 + \sigma_\eta^2} \right). \end{aligned} \tag{8.41}$$

Gleichung (8.41) zeigt, dass $\hat{\beta}_1$ gegen Null verzerrt ist, da $\sigma_X^2/(\sigma_X^2 + \sigma_\eta^2) < 1$. In der Literatur wird diese Verzerrung auch als *attenuation bias* bezeichnet. Aus Gleichung (8.41) kann man auch erkennen, dass diese Verzerrung umso kleiner ist, je größer die Varianz von X im Vergleich zur Varianz des Messfehlers η ist.

Betrachtet man Gleichung (8.40), erkennt man, dass im Falle eines Messfehlers in der erklärenden Variable im Prinzip eine Verzerrung der geschätzten Koeffizienten aufgrund einer fehlenden Variable vorliegt. Aus diesem Grund könnte man in diesem Fall auch direkt die in Gleichung (8.8) dargestellte Formel für die Verzerrung aufgrund fehlender Variablen anwenden. Die fehlende Variable ist in diesem Fall der Messfehler η, der mit der erklärenden Variablen X korreliert ist. Würde man für die Variable η in Gleichung (8.40) kontrollieren, würde man konsistente Schätzer für den kausalen Effekt von X auf Y erhalten. Kontrolliert man jedoch nicht für den Messfehler η, ist der resultierende Koeffizient $\hat{\beta}_1$ eine Mischung des Effekts von X auf Y und des Effekts von η auf Y.

Ähnlich zum Problem einer fehlenden Variablen verschlechtert sich die Situation in einem multiplen Regressionsmodell. So führt ein Messfehler in einer erklärenden Variablen zu einer Verzerrung der Koeffizienten aller erklärenden Variablen eines Regressionsmodells, sofern diese Variablen mit der mit einem Fehler gemessenen Variablen korreliert sind (Greene, 2008).

Aufgrund der Ähnlichkeit der durch fehlende Variablen und Messfehler in erklärenden Variablen verursachten Probleme ist es nicht verwunderlich, dass eine Möglichkeit, im Falle von Messfehlern in einer erklärenden Variablen konsistente Parameterschätzungen zu erhalten, in der Anwendung des Instrumentvariablenschätzers liegt. Hierzu muss man ein Instrument Z finden, das mit der fehlerhaft gemessenen Variable X, nicht aber mit dem Messfehler η und damit dem Fehlerterm ν in Gleichung (8.40) korreliert ist.

Kernbotschaften

- Ein Messfehler in der abhängigen Variablen hat keine Verzerrung der geschätzten Koeffizienten zur Folge, solange der Messfehler nicht mit den erklärenden Variablen korreliert ist. Jedoch führt ein Messfehler in der erklärenden Variable zu größeren Standardfehlern der geschätzten Koeffizienten.
- Ein Messfehler in den erklärenden Variablen kann zu einem so genannten *attenuation bias* führen, d.h. zu einer Verzerrung der geschätzten Parameter gegen Null. Diese Verzerrung kann auch als Verzerrung aufgrund fehlender Variablen interpretiert und durch die Verwendung eines Instrumentvariablenansatzes vermieden werden.

Beispiel 8.11. Messfehler in den Jahren der Schulausbildung

In der Literatur zur Abschätzung der Erträge aus Schulbildung[11] wurde häufig die Befürchtung geäußert, dass der Koeffizient der Variablen „Jahre der Schulausbildung" gegen Null verzerrt ist, wenn diese Variable mit einem Fehler gemessen wird. Diese Befürchtung wurde in der Studie von Ashenfelter und Krueger (1994) bestätigt.

---

[11] Siehe Card (1999) für einen Überblick der Literatur.

Die Autoren dieser Untersuchung verwenden Datensätze von Zwillingen. Bei der Erhebung dieser Datensätze wurde jede Person nach der Schulausbildung des jeweiligen Zwillings befragt. Man hat damit zwei Auskünfte jeder Person i zu den Jahren der Schulausbildung: (i) die eigene Angabe der Jahre der Schulausbildung (S_i) und (ii) die Angabe der Jahre der Schulausbildung der Person i, die vom jeweiligen Zwilling (SZ_i) angegeben wurde. Um eine potenzielle Verzerrung der von ihnen geschätzten Erträge aus der Schulbildung aufgrund von Messfehlern in S_i zu vermeiden, verwenden die Autoren die Variable SZ_i als Instrument für S_i.

In einer einfachen OLS-Schätzung ihrer Lohnfunktion, die eine potenzielle Verzerrung der geschätzten Koeffizienten aufgrund von Messfehlern nicht berücksichtigt, erhalten Ashenfelter und Krueger (1994, Tabelle 3) einen geschätzten Koeffizienten für die Variable „Jahre der Schulausbildung" von $0,084$, d.h. einen Ertrag für ein zusätzliches Jahr der Schulausbildung von $8,4\%$. Der TSLS-Schätzer der Erträge aus der Schulbildung, bei dem S_i mit SZ_i instrumentiert wird, liefert hingegen einen Ertrag für ein zusätzliches Jahr der Schulausbildung von $11,6\%$. Dieser signifikant höhere Ertrag weist darauf hin, dass OLS-Schätzungen der Erträge aus der Schulbildung aufgrund von Messfehlern in der Variable „Jahre der Schulausbildung" nach unten verzerrt sind.

8.5 Modelle für Paneldaten

„Wenn man das Unmögliche eliminiert, so muss der Rest der Wahrheit entsprechen." (*J.M. Dillard: Star Trek V – Das unentdeckte Land*)

Longitudinale Datensätze bzw. Paneldaten erlauben dem Wissenschaftler, einzelne Beobachtungseinheiten i – bspw. individuelle Arbeitnehmer, Unternehmen oder Regionen – zu mehr als nur einem Zeitpunkt t zu beobachten. In der empirischen Wirtschaftsforschung sind derartige Datensätze sehr populär, da sie einige wichtige Vorteile aufweisen.

Erstens zeichnen sich Paneldaten dadurch aus, dass sie im Vergleich zu Querschnitts- oder Zeitreihendaten eine weitaus höhere Anzahl von Beobachtungen bereitstellen. Dies führt zum einen zu einer Erhöhung der Anzahl der Freiheitsgrade und verringert zum anderen potenzielle Kollinearitäten zwischen den erklärenden Variablen. Beides hat eine Erhöhung der Präzision von Schätzern zur Folge. Zweitens erlauben Paneldaten die Analyse von Fragestellungen, die mit Querschnitts- oder Zeitreihendaten nicht beantwortet werden können. So erlauben longitudinale Daten die Analyse dynamischer

Beziehungen zwischen verschiedenen Variablen. Drittens vereinfachen Paneldaten die Identifikation von kausalen Effekten, da man für unbeobachtete Heterogenität, die sich über die Zeit nicht ändert, kontrollieren kann. Die folgende Diskussion konzentriert sich auf diesen dritten Vorteil von Paneldaten.

Bei Paneldaten unterscheidet man zwischen ausgeglichenen (*balanced Panel*) und nicht-ausgeglichenen Paneldaten (*unbalanced Panel*). Erstere zeichnen sich dadurch aus, dass man jedes Individuum i zu jedem Zeitpunkt t beobachtet, während in nicht-ausgeglichenen Paneldaten zumindest einige Individuen nicht zu allen Zeitpunkten beobachtet werden können. Die nachstehend dargestellten Modelle unterscheiden sich für die beiden Typen von Paneldaten nicht grundlegend. Daher konzentriert sich die Darstellung auf ausgeglichene Paneldaten.[12] Darüber hinaus wird im Folgenden durchweg angenommen, dass die Anzahl der Beobachtungseinheiten $i = 1, ..., N$ sehr viel größer als die Zahl der Beobachtungszeitpunkte $t = 1, ..., T$ ist. Wäre dies nicht der Fall, hätten die im Folgenden dargestellten Modelle schlechte asymptotische Eigenschaften, was die Anwendung anderer Modelle erfordern würde. Für eine ausführliche Darstellung weiterer Vorteile und Probleme von Paneldaten sei auf das Buch von Hsiao (2003) verwiesen.

8.5.1 Fixed-Effects-Modell

Im Zentrum des Interesses dieses Kapitels steht die Verzerrung der geschätzten Parameter eines Regressionsmodells aufgrund unbeobachteter Variablen. Bisher wurde gezeigt, dass eine derartige Verzerrung über die Verwendung geeigneter Proxy- oder Instrumentvariablen vermieden werden kann. Paneldaten eröffnen einen dritten Weg, verzerrte Schätzparameter aufgrund einer ganz bestimmten Art unbeobachtbarer Faktoren zu vermeiden.

Im Folgenden werden zwei verschiedene Gruppen von erklärenden Variablen unterschieden. Zum einen betrachten wir die Variablen X_{it}, die sich über die Zeit hinweg ändern. Der Index $i = 1, ..., N$ bezeichnet dabei die im Paneldatensatz enthaltenen Personen und der Index $t = 1, ..., T$ die verschiedenen Zeitperioden. Von diesen zeitabhängigen Variablen unterscheiden wir Variablen Z_i, die über die Zeit konstant bleiben (daher erhalten diese Variablen

---

[12] Es sollte angemerkt werden, dass man sich bei nicht-ausgeglichenen Paneldaten immer fragen sollte, warum man einige Personen nicht zu allen Zeitpunkten beobachten kann. Scheiden diese Personen zufällig aus dem Panel aus, entstehen keine weiteren Probleme. Besteht jedoch eine Korrelation zwischen der Ursache des Ausscheidens aus dem Panel und den unbeobachteten Charakteristika dieser Person, entsteht ein Stichproben-Selektions-Problem mit der Folge verzerrter Schätzparameter.

nur den Index i und keinen Index t). Ein einfaches Regressionsmodell ist:[13]

$$Y_{it} = \beta_0 + \beta_1 X_{it} + \alpha_i + \varepsilon_{it} = \beta_0 + \beta_1 X_{it} + \nu_{it}, \qquad (8.42)$$

mit $\nu_{it} = \alpha_i + \varepsilon_{it}$. Die α_i stellen N unbekannte Konstanten (eine für jedes Individuum i) dar, die geschätzt werden müssen. Diese Konstanten beinhalten alle zeitinvarianten Faktoren, die einen Einfluss auf die abhängige Variable Y_{it} haben, und zwar unabhängig davon, ob man diese Faktoren beobachten kann oder nicht. Im Allgemeinen bezeichnet man α_i als *unbeobachtbaren Effekt*, *fixen Effekt* oder auch *unbeobachtbare Heterogenität*. Der Fehlerterm ε_{it} wird als *idiosynkratischer Fehler* und ν_{it} als *zusammengesetzter Fehler* bezeichnet.

Wir nehmen im Folgenden $E[\varepsilon_{it} X_{it}] = 0$ an, d.h. dass der idiosynkratische Fehler nicht mit den erklärenden Variablen des Modells korrelliert ist. Sind darüber hinaus die fixen Effekte α_i nicht mit den erklärenden Variablen des Regressionsmodells korreliert, d.h. gilt $E[\alpha_i X_{it}] = 0$, ist auch $E[\nu_{it} X_{it}] = 0$. Schätzt man in diesem Fall das Modell (8.42) mit Hilfe der so genannten *gepoolten OLS-Methode*, würde man einen unverzerrten Schätzer $\hat{\beta}_1$ erhalten.[14] Dabei wird der longitudinale Charakter des Datensatzes ignoriert und das obige Modell unter Berücksichtigung aller Beobachtungen mit der OLS-Methode geschätzt. Im Allgemeinen muss man jedoch davon ausgehen, dass die fixen Effekte mit der erklärenden Variablen X_{it} korreliert sind, d.h. dass $E[\alpha_i X_{it}] \neq 0$. Damit ist auch der zusammengesetzte Fehler ν_{it} mit der erklärenden Variable korreliert (d.h. $E[\nu_{it} X_{it}] \neq 0$). Eine Schätzung mit Hilfe der gepoolten OLS-Methode würde in dieser Situation aufgrund der fehlenden Variable α_i zu einem verzerrten Schätzer $\hat{\beta}_1$ führen.

Die in Paneldaten vorliegende Variation der Variablen sowohl über die einzelnen Beobachtungseinheiten als auch über die Zeit eröffnet die Möglichkeit, durch eine geeignete Transformation des Modells (8.42) die fixen Effekte α_i zu eliminieren oder mittels Dummy-Variablen zu berücksichtigen und damit Verzerrungen des geschätzten Koeffizienten $\hat{\beta}_1$ aufgrund zeitinvarianter

---

[13] Da die Erweiterung auf mehrere zeitabhängige erklärende Variablen X_{it} kein weiteres konzeptionelles Problem darstellt, wird in den folgenden Ausführungen nur auf dieses einfache Modell zurückgegriffen.

[14] Diese Koeffizienten wären jedoch nicht effizient geschätzt, da man davon ausgehen muss, dass bei der Anwendung der gepoolten OLS-Methode die Residuen ε_{it} für ein Individuum über die Zeit miteinander korreliert sind, d.h. dass $Cov(\varepsilon_{it}, \varepsilon_{is}) \neq 0$ für $t \neq s$. Diese sog. serielle Korrelation führt dazu, dass man falsche Standardfehler erhält. Wie bei heteroskedastischen Fehlertermen müsste man die GLS- bzw. FGLS-Methode benutzen, um einen effizienten Koeffizientenschätzer zu erhalten (siehe Kapitel 7.5). Für den Spezialfall von Paneldaten bezeichnet man diesen Schätzer als *Random-Effects-Modell*, *Error-Components-Modell* oder auch *Variance-Components-Modell*. Da diese Modelle nicht geeignet sind, das Problem unbeobachtbarer Heterogenität zu lösen, werden sie hier nicht näher dargestellt. Eine detaillierte Beschreibung dieser Modelle findet sich in den üblichen Lehrbüchern, wie bspw. Wooldridge (2002) oder Greene (2008), bzw. in Hsiao (2003).

unbeobachtbarer Effekte zu vermeiden. Im Prinzip gibt es hierfür drei verschiedene Ansätze: (i) die Bildung erster Differenzen, (ii) die so genannte Fixed-Effects-Transformation und (iii) den Dummy-Variablen-Ansatz.

Kernbotschaften

Die in Paneldaten zur Verfügung stehende Variation über verschiedene Beobachtungseinheiten und über die Zeit lässt sich verwenden, um Verzerrungen der Schätzer aufgrund fehlender Variablen, die sich über die Zeit nicht verändern zu kontrollieren. Diese unbeobachtete zeitinvariante Heterogenität wird üblicherweise durch die Aufnahme von fixen Effekten α_i in ein Regressionsmodell modelliert, wobei diese fixen Effekte als spezifische Konstante jeder Beobachtungseinheit i interpretiert werden können.

Erste Differenzen. Ein möglicher Ansatz zur Eliminierung der fixen Effekte α_i ist die Bildung erster Differenzen. Schreibt man Gleichung (8.42) getrennt für die Zeitperioden t und $t-1$, d.h.

$$Y_{it} = \beta_0 + \beta_1 X_{it} + \alpha_i + \varepsilon_{it}$$
$$Y_{it-1} = \beta_0 + \beta_1 X_{it-1} + \alpha_i + \varepsilon_{it-1},$$

und zieht die zweite Gleichung von der ersten ab, erhält man

$$Y_{it} - Y_{it-1} = \beta_1(X_{it} - X_{it-1}) + (\varepsilon_{it} - \varepsilon_{it-1})$$

bzw.

$$\Delta Y_{it} = \beta_1 \Delta X_{it} + \Delta \varepsilon_{it}. \tag{8.43}$$

In Gleichung (8.43) wurden die fixen Effekte α_i durch die Bildung erster Differenzen eliminiert, da α_i nicht über die Zeit variiert. Somit erhält man unverzerrte und konsistente Schätzer des Koeffizienten $\hat{\beta}_1$, wenn das Regressionsmodell (8.43) mit der OLS-Methode geschätzt wird, selbst wenn α_i mit den erklärenden Variablen korreliert ist.[15]

Eine notwendige Identifikationsannahme hierfür ist jedoch, dass der Fehler $\Delta \varepsilon_{it}$ nicht mit ΔX_{it} korreliert ist. Diese Annahme bezeichnet man auch als *strikte Exogenität*, da $E[X_{it}\varepsilon_{is}] = 0$ für alle $t, s = 1, \ldots, T$ mit $t \neq s$ gelten muss, d.h. zu jedem Zeitpunkt die erklärende Variable mit dem Fehlerterm zum selben Zeitpunkt *und* mit allen Fehlertermen der Vergangenheit und Zukunft unkorreliert sein muss. Mit anderen Worten: der idiosynkratische Fehler

---

[15] Hierzu müssen jedoch die zentralen Annahmen des linearen Regressionsmodells, wie sie in Kapitel 5.4.1 dargestellt wurden, leicht modifiziert werden. Diese modifizierten Annahmen werden im Anhang E zu diesem Kapitel kurz dargestellt.

darf keine zeitvariablen Faktoren enthalten, die mit den erklärenden Variablen korreliert sind. Anzumerken ist hierbei weiterhin, dass der geschätzte Koeffizient $\hat{\beta}_1$ seine ursprüngliche Interpretation wie in Gleichung (8.42) beibehält.

Die Bildung erster Differenzen zur Eliminierung unbeobachtbarer Heterogenität ist mit Nachteilen verbunden: Zum einen verliert man durch die Bildung erster Differenzen N Beobachtungen, da für die Beobachtungen zum ersten Zeitpunkt des Panels ($t = 1$) keine Vorperiode existiert. Darüber hinaus wird mit der Bildung erster Differenzen auch die Konstante β_0 eliminiert, da diese nicht über die Zeit variiert. In einem Modell mit K erklärenden Variablen führt die Bildung erster Differenzen bspw. dazu, dass sich die Anzahl der Freiheitsgrade von $T \cdot N - K - 1$ in der Niveaugleichung (8.42) auf $(T - 1) \cdot N - K$ Freiheitsgrade in der Gleichung in ersten Differenzen (8.43) verringert.

Zweitens wird es durch die Bildung erster Differenzen sehr schwer, den Effekt von erklärenden Variablen zu identifizieren, die nur eine geringe Variation über die Zeit aufweisen. Als Extremfall hierfür können vollkommen zeitvariante erklärende Variablen angesehen werden, die in dem Modell (8.43) nicht berücksichtigt werden können. Durch die Bildung erster Differenzen werden nämlich nicht nur alle unbeobachtbaren zeitinvarianten Faktoren, sondern *alle* zeitinvarianten Faktoren eliminiert. Wäre die Variable X_{it} im ursprünglichen Modell (8.42) bspw. eine Dummy-Variable für das Geschlecht einer Person, kann diese Variable in dem Modell in ersten Differenzen nicht mehr berücksichtigt werden, da sich das Geschlecht üblicherweise nicht ändert und somit die erste Differenz dieser Variablen immer Null ist.

Beispiel 8.12. Bestimmung der Rendite von Schulausbildung in einem Regressionsmodell in ersten Differenzen

Hinsichtlich der Schätzung der Rendite aus der Schulbildung könnte man auf die Idee kommen, mit Hilfe eines Paneldatensatzes in der üblichen Mincer'schen Lohnfunktion über die Bildung erster Differenzen für unbeobachtete Heterogenität in Form angeborener kognitiver Fähigkeiten zu kontrollieren. Ausgehend von der Gleichung

$$ln(w_i) = \beta_0 + \beta_1 S_{it} + \alpha_i + \varepsilon_{it}$$

würde man die ersten Differenzen bilden und das Modell

$$\Delta ln(w_i) = \beta_1 \Delta S_{it} + \Delta \varepsilon_{it}$$

mit der OLS-Methode schätzen.

Die Schätzung von β_1 gestaltet sich schwierig, da sich die Jahre der Schulausbildung für Personen, die in einem Beschäftigungsverhältnis stehen und somit einen Lohnsatz angeben können, über die Zeit meist nicht mehr verändern. Nur für den üblicherweise sehr kleinen Anteil von Personen, die bspw. über eine Abendschule einen zusätzlichen Schulabschluss erwerben, würde sich die Anzahl der Schuljahre S_{it} über die Zeit verändern. Aufgrund der damit verbundenen geringen Varianz der Variablen ΔS_{it} ist es sehr schwierig (und in den meisten Datensätzen sogar unmöglich), die Rendite aus der Schulbildung in einem Modell in ersten Differenzen oder nach einer Fixed-Effects-Transformation zu schätzen.

Fixed-Effects-Transformation. Eine weitere Methode, die fixen Effekte α_i aus Gleichung (8.42) zu eliminieren, ist die so genannte *Fixed-Effects-* oder auch *Within-Transformation*. Bildet man in Gleichung (8.42) für alle Individuen i den Durchschnitt über die Zeit, erhält man folgendes Regressionsmodell in Mittelwerten:

$$\bar{Y}_i = \beta_0 + \beta_1 \bar{X}_i + \alpha_i + \bar{\varepsilon}_i, \qquad (8.44)$$

wobei $\bar{Y}_i = T^{-1} \sum_{t=1}^{T} Y_{it}$ und $\bar{X}_i = T^{-1} \sum_{t=1}^{T} X_{it}$ für alle $i = 1, \ldots, N$. Subtrahiert man Gleichung (8.44) von Gleichung (8.42), ergibt sich

$$\tilde{Y}_i = \beta_1 \tilde{X}_i + \tilde{\varepsilon}_i, \qquad (8.45)$$

mit $\tilde{Y}_i = Y_{it} - \bar{Y}_i$, $\tilde{X}_i = X_{it} - \bar{X}_i$ und $\tilde{\varepsilon}_i = \varepsilon_{it} - \bar{\varepsilon}_i$.

In Gleichung (8.45) wurden die fixen Effekte α_i wiederum eliminiert, d.h. man erhält durch die Fixed-Effects-Transformation einen unverzerrten Schätzer des Parameters β_1, wenn man die Gleichung mit der OLS-Methode schätzt, selbst wenn α_i mit X_{it} korreliert ist. Dieser Schätzer wird auch als Within-Schätzer bezeichnet, da man zur Schätzung der Parameter nur die jeweilige Variation der einzelnen Querschnittsbeobachtungen i über die Zeit verwendet, nicht jedoch die Variation über die einzelnen Beobachtungen i.

Auch bei der Fixed-Effects-Transformation verliert man durch die Bildung von Durchschnitten über die Zeit für jedes Individuum N Freiheitsgrade und eliminiert die Konstante β_0. In einem Modell mit K erklärenden zeitabhängigen Variablen führt die Fixed-Effects-Transformation dazu, dass sich die Anzahl der Freiheitsgrade von $T \cdot N - K - 1$ in der Ausgangsgleichung (8.42) auf $T \cdot N - N - K = (T-1)N - K$ Freiheitsgrade nach der Transformation verringert. Ähnlich zum Schätzer in ersten Differenzen verschwinden auch bei dieser Transformation alle zeitinvarianten Variablen, da für derartige Variablen $\tilde{X}_i = X_{it} - \bar{X}_i = 0$ ist.

Dummy-Variablen-Ansatz. Der dritte Ansatz, Verzerrungen der Koeffizienten aufgrund zeitinvarianter unbeobachtbarer Heterogenität zu vermeiden, ist die Berücksichtigung der fixen Effekt α_i in Gleichung (8.42), indem man man für jedes Individuum i eine Indikatorvariable D_i bildet und diese in das Modell (8.42) aufnimmt:

$$Y_{it} = \beta_1 X_{it} + \alpha_1 D_1 + \ldots + \alpha_N D_N + \varepsilon_{it}. \qquad (8.46)$$

Hat man bspw. 100 unterschiedliche Querschnittsbeobachtungen i, bildet man 100 verschiedene Dummy-Variablen, die zusammen mit der erklärenden Variablen X_{it} in das Regressionsmodell aufgenommen werden. Darüber hinaus enthält Gleichung (8.46) keine Konstante, da diese mit den Dummy-Variablen D_i perfekt korreliert wäre.

Diese Methode liefert einen Schätzer des Parameters β_1, der identisch zu denjenigen der Fixed-Effects-Transformation ist, d.h. selbst bei einer Korrelation der fixen Effekte α_i mit X_{it} unverzerrt ist. Auch dieser Ansatz hat den Nachteil, dass man durch die Berücksichtigung der individuenspezifischen Indikatorvariablen N Freiheitsgrade verliert. Schließlich können – wie bei der Bildung erster Differenzen und der Fixed-Effects-Transformation – auch bei diesem Ansatz keine zeitinvarianten Variablen in das Regressionsmodell aufgenommen werden, da diese mit den fixen Effekten bzw. mit der Summe der fixen Effekten perfekt korreliert wären.

Beispiel 8.13. Lohneffekte der Verwendung eines PCs bei der Arbeit – Fortsetzung

Wie in **Beispiel 8.5** diskutiert, kann die Rendite der Verwendung eines PCs bei der Arbeit nach oben verzerrt sein, wenn unbeobachtete technische Fähigkeiten sowohl mit der Verwendung eines PCs bei der Arbeit als auch mit dem Lohn positiv korreliert sind. Es ist dabei realistisch, von der Annahme auszugehen, dass unbeobachtbare technische Fähigkeiten eine zeitinvariante Größe darstellen. Ein Fixed-Effects-Modell wäre daher eine Möglichkeit, die Verzerrung der Rendite aus der Verwendung eines PCs bei der Arbeit zu vermeiden.

Tabelle 8.3 zeigt die Ergebnisse eines gepoolten OLS- und eines Fixed-Effect-Modells für die Rendite aus der Verwendung eines PCs bei der Arbeit (Haisken-DeNew und Schmidt, 1999, Tabelle 5). Verwendet man ein gepooltes OLS, führt die Verwendung eines PC bei der Arbeit zu einer Erhöhung des Lohnes um 8,6%. Dieser Wert dürfte jedoch aufgrund der unbeobachteten technischen Fähigkeiten nach oben verzerrt sein. Diese Vermutung wird durch die Fixed-Effects

Schätzungen bestätigt. Kontrolliert man für unbeobachtete Fähigkeiten im Rahmen eines Fixed-Effects-Modells, sinkt die Rendite aus der Verwendung eines PC bei der Arbeit auf 2,1%.

Tabelle 8.3. PC-Verwendung und Löhne in Deutschland, 1984-1997

VARIABLE	OLS	Fixed-Effects
PCW	0,086	0,021
	(14,859)	(3,542)

Anmerkung: Absolute t-Werte in Klammern. 12.482 Beobachtungen

---

Kernbotschaften

In einem Paneldatenmodell gibt es drei Möglichkeiten, fixe Effekte zu eliminieren bzw. für unbeobachtete zeitinvariante Heterogenität zu kontrollieren:

1. Bildung erster Differenzen: Man bildet für die abhängige Variable und alle zeitabhängigen erklärenden Variablen erste Differenzen über die Zeit:

$$\Delta Y_{it} = \Delta \beta_1 X_{it} + \Delta \varepsilon_{it},$$

   mit $\Delta Y_{it} = Y_{it} - Y_{it-1}$, $\Delta X_{it} = X_{it} - X_{it-1}$ und $\Delta \varepsilon_{it} = \varepsilon_{it} - \varepsilon_{it-1}$.

2. Fixed-Effects-Transformation: Man bildet für alle zeitabhängigen Variablen des Modells für alle Beobachtungseinheiten i den Durchschnitt über die Zeit und subtrahiert diese Mittelwerte von den jeweiligen Beobachtungen:

$$\tilde{Y}_i = \beta_1 \tilde{X}_i + \tilde{\varepsilon}_i,$$

   mit $\tilde{Y}_i = Y_{it} - \bar{Y}_i$, $\tilde{X}_i = X_{it} - \bar{X}_i$ und $\tilde{\varepsilon}_i = \varepsilon_{it} - \bar{\varepsilon}_i$.

3. Dummy-Variablen-Ansatz: Man nimmt für jede Beobachtungseinheit eine eigene Dummy-Variable D_i in das Regressionsmodell auf:

$$Y_{it} = \beta_1 X_{it} + \alpha_1 D_1 + \ldots + \alpha_N D_N + \varepsilon_{it}.$$

Diese Modelle haben den Vorteil, dass die geschätzten Parameter β_1 unverzerrt sind, selbst wenn beobachtbare und unbeobachtbare Variablen mit den zeitabhängigen erklärenden Variablen und der abhängigen Variable korreliert sind. Sie haben den Nachteil, dass

- keine zeitinvarianten Variablen in das Modell aufgenommen werden können und
- man N Freiheitsgrade verliert.

Periodeneffekte. Ähnlich zu den fixen Effekten für jedes Individuum i können fixe Periodeneffekte in das Regressionsmodell aufgenommen werden. Mit derartigen Periodeneffekten würde man für alle beobachtbaren und unbeobachtbaren Effekte kontrollieren, die für alle Individuen identisch sind, jedoch über die Zeit variieren. Die Aufnahme von Periodeneffekten hat verschiedene Vorteile. Zum einen kann man neben der unbeobachteten individuellen Heterogenität auch für unbeobachtete zeitliche Heterogenität kontrollieren und somit eine weitere potenzielle Ursache von Verzerrungen aufgrund ausgelassener Variablen vermeiden.

Ein weiterer Vorteil liegt darin, dass man über die Berücksichtigung von Periodeneffekten insbesondere bei der Bildung erster Differenzen und bei der Fixed-Effects-Transformation sehr einfach eine Spezifikation wählen kann, die eine Konstante enthält. Bei den Modellen (8.43) und (8.45) wurde über die jeweilige Transformation auch die Konstante eliminiert. Da beim Dummy-Variablen-Ansatz für jedes Individuum i eine eigene Dummy-Variable in das Modell aufgenommen wird, enthält auch das Modell (8.46) keine Konstante. Letzteres lässt sich jedoch vergleichsweise einfach beheben, indem man nicht N, sondern nur $N-1$ Indikatorvariablen in das Modell aufnimmt und ein Individuum als Referenzgruppe behandelt. Das Fehlen einer Konstante hat in vielen Anwendungen gewisse Nachteile, bspw. bei der Berechnung des R^2. In der Praxis möchte man derartige Modelle daher eher vermeiden.

In den oben diskutierten Ansätzen zur Berücksichtigung bzw. Eliminierung unbeobachteter Heterogenität lassen sich Periodeneffekte wie folgt integrieren. Man definiert in einem ersten Schritt für alle im Datensatz enthaltenen Perioden t eine eigene Indikatorvariable P_t. Man erhält damit insgesamt T Indikatorvariablen. Um in den oben beschriebenen Modellen eine Konstante zu erhalten, werden jedoch nur $T-1$ Periodendummies in das jeweilige Modell aufgenommen und eine Periode als Referenzperiode definiert. Bei der Fixed-Effects-Transformation und dem Dummy-Variablen-Ansatz definiert man üblicherweise die erste Periode ($t=1$) als Referenzzeitpunkt und schätzt das Regressionsmodell

$$\tilde{Y}_i = \tau_1 + \beta_1 \tilde{X}_i + \tau_2 P_2 + \tau_3 P_3 + \ldots + \tau_T P_T + \tilde{\varepsilon}_i \qquad (8.47)$$

im Falle der Fixed-Effects-Transformation und das Modell

$$Y_{it} = \tau_1 + \beta_1 X_{it} + \alpha_1 D_1 + \ldots + \alpha_N D_N$$
$$+ \tau_2 P_2 + \tau_3 P_3 + \ldots + \tau_T P_T + \varepsilon_{it} \qquad (8.48)$$

im Falle des Dummy-Variablen Ansatzes, wobei in beiden Modellen τ_1 die Konstante des Modells darstellt.

Wie bereits angemerkt, verliert man bei der Bildung erster Differenzen alle Beobachtungen für den ersten Zeitpunkt $t=1$ des Datensatzes, da für diesen Zeitpunkt keine Vorperiode existiert, mit der man eine Differenz bilden könnte. Daher definiert man bei der Bildung erster Differenzen üblicherweise die Periode $t = 2$ als Referenzgruppe und spezifiziert folgendes Regressionsmodell

$$\Delta Y_{it} = \tau_2 + \beta_1 \Delta X_{it} + \tau_3 P_3 + \ldots + \tau_T P_T + \Delta \varepsilon_{it}, \qquad (8.49)$$

wobei nun τ_2 die Konstante des Modells darstellt. Im Unterschied zu den Modellen (8.47) und (8.48) enthält Modell (8.49) nicht $T - 1$, sondern lediglich $T - 2$ Periodendummies.

Die Aufnahme von Periodendummies erfolgt jedoch nicht ohne Kosten. Insbesondere können in den Modellen mit Periodendummies keine erklärenden Variablen aufgenommen werden, die im Zeitablauf immer um einen konstanten Betrag zunehmen. Ein Beispiel hierfür ist das Alter einer Person in einer Lohnregression. Da das Alter immer um ein Jahr zunimmt, ist die erste Differenz des Alters immer Eins und somit in Gleichung (8.49) perfekt kollinear mit der Konstanten τ_2. In den beiden anderen Modellen wären derartige Variablen perfekt korreliert mit den Perioden-Dummies und könnten daher ebenfalls nicht berücksichtigt werden.

Kernbotschaften

Die Aufnahme von Periodeneffekten in Form von T Dummy-Variablen für jeden Zeitpunkt des Paneldatensatzes hat die Vorteile, dass

- man alle beobachtbaren und unbeobachtbaren Effekte kontrollieren kann, die für alle Individuen identisch sind, jedoch über die Zeit variieren,
- man auf einfache Weise Paneldatenmodelle derart spezifizieren kann, dass sie eine Konstante enthalten.

8.5.2 Anwendungsbeispiel: Erträge aus der Schulbildung und Zwillingsdaten

Ziel dieses Anwendungsbeispiels ist zu zeigen, dass durch eine intelligente Ausnutzung von Datenstrukturen die Idee der beschriebenen Paneldatenmodelle auch dann verwendet werden kann, wenn in den zur Verfügung stehenden Daten dieselben Beobachtungseinheiten nicht zu mehreren Zeitpunkten beobachtet werden können. In **Beispiel 8.12** wurde gezeigt, dass herkömmliche Paneldaten nicht verwendet werden können, um Schätzungen der Erträge aus der Schulbildung zu erhalten, die nicht aufgrund unbeobachtbarer zeitinvarianter Heterogenität verzerrt sind. Der Grund hierfür liegt darin, dass sich die Jahre der Schulausbildung einer Person üblicherweise nicht mehr verändern, sobald eine Person in den Arbeitsmarkt eingetreten ist.

Ashenfelter und Krueger (1994)[16] greifen die Idee der Panelschätzer, durch Bildung von Differenzen unbeobachtete Heterogenität zu eliminieren, auf, um Schätzungen der Erträge aus der Schulausbildung zu erhalten, die nicht aufgrund unbeobachteter angeborener kognitiver Fähigkeiten nach oben verzerrt sind. Die grundlegende Idee der Autoren liegt darin, dass eineiige Zwillinge sich durch identische genetische Informationen auszeichnen, d.h. von Geburt an identische kognitive Fähigkeiten aufweisen. Würden Daten von eineiigen Zwillingen zur Verfügung stehen, könnte man über die Bildung der Differenz über die eineiigen Zwillingen den Einfluss angeborener kognitiver Fähigkeiten eliminieren und würde unverzerrte Schätzer der Erträge aus den Jahren der Schulausbildung erhalten. Voraussetzung hierfür ist jedoch, dass in den Daten ausreichend viele Zwillingspaare zu beobachten sind, die unterschiedliche Jahre der Schulausbildung vorweisen. Ansonsten hätte man wiederum nach der Bildung der Differenz innerhalb der Zwillingspaare keine Variation in den Jahren der Schulausbildung.

Formal lässt sich die Idee von Ashenfelter und Krueger (1994) wie folgt darstellen. Ausgangspunkt sei die Lohnregression

$$ln(w_{ij}) = \boldsymbol{X}_{ij}\boldsymbol{\beta} + \delta S_{ij} + \alpha_j + \varepsilon_{ij}, \qquad (8.50)$$

wobei w_{ij} den Bruttostundenlohn, X_{ij} einen Vektor sozioökonomischer Charakteristika und S_{ij} die Jahre der Schulausbildung von Zwilling i aus der Familie j bezeichnen. α_j stellt einen fixen Familieneffekt dar, der alle Faktoren beinhaltet, die für die Zwillinge aus einer Familie identisch sind. Dies beinhaltet bei eineiigen Zwillingen auch deren angeborene kognitive Fähigkeiten. Werden nur Daten von Zwillingspaare verwendet, stehen für jede Familie j zwei Beobachtungen von Zwillingen $i = 1, 2$ zur Verfügung. Bildet man über diese Zwillinge die Differenzen, ergibt sich

$$ln(w_{1j}) - ln(w_{2j}) = (\boldsymbol{X}_{1j} - \boldsymbol{X}_{2j})\boldsymbol{\beta} + \delta(S_{1j} - S_{2j}) + (\varepsilon_{1j} - \varepsilon_{2j}).(8.51)$$

Durch die Differenzenbildung wurden die fixen Familieneffekte α_j eliminiert. Damit leiden die aus dieser Gleichung mit der OLS-Methode geschätzten Erträge aus der Schulbildung $\hat{\delta}$ nicht unter Verzerrungen aufgrund unbeobachteter Heterogenität.

---

[16] Siehe auch Ashenfelter und Rouse (1998) für eine Nachfolgestudie. Eine zu Ashenfelter und Krueger (1994) ähnliche Strategie findet sich bspw. auch in den Arbeiten von Behrman, Rosenzweig, und Taubman (1994), Behrman und Rosenzweig (2002), Plug und Vijverberg (2003), Isacsson (1999), Isacsson (2007) und Miller, Mulvey, und Martin (1995).

Um ihre Identifikationsstrategie realisieren zu können, haben Ashenfelter und Krueger (1994) auf dem 16. jährlichen Zwillingsfestival in Twinsburg (Ohio) im August 1991 eigene Daten erhoben. Auf Basis dieser Daten erhalten die Autoren einen Ertrag aus einem zusätzlichen Jahr der Schulausbildung von 10,5%, wenn nicht für die fixen Familieneffekte kontrolliert wird. Werden die fixen Familieneffekte α_j jedoch über die beschriebene Bildung von Differenzen über die Zwillingspaare eliminiert, erhalten die Autoren einen Ertrag aus einem zusätzlichen Jahr der Schulausbildung von 9,1%, der nicht statistisch signifikant von dem Wert aus der einfachen OLS-Schätzung abweicht. Dieses Ergebnis würde implizieren, dass die Verzerrung des geschätzten Ertrags aus der Schulbildung in herkömmlichen Analysen zu vernachlässigen ist. Jedoch weisen Ashenfelter und Krueger (1994) darauf hin, dass ein Fehler in der Messung der Jahre der Schulausbildung zu einer weiteren Verzerrung der geschätzten Erträge der Schulausbildung führen kann, die durch die Bildung der Differenzen über die Zwillinge noch verstärkt wird. Daher ist es notwendig, die Differenz $(S_{1j} - S_{2j})$ in Gleichung (8.51) zu instrumentieren. Für eine weitergehende Diskussion dieser Thematik möchten wir an dieser Stelle auf den Übersichtsartikel von Card (1999) verweisen.

8.5.3 Politikevaluation mit Paneldaten

Um die Vorteile von Paneldaten bei der Evaluation wirtschaftspolitischer Maßnahmen zu verdeutlichen, folgen wir wiederum dem Beispiel der Evaluation der Effekte betrieblicher Weiterbildungsmaßnahmen auf den Lohn. Dabei wird nun davon ausgegangen, dass Paneldaten von N Individuen i zu zwei Zeitpunkten $t = 1, 2$ vorliegen, wobei der erste Beobachtungszeitpunkt $t = 1$ vor, und der zweite Beobachtungszeitpunkt $t = 2$ nach der erfolgten Weiterbildungsmaßnahme liegt. Als Erfolgsgröße wird der logarithmierte Lohn $ln(w_{it})$ gewählt. Auf Basis dieses einfachen Beispiels soll nun die Implementierung des Differenz-in-Differenzen-Ansatzes dargestellt werden, wenn Paneldaten vorliegen.

Der Differenz-in-Differenzen-Ansatz lässt sich in einem linearen Regressionsmodell durch die Konstruktion einer Interaktionsvariablen aus zwei geeigneten Dummyvariablen D_i und T_t implementieren. Dabei nimmt die Dummy-Variable D_i den Wert 1 an, wenn es sich bei Individuum i um einen Teilnehmer an der Weiterbildungsmaßnahme handelt, und den Wert 0 sonst. Diese Dummy-Variable erhält keinen Index t, da sie sich über die Zeit hinweg nicht ändert. Die Dummy-Variable T_t nimmt den Wert 1 für Beobachtungen nach erfolgter Maßnahme (d.h. zum Zeitpunkt t_2), und den Wert 0 für den Zeitraum vor der Weiterbildungsmaßnahme (d.h. zum Zeitpunkt t_1) an. Diese Dummy-Variable erhält keinen Index i, da sie über die beobachteten Individuen hinweg nicht variiert. Ausgehend von Gleichung (6.32) aus Abschnitt Kapitel 6.3.4 kann der Differenz-in-Differenzen-Ansatz für den Paneldatensatz der beiden Jahre $t = 1, 2$ über das folgende Regresssionsmodell implementiert werden:

$$ln(w_{it}) = \boldsymbol{X}_{it}\boldsymbol{\beta} + \delta_1 D_i + \delta_2 T_t + \delta_3(T_t \cdot D_i) + \alpha_i + \varepsilon_{it}. \qquad (8.52)$$

Bei der Evaluation der Lohneffekte der Weiterbildungsmaßnahme befürchtet man insbesondere, dass die fixen Effekte α_i mit der Maßnahmenteilnahme, d.h. mit der Variable D_i und damit auch mit der Interaktionsvariable $T_t \cdot D_i$, korreliert sind und damit zu verzerrten Schätzungen des Evaluationsparameters δ_3 führen. Eine derartige Korrelation könnte bspw. entstehen, wenn die Firmenleitung die besonders motivierten Mitarbeiter an einer Weiterbildungsmaßnahme teilnehmen lässt. Die Verwendung von Paneldaten erlaubt nun, diese fixen Effekte über die Bildung erster Differenzen oder die Fixed-Effects-Transformation zu eliminieren bzw. die fixen Effekte über den diskutierten Dummy-Variablen-Ansatz direkt in dem Regressionsmodell zu berücksichtigen. Damit würde man einen geschätzten Evaluationsparameter $\hat{\delta}_3$ des Differenzen-in-Differenzen-Ansatzes erhalten, der frei von potentiellen Verzerrungen aufgrund zeitinvarianter unbeobachtbarer Heterogenität ist.

Möchte man bspw. die zeitinvarianten unbeobachtbaren Effekte α_i über die Bildung erster Differenzen eliminieren, würde man von jeder Variable zum Beobachtungszeitpunkt $t = 2$ den entsprechenden Wert zum Beobachtungszeitpunkt $t = 1$ abziehen, um das Regressionsmodell

$$\begin{aligned} ln(w_{i2}) - ln(w_{i1}) = (\boldsymbol{X}_{i2} - \boldsymbol{X}_{i1})\boldsymbol{\beta} + \delta_2(T_2 - T_1) \\ + \delta_3(T_2 \cdot D_i - T_1 \cdot D_i) + (\varepsilon_{i2} - \varepsilon_{i1}), \end{aligned}$$

bzw.

$$\Delta ln(w_{it}) = \Delta \boldsymbol{X}_{it}\boldsymbol{\beta} + \delta_2 \Delta T_t + \delta_3 D_i \Delta T_t + \Delta \varepsilon_{it}. \qquad (8.53)$$

zu schätzen. Da über die Bildung erster Differenzen die fixen Effekte α_i eliminiert wurden, liefert eine OLS-Schätzung von Gleichung (8.53) Schätzungen des Parameters δ_3, die nicht aufgrund zeitinvarianter unbeobachteter Heterogenität verzerrt sind. Jedoch können zeitabhängige unbeobachtbare Effekte, die im idiosynkratischen Fehler ε_{it} enthalten sind, zu Verzerrungen des Evaluationsparameters führen, wenn diese Effekte mit der Interaktionsvariablen $T_t \cdot D_i$ korreliert sind. Zu derartigen Effekten gehören bspw. auch das bereits diskutierte Ashenfelter-Dip-Problem bzw. zeitliche Entwicklungen, die einen unterschiedlichen Einfluss auf die Teilnehmer- und die Kontrollgruppe haben.

Gleichung (8.53) weist einige Besonderheiten auf, die nicht unerwähnt bleiben sollten. Zum einen gilt bei dem unterstellten Fall von zwei Zeitperioden, dass $\Delta T_t = 1$ für alle Beobachtungen i, da die Dummy-Variable T_t für den Zeitpunkt $t = 2$ immer den Wert 1 und für den Zeitpunkt $t = 1$ immer den Wert 0 annimmt. Da durch die Bildung erster Differenzen die allgemeine

Konstante des Ausgangsmodells eliminiert wurde, stellt somit δ_2 die Konstante des Modells in ersten Differenzen dar. Zudem ist anzumerken, dass die erste Differenz der Interaktionsvariablen $(T_t \cdot D_i)$ der Indikatorvariable D_i entspricht. Die Interaktionsvariable nimmt nur für die Maßnahmeteilnehmer zum Zeitpunkt $t = 2$ den Wert 1 an. Die erste Differenzen dieser Interaktionsvariablen nimmt für alle Maßnahmeteilnehmer den Wert 1, und für alle Nichtteilnehmer den Wert 0 an; entspricht also der Indikatorvariablen D_i. Das Modell (8.53) könnte für den besprochenen Fall daher auch wie folgt geschrieben werden:

$$\Delta ln(w_{it}) = \delta_2 + \Delta X_{it}\beta + \delta_3 D_i + \Delta \varepsilon_{it}. \tag{8.54}$$

Beispiel 8.14. Sommerzeit und Energieverbrauch

Jedes Jahr werden in Deutschland – wie in vielen anderen Europäischen Ländern – die Uhren im Zeitraum vom letzten Sonntag im März bis zum letzten Sonntag im Oktober auf Sommerzeit umgestellt. Vor dem Hintergrund der Ölkrisen Anfang der siebziger Jahre war ein wichtiger Grund für die Einführung der Sommerzeit in der Europäischen Union die Überzeugung, dass durch die Zeitumstellung eine bessere Nutzung des Tageslichts ermöglicht wird und somit Energie eingespart werden kann. Auch wenn inzwischen Zweifel an diesem Argument geäussert werden[17] gab es bis vor kurzem nur sehr wenig überzeugende empirische Evidenz, dass mit der Sommerzeit tatsächlich Energieeinsparungen realisiert werden können.

In einer neueren Studie für die USA kommen Kotchen und Grant (2008) zu dem Ergebnis, dass die Umstellung auf Sommerzeit nicht mit Energieeinsparungen verbunden ist, sondern vielmehr zu einem signifikant höheren Energieverbrauch führt. Im Gegensatz zu früheren Studien zeichnet sich die empirische Analyse von Kotchen und Grant (2008) dadurch aus, dass die Autoren auf ein natürliches Experiment und einen umfangreichen Paneldatensatz zum Stromverbrauch von mehr als 7 Mill. Haushalten in Indiana für den Zeitraum von Januar 2004 bis Dezember 2006 zurückgreifen können. Damit können die Autoren auf Basis eines Differenz-in-Differenzen-Ansatzes den kausalen Effekt der Umstellung auf Sommerzeit auf den Stromverbrauch unter Verwendung vergleichsweise glaubhafter Identifikationsannahmen identifizieren.

---

[17] So bestätigte die Bundesregierung im Jahr 2005 auf Anfrage der FDP-Fraktion, dass mit der Sommerzeit die erwünschten Energieeinsparungen nicht erreicht wurden (Deutscher Bundestag, 2005).

Das von Kotchen und Grant (2008) verwendete natürliche Experiment besteht darin, dass einige Bezirke (*Counties*) des US-Staats Indiana, die im Folgenden den Autoren folgend als *NE*-Bezirke bezeichnet werden, erst seit dem Jahr 2006 auf Sommerzeit umstellen. Im Gegensatz zu diesen *NE*-Bezirken haben andere Bezirke in Indiana über den gesamten Zeitraum des zur Verfügung stehenden Datensatzes entweder immer oder aber nie auf Sommerzeit umgestellt. Die Autoren können damit einen Differenz-in-Differenzen-Ansatz anwenden, indem sie die Entwicklung des Stromverbrauchs von Haushalten in den *NE*-Bezirken zwischen Januar 2004 und Dezember 2006 mit der entsprechenden Entwicklung des Stromverbrauchs von Haushalten in denjenigen Bezirken vergleichen, die in diesem Zeitraum keine Änderung der Politik hinsichtlich der Umstellung auf Sommerzeit erfahren haben.

Zur Umsetzung des beschriebenen Differenz-in-Differenzen-Ansatzes schätzen Kotchen und Grant (2008) das folgende Regressionsmodell:

$$ln(E_{it}) = \delta(T_t \cdot NE_i) + \boldsymbol{X_{it}}\beta + \theta_t + \alpha_i + \varepsilon_{it}.$$

Dabei bezeichnet E_{it} den durchschnittlichen täglichen Stromverbrauch von Haushalt i in einem Monat t. T_t ist eine Indikatorvarible, die den Wert 1 für das Jahr 2006 und den Wert 0 für die Jahre 2004 und 2005 annimmt. NE_i ist eine Dummy-Variable, die den Wert 1 für Haushalte in den *NE*-Bezirken und den Wert 0 für Haushalte in den Kontrollbezirken annimmt. $\boldsymbol{X_{it}}$ bezeichnet einen Vektor von zeitabhängigen Kontrollvariablen, die einen Einfluss auf den Stromverbrauch haben. Dieser Vektor beinhaltet bspw. die durchschnittliche Anzahl von Tagen in Monat t, an denen aufgrund der Durchschnittstemperatur geheizt bzw. über die Verwendung von Klimageräten gekühlt werden musste, sowie die durchschnittliche Tageslichtzeit in Monat t. α_i bezeichnet haushaltsspezifische fixe Effekte und θ_t Periodeneffekte. ε_{it} ist ein idiosynkratischer Fehlerterm. Die empirischen Ergebnisse für den Evaluationsparameter des Differenz-in-Differenzen-Ansatzes ($\hat{\delta}$) werden in **Tabelle 8.4** zusammengefasst. Nach diesen Ergebnissen führte die Einführung der Sommerzeit in den *NE*-Bezirken im Vergleich zu Haushalten in den Kontrollbezirken zu einer Erhöhung des Stromverbauchs von 0,9%. Die Autoren erklären dieses Ergebnis damit, dass durch die Einführung der Sommerzeit zwar Strom für Beleuchtung gespart wird. Jedoch werden diese Einsparungen durch einen erhöhten Heizbedarf gegen Ende der Sommerzeit im Herbst überkompensiert, so dass insgesamt ein höherer Sromverbrauch resultiert. Um ihre Identifikationsstrategie einem Plausibilitätstest zu unterziehen, wendeten die Autoren den Differenz-in-Differenzen-Ansatz auch auf die Periode von 2004 bis

Tabelle 8.4. Sommerzeit und Energieverbrauch

VARIABLE	ZEITRAUM	
	2004 - 2006	2004 - 2005
$T_t \cdot NE_i$	0,0093	-0,0023
	(0,0014)	(0,0015)

Quelle: Kotchen und Grant (2008), Tabelle 5.

Anmerkung: Geschätzte Standardfehler in Klammern.

2005 an, in der in den NE-Bezirken nicht auf Sommerzeit umgestellt wurde und man daher keinen statistisch signifikant von Null unterschiedlichen Koeffizienten $\hat{\delta}$ erwartet. Die letzte Spalte von **Tabelle 8.4** zeigt, dass diese Erwartung bestätigt wird.

Übungsaufgaben

8.1 Beurteilen Sie, ob die folgenden Aussagen *richtig* oder *falsch* sind und begründen Sie Ihre Antwort jeweils **kurz**.

a) Werden (im statistischen Sinne) unwichtige Variablen in einer Schätzung nicht berücksichtigt, führt dies zu einer Verzerrung der geschätzten Parameter (kurze **formale** Begründung).

b) Eine gute Proxy-Variable ist immer eine untaugliche Instrumentvariable.

8.2 Zeigen Sie anhand eines einfachen Beispiels, dass man bei Verwendung einer Proxy-Variablen für eine fehlende Variable verzerrte Koeffizienten erhält, wenn Annahme (8.18) verletzt wird.

8.3 Ausgehend von der folgenden Lohnfunktion

$$ln(w_i) = \alpha_0 + \alpha_1 School_i + X'\beta + \varepsilon_i$$

werden zwei unterschiedliche Schätzverfahren angewendet. In der folgenden Tabelle werden die daraus resultierenden Schätzergebnisse dargestellt, wobei die Standardfehler in Klammern angegeben sind. Spalte (1) zeigt die Ergebnisse einer OLS-Regression. In Spalte (2) wurde die Variable $School_i$ instrumentiert, wobei als Instrument die Dummy-Variable $Near_i$ verwendet wurde, die den Wert 1 für Individuen, die in der Nähe eines College aufgewachsen sind, und den Wert 0 sonst annimmt.

Variable	(1) OLS	(2) IV
$School_i$	0,075	0,132
	(0,003)	(0,055)
R^2	0,300	0,238
Beobachtungen	3.010	3.010

a) Interpretieren Sie die Ergebnisse in Spalte (1).
b) Warum ist der geschätzte Koeffizient von $School_i$ wahrscheinlich verzerrt und in welche Richtung? Geben Sie eine detaillierte (auch formale) Begründung.
c) Bestätigen die in Spalte (2) angegebenen Ergebnisse Ihre in Aufgabe b) abgeleitete Hypothese?
d) Ist die Variable $Near_i$ ein valides Instrument für die Variable $School_i$? Geben Sie eine ausführliche Begründung.
e) Beschreiben Sie im Rahmen des gegebenen Problems, welche Annahmen an ein Instrument empirisch getestet werden können.
f) Können Sie aus dem Unterschied zwischen den OLS- und IV-Ergebnissen auf die Existenz von Messfehlern schließen?
g) Eine alternative Möglichkeit zur Vermeidung der Verzerrung des geschätzten Parameters für die Variable $School_i$ ist die Verwendung einer Proxy-Variablen. Wäre $Near_i$ eine valide Proxy-Variable? Geben Sie eine ausführliche Begründung.

8.4

Variable	Koeffizient	Standardfehler
Konstante	6,516	0,049
Jahre der Schulausbildung (S_i)	0,084	0,002
Arbeitsmarkterfahrung (B_i)	0,031	0,003
Arbeitsmarkterfahrung^2 (B_i^2)	-0,004	0,001
Frau (F_i)	-0,201	0,015
Frau · Jahre der Schulausbildung $(F_i \cdot S_i)$	-0,015	0,005
Zigaretten pro Tag (R_i)	-0,024	0,010
R^2	0,301	
Beobachtungen	3.159	

a) Interpretieren Sie die in der Tabelle dargestellten Ergebnisse ökonomisch (d.h. auch ihre quantitative Dimension). Sind die Koeffizienten statistisch signifikant von Null verschieden?
b) Wie würden Sie vorgehen, wenn Sie testen wollten, ob die Variablen B_i und B_i^2 gemeinsam einen statistisch signifikanten Einfluss auf $ln(w_i)$ haben?

c) Aufgrund einer potenziellen Endogenität der Variable R_i wurde in einem zweiten Schritt eine Instrumentenvariablen-Regression geschätzt. Als Instrument diente dabei eine Dummy-Variable RJ_i, die den Wert 1 annimmt, wenn eine Person schon vor Erreichen des 16. Lebensjahrs regelmäßig geraucht hat, und den Wert 0 sonst. Die folgende Regression

$$R_i = \beta_0 + \delta_1 S_i + \delta_2 B_i + \delta_3 B_i^2 + \delta_4 F_i + \delta_5 F_i \cdot S_i + \delta_6 RJ_i + \nu_i$$

ergab für den Parameter der Variablen RJ_i einen Wert von $\hat{\delta}_6 = 0.424$ mit einem Standardfehler von 0.158. Warum denken Sie, dass der geschätzte Koeffizient der Variablen R_i in Spalte (1) der obigen Tabelle nicht den kausalen Effekt des Zigarettenkonsums auf den Lohn angibt? Diskutieren Sie die Validität des verwendeten Instruments.

d) Wie würden Sie im gegebenen Kontext vorgehen um zu testen, ob R_i endogen ist?

8.5 Für das Gesundheitsministerium sollen Sie untersuchen, inwieweit Alkoholkonsum während der Schwangerschaft einen Einfluss auf das Geburtsgewicht der Neugeborenen hat. Sie befürchten, dass der Koeffizient für die Variable *durchschnittlicher täglicher Alkoholkonsum während der Schwangerschaft in Gramm* aufgrund unbeobachtbarer Faktoren, die mit dem Gesundheitsbewusstsein der Mutter korreliert sind, verzerrt ist. Sie verwenden daher einen Instrumentenvariablenansatz, wobei als Instrument für die Variable *Alkoholkonsum* der Alkoholkonsum des Partners der werdenden Mutter dient. Die Ergebnisse einer OLS-Schätzung und einer TSLS-Schätzung für die Variable *Alkoholkonsum* werden in der folgenden Tabelle zusammengefasst, wobei das logarithmierte Geburtsgewicht des Neugeborenen als abhängige Variable verwendet wurde und die Standardfehler der Koeffizienten in Klammern angegeben sind. (*Anmerkung:* Es wurde für eine Vielzahl weiterer Charakteristika der Mutter kontrolliert.)

Variable	OLS	TSLS
täglicher Alkoholkonsum (in Gramm)	-0,021	-0,005
	(0,0001)	(0,002)
Beobachtungen	1.150	1.150

a) Beschreiben Sie kurz die Vorgehensweise bei der TSLS-Methode, und diskutieren Sie, ob die für diesen Ansatz wichtigsten Identifikationsannahmen im gegebenen Kontext erfüllt sein könnten.

b) Diskutieren Sie die in der obigen Tabelle dargestellten Ergebnisse. Stimmen die Unterschiede zwischen der OLS- und der TSLS-Schätzung mit Ihren Erwartungen überein?

8.6 Zeigen Sie anhand eines Regressionsmodells, inwiefern ein Datensatz von eineiigen Zwillingen geeignet ist, in einer Mincer'schen Lohnfunktion mögliche Verzerrungen der Rendite aus der Schulausbildung aufgrund unbeobachteter Heterogenität zu vermeiden.

8.7 Nehmen Sie an, Sie hätten für eine zufällige Stichprobe von 300 Studenten der Wirtschaftswissenschaften an Ihrer Universität folgende Informationen zu jeder Vorlesung gesammelt, die diese Studenten im Sommersemester 2006 besucht haben:

- N_{iv}: Note des Studenten i in der Vorlesung v.
- S_{iv}: Dummy-Variable, die den Wert 1 annimmt, wenn es sich bei der Vorlesung um eine Vorlesung der Speziellen Volkswirtschaftslehre oder der Speziellen Betriebswirtschaftslehre handelt, und 0 sonst.
- A_{iv}: Anteil der Semesterwochenstunden, die der Student i an der Vorlesung v teilgenommen hat an den gesamten Semesterwochenstunden der Vorlesung v in Prozent.
- H_i: Anzahl der wöchentlichen Stunden, die Student i neben dem Studium arbeitet.
- D_i: Anzahl der im Sommersemester 2006 abgeschlossenen Fachsemester des Studenten i.
- B_i: Anzahl der Schuljahre der Mutter des Studenten i.

Sie wollen die Determinanten des Erfolgs in einer Vorlesung analysieren und schätzen dazu folgendes Regressionsmodell mit OLS:

$$N_{iv} = \beta_0 + \beta_1 S_{iv} + \beta_2 A_{iv} + \beta_3 H_i + \beta_4 H_i^2 + \beta_5 D_i + \varepsilon_{iv}. \qquad (8.55)$$

Die Ergebnisse der Schätzung sind in der folgenden Tabelle dargestellt.

Variable	Koeffizient	Standardfehler
S_{iv}	0,570	0,120
A_{iv}	0,060	0,040
H_i	-0,900	0,300
H_i^2	-0,004	0,001
D_i	0,300	0,200
R^2	0,480	

a) Interpretieren Sie die Schätzergebnisse.

b) Sie befürchten, dass der geschätzte Koeffizient der Variablen A_{iv} aufgrund der unbeobachteten Motivation der Studenten verzerrt ist. Wäre der Koeffizient von A_{iv} nach oben oder nach unten verzerrt? Könnte die Aufnahme der Variablen B_i in das Regressionsmodell das Problem lösen? Begründen Sie Ihre Aussagen.

c) Bei der Vorstellung der obigen Schätzergebnisse behauptet ein Kommilitone, Ihre Standardfehler wären falsch. Nehmen Sie zu dieser Kritik Stellung.

d) Ein anderer Kommilitone meint, Sie könnten das Problem eines verzerrten Koeffizienten für die Variable A_{iv} auch lösen, indem Sie ein Fixed-Effects-Modell schätzen. Wie würde ein solches Modell unter Berücksich-

tigung der Ihnen zur Verfügung stehenden Daten und Variablen aussehen? Kann dieses Modell das Problem verzerrter Koeffizienten wirklich
lösen?

Anhang

A. Zweiseitige Kausalität

Das Problem der zweiseitigen Kausalität kann in einem so genannten simulta-
nen Modell mit zwei Gleichungen dargestellt werden. Das Regressionsmodell

$$Y = \beta_0 + \beta_1 X + \varepsilon \tag{8.56}$$

zeigt den Einfluss von X auf Y und das Modell

$$X = \alpha_0 + \alpha_1 Y + \eta \tag{8.57}$$

den umgekehrten Effekt von Y auf X. In diesem Modell ist die Annahme,
dass $E(X\varepsilon) = 0$ verletzt. So führt ein positiver Fehler ε zu einer Erhöhung
von Y. Ist bspw. $\alpha_1 > 0$, führt dieser höhere Wert von Y wiederum zu einem
höheren Wert von X. In diesem Fall würde also eine positive Korrelation
zwischen X und ε vorliegen.

Formal kann man die Verletzung der Annahme $E(X\varepsilon) = 0$ bei Vorliegen
einer zweiseitigen Kausalität zeigen, indem man die Kovarianz zwischen X
und ε bestimmt. Wenn man annimmt, dass $Cov(\varepsilon, \eta) = 0$, gilt

$$\begin{aligned}
Cov(X, \varepsilon) &= Cov(\alpha_0 + \alpha_1 Y + \eta, \varepsilon) = \alpha_1 Cov(Y, \varepsilon) + Cov(\eta, \varepsilon) \\
&= \alpha_1 Cov(Y, \varepsilon) = \alpha_1 Cov(\beta_0 + \beta_1 X + \varepsilon, \varepsilon) \\
&= \alpha_1 \beta_1 Cov(X, \varepsilon) + \alpha_1 \sigma_\varepsilon^2.
\end{aligned} \tag{8.58}$$

Löst man Gleichung (8.58) nach $Cov(X, \varepsilon)$ auf, erhält man

$$Cov(X, \varepsilon) = \frac{\alpha_1 \sigma_\varepsilon^2}{1 - \alpha_1 \beta_1}, \tag{8.59}$$

d.h. solange $\alpha_1 \neq 0$ ist $Cov(X, \varepsilon) \neq 0$, da $\sigma_\varepsilon^2 > 0$.

B. Der TSLS-Schätzer $\hat{\beta}^{IV}$

Der Parameter β_1 ist der Steigungsparameter des Regressionsmodells (8.22).
Ersetzt man X_1 durch $\hat{X}_1$ und verwendet den in Kapitel 5.3.2 abgeleiteten
OLS-Schätzer für einen Steigungsparameter (vgl. 5.10), erhält man

$$\hat{\beta}_1^{IV} = \frac{\sum(\hat{X}_1 - \bar{\hat{X}}_1)(Y - \bar{Y})}{\sum\left(\hat{X}_1 - \bar{\hat{X}}_1\right)^2} = \frac{\hat{\sigma}_{\hat{X}_1 Y}}{\hat{\sigma}^2_{\hat{X}_1}}. \tag{8.60}$$

$\hat{X}_1$ ist die Vorhersage der endogenen erklärenden Variablen X_1 aus der ersten Stufe des Instrumentvariablenschätzers, d.h. es gilt $\hat{X}_1 = \hat{\delta}_0 + \hat{\delta}_1 Z$. Verwendet man die Rechenregeln für Varianzen und Kovarianzen (siehe Kapitel 1.3.2), lässt sich die Stichprobenkovarianz $\hat{\sigma}_{\hat{X}_1 Y}$ im Zähler von Gleichung (8.60) wie folgt schreiben

$$\hat{\sigma}_{\hat{X}_1 Y} = \hat{\delta}_1 \hat{\sigma}_{Z,Y}. \tag{8.61}$$

Entsprechend gilt für die Stichprobenvarianz $\hat{\sigma}^2_{\hat{X}_1}$ im Nenner von Gleichung (8.60)

$$\hat{\sigma}^2_{\hat{X}_1} = \hat{\delta}_1^2 \hat{\sigma}_Z^2. \tag{8.62}$$

Schließlich ist $\hat{\delta}_1$ der geschätzte Steigungsparameter für das Instrument Z der ersten Stufe des Instrumentvariablenschätzers. Für diesen Steigungsparameter gilt

$$\hat{\delta}_1 = \frac{\hat{\sigma}_{ZX}}{\hat{\sigma}_Z^2}. \tag{8.63}$$

Setzt man die Gleichungen (8.61), (8.62) und (8.63) in Gleichung (8.60) ein, erhält man für den TSLS-Schätzer von $\hat{\beta}_1^{IV}$ den in Gleichung (8.23) angegebenen Ausdruck, d.h.

$$\hat{\beta}_1^{IV} = \frac{\hat{\delta}_1 \hat{\sigma}_{ZY}}{\hat{\delta}_1^2 \hat{\sigma}_Z^2} = \frac{\hat{\sigma}_{ZY}}{\hat{\sigma}_{ZX_1}} = \frac{\sum(Z - \bar{Z})(Y - \bar{Y})}{\sum(Z - \bar{Z})(X_1 - \bar{X}_1)}. \tag{8.64}$$

C. Randomisiertes Experiment und OLS-Schätzer

In diesem Anhang wird gezeigt, dass in einem perfekt randomisierten Experiment der OLS-Schätzer ein erwartungstreuer Schätzer des *mean effect of treatment on the treated* $E(\beta_{1i})$ ist.[18] In einem perfekt randomisierten Experiment werden die Teilnehmer vollkommen zufällig der Maßnahme zugeteilt. Dies bedeutet, dass die Maßnahmenteilnahme X_i vollkommen unabhängig vom Maßnahmeeffekt β_i ist. In dem von uns gewählten Beispiel bedeutet dies, dass die Teilnehmer an der Internetschulung vollkommen unabhängig davon ausgewählt werden, ob die Personen jemals mit dem Internet in Berührung gekommen sind oder nicht.

---

[18] Der folgende Beweis als auch der Beweis in Anhang D lehnen sich an Stock und Watson (2007) an.

Wir wissen darüber hinaus, dass der OLS-Schätzer als

$$\hat{\beta}_1 = \frac{\hat{\sigma}_{XY}}{\hat{\sigma}_X^2} \tag{8.65}$$

geschrieben werden kann. Die geschätzte Kovarianz von X_i und Y_i, $\hat{\sigma}_{X}Y$, und die Varianz von X_i, $\hat{\sigma}_X^2$ konvergieren in Wahrscheinlichkeit gegen die jeweiligen Populationsparameter, d.h.

$$plim\ \hat{\beta}_1 = \frac{\sigma_{XY}}{\sigma_X^2} = \frac{Cov(Y_i, X_i)}{Var(X_i)}. \tag{8.66}$$

Setzt man nun für Y_i Gleichung (8.35) ein, erhält man für den Zähler von Gleichung (8.66)

$$Cov(Y_i, X_i) = Cov(\beta_0 + \beta_{1i}X_i + \varepsilon_i, X_i). \tag{8.67}$$

Da β_0 eine Konstante darstellt, ist $Cov(\beta_0, X_i) = 0$. Wir nehmen bei der OLS-Schätzung weiterhin an, dass $Cov(\varepsilon_i, X_i) = 0$. Damit gilt

$$Cov(Y_i, X_i) = Cov(\beta_{1i}X_i, X_i). \tag{8.68}$$

Für die Kovarianz zweier Zufallsvariablen W und Z gilt, dass $Cov(W, Z) = E(W \cdot Z) - E(W)E(Z)$. Sind W und Z zwei unabhängig verteilte Zufallsvariablen, gilt weiterhin, dass $E(W \cdot Z) = E(W)E(Z)$. Wendet man diese beiden Zusammenhänge auf Gleichung (8.68) an, erhält man:

$$\begin{aligned} Cov(\beta_{1i}X_i, X_i) &= E(\beta_{1i}X_i \cdot X_i) - E(\beta_{1i}X_i)E(X_i) \\ &= E(\beta_{1i})E(X_i^2) - E(\beta_{1i})E(X_i)^2 \\ &= E(\beta_{1i}) \left[E(X_i^2) - E(X_i)^2 \right] = E(\beta_{1i})\sigma_X^2. \end{aligned} \tag{8.69}$$

Setzt man Gleichung (8.69) in Gleichung (8.66) ein, erhält man

$$plim\ \hat{\beta}_1 = E(\beta_{1i}), \tag{8.70}$$

d.h. $\hat{\beta}_1$ ist ein konsistenter Schätzer für $E(\beta_{1i})$.

D. Heterogene Maßnahmeeffekte und durchschnittlicher Maßnahmeeffekt im OLS

Aus der Herleitung des Instrumentvariablenschätzers (siehe Abschnitt 8.3.2) wissen wir, dass der TSLS-Schätzer für β_1 durch $\hat{\beta}_1^{IV} = \hat{\sigma}_{ZY}/\hat{\sigma}_{ZX}$ gegeben ist. Die Stichprobenkovarianzen zwischen Z und Y, $\hat{\sigma}_{ZY}$, und Z und X, $\hat{\sigma}_{ZX}$, konvergieren in Wahrscheinlichkeit gegen die entsprechenden Kovarianzen in der Bevölkerung, $Cov(Z_i, Y_i)$ und $Cov(Z_i, X_i)$, d.h. $plim\ \hat{\beta}_1^{IV} = Cov(Z_i, Y_i)/Cov(Z_i, X_i)$. Ähnlich zu Anhang A dieses Kapitels, werden nun der Zähler und der Nenner dieser Gleichung in Momenten der jeweiligen Zufallsvariablen umformuliert. Für den Nenner gilt:

$$
\begin{aligned}
Cov(Z_i, X_i) &= Cov(Z_i, \delta_0 + \delta_{1i}Z_i + \mu_i) \\
&= E\left[(Z_i - E(Z_i))(\delta_0 + \delta_{1i}Z_i + \mu_i)\right] \\
&= E\left[\delta_0 \cdot (Z_i - E(Z_i))\right] + E\left[\delta_{1i}Z_i \cdot (Z_i - E(Z_i))\right] \\
&\quad + E\left[\mu_i \cdot (Z_i - E(Z_i))\right] \\
&= E\left[\delta_{1i}Z_i \cdot (Z_i - E(Z_i))\right] = E(\delta_{1i})E\left[Z_i(Z_i - E(Z_i))\right] \\
&= \sigma_Z^2 E(\delta_{1i}),
\end{aligned}
\tag{8.71}
$$

da δ_0 eine Konstante darstellt und damit $E\left[\delta_0 \cdot (Z_i - E(Z_i))\right] = 0$; $Cov(Z_i, \mu_i) = 0$ wegen der Annahme, dass $E(\mu_i|Z_i) = 0$; und δ_{1i} unabhängig von Z_i ist.

Entsprechend kann $Cov(Z_i, Y_i)$ wie folgt geschrieben werden:

$$
\begin{aligned}
Cov(Z_i, Y_i) &= Cov(Z_i, \beta_0 + \beta_{1i}\delta_0 + \beta_{1i}\delta_{1i}Z_i + \beta_{1i}\mu_i + \varepsilon_i) \\
&= E\left[(Z_i - E(Z_i))(\beta_0 + \beta_{1i}\delta_0 + \beta_{1i}\delta_{1i}Z_i + \beta_{1i}\mu_i + \varepsilon_i)\right] \\
&= \beta_0 Var(Z_i) + \delta_0 Cov(Z_i, \beta_{1i}) + E\left[\beta_{1i}\delta_{1i}Z_i(Z_i - E(Z_i))\right] \\
&\quad + E\left[\beta_{1i}\mu_i Z_i(Z_i - E(Z_i))\right] + Cov(Z_i, \varepsilon_i) \\
&= E\left[\beta_{1i}\delta_{1i}Z_i(Z_i - E(Z_i))\right] = E(\beta_{1i}\delta_{1i})E\left[Z_i(Z_i - E(Z_i))\right] \\
&= \sigma_Z^2 E(\beta_{1i}\delta_{1i}),
\end{aligned}
\tag{8.72}
$$

da β_{1i} unabhängig von Z_i und μ_i und $E(\mu_i|Z_i) = 0$ ist, gilt $Cov(Z_i, \beta_{1i}) = 0$ und $E\left[\beta_{1i}\mu_i Z_i(Z_i - E(Z_i))\right] = E(\beta_{1i})E\left[\mu_i Z_i(Z_i - E(Z_i))\right] = 0$; da $E(\varepsilon_i|Z_i) = 0$, gilt weiterhin $Cov(Z_i, \varepsilon_i) = 0$.

Setzt man (8.71) und (8.72) in den TSLS-Schätzer ein, erhält man

$$
plim\ \hat{\beta}_1^{IV} = \frac{\sigma_Z^2 E(\beta_{1i}\delta_{1i})}{\sigma_Z^2 E(\delta_{1i})} = \frac{E(\beta_{1i}\delta_{1i})}{E(\delta_{1i})}.
\tag{8.73}
$$

E. Annahmen des OLS-Modells in ersten Differenzen

Die klassischen Annahmen des linearen Regressionsmodells lauten im Falle des OLS-Modells in ersten Differenzen wie folgt.

1. Die Beziehung zwischen X_{it} und Y_{it} ist linear in den Parametern, wobei X_{it} auf Y_{it} wirkt und nicht umgekehrt.

2. Die X_{it} sind *nicht* stochastisch.

3. Der konditionale Erwartungswert des Störterms ε_{it} ist Null, d.h.

$$E(\varepsilon_{it}|X_{it}, \alpha_i) = 0$$

für alle i. Die Annahme impliziert, dass $E(\Delta\varepsilon_{it}|X_{it}) = 0$ für $t = 2, \ldots, T$.

4. Die erste Differenz der Störterm $\Delta\varepsilon_{it}$ hat eine *konstante* konditionale Varianz für alle Beobachtungen, d.h.

$$Var(\Delta\varepsilon_i|X_{it}) = \sigma^2$$

für alle i, $t = 2, \ldots, T$.

5. Die ersten Differenzen der Störterme sind *unkorreliert*, d.h.

$$Cov(\Delta\varepsilon_i, \Delta\varepsilon_j|X_{it}) = 0$$

für alle $i \neq j$.

9. Anhang

9.1 Grundzüge der Matrizenrechnung

Definitionen

Eine *Matrix* ist eine Auflistung von Zahlen, die in rechteckiger Form in Zeilen und Spalten gegliedert sind. Die Matrix $\boldsymbol{A}$ setzt sich aus den einzelnen Elementen a_{ij} zusammen, wobei i die Zeile und j die Spalte des jeweiligen Wertes bezeichnen.

$$\boldsymbol{A} = \begin{bmatrix} a_{11} & \cdots & & a_{1K} \\ & \ddots & & \\ \vdots & & a_{ij} & \vdots \\ & & & \ddots & \\ a_{N1} & \cdots & & a_{NK} \end{bmatrix} \tag{9.1}$$

Ein Spezialfall einer Matrix ist ein *Vektor*, d.h. die Auflistung von Zahlen in entweder einer Zeile $(a_1, \ldots, a_K)$ (*Zeilenvektor*) oder einer Spalte $\begin{pmatrix} a_1 \\ \vdots \\ a_N \end{pmatrix}$ (*Spaltenvektor*). Eine Matrix kann man also auch als Aneinanderreihung mehrerer Spaltenvektoren betrachten.

Jede Matrix (und daher auch jeder Vektor) hat eine Dimension. Die Dimension gibt die Anzahl der Zeilen und Spalten einer Matrix wieder. $\boldsymbol{A}$ ist eine $N \times K$ Matrix („N Kreuz K"). Eine *quadratische Matrix* besteht aus gleich vielen Zeilen und Spalten und hat damit beispielsweise die Dimension $N \times N$ oder $K \times K$. In einer *symmetrischen Matrix* sind die Elemente a_{ij} und a_{ji} identisch, d.h. die Elemente der Matrix sind entlang der Hauptdiagonalen (von links oben nach rechts unten) gespiegelt. Ein prominentes Beispiel für eine quadratische und gleichzeitig symmetrische Matrix ist die sogenannte *Einheitsmatrix* $\boldsymbol{I}$. Diese besteht aus lauter Einsen entlang der Hauptdiagonalen und Nullen für alle anderen Elemente. Eine vierdimensionale Einheitsmatrix hätte demnach folgendes Aussehen

$$I = \begin{bmatrix} 1\,0\,0\,0 \\ 0\,1\,0\,0 \\ 0\,0\,1\,0 \\ 0\,0\,0\,1 \end{bmatrix}. \tag{9.2}$$

In einer *transponierten Matrix* wandelt sich das Element der i-ten Zeile in die i-te Spalte und umgekehrt. Ist A die ursprüngliche Matrix und A' die transponierte Matrix, so sind a_{ij} und a'_{ji} identisch. Beispielsweise ist für die Matrix

$$A = \begin{bmatrix} 1\,2\,3\,4 \\ 0\,1\,2\,1 \\ 5\,6\,7\,8 \end{bmatrix} \tag{9.3}$$

folgende Matrix die Transponierte

$$A' = \begin{bmatrix} 1\,0\,5 \\ 2\,1\,6 \\ 3\,2\,7 \\ 4\,1\,8 \end{bmatrix}. \tag{9.4}$$

Aus der (3×4) Matrix A wurde durch Transponieren die (4×3) Matrix A'.

Multiplikation von Matrizen

Matrizen werden mit Hilfe des sogenannten *inneren Produktes* multipliziert. Das innere Produkt zweier $(N \times 1)$ Vektoren a und b ergibt einen Skalar und ist definiert als

$$a'b = a_1 b_1 + a_2 b_2 + \ldots + a_N b_N. \tag{9.5}$$

Das innere Produkt ergibt sich demnach aus der Multiplikation eines Zeilenvektors mit einem Spaltenvektor. Die Dimension der zwei Vektoren muss natürlich zueinander passen. Im obigen Fall wurden ein $(1 \times N)$ (Zeilen-) Vektor mit einem $(N \times 1)$ (Spalten-) Vektor multipliziert. Die Anzahl der Spalten des linken Vektors muss also mit der Anzahl der Zeilen des rechten Vektors übereinstimmen. Das Ergebnis der Multiplikation hat dann eine Dimension, die sich aus der Anzahl der Zeilen des ersten Vektors und der Anzahl der Spalten des zweiten Vektors ergibt. Im obigen Fall wurde deshalb aus $(1 \times N)$ multipliziert mit $(N \times 1)$ ein (1×1) Vektor, also ein Skalar.

Für die Multiplikation zweier Matrizen A und B ist es analog notwendig, dass die Anzahl der Spalten der linken Matrix und die Anzahl der Zeilen der rechten Matrix identisch sind. Das Ergebnis der Multiplikation ist dann wiederum eine Matrix, deren Zeilenanzahl den Zeilen der linken und deren

Spaltenanzahl denen der rechten Matrix entspricht. So ergibt z.B. die Multiplikation der $(N \times K)$ Matrix $\boldsymbol{A}$ mit der $(K \times M)$ Matrix $\boldsymbol{B}$ eine $(N \times M)$ Matrix, d.h.

$$\overset{(N \times K)}{\boldsymbol{A}} \cdot \overset{(K \times M)}{\boldsymbol{B}} = \overset{(N \times M)}{\boldsymbol{C}} . \tag{9.6}$$

Die Bestimmung der Elemente von $\boldsymbol{C}$ erfolgt dann gemäß den Regeln des inneren Produktes aus Gleichung (9.5), d.h. das i, j-te Element c_{ij} der Matrix $\boldsymbol{C}$ erhält man durch das innere Produkt der i-ten Zeile $\boldsymbol{a}^i$ der Matrix $\boldsymbol{A}$ mit der j-ten Spalten $\boldsymbol{b}_j$ der Matrix $\boldsymbol{B}$

$$\begin{aligned} c_{ij} &= \boldsymbol{a}^i \cdot \boldsymbol{b}_j \\ &= a_{i1}b_{1j} + a_{i2}b_{2j} + ... + a_{iK}b_{Mj}. \end{aligned} \tag{9.7}$$

Hieraus sollte ersichtlich werden, dass im allgemeinen $\boldsymbol{AB} \neq \boldsymbol{BA}$ gilt. Ferner gilt $(\boldsymbol{AB})\boldsymbol{C} = \boldsymbol{A}(\boldsymbol{BC})$ und $\boldsymbol{A}(\boldsymbol{B} + \boldsymbol{C}) = \boldsymbol{AB} + \boldsymbol{AC}$. Schließlich gilt für die Transponierte eines Produktes von Matrizen $(\boldsymbol{ABC})' = \boldsymbol{C}'\boldsymbol{B}'\boldsymbol{A}'$.

Die Inverse einer Matrix

Die *Inverse* $\boldsymbol{A}^{-1}$ einer Matrix $\boldsymbol{A}$ ist das Äquivalent zu einer Division durch eine Matrix. Die Inverse $\boldsymbol{A}^{-1}$ ist so definiert, dass $\boldsymbol{AA}^{-1} = \boldsymbol{I}$ bzw. $\boldsymbol{A}^{-1}\boldsymbol{A} = \boldsymbol{I}$ gilt.

Aus dem Abschnitt über die Multiplikation von Matrizen sollte klar sein, dass sich nur quadratische Matrizen invertieren lassen. Ferner muss eine Matrix, damit sich ihre Inverse bilden lässt, einen *Rang* haben, der der Anzahl ihrer Spalten entspricht. Dies wird häufig auch als *voller Rang* bezeichnet. Der Rang einer Matrix ist die Anzahl der *linear unabhängigen* Spalten der Matrix. Eine Matrix hat beispielsweise dann nicht den vollen Rang, wenn sich eine ihrer Spalten als Linearkombination aus zwei oder mehreren anderen Spalten darstellen lässt. Die Matrix $\boldsymbol{A}$

$$\boldsymbol{A} = \begin{bmatrix} 1 & 7 & 8 \\ 0 & 3 & 3 \\ 5 & 6 & 11 \end{bmatrix} \tag{9.8}$$

hat keinen vollen Rang, da sich die dritte Spalte als Summe der ersten beiden Spalten ergibt. Die Matrix $\boldsymbol{B}$

$$\boldsymbol{B} = \begin{bmatrix} 2 & 4 & 8 \\ 3 & 9 & 3 \\ 4 & 16 & 11 \end{bmatrix} \tag{9.9}$$

hingegen hat einen vollen Rang, obwohl die zweite Spalte das Quadrat der ersten Spalte ist. Dies ist aber *keine lineare* Beziehung.

Für den Umgang mit inversen Matrizen gilt ferner $(AB)^{-1} = B^{-1}A^{-1}$ und $(A^{-1})' = (A')^{-1}$.

Ableitung von Matrizen

Für die Herleitung des OLS-Schätzers $b = (X'X)^{-1}X'Y$ ist es notwendig, die erste Ableitung der Residuenquadratsumme zu bilden. Hierfür benötigt man zwei Ableitungsregeln. Es seien A eine Matrix und x ein Vektor. Dann gilt

$$\frac{\partial x'Ax}{\partial x} = 2Ax \qquad (9.10)$$

und

$$\frac{\partial x'A}{\partial x} = A. \qquad (9.11)$$

9.2 Statistische Tabellen

Tabelle 9.1. Kumulative Normalverteilung: $\Phi(x) = Prob(Z \leq z)$

z	0.00	0.01	0.02	0.03	0.04	0.05	0.06	0.07	0.08	0.09
0.0	0.5000	0.5040	0.5080	0.5120	0.5160	0.5190	0.5239	0.5279	0.5319	0.5359
0.1	0.5398	0.5438	0.5478	0.5517	0.5557	0.5596	0.5636	0.5675	0.5714	0.5753
0.2	0.5793	0.5832	0.5871	0.5910	0.5948	0.5987	0.6026	0.6064	0.6103	0.6141
0.3	0.6179	0.6217	0.6255	0.6293	0.6331	0.6368	0.6406	0.6443	0.6480	0.6517
0.4	0.6554	0.6591	0.6628	0.6664	0.6700	0.6736	0.6772	0.6808	0.6844	0.6879
0.5	0.6915	0.6950	0.6985	0.7019	0.7054	0.7088	0.7123	0.7157	0.7190	0.7224
0.6	0.7257	0.7291	0.7324	0.7357	0.7389	0.7422	0.7454	0.7486	0.7157	0.7549
0.7	0.7580	0.7611	0.7642	0.7673	0.7704	0.7734	0.7764	0.7794	0.7823	0.7852
0.8	0.7881	0.7910	0.7939	0.7969	0.7995	0.8023	0.8051	0.8078	0.8106	0.8133
0.9	0.8159	0.8186	0.8212	0.8238	0.8264	0.8289	0.8315	0.8340	0.8365	0.8389
1.0	0.8413	0.8438	0.8461	0.8485	0.8508	0.8513	0.8554	0.8577	0.8529	0.8621
1.1	0.8643	0.8665	0.8686	0.8708	0.8729	0.8749	0.8770	0.8790	0.8810	0.8830
1.2	0.8849	0.8869	0.8888	0.8907	0.8925	0.8944	0.8962	0.8980	0.8997	0.9015
1.3	0.9032	0.9049	0.9066	0.9082	0.9099	0.9115	0.9131	0.9147	0.9162	0.9177
1.4	0.9192	0.9207	0.9222	0.9236	0.9215	0.9265	0.9279	0.9292	0.9306	0.9319
1.5	0.9332	0.9345	0.9357	0.9370	0.9382	0.9394	0.9406	0.9418	0.9492	0.9441
1.6	0.9452	0.9463	0.9474	0.9484	0.9495	0.9505	0.9515	0.9525	0.9535	0.9545
1.7	0.9554	0.9564	0.9573	0.9582	0.9591	0.9599	0.9608	0.9616	0.9625	0.9633
1.8	0.9641	0.9649	0.9656	0.9664	0.9671	0.9678	0.9686	0.9693	0.9699	0.9706
1.9	0.9713	0.9719	0.9726	0.9732	0.9738	0.9744	0.9750	0.9756	0.9761	0.9767
2.0	0.9772	0.9778	0.9783	0.9788	0.9793	0.9798	0.9803	0.9808	0.9812	0.9817
2.1	0.9821	0.9826	0.9830	0.9834	0.9838	0.9842	0.9846	0.9850	0.9854	0.9857
2.2	0.9861	0.9864	0.9868	0.9871	0.9875	0.9878	0.9881	0.9884	0.9887	0.9890
2.3	0.9893	0.9896	0.9898	0.9901	0.9904	0.9906	0.9909	0.9911	0.9913	0.9916
2.4	0.9918	0.9920	0.9922	0.9925	0.9927	0.9929	0.9931	0.9932	0.9934	0.9936
2.5	0.9938	0.9940	0.9941	0.9943	0.9945	0.9946	0.9948	0.9949	0.9951	0.9952
2.6	0.9953	0.9955	0.9956	0.9957	0.9959	0.9960	0.9961	0.9962	0.9963	0.9964
2.7	0.9965	0.9966	0.9967	0.9968	0.9969	0.9970	0.9971	0.9972	0.9973	0.9974
2.8	0.9974	0.9975	0.9976	0.9977	0.9977	0.9978	0.9979	0.9979	0.9980	0.9981
2.9	0.9981	0.9982	0.9982	0.9983	0.9984	0.9984	0.9985	0.9985	0.9986	0.9986
3.0	0.9987	0.9987	0.9987	0.9988	0.9988	0.9989	0.9989	0.9989	0.9990	0.9990
3.1	0.9990	0.9991	0.9991	0.9991	0.9992	0.9992	0.9992	0.9992	0.9993	0.9993
3.2	0.9993	0.9993	0.9994	0.9994	0.9994	0.9994	0.9994	0.9995	0.9995	0.9995
3.3	0.9995	0.9995	0.9995	0.9996	0.9996	0.9996	0.9996	0.9996	0.9996	0.9997
3.4	0.9997	0.9997	0.9997	0.9997	0.9997	0.9997	0.9997	0.9997	0.9997	0.9998

Tabelle 9.2. Kritische Werte der t-Verteilung: $Prob(t_c \leq x) = P$

n	0.900	0.950	0.975	0.990	0.995
1	3.078	6.314	12.706	31.821	63.657
2	1.886	2.920	4.303	6.965	9.925
3	1.638	2.353	3.182	4.541	5.841
4	1.533	2.132	2.776	3.747	4.604
5	1.476	2.015	2.571	3.365	4.032
6	1.440	1.943	2.447	3.143	3.707
7	1.415	1.895	2.365	2.998	3.499
8	1.397	1.860	2.306	2.896	3.355
9	1.383	1.833	2.262	2.821	3.250
10	1.372	1.812	2.228	2.764	3.169
11	1.363	1.796	2.201	2.718	3.106
12	1.356	1.782	2.179	2.681	3.055
13	1.350	1.771	2.160	2.650	3.012
14	1.345	1.761	2.145	2.624	2.977
15	1.341	1.753	2.131	2.602	2.947
16	1.337	1.746	2.120	2.583	2.921
17	1.333	1.740	2.110	2.567	2.898
18	1.330	1.734	2.101	2.552	2.878
19	1.328	1.729	2.093	2.539	2.861
20	1.325	1.725	2.086	2.528	2.845
21	1.323	1.721	2.080	2.518	2.831
22	1.321	1.717	2.074	2.508	2.819
23	1.319	1.714	2.069	2.500	2.807
24	1.318	1.711	2.064	2.492	2.797
25	1.316	1.708	2.060	2.485	2.787
26	1.315	1.706	2.056	2.479	2.779
27	1.314	1.703	2.052	2.473	2.771
28	1.313	1.701	2.048	2.467	2.763
29	1.311	1.699	2.045	2.462	2.756
30	1.310	1.697	2.042	2.457	2.750
35	1.306	1.690	2.030	2.438	2.724
40	1.303	1.684	2.021	2.423	2.704
45	1.301	1.679	2.014	2.412	2.690
50	1.299	1.676	2.009	2.403	2.678
60	1.296	1.671	2.000	2.390	2.660
70	1.294	1.667	1.994	2.381	2.648
80	1.292	1.664	1.990	2.374	2.639
90	1.291	1.662	1.987	2.368	2.632
100	1.290	1.660	1.984	2.364	2.626
∞	1.282	1.645	1.960	2.326	2.576

Tabelle 9.3. 5% kritische Werte der F-Verteilung: $Prob(F_{N_1,N_2} \leq x) = 0,95$

N_2	N_1 1	2	3	4	5	6	7	8	9
1	161.45	199.50	215.71	224.58	230.16	233.99	236.77	238.88	240.54
2	18.51	19.00	19.16	19.25	19.30	19.33	19.36	19.37	19.38
3	10.13	9.55	9.28	9.12	9.01	8.94	8.88	8.84	8.81
4	7.71	6.94	6.59	6.39	6.26	6.16	6.09	6.04	6.00
5	6.61	5.79	5.41	5.19	5.05	4.95	4.88	4.82	4.78
6	5.99	5.14	4.76	4.53	4.39	4.28	4.21	4.15	4.10
7	5.59	4.74	4.35	4.12	3.97	3.87	3.79	3.73	3.68
8	5.32	4.46	4.07	3.84	3.69	3.58	3.50	3.44	3.39
9	5.12	4.26	3.86	3.63	3.48	3.37	3.29	3.23	3.18
10	4.96	4.10	3.71	3.48	3.33	3.22	3.14	3.07	3.02
15	4.54	3.68	3.29	3.06	2.90	2.79	2.70	2.64	2.59
20	4.35	3.49	3.10	2.87	2.71	2.60	2.52	2.45	2.40
25	4.24	3.38	2.99	2.76	2.60	2.49	2.41	2.34	2.28
30	4.17	3.32	2.92	2.69	2.53	2.42	2.34	2.27	2.21
40	4.08	3.23	2.84	2.61	2.45	2.34	2.25	2.18	2.12
50	4.03	3.18	2.79	2.56	2.40	2.29	2.20	2.13	2.07
70	3.98	3.13	2.74	2.50	2.35	2.23	2.14	2.07	2.01
100	3.94	3.09	2.70	2.46	2.30	2.19	2.10	2.03	1.97
∞	3.84	3.00	2.60	2.37	2.21	2.10	2.01	1.94	1.88

N_2	N_1 10	12	15	20	30	40	50	60	∞
1	241.88	243.91	245.95	248.01	250.10	251.14	252.20	252.20	254
2	19.39	19.41	19.43	19.44	19.46	19.47	19.47	19.48	19.5
3	8.78	8.74	8.70	8.66	8.62	8.60	8.58	8.57	8.53
4	5.96	5.91	5.86	5.80	5.74	5.71	5.70	5.69	5.63
5	4.74	4.68	4.62	4.56	4.50	4.46	4.44	4.43	4.36
6	4.06	4.00	3.94	3.87	3.81	3.77	3.75	3.74	3.67
7	3.63	3.57	3.51	3.44	3.38	3.34	3.32	3.30	3.23
8	3.34	3.28	3.22	3.15	3.08	3.05	3.03	3.01	2.93
9	3.13	3.07	3.01	2.93	2.86	2.82	2.80	2.79	2.71
10	2.97	2.91	2.85	2.77	2.70	2.67	2.64	2.62	2.54
15	2.55	2.48	2.40	2.33	2.25	2.21	2.18	2.16	2.07
20	2.35	2.28	2.20	2.12	2.04	1.99	1.96	1.95	1.84
25	2.24	2.16	2.09	2.00	1.92	1.87	1.84	1.82	1.71
30	2.16	2.09	2.01	1.93	1.84	1.79	1.76	1.74	1.62
40	2.07	2.00	1.92	1.84	1.74	1.69	1.66	1.64	1.51
50	2.02	1.95	1.87	1.78	1.69	1.63	1.6	1.58	1.44
70	1.97	1.89	1.81	1.72	1.62	1.56	1.53	1.50	1.35
100	1.92	1.85	1.77	1.68	1.57	1.51	1.48	1.45	1.28
∞	1.83	1.75	1.67	1.57	1.46	1.39	1.34	1.31	1.30

Tabelle 9.4. 1% kritische Werte der F-Verteilung: $Prob(F_{N_1, N_2} \leq x) = 0,99$

N_2	N_1 1	2	3	4	5	6	7	8
1	4052.18	4999.50	5403.35	5624.58	5763.65	5858.99	5928.36	5981.07
2	98.49	99.00	99.17	99.25	99.30	99.33	99.34	99.36
3	34.12	30.82	29.46	28.71	28.24	27.91	27.67	27.49
4	21.20	18.00	16.69	15.98	15.52	15.21	14.98	14.80
5	16.26	13.27	12.06	11.39	10.97	10.67	10.45	10.27
6	13.74	10.92	9.78	9.15	8.75	8.47	8.26	8.10
7	12.25	9.55	8.45	7.85	7.46	7.19	7.00	6.84
8	11.26	8.65	7.59	7.01	6.63	6.37	6.19	6.03
9	10.56	8.02	6.99	6.42	6.06	5.80	5.62	5.47
10	10.04	7.56	6.55	5.99	5.64	5.39	5.21	5.06
15	8.68	6.36	5.42	4.89	4.56	4.32	4.14	4.00
20	8.10	5.85	4.94	4.43	4.10	3.87	3.71	3.56
25	7.77	5.57	4.68	4.18	3.86	3.63	3.46	3.32
30	7.56	5.39	4.51	4.02	3.70	3.47	3.30	3.17
40	7.31	5.18	4.31	3.83	3.51	3.29	3.12	2.99
50	7.17	5.06	4.20	3.72	3.41	3.18	3.02	2.88
70	7.01	4.92	4.08	3.60	3.29	3.07	2.91	2.77
100	6.90	4.82	3.98	3.51	3.20	2.99	2.82	2.69
∞	6.66	4.63	3.80	3.34	3.04	2.82	2.66	2.53

N_2	N_1 9	10	20	30	40	50	60	∞
1	6022.47	6055.85	6208.73	6260.65	6286.78	6313.03	6313.03	6362.68
2	99.38	99.40	99.45	99.47	99.48	99.48	99.48	99.50
3	27.34	27.23	26.69	26.50	26.41	26.35	26.32	26.12
4	14.66	14.54	14.02	13.83	13.74	13.69	13.65	13.46
5	10.15	10.05	9.55	9.38	9.29	9.24	9.20	9.02
6	7.98	7.87	7.39	7.23	7.14	7.09	7.06	6.88
7	6.71	6.62	6.15	5.98	5.90	5.85	5.82	5.65
8	5.91	5.82	5.36	5.20	5.11	5.06	5.03	4.86
9	5.35	5.26	4.80	4.64	4.56	4.51	4.48	4.31
10	4.95	4.85	4.41	4.25	4.17	4.12	4.08	3.91
15	3.89	3.80	3.36	3.20	3.12	3.07	3.05	2.87
20	3.45	3.37	2.94	2.77	2.69	2.63	2.61	2.42
25	3.21	3.13	2.70	2.54	2.45	2.40	2.36	2.17
30	3.06	2.98	2.55	2.38	2.29	2.24	2.21	2.01
40	2.88	2.80	2.37	2.20	2.11	2.05	2.02	1.81
50	2.78	2.70	2.26	2.10	2.00	1.94	1.91	1.68
70	2.67	2.59	2.15	1.98	1.88	1.82	1.78	1.53
100	2.59	2.51	2.06	1.89	1.79	1.73	1.69	1.43
∞	2.43	2.34	1.90	1.72	1.61	1.50	1.50	1.16

Tabelle 9.5. Kritische Werte der χ^2-Verteilung: $Prob(\chi_n^2 \leq x) = P$

n	0.900	0.950	0.975	0.990	0.995
1	2.71	3.84	5.02	6.63	7.88
2	4.61	5.99	7.38	9.21	10.60
3	6.25	7.81	9.38	11.34	12.84
4	7.78	9.49	11.14	13.28	14.86
5	9.24	11.07	12.83	15.09	16.75
6	10.64	12.59	14.45	16.81	18.55
7	12.02	14.07	16.01	18.48	20.28
8	13.36	15.51	17.53	20.09	21.95
9	14.68	16.92	19.02	21.67	23.59
10	15.99	18.31	20.48	23.21	25.19
11	17.28	19.68	21.92	24.72	26.76
12	18.55	21.03	23.34	26.22	28.30
13	19.81	22.36	24.74	27.69	29.82
14	21.06	23.69	26.12	29.14	31.32
15	22.31	25.00	27.49	30.58	32.80
16	23.54	26.30	28.85	32.00	34.27
17	24.77	27.59	30.19	33.41	35.72
18	25.99	28.87	31.53	34.81	37.16
19	27.20	30.14	32.85	36.19	38.58
20	28.41	31.41	34.17	37.57	40.00
21	29.62	32.67	35.48	38.93	41.40
22	30.81	33.92	36.78	40.29	42.80
23	32.01	35.17	38.08	41.64	44.18
24	33.20	36.42	39.36	42.98	45.56
25	34.38	37.65	40.65	44.31	46.93
30	40.26	43.77	46.98	50.89	53.67
35	46.06	49.80	53.20	57.34	60.27
40	51.81	55.76	59.34	63.69	66.77
45	57.51	61.66	65.41	69.69	73.17
50	63.17	67.50	71.42	76.15	79.49

Literatur

ABOWD, J. M. UND F. KRAMARZ (1999): "The Analysis of Labor Markets Using Matched Employer-Employee-Data," in *Handbook of Labor Economics, Volume 3A*, Hrsg. von O. Ashenfelter und D. Card. Elsevier Science, Amsterdam et al.

ALDA, H., S. BENDER UND H. GARTNER (2005): "The Linked Employer-employee Dataset Created from the IAB Establishment Panel and the Process-produced Data of the IAB (LIAB)," *Schmollers Jahrbuch (Journal of Applied Social Science Studies)*, 125(2), 327–336.

ALTONJI, J. G. UND R. M. BLANK (1999): "Race and Gender in the Labor Market," in *Handbook of Labor Economics, Volume 3C*, Hrsg. von O. Ashenfelter und D. Card. Elsevier Science, Amsterdam et al.

ANGRIST, J. D., G. W. IMBENS UND D. B. RUBIN (1996): "Identification of Causal Effects Using Instrumental Variables," *Journal of the American Statistical Association*, 91, 444–455.

ANGRIST, J. D. UND A. B. KRUEGER (1991): "Does Compulsory School Attendance Affect Schooling and Earnings?," *Quarterly Journal of Economics*, 106, 979–1014.

——— (1999): "Empirical Strategies in Labor Economics," in *Handbook of Labor Economics, Volume 3A*, Hrsg. von O. Ashenfelter und D. Card. Elsevier Science, Amsterdam et al.

——— (2001): "Instrumental Variables and the Search for Identification: From Supply and Demand to Natural Experiments," *Journal of Economic Perspectives*, 15(4), 69–85.

ASHENFELTER, O. (1978): "Estimating the Effect of Training Programs on Earnings," *Review of Economics and Statistics*, 60(1), 47–57.

ASHENFELTER, O. UND M. GREENSTONE (2004): "Using Mandated Speed Limits to Measure the Value of a Statistical Life," *Journal of Political Economy*, 94(2), 454–460.

ASHENFELTER, O. UND A. KRUEGER (1994): "Estimates of the Economic Return to Schooling from a New Sample of Twins," *American Economic Review*, 84(5), 1157–1173.

ASHENFELTER, O. UND C. ROUSE (1998): "Income, Schooling, and Ability: Evidence from a New Sample of Identical Twins," *Quarterly Journal of Economics*, 113(1), 253–284.

AUGURZKY, B., T. K. BAUER UND S. SCHAFFNER (2006): "Copayments in the German Health System – Do They Work?," Discussion paper, RWI Discussion Paper No. 43.

AUGURZKY, B., M. FERTIG, J. KLUVE UND M. ROTHGANG (2006): "Does ESF-Funded Training of the Unemployed Work? An Empirical Analysis Using Optimal Full Matching," RWI Essen.

BECKER, G. S. (1962): "Investment in Human Capital: A Theoretical Analysis," *Journal of Political Economy*, 70(5), 9–49.

———— (1993): *Human Capital: A Theoretical and Empirical Analysis with Special Reference to Education, 3rd Edition.* University of Chicago Press, Chicago, 3rd edn.

BEHRMAN, J. R. UND M. R. ROSENZWEIG (2002): "Does Increasing Women's Schooling Raise the Schooling of the Next Generation?," *American Economic Review*, 92(1), 323–334.

BEHRMAN, J. R., M. R. ROSENZWEIG UND P. TAUBMAN (1994): "Endowments and the Allocation of Schooling in the Family and in the Marriage Market: The Twins Experiment," *Journal of Political Economy*, 102(6), 1131–1174.

BENDER, S., A. HAAS UND C. KLOSE (2000): "IAB Employment Subsample 1975-1995 Opportunities for Analysis Provided by the Anonymised Subsample," Discussion paper, IZA Discussion Paper No. 117, IZA-Bonn.

BERNDT, E. R. (1991): *The Practice of Econometrics: Classic and Contemporary.* Addison-Wesley, Boston (MA).

BERTRAND, M., E. DUFLO UND S. MULLAINATHAN (2004): "How Much Should We Trust Differences-in-differences Estimates," *Quarterly Journal of Economics*, 119, 249–275.

BESLEY, T. UND A. CASE (2000): "Unnatural Experiments? Estimating the Incidence of Endogenous Policies," *Economic Journal*, 110, F672–F694.

BJÖRKLUND, A. UND H. REGNÉR (1996): "Experimental Evaluation of European Labour Market Policy," in *International Handbook of Labour Market Policy and Evaluation*, Hrsg. von G. Schmidt und J. O'Reilly. Edward Elgar, Brookfield, VT.

BLOOM, H., L. ORR, S. BELL, G. CAVE, F. DOOLITTLE, W. LIN UND J. BOS (1997): "The Benefits and Costs of JTPA Title II-A Programs; Findings from the National Job Training Partnership Act Study," *Journal of Human Resources*, 32(3), 549–576.

BOUND, J., D. A. JAEGER UND R. M. BAKER (1995): "Problems with Instrumental Variables Estimation When the Correlation Between the Instrument and the Endogenous Explanatory Variables is Weak," *Journal of the American Statistical Association*, 90, 443–450.

BREUSCH, T. S. UND A. R. PAGAN (1979): "A Simple Test for Heteroskedasticity and Random Coefficient Variation," *Econometrica*, 47, 1287–1294.

BUNDESAGENTUR FÜR ARBEIT (2005): *Arbeitsmarkt 2004 - Amtliche Nachrichten der Bundesagentur für Arbeit, 53. Jahrgang.* Bundesagentur für Arbeit, Nürnberg.

BURTLESS, G. (1995): "The Case for Randomized Field Trials in Economic and Manpower Policy," *Journal of Economic Perspectives*, 9(2), 63–84.

CAHUC, P. UND A. ZYLBERBERG (2004): *Labor Economics.* MIT Press, Cambridge (MA), London.

CARD, D. (1990): "The Impact of the Mariel Boatlift on the Miami Labor Market," *Industrial and Labor Relations Review*, 43(2), 245–257.

——— (1995): "Using Geographic Variation in College Proximity to Estimate the Return to Schooling," in *Aspects of Labour Market Behaviour: Essays in Honour of John Vanderkamp*, Hrsg. von L. N. Christofides, E. K. Grant und R. Swidinsky. University of Toronto Press, Toronto.

——— (1999): "The Causal Effect of Education on Earnings," in *Handbook of Labor Economics, Volume 3A*, Hrsg. von O. Ashenfelter und D. Card. Elsevier Science, Amsterdam et al.

CARD, D. UND A. B. KRUEGER (1995): *Myth and Measurement: The New Economics of the Minimum Wage.* Princeton University Press, Princeton.

CHOW, G. C. (1960): "Tests of the Equality between Sets of Coefficients in Two Linear Regressions," *Econometrica*, 28, 591–605.

CICCONE, A. UND M. JAROCINSKI (2007): "Determinants of Growth: Will Data Tell?," Discussion paper, CEPR Discussion Paper No. 6544, CEPR, London.

COBB, C. W. UND P. H. DOUGLAS (1928): "A Theory of Production," *American Economic Review*, 18(1), 139–165.

DEUTSCHER BUNDESTAG (2005): *Antwort der Bundesregierung auf die Kleine Anfrage der Abgeordneten Birgit Homburger, Angelika Brunkhorst, Dr. Karl Addicks, weiterer Abgeordneter und der Fraktion der FDP (Drucksache 15/5380): Auswirkungen der Zeitumstellung infolge der Einführung der mitteleuropäischen Sommerzeit.* Deutscher Bundestag, Drucksache 15/5459, Berlin.

DEWENTER, R., J. HAUCAP, R. LUTHER UND P. RÖTZEL (2004): "Hedonic Prizes in the German Market for Mobile Phones," Discussion paper, University of the Federal Armed Forces Hamburg Discussion Paper No. 29.

DINARDO, J. E. UND J.-S. PISCHKE (1997): "The Returns to Computer Use Revisited: Have Pencils Changed the Wage Structure Too?," *Quarterly Journal of Economics*, 91, 291–303.

DOLTON, P. UND D. O'NEILL (1996): "Unemployment Duration and the Restart Effect: Some Experimental Evidence," *Economic Journal*, 106(435), 387–400.

DUSTMANN, C., N. RAJAH UND A. VAN SOEST (2003): "Class Size, Education, and Wages," *Economic Journal*, 113(485), F99–F120.

ENGEL, R. F. (1982): "A General Approach to Lagrangian Multiplier Model Diagnostics," *Journal of Econometrics*, 20, 83–104.

———— (1984): "Wald, Likelihood Ratio, and Lagrange Multiplier Tests in Econometrics," in *Handbook of Econometrics, Volume 2*, Hrsg. von Z. Griliches und M. Intriligator. North-Holland, New York.

ENTORF, H. UND F. KRAMARZ (1997): "Does Unmeasured Ability Explain the Higher Wages of New Technology Workers?," *European Economic Review*, 41, 1489–1509.

FAMA, E. F. UND K. R. FRENCH (2004): "The Capital Asset Procing Model: Theory and Evidence," *Journal of Economic Perspectives*, 19(3), 25–46.

FERTIG, M. UND J. KLUVE (2004): "A Conceptual Framework for the Evaluation of Comprehensive Labor Market Policy Reforms in Germany," *Applied Economics Quarterly (Supplement)*, 55, 83–113.

FERTIG, M., J. KLUVE, C. M. SCHMIDT, H. APEL, W. FRIEDRICH UND H. HÄGELE (2004): *Die Hartz-Gesetze zur Arbeitsmarktpolitik - Ein umfassendes Evaluationskonzept*. Duncker & Humblot, Berlin.

FERTIG, M. UND C. M. SCHMIDT (2000): "Discretionary Measures of Active Labor Market Policy: The German Employment Promotion Reform in Perspective," *Schmollers Jahrbuch (Journal of Applied Social Science Studies)*, 120(4), 537–565.

FITZENBERGER, B. UND R. HUJER (2002): "Stand und Perspektiven der Evaluation der Aktiven Arbeitsmarktpolitik in Deutschland," *Perspektiven der Wirtschaftspolitik*, 3, 139–158.

FRANZ, W. (2006): *Arbeitsmarktökonomik, 6. Auflage*. Springer-Verlag, Heidelberg.

FRONDEL, M. UND C. M. SCHMIDT (2005): "Evaluating Environmental Programs: The Perspective of Modern Evaluation Research," *Ecological Economics*, 55(4), 515–526.

GIGERENZER, G. (2004): *Das Einmaleins der Skepsis: Über den richtigen Umgang mit Zahlen und Risiken*. BvT Berliner Taschenbuch Verlag, Berlin.

GLESJER, H. (1969): "A New Test for Heteroskedasticity," *Journal of the American Statistical Association*, 64, 316–323.

GODFREY, L. (1978): "Testing for Multiplicative Heteroscedasticity," *Journal of Econometrics*, 8, 227–236.

GORTER, C. UND G. KALB (1996): "Estimating the Effect of Counseling and Monitoring of the Unemployed Using a Job Search Model," *Journal of Human Resources*, 31, 590–610.

GREENE, W. H. (2008): *Econometric Analysis, 6th Edition*. Prentice-Hall International, London.

HAISKEN-DENEW, J. P. UND C. M. SCHMIDT (1999): "Money for Nothing and Your Chips for Free? The Anatomy of the PC Wage Differential," Discussion paper, IZA Discussion Paper No. 86, IZA-Bonn.

HAMERMESH, D. S. UND J. E. BIDDLE (1994): "Beauty and the Labor Market," *American Economic Review*, 84(5), 1174–1194.

HAMILTON, J. D. (1994): *Time Series Analysis*. Princeton University Press, Princeton.

HAMLEN, W. A. J. (1991): "Superstardom in Popular Music: Empirical Evidence," *Review of Economics and Statistics*, 73, 729–733.

HANOUSEK, J., D. HAJKOVA UND R. K. FILER (2007): "A Rise by Any Other Name? Sensitivity of Growth Regressions to Data Source," Discussion paper, CESifo Working Paper No. 2064, CESIfo, München.

HANUSHEK, E. A. (1999): "Some Findings From an Independent Investigation of the Tennessee STAR Experiment and From Other Investigations of Class Size Effects," *Educational Evaluation and Policy Analysis*, 21(2), 143–163.

———— (2003): "The Failure of Input-Based Schooling Policies," *Economic Journal*, 113(485), F64–F98.

HARVEY, A. C. (1976): "Estimating Regression Models with Multiplicative Heteroscedasticity," *Econometrica*, 44, 461–466.

HAUSMAN, J. A. (1978): "Specification Tests in Econometrics," *Econometrica*, 46, 1251–1271.

HECKMAN, J. J. (1979): "Sample Selection Bias As A Specification Error," *Econometrica*, 47, 153–161.

———— (1996): "Randomization as an Instrumental Variable," *Review of Economics and Statistics*, 77, 336–341.

HECKMAN, J. J., H. ICHIMURA UND P. TODD (1998): "Matching as an Econometric Evaluation Estimator," *Review of Economic Studies*, 65, 261–294.

HECKMAN, J. J., R. J. LALONDE UND J. A. SMITH (1999): "The Economics and Econometrics of Active Labor Market Programs," in *Handbook of Labor Economics, Volume 3A*, Hrsg. von O. Ashenfelter und D. Card. Elsevier Science, Amsterdam et al.

HECKMAN, J. J. UND J. SMITH (1995): "Assessing the Case for Social Experiments," *Journal of Economic Perspectives*, 9(2), 85–110.

———— (1996): "Experimental and Non-Experimental Evaluation," in *International Handbook of Labour Market Policy and Evaluation*, Hrsg. von G. Schmidt und J. O'Reilly. Edward Elgar, Brookfield, VT.

———— (1998): *Evaluating the Welfare State*. Cambridge University Press, Cambridge.

HOXBY, C. M. (2000): "The Effects Of Class Size On Student Achievements: New Evidence From Population Variation," *Quarterly Journal of Economics*, 115(2), 1239–1285.

HSIAO, C. (2003): *Analysis of Panel Data: Second Edition*. Cambridge University Press, Cambridge.

HUBER, P. J. (1967): "The Behavior of Maximum Likelihood Estimates Under Nonstandard Conditions," *Proceedings of the Fifth Berkeley Symposium on Mathematical Statistics and Probability*, 1, 221–233.

HÄRDLE, W. (1990): *Applied Nonparametric Regression*. Cambridge University Press, Cambridge.

ICHINO, A. UND R. WINTER-EBMER (1999): "Lower and Upper Bounds of Returns to Schooling: An Exercise in IV Estimation with Different Instruments," *European Economic Review*, 43(4-6), 889–901.

———— (2004): "The Long-run Educational Cost of World War II," *Journal of Labor Economics*, 22(1), 57–86.

IMBENS, G. W. UND J. D. ANGRIST (1994): "Identification and Estimation of Local Average Treatment Effects," *Econometrica*, 62(2), 467–475.

ISACSSON, G. (1999): "Estimates of the Return to Schooling in Sweden from a Large Sample of Twins," *Labour Economics*, 6(4), 339–362.

———— (2007): "Twin Data vs. Longitudinal Data to Control for Unobserved Variables in Earnings Functions - Which Are the Differences?," *Oxford Bulletin of Economics and Statistics*, 69(3), 471–489.

JASSO, G. (1985): "Marital Coital Frequency and the Passage of Time: Estimating the Separate Effects of Spouses' Ages and Marital Duration, Birth and Marriage Cohorts, and Period Influences," *American Sociological Review*, 50(2), 224–241.

KAHN, J. R. UND J. R. UDRY (1986): "Marital Coital Frequency: Unnoticed Outliers and Unspecified Interactions Lead to Erroneous Conclusions," *American Sociological Review*, 51(5), 734–737.

KNIGHT, F. H. (1921): "Risk, Uncertainty, and Profit," Discussion paper, http://econlib.org/library/Knight/knRUP10.html.

KOMMISSION ZUR VERBESSERUNG DER INFORMATIONELLEN INFRASTRUKTUR ZWISCHEN WISSENSCHAFT UND STATISTIK (2001): *Wege zu einer besseren informationellen Infrastruktur – Gutachten der vom Bundesministerium für Bildung und Forschung eingesetzten Kommission zur Verbesserung der informationellen Infrastruktur zwischen Wissenschaft und Statistik*. Nomos, Baden-Baden.

KOTCHEN, M. J. UND L. E. GRANT (2008): "Does Daylight Saving Time Save Energy? Evidence from a Natural Experimet in Indiana," Discussion paper, UC Santa Barbara.

KRUEGER, A. B. (1993): "How Computers Have Changed the Wage Structure: Evidence from Microdata, 1984-1989," *Quarterly Journal of Economics*, 20(3), 223–230.

———— (1999): "Experimental Estimates of Education Production Functions," *Quarterly Journal of Economics*, 14(2), 497–562.

———— (2003): "Economic Considerations and Class Size," *Economic Journal*, 113(485), F34–F63.

KRÄMER, W. (1998): *So lügt man mit Statistik, 8. Auflage*. Campus Verlag.

KRÄMER, W. UND G. GIGERENZER (2005): "How to Confuse with Statistics or: The Use and Misuse of Conditional Probabilities," *Statistical Science*, 87, 33–60.

LANCASTER, K. (1971): *Consumer Demand*. Columbia University Press, New York.

LEE, M. J. (2005): *Micro-Econometrics for Policy, Program, and Treatment Effects.* Oxford University Press, Oxford.

LEVITT, S. D. (2004): "Understanding Why Crime Fell in the 1990s: Four Factors that Explain the Decline and Six that Do Not," *Journal of Economic Perspectives*, 18, 163–190.

MANSKI, C. F. (1995): *Identification Problems in the Social Sciences.* Harvard Unversity Press, Cambridge et al.

MARTIN, J. P. UND D. GRUBB (2001): "What Works and for Whom: A Review of OECD Countries' Experiences with Active Labour Market Policies," *Swedish Economic Policy Review*, 8, 9–56.

MEHLUM, H., E. MIGUEL UND R. TORVIK (2006): "Poverty and Crime in the $19^t h$ Century Germany," *Journal of Urban Economics*, 59(3), 370–388.

MEYER, B. D. (1995): "Natural and Quasi-Experiments in Economics," *Jurnal of Business and Economic Statistics*, 13(2), 151–161.

MILLER, P., C. MULVEY UND N. MARTIN (1995): "What do Twins Studies Reveal About the Economic Returns to Education? A Comparison of Australian and U.S. Findings," *American Economic Review*, 85, 586–599.

MINCER, J. (1958): "Investment in Human Capital and Personal Income Distribution," *Journal of Political Economy*, 66(4), 281–302.

———— (1962): "On-the-Job Taining: Costs, Returns, and Some Implications," *Journal of Political Economy*, 70(5), 50–79.

———— (1974): *Schooling, Experience and Earnings.* National Bureau of Economic Research, New York.

MURRAY, M. P. (2006): "Avoiding Invalid Instruments and Coping with Weak Instruments," *Journal of Economic Perspectives*, 20(4), 111–132.

NEUMARK, D. UND W. WASCHER (2007): "Minimum Wages and Employment," *Foundations and Trends in Microeconomics*, 3, 1–154.

PEROLD, A. F. (2004): "The Capital Asset Pricing Model," *Journal of Economic Perspectives*, 19(3), 3–24.

PINDYCK, R. S. UND D. L. RUBINFELD (1998): *Econometric Models and Economic Forecasts, 4th Edition.* McGraw-Hill International, Boston.

———— (2005): *Microeconomics, International Edition, 6. Auflage.* Pearson Education, London, New York.

PLUG, E. UND W. VIJVERBERG (2003): "Schooling, Family Background, and Adoption: Is It Nature or Is It Nurture?," *Journal of Political Economy*, 111(3), 611–641.

RAMSEY, J. B. (1969): "Tests for Specification Errors in Classical Linear Least-Squares Analysis," *Journal of the Royal Statistical Association, Series B*, 71, 350–371.

ROSEN, S. (1981): "The Economics of Superstars," *American Economic Review*, 71, 845–858.

ROSENBAUM, P. R. (2002): *Observational Studies, 2nd ed.* Springer Series in Statistics, New York.

ROSENZWEIG, M. R. UND K. I. WOLPIN (2000): "Natural 'Natural Experiments' in Economics," *Journal of Economic Literature*, 38(4), 827–874.

RUBIN, D. B. (1986): "Which Ifs Have Causal Answers?," *Journal of the American Statistical Association*, 81, 961–962.

SACHVERSTÄNDIGENRAT (2004): *Erfolge im Ausland - Herausforderungen im Inland, Jahresgutachten 2004/2005.* Sachverständigenrat zur Begutachtung der gesamtwirtschaftlichen Entwicklung, Wiesbaden.

SCHAFFNER, S. UND H. SPENGLER (2005): "Der Einfluss unbeobachteter Heterogenität auf kompensatorische Lohndifferentiale und den Wert eines Statistischen Lebens: Eine mikroökonometrische Parallelanalyse mit IABS und SOEP," Discussion paper, Darmstadt Discussion Papers in Economics 152, Universität Darmstadt.

SCHMIDT, C. M. (1999): "Knowing What Works - The Case for Rigorous Programm Evaluation," Discussion paper, IZA Discussion Paper No. 77, IZA-Bonn.

SCHMIDT, C. M., K. F. ZIMMERMANN, M. FERTIG UND J. KLUVE (2001): *Perspektiven der Arbeitsmarktpolitik. Internationaler Vergleich und Empfehlungen für Deutschland.* Springer-Verlag, Heidelberg.

SCHULZ, B. (1996): "Verdrängungseffekte und Wettbewerbsverzerrungen durch Beschäftigungsprogramme am Beispiel des Garten- und Landschaftsbaus in Ostdeutschland," *Wirtschaft im Wandel*, 3, 12–19.

SCHWARZ, N. (2001): "The German Microcensus," *Schmollers Jahrbuch*, 121(4), 649–654.

SMITH, J. (2000a): "A Critical Survey of Empirical Methods for Evaluating Active Labor Market Policies," *Swiss Journal of Economics and Statistics*, 136(3), 1–22.

——— (2000b): "Evaluation aktiver Arbeitsmarktpolitik: Erfahrungen aus Nordamerika," *Mitteilungen aus der Arbeitsmarkt- und Berufsforschung*, 33(3), 345–356.

STAIGER, D. UND J. H. STOCK (1997): "Instrumental Variables Regressions with Weak Instruments," *Econometrica*, 26(3), 293–415.

STOCK, J. H. UND F. TREBBI (2003): "Who Invented Instrumental Variable Regression?," *Journal of Economic Perspectives*, 17(3), 177–194.

STOCK, J. H. UND M. W. WATSON (2007): *Introduction to Econometrics, 2nd Edition.* Addison-Wesley, Boston (MA).

TERWEY, M. (2000): "ALLBUS: A German General Social Survey," *Schmollers Jahrbuch*, 120(1), 151–158.

TODD, P. E. UND K. I. WOLPIN (2003): "On the Specification and Estimation of the Production Function for Cognitive Achievement," *Economic Journal*, 113(485), F3–F33.

UHER, R. (2000): "The International Social Survey Programme (ISSP)," *Schmollers Jahrbuch*, 120(4), 663–672.

VARIAN, H. (2005): *Intermediate Microeconomics, 6th edition.* W.W. Norton, New York.

VELLA, F. (1998): "Estimating Models with Sample Selection Bias: A Survey," *Journal of Human Resources*, 33, 127–172.

VELLA, F. UND M. VERBEEK (1999): "Estimating and Interpreting Models with Endogenous Treatment Effects," *Journal of Business and Economic Statistics*, 17, 473–478.

WALD, A. (1943): "Tests of Statistical Hypotheses Concerning Several Parameters When the Number of Observations Is Large," *Transactions of the American Mathematical Society*, 54, 426–482.

WHITE, H. (1980): "A Heteroscedasticity-Consistent Covariance Matrix and a Direct Test for Heteroscedasticity," *Econometrica*, 48, 817–838.

WOOLDRIDGE, J. M. (2002): *Econometric Analysis of Cross Section and Panel Data*. MIT Press, Cambridge (MA).

——— (2006): *Introductory Econometrics: A Modern Approach, 3rd Edition*. Thomson South-Western, Mason.

Sachverzeichnis

Printed by Printforce, the Netherlands